INTERNET公認ガイドブック

Sound it! 9 ガイドブック

平賀宏之

基本操作から使いこなしまで

Stylenote

まえがき

この本は株式会社インターネットから販売されているサウンド編集&マスタリングソフト「Sound it! 9」（Windows 版）の操作を説明したガイドブックです。

「Sound it!」はパソコンでオーディオデータ（音声データ）を編集するためのソフトとして長く活用されています。

最新バージョンの「Sound it! 9」ではオーディオデータの編集だけでなく、外部機器の音声の録音や、エフェクトを使った音の加工、ファイルフォーマットの変更、CD 作成など様々なことができるようになっています。

できることが増え便利になった分、操作手順も多くなりました。すべての操作方法を覚えるのはなかなか大変です。そこで本書は「Sound it! 9」を操作する際に手元に置いて活用していただけるようにと考えつつ執筆しました。

操作手順で迷わないように、画面画像をたくさん使いながら丁寧に解説するよう心がけています。また操作の途中で出てくるであろう疑問点や注意点などもヒントや注意点として併せて紹介しています。

本書はどこからでも読めるように執筆していますが、ソフトの設定、画面紹介、編集に使うオーディオデータの準備、編集、加工といったように「Sound it! 9」での作業内容の流れに合わせた順に組み立てています。頭から順を追ってお読みいただければ「Sound it! 9」での作業内容をより理解していただけるかと思います。

本書が「Sound it! 9」を使われる皆様のお役に立てれば幸いです。

CONTENTS

はじめに……3

序　章　新機能の紹介・9

ワンウィンドウモードに対応した編集画面……10
ウェーブエディタのスペクトル表示と周波数領域でのゲイン変更……13
メインフレームのサイズにあわせて伸縮するレベルメーター……14
ドラッグで自由に移動できるようになったマーカー……15
新たに搭載されたプラグインエフェクト「Dynamic EQ」……16
BPM（テンポ）の自動検出……17

第１章　Sound it! 9 を使うには・19

Sound it! 9 とはどういったソフトなのか……20
制作環境を確認しよう……26
インストールするものを確認してみよう……30

第２章　録音や再生のためのオーディオポートの設定・35

パソコン搭載のオーディオ機能を使用する場合の設定……36
オーディオインターフェースを使用する場合の設定……42

第３章　画面紹介・45

Sound it! 9 の操作画面……46
ウェーブエディタ……51
プレイパネル……58
メニューバー……61
ツールバー……62

メディアブラウザ 66
ミキサー 70
マーカー一覧表示 72
アンドゥ履歴 75

第 4 章　オーディオデータの準備と保存方法・77

パソコンへ録音する 1
機器の接続――レコードプレーヤー、カセットデッキなど 78
パソコンへ録音する 1　機器の接続――マイク 84
パソコンへ録音する 2
オーディオポートの設定確認――ファイルの新規作成 86
パソコンへ録音する 3　録音レベルの調整 89
パソコンへ録音する 4　録音開始 94
オーディオデータの保存 96
既存のオーディオファイルを読み込む 101
音楽 CD の楽曲を取り込む 103
MIDI データをオーディオデータに変換して読み込む 106

第 5 章　オーディオデータの編集・109

データの範囲選択 110
ゼロクロスを使った範囲選択 122
データの編集
――カット、トリム、コピー、ペースト、マージ、消去、結合 124
マーカー 137
カット / ペースト（クロスフェード） 154
オーディオファイルの挿入 157
元に戻す / 再実行 159
閉じる 161

第 6 章　オーディオデータの加工・163

音の大きさを変える（ゲイン）……164
音の大きさを変える（ノーマライズ）……167
フェードイン、フェードアウト……169
リバースで波形を逆再生させる……172
ブランクで無音部分を挿入する……173
DC オフセットの除去……176
Sonnox ノイズリダクションでノイズを除去する……177

第 7 章　録音したデータの編集、加工の例・191

ノーマライズで波形を大きくする……192
音声データ前後の不要な部分を取り除く……195
一部分だけのノイズを除去する……205
波形全体に渡ってノイズが入っている場合の処理……210

第 8 章　エフェクトを使った音作り・213

エフェクトのかけ方は 2 種類……214
方法 1 オーディオデータの選択範囲に直接エフェクトをかける方法……215
方法 2 ミキサーにエフェクトを設定してリアルタイムにかける方法……218
フリーズ機能……222
FX Chain でミキサーのエフェクトを保存する……224
エフェクトの紹介……227
エフェクトの設定をプリセットとして保存する方法……259
VST 対応エフェクトの追加方法……262

第 9 章　CD 作成・267

プレイリストとは……268
プレイリストに曲（オーディオデータ）を読み込む……271

プレイリストで曲の音量と音質を調整する……275
曲間の時間、クロスフェードの設定……278
CD に焼く……284
エクスポート……288
DDP ファイルの書き出しと読み込み……290
トラックリストの保存と読み込み……293

第 10 章　さまざまな便利機能・295

タイマー録音……296
編集中のオーディオデータのフォーマットを変更する……303
コントロール入力でボリュームやパンを変化させる……305
スペクトル表示で選択した周波数領域のゲインを変更する【新機能】……312
オーディオデータから BPM（テンポ）を検出する【新機能】……315
DSD ファイルの録音、読み込み、保存……318
メディアブラウザを使って目的のファイルを探す……325
複数のファイルのファイル形式を一括で変換する（バッチ処理）……327
F-REX で楽曲からボーカルを除去する……331
ムービーファイルから音声だけを読み込む……337
便利なショートカットキーの紹介……339

索引……342

序　章
新機能の紹介

Sound it! は音声の録音から、編集、加工、ファイルフォーマットの変換、マスタリングまでできるサウンド編集ソフトウェアです。

お手持ちのレコードプレーヤーやラジカセなどの音声をオーディオファイルとして保存したり、音楽CDの楽曲や、既存のオーディオファイルを読み込んで編集することができます。

Sound it! はバージョンを重ねより使いやすく進化してきました。まずは今回発売されたSound it! 9になって追加された新機能をダイジェストで見ていきましょう。

※ **Pro** はProの機能、**Premium** はPremiumの機能、**Basic** はBasicの機能になります。

Pro Premium Basic

ワンウィンドウモードに対応した編集画面

さまざまな編集画面を１つにまとめて表示できるワンウィンドウモードに対応しました。ウェーブエディタやメディアブラウザ、アンドゥ履歴、マーカー一覧表示などの作業画面が１つの画面にまとめて表示されます。

さらにオーディオデータの編集で要(かなめ)となるウェーブエディタは、見やすいように常に最大化で表示されます。

ウェーブエディタは、複数起動してタブで切り替えながら編集することができます。

タブで切り替えて表示

タブで切り替える
song.wav
song2.wav

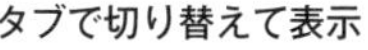

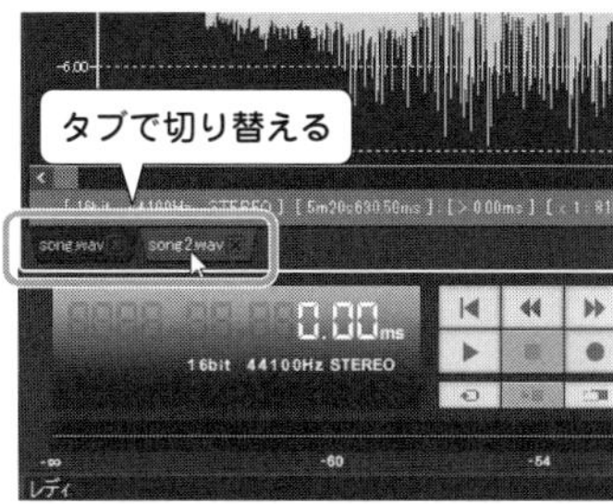

メディアブラウザ
マーカー一覧表示
アンドゥ履歴

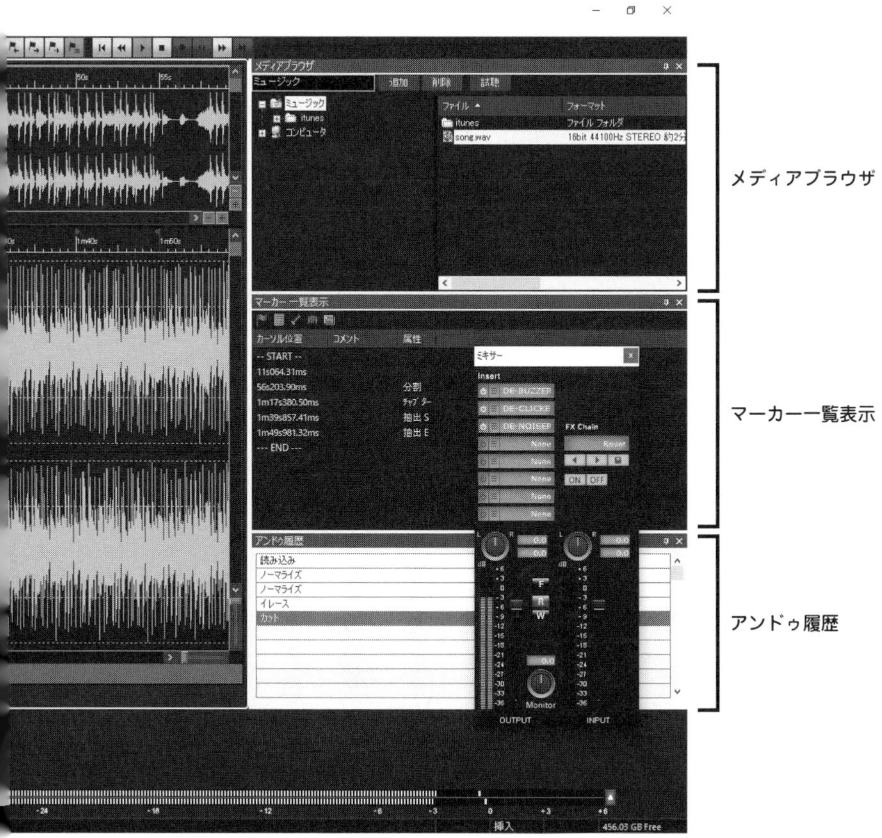

垂直や水平に分割して、複数のウェーブエディタを同時に表示させることもできます。

垂直に分割して表示

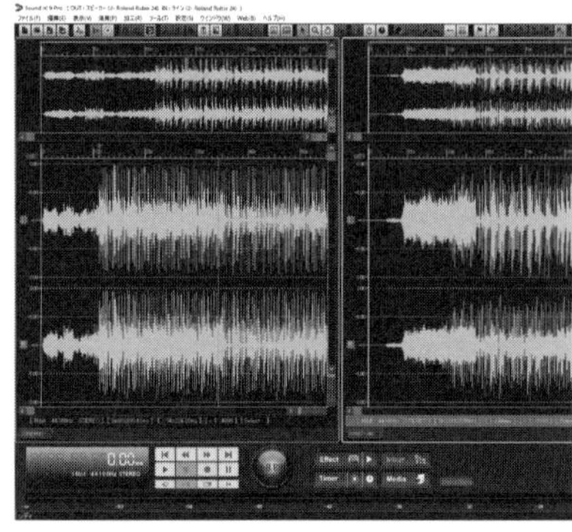

水平に分割して表示

また、ウェーブエディタはフローティングで表示させることもできます。

フローティング表示

フローティングとは

画面が浮いた状態となり、個別で画面を移動させたり、大きさを変えたりできる表示形態のことです。

Pro　Premium　Basic

ウェーブエディタのスペクトル表示と周波数領域でのゲイン変更

ウェーブエディタは波形表示のほかにスペクトル表示に切り替えることができるようになりました。スペクトル表示では、周波数成分が色分けされて表示されます。波形表示では音のダイナミクス（音量変化）を、スペクトル表示では周波数成分の変化を視覚的に確認することができます。

ウェーブエディタのスペクトル表示

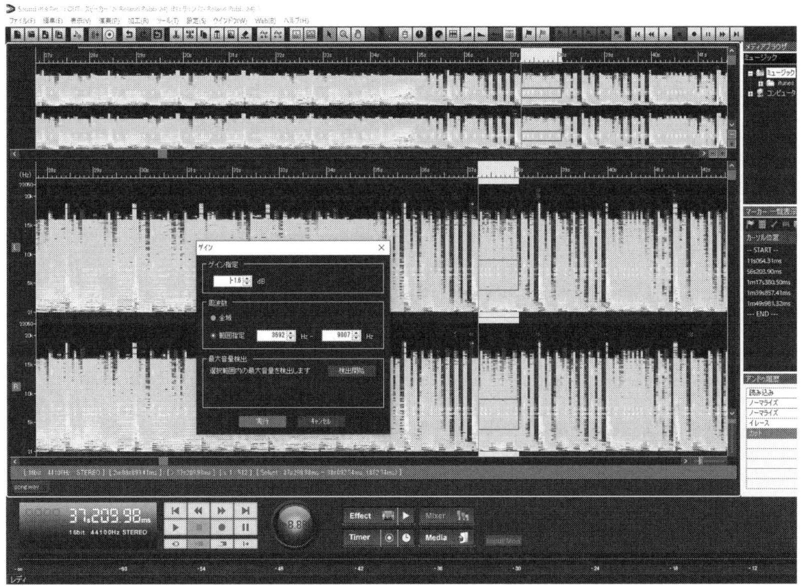

スペクトル表示では範囲を指定し、特定の周波数帯のゲインに的を絞って調整することができます。ノイズなど気になる音を探し出し、音量を調整するなどの編集が可能です。

Pro Premium Basic

メインフレームのサイズにあわせて伸縮するレベルメーター

録音時の入力レベルや再生時の出力レベルを確認するレベルメーターが、Sound it! の画面の大きさにあわせて常に最大幅で表示されます。

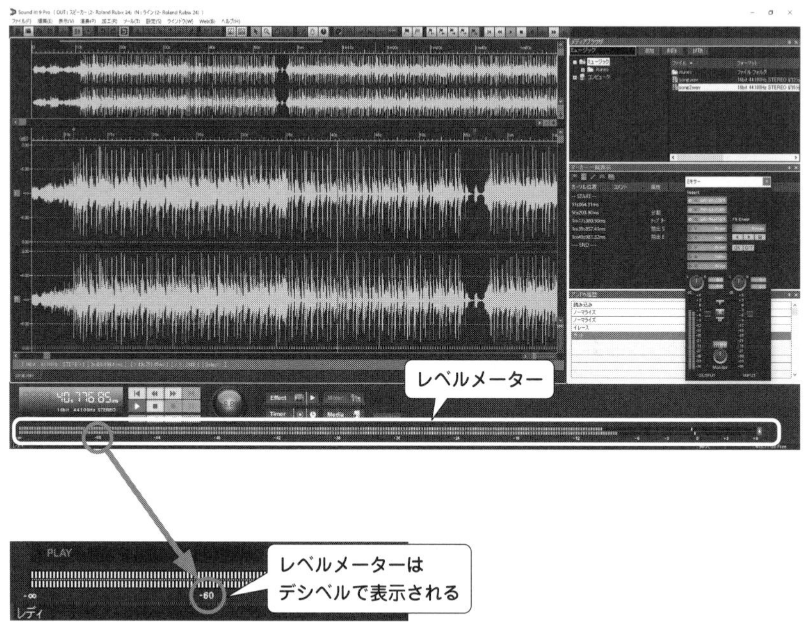

Pro Premium Basic

ドラッグで自由に移動できるようになったマーカー

設定したマーカーをマウスでドラッグして自由に移動させることができるようになりました。またマーカーの削除、マーカー属性の変更、コメント記入など、ウェーブエディタ上で選択したマーカーを直接編集できます。

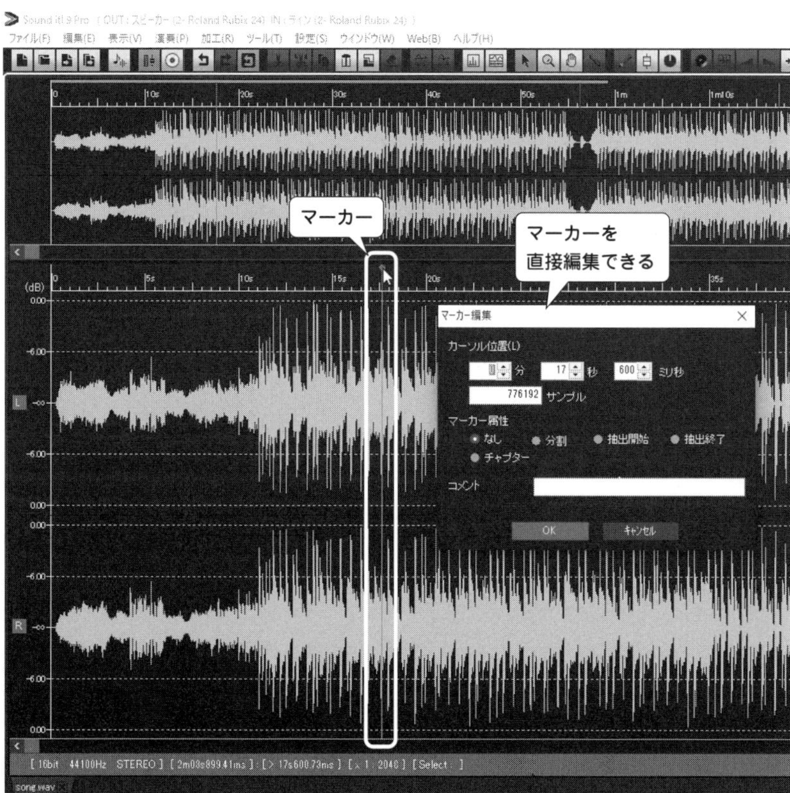

Pro Premium Basic

新たに搭載されたプラグインエフェクト「Dynamic EQ」

新たに「Dynamic EQ」というプラグインエフェクトが搭載されました。

Dynamic EQ

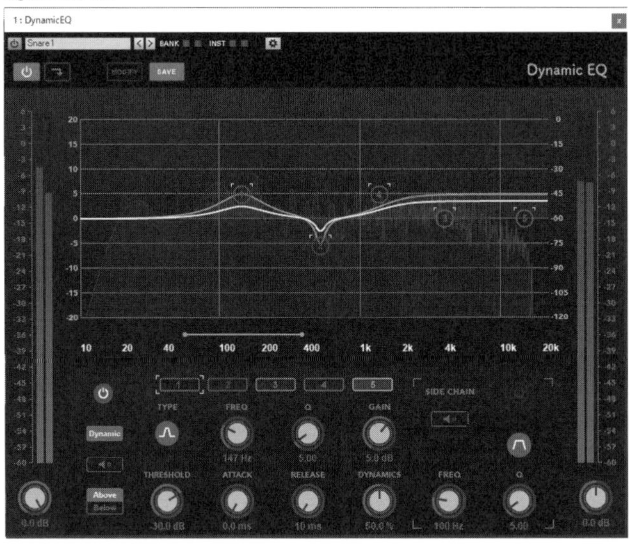

通常のEQを使用すると曲を通してその効果が反映されますが、Dynamic EQでは特定の帯域の音量にあわせてEQの効果を得ることができます。

各帯域でスレッショルド値を設定することで、入力信号の音量レベルがその値を上回ったとき（下回ったときの設定も可）にその帯域のEQゲインを動作させることができます。

Pro　Premium　Basic

BPM（テンポ）の自動検出

　読み込んだオーディオデータのBPM（テンポ）が自動で検出できるようになりました。楽曲のテンポを調べたいときにとても役立つ機能です。

第 1 章
Sound it! 9 を使うには

Sound it! 9 とは
どういったソフトなのか

はじめてSound it! 9を使う方もいると思うので、ここではSound it! 9とはどういったソフトなのかを解説します。

Sound it! 9は、オーディオデータの編集ができるソフトウェアになります。

たとえば、お手持ちのレコードなどの音源も、Sound it! 9に録音してオーディオデータとして取り込むことができます。取り込んだオーディオデータは、不要な部分をカットしたり、ノイズ除去や音質を補正したあと、CDに焼くことができます。

またインターネットラジオなどの番組を時間予約して録音することもできます。録音した音声は編集 / 加工はもちろん、さまざまなファイルフォーマットで保存できます。

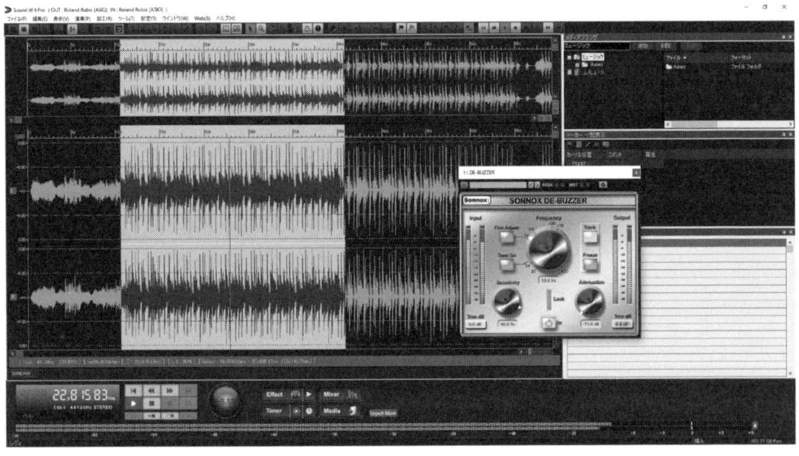

オーディオデータの取り込み方

オーディオデータはさまざまな方法で Sound it! 9 に取り込めます。

- □音楽 CD の楽曲を取り込む
- □既存のオーディオファイルを読み込む
- □Sound it! 9 に外部の音声を録音する（レコードプレーヤーなどの外部機器をつないで録音する / マイクを使って声などを録音する）
- □パソコンから再生される音声（YouTube の音声など）を録音する
- □MIDI データをオーディオデータに変換して読み込む

Sound it! 9 での編集作業の流れ

①Sound it! 9 にオーディオデータを取り込む

②編集・加工

③ファイルの保存（エクスポート）

こんなこともできます（Pro のみ）

Pro では、CD プレス時のフォーマットである DDP ファイルへの書き出しができます。

コラム オーディオデータとは

オーディオデータはデジタル録音された音声データになります。録音されたデータは音の振動の様子が「波形」で表示されます。

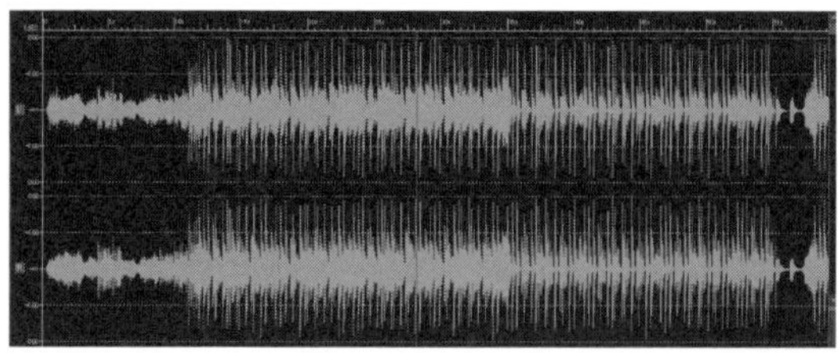

波形を拡大して見てみると音の振動はこのように記録されています。

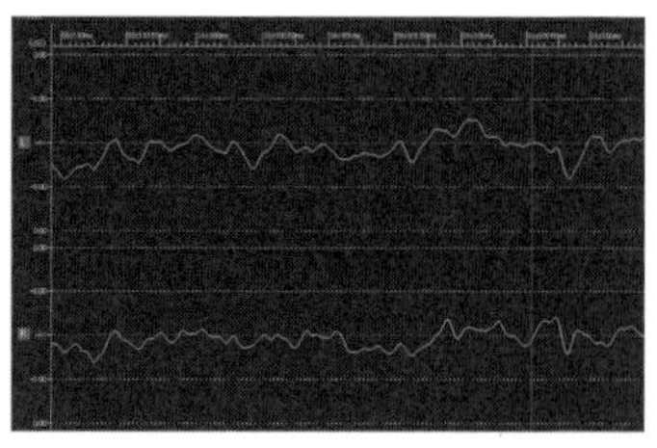

1 本の波形で表示されているものはモノラルのオーディオデータ、2 本の波形で表示されているものはステレオのオーディオデータになります。

モノラルのオーディオデータ

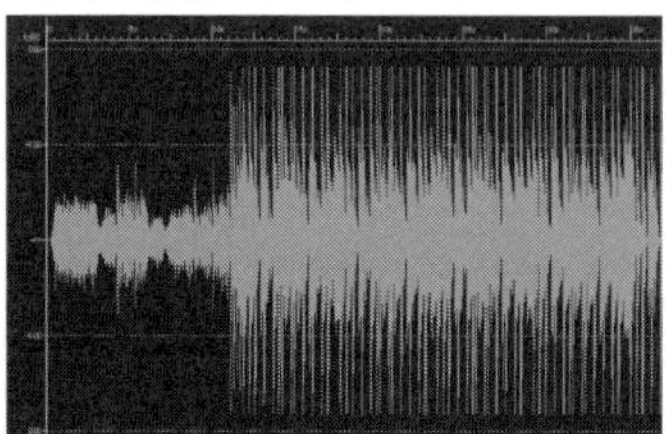

ステレオのオーディオデータ

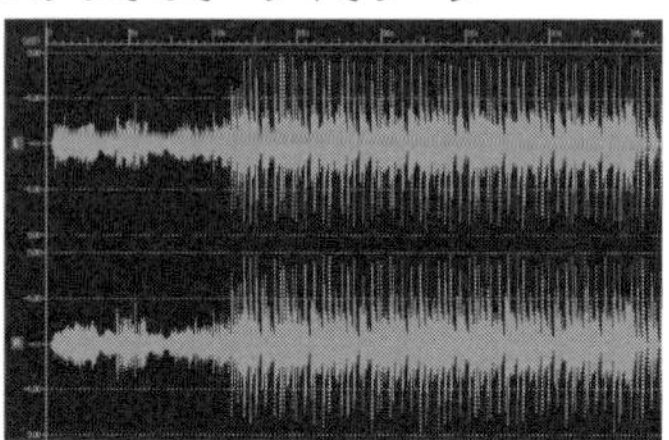

オーディオデータにはさまざまなファイル形式が存在しますが、WAV、AIFF、MP3、AAC などのファイル形式がよく使用されています。

Pro / Premium / Basic 機能比較表

Sound it! 9 には、Pro / Premium / Basic と 3 種類のラインナップが用意されています。

ここではそれぞれの機能の比較を見てみましょう。

	Pro	Premium	Basic
ワンウィンドウモード	○	○	○
ウェーブエディタのスペクトル表示 / 周波数領域でのゲイン変更	○	○	×
マーカーをドラッグで自由に移動	○	○	○
AUDIO データの BPM（テンポ）を自動検出	○	○	○
DSD ネイティブ録音時、入力レベルや波形をリアルタイム表示	○	×	×
インサートエフェクト	8	8	2
設定したインサートエフェクト、パラメーター（FXChain）をプリセットとして保存	○	×	×
DDP 対応（CD プレス時のマスターデータフォーマット）	○	×	×
オーディオ CD 作成 / SPTI(SCSI Pass-Through Interface)	○	○	○
SPTI モードでの 10ms 単位のプリギャップ設定	○	×	×
CD-TEXT 対応	○	×	×
カット、ペースト時に前後をクロスフェードしてノイズを抑える	○	○	×
バッチ処理でミキサーのエフェクトを反映	○	○	×
オートメーション	○	○	×
64bit ネイティブ対応	○	○	○
INASIO ドライバ付属	○	○	×
LOOPBACK 機能	○	○	×
VST ごとにメニュー内のカテゴリを変更	○	○	○
インプットモニター（ASIO 使用時のみ）	○	×	×

	Pro	Premium	Basic
収録プラグインエフェクト			
VST 3	○	○	○
64bit VST	○	○	○
収録プラグインエフェクト数	50	39	25
Sonnox EQUALISER & FILTERS	○	○	×
Sonnox Limiter	○	○	×
Sonnox Reverb	○	○	×
Sonnox DE-BUZZER	○	○	○
Sonnox DE-CLICKER	○	○	○
Sonnox DE-NOISER	○	○	○
LOUDNESS METER	○	○	×
Dynamic EQ	○	×	×
8Band Equalizer	○	×	×
Linear Phase EQ	○	×	×
2Band Equalizer	○	○	○
6Band Equalizer	○	○	○
Graphic Equalizer	○	○	○
Enhancer	○	○	○
Filter	○	○	○
Multiband Delay	○	×	×
Modulation Delay	○	×	×
Stereo Delay	○	×	×
Delay	○	○	○
Tap Delay	○	○	×
IR Reverb	○	×	×
Reverb 2	○	×	×
Reverb	○	○	○
MS Gain EQ	○	×	×
Comp Gate	○	×	×
Linear Phase Multiband Compressor	○	×	×
RMS Compressor	○	○	○
Compressor	○	○	○
DeEsser	○	○	×
Expander & Gate	○	○	×
Maximizer & Limiter	○	○	○
Multi Compressor	○	○	×

	Pro	Premium	Basic
Noise Gate	○	○	○
Center Cancel	○	○	○
Dimension	○	○	○
Auto Pan	○	○	○
Chorus	○	○	○
Distortion	○	○	○
Adv. Pitch Shift2	○	×	×
Adv. Pitch Shift	○	○	×
Pitch Shift RT	○	○	○
F-REX	○	○	×
Stereo Enhancer	○	○	×
Bit Crusher	○	○	×
FormantShift	×	○	○
Adv. Time Comp 2	○	○	×
Adv. Time Stretch	○	○	×
Speed Control	○	○	○
Pitch Shift	○	○	○
Pitch Time	○	○	○
Time Comp & Exp	○	○	○
対応ファイルフォーマット			
DSD ネイティブ再生 / 録音	○	×	×
DSD フォーマットの編集	○	○	×
DSD（DSF / DSDIFF / WSD）	○	○	×
DXD 対応	○	×	×
MP3（ID3v2.3 タグ）	○	○	○
4GB を超える MP3 / WMA / Soundit! ファイル（.siw）の保存	○	○	○
4GB を超える WAV（RF64）/ DSD / FLAC の保存	○	×	×
最大ファイル保存サイズ	100GB	20GB	20GB

制作環境を確認しよう

Sound it! 9 を使用する際に必要な制作環境を見ていきましょう。

パソコンの性能

Sound it! 9（for Windows）は Windows 10（64bit、32bit）、Windows 8.1（64bit、32bit）の日本語版 OS のみに対応しています。

Sound it! 9 を動かすには、どれくらいのパソコンの性能が必要になってくるかメーカーの推奨を見てみましょう。

※本書執筆時 2020 年 12 月時点でのメーカーの推奨になります。

CPU	各 OS に対応した Intel（推奨）SSE2 対応および互換プロセッサー
メモリ	4GB 以上（Pro） 2GB 以上（Premium / Basic）
ハードディスク空き容量	300MB 以上（Pro） 200MB 以上（Premium / Basic）

※ Pro の場合は、DSD ネイティブ録音 / 再生、DXD（高サンプリングレート）での録音 / 再生には、CPU はインテル Core プロセッサー・ファミリー 2.6GHz 以上（最大動作周波数）で Core i3 以上、メモリは 4GB 以上を推奨

◉ CPU

CPU はパソコンの頭脳になります。性能が良いものほどパソコンの処理速度が速くなります。CPU は Sound it! 9 のソフト本体のほかに、プラグインエフェ

クトなどを動かすときにも働いています。

◉ メモリ

メモリはパソコンが何かを動かすときの作業スペース、たとえば机のようなものをイメージするとわかりやすいでしょう。机が広いほど、つまりメモリが大きいほど、作業がスムーズに進められます。

◉ ハードディスク空き容量

ハードディスク空き容量は Sound it! 9 のインストールに必要な空き容量になります。パソコンはハードディスクの空き容量がなくなると動きが遅くなってしまうので、ソフトをインストールしたあとも空き容量が残るのが理想的です。

まとめ

パソコンの処理能力が足りないと、再生時に音声の遅れ（レイテンシー）が大きくなったり、再生された音にノイズが混じってしまったりすることがあります。CPU やメモリは推奨スペックよりも少し性能の良いものを用意するようにしましょう。

周辺機器
（オーディオインターフェースとスピーカー、ヘッドフォン）

Sound it! 9 を使う際にオーディオインターフェース、スピーカーやヘッドフォンなどの機器を使うことでより快適に作業できるようになります。

ここではそれぞれの機器がどのような役割を持っているのか見てみましょう。

オーディオインターフェース

オーディオインターフェースをパソコンにつなぐと、パソコンからの音がオーディオインターフェースを通して出力されるようになります。その場合、オーディオインターフェースにはスピーカーがついていないので、オーディオインターフェースにスピーカーやヘッドフォンをつなぐ必要があります。

またオーディオインターフェースにマイクやギターなどをつないで、これらの音声をパソコンに録音することもできます。

オーディオインターフェース

もともとパソコンにもオーディオインターフェースと同じ機能は備わっていますが、オーディオインターフェースを使うことでより高音質な音の再生や録音が可能となります。またパソコンがデータを処理するときに発生する発音の遅延(「レイテンシー」という)を軽減してくれる役割も持っています。

オーディオインターフェースはUSBケーブルを使ってパソコンとつなぐものが主流です。

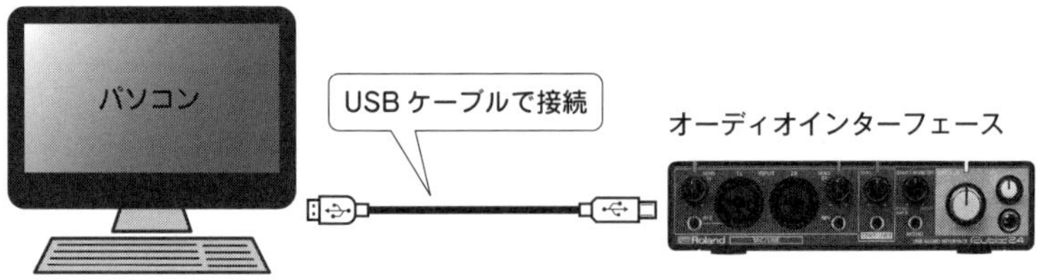

◉つなぐときの重要ポイント!――ドライバ

オーディオインターフェースをUSBケーブルでパソコンにつなぐ際は、ドライバと呼ばれるソフトウェアをパソコンにインストールする必要があります。

ドライバは、USBケーブルでつないだ外部機器をパソコンが認識できるようにするソフトウェアです。

ドライバはその製品を発売しているメーカーのホームページなどで配布されています。また外部機器によっては、パソコンがインターネットにつながっている環境で、USBケーブルで外部機器をつなぐと自動でドライバをインストールしてくれるものもあります。

ただし、サポートが終了した古い外部機器では、新しい Windows OS に対応したドライバが配布されていないことがあるので注意が必要です。ドライバがないと USB ケーブルでパソコンとつないで使うことができません。外部機器の対応状況などはお使いの機器のメーカーのホームページなどで確認しましょう。

スピーカー＆ヘッドフォン

Sound it! 9 の音を聞くための機器になります。パソコンに内蔵のスピーカーから音を出して作業することもできますが、低音が聞こえにくいなどのデメリットがあります。外づけのスピーカーやヘッドフォンを使うことで、細かな音までしっかり聞きながら作業することができます。

スピーカーやヘッドフォンは直接パソコンにつないだり、オーディオインターフェースにつないで使用します。

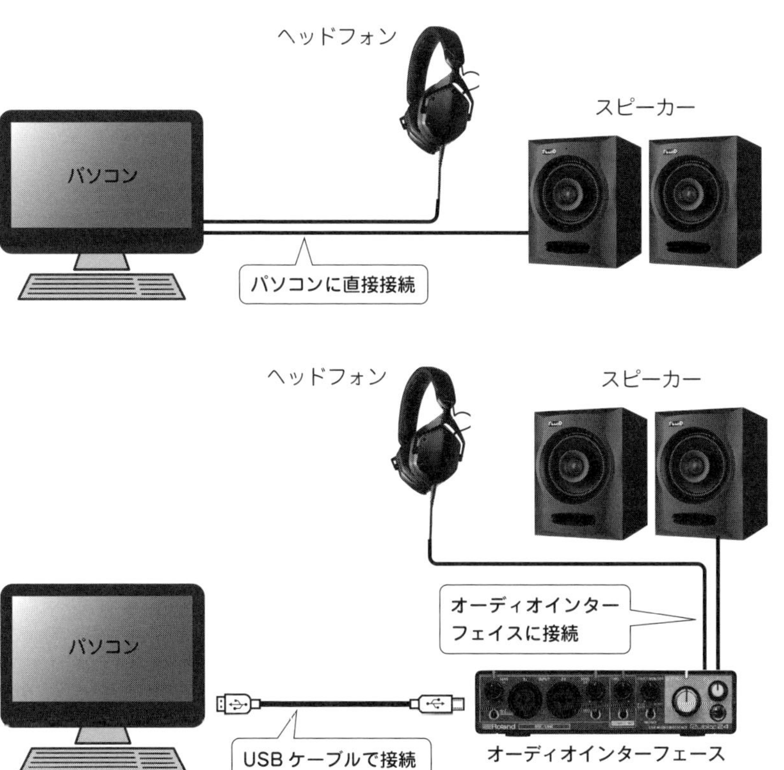

インストールするものを確認してみよう

インストールやアクティベーションの手順は「インストール、アクティベーションガイド」で詳しく解説されていますので本書ではインストールされるものや注意点などを確認していきたいと思います。

◉「インストール、アクティベーションガイド」

「インストール、アクティベーションガイド」はインターネット社のホームページから見ることができます。

「マイページ」にログインします。続けて「ご登録製品の照会」から製品登録されているSound it! 9の名前の右側にある「ダウンロードセンター」のボタンをクリックします。「ご購入製品の確認」画面で購入したSound it! 9のシリアル番号を入力し「確認」ボタンをクリックすることで、「インストール、アクティベーションガイド」を見ることができます。

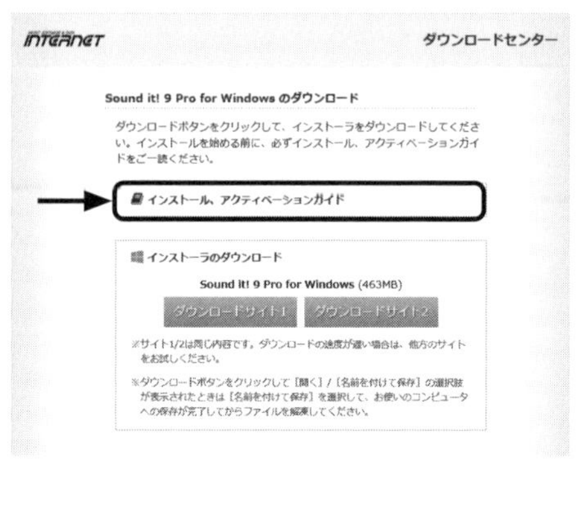

インストールされるもの

Sound it1 9 のインストール時にインストールされるのは、次の３点です。

Sound it! 9（ソフト本体＋付属のプラグインエフェクト）
INASIO Driver（Pro Premium のみ）
ActivateCenter

インストール中の注意点

インストールの途中でコンピュータの再起動を促すメッセージが表示される場合は「いいえ」を選択してそのままインストールを続行しましょう。すべてのインストールが終わってからパソコンを再起動します。

「ランタイムライブラリをインストールしますか」というメッセージが表示された場合、画面の指示にしたがってインストールしましょう。

インストールの流れ

① Sound it! 9 のインストール

Sound it! 9 のインストーラをダブルクリックして Sound it! 9 をパソコンにインストールします。インストーラのファイル名は Pro、Premium、Basic、それぞれ下記のようになります。

Pro の場合……Soundit9ProSetup.exe
Premium の場合……Soundit9PreSetup.exe
Basic の場合……Soundit9BscSetup.exe

注意　お使いのパソコンがファイルの拡張子を表示しない設定になっている場合は「.exe」の部分が表示されません。

②INASIO Driver のインストール（Pro Premium のみ）

Sound it! 9 のインストールが終わると、続けて「INASIO Driver」のインストールがはじまります。

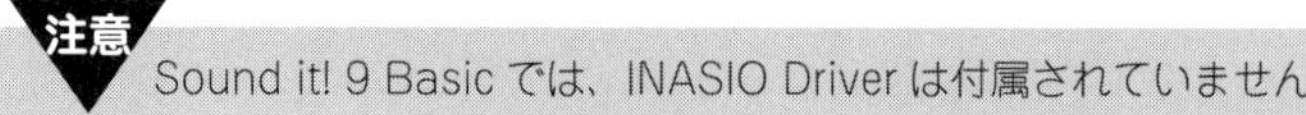

注意
Sound it! 9 Basic では、INASIO Driver は付属されていません。

オーディオインターフェースを使用しない場合は、INASIO Driver をインストールすることをオススメします。パソコンがデータを処理するときに生じる発音の遅延（レイテンシー）が軽減されたり、パソコン内で鳴っている音を Sound it! 9 に録音することができるようになります（LOOPBACK 機能）。

③ActivateCenter のインストール

続けて ActivateCenter というソフトがインストールされます。製品登録とアクティベーション（ライセンス認証）で使用するソフトです。

インストールが完了すると ActivateCenter が起動します。起動しない場合は ActivateCenter のアイコンをクリックして起動させましょう。

※アクティベーションの手順は「インストール、アクティベーションガイド」を参照してください。

ActivateCenter

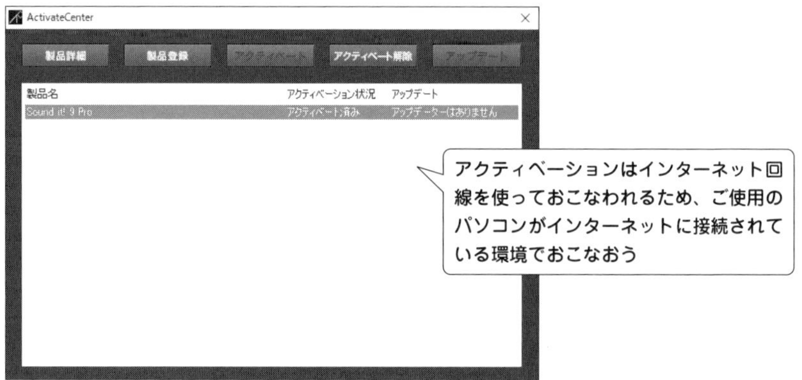

アクティベーションとは

アクティベーションとは、Sound it! 9 のライセンス認証をおこなう作業です。ActivateCenter というソフトを使います。Sound it! 9 は、アクティベーションされたパソコンでのみ使うことができます。

アクティベーションにはパソコン本体でアクティベーションする方法と、USB メモリでアクティベーションする方法の 2 種類があります。

Sound it! 9 をパソコン 1 台だけで使用する場合は、パソコン本体でアクティベーションしましょう。

複数のパソコンに Sound it! 9 をインストールして使用する場合には USB メモリでアクティベーションします。その場合は USB メモリが Sound it! 9 を起動する鍵になるので、アクティベーションされた USB メモリをパソコンにつないでいるときのみ Sound it! 9 を使用することができます。

複数のパソコンに Sound it! 9 をインストールしても同時に使用することはできないのでご注意ください。アクティベーションできるライセンスは 1 つになります。

第2章
録音や再生のための オーディオポートの設定

外部の音声を録音したり、編集中のオーディオデータの音を聞くためには「オーディオポートの設定」をする必要があります。Sound it! 9で作業をはじめる前に、まずは以下の設定を確認しましょう。

パソコン搭載のオーディオ機能を使用する場合の設定

オーディオインターフェースを使用しないで、パソコンだけでSound it! 9を使うときのオーディオポートの設定になります。

※オーディオインターフェースを使用する場合は、「オーディオインターフェースを使用する場合の設定」（42ページ）にお進みください。

手順1 メニューバーの「設定」から「オーディオポートの設定」をクリックして「オーディオポートの設定」画面を表示します。

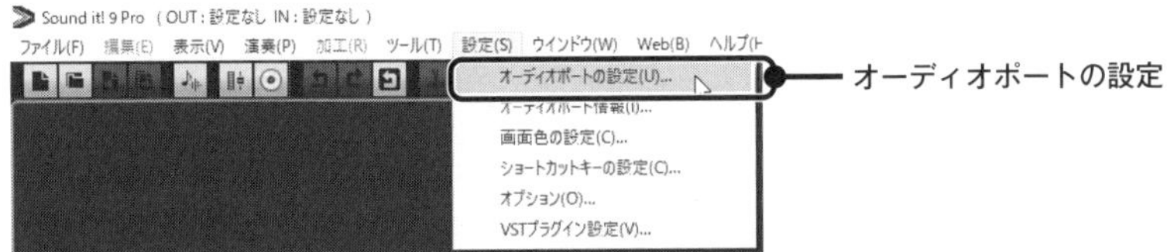

手順2「出力デバイス」の設定をします。音を聞くための設定です。

Pro **Premium** の場合

「INTERNET ASIO-WASAPI［ASIO］」が選択できる場合は、「INTERNET ASIO-WASAPI［ASIO］」を選択します。

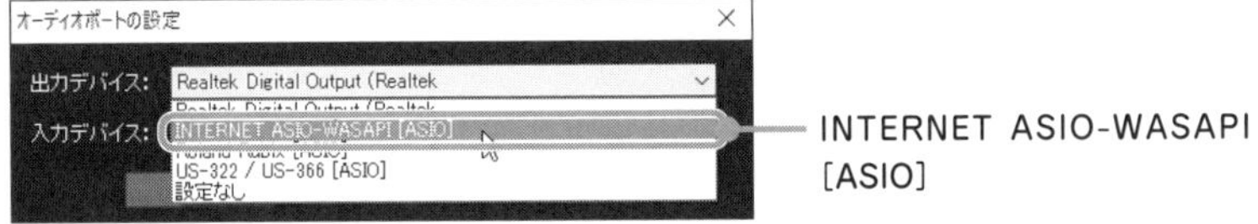

注意

「INTERNET ASIO-WASAPI［ASIO］」はINASIO Driverがインストールされていないと表示されません。INASIO DriverはSound it! 9 Pro、Sound it! 9 Premiumにのみ収録しています。

「INTERNET ASIO-WASAPI［ASIO］」が選択できない場合は、パソコン内蔵のサウンドデバイスを選択します。

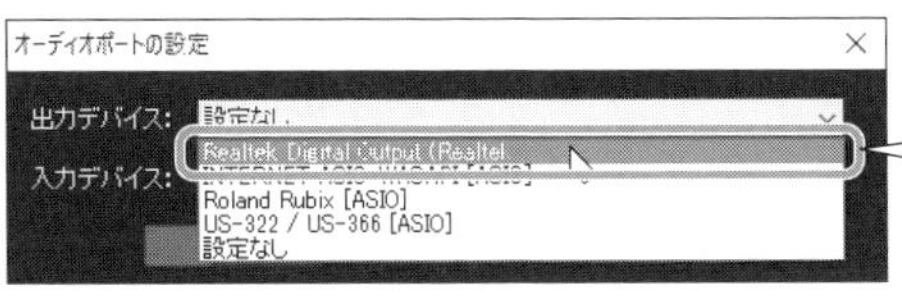

パソコン内蔵のサウンドデバイスは、たとえば「High Definition Audio」や「Realtek High Definition Audio」など、パソコンによって表示が異なる

デバイスって何だ？

パソコンに内蔵されている部品や、パソコンに接続して使う周辺機器のことを「デバイス」といいます。「オーディオポートの設定」画面で出てくるデバイスは、オーディオインターフェースやパソコンに内蔵されているサウンド機器（パソコンが音を出すための機器）などをさしています。つまりここではどの機器を使って音を出すか設定していることになります。

手順３ 次に「入力デバイス」の設定をします。音を録音するときに必要な設定です。

Pro **Premium** の場合

「INTERNET ASIO-WASAPI［ASIO］」を選択します。

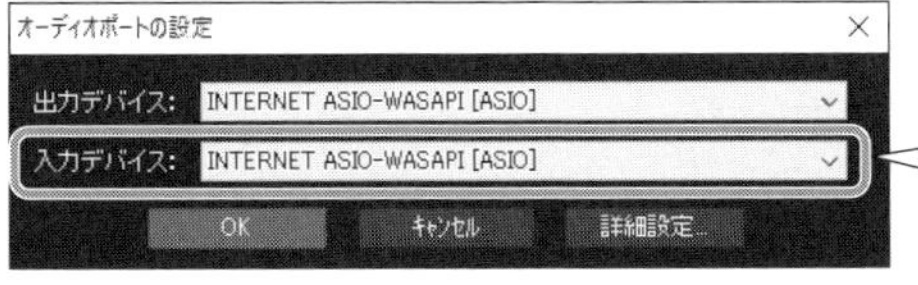

「出力デバイス」で「INTERNET ASIO-WASAPI［ASIO］」を選択すると、「入力デバイス」でも「INTERNET ASIO-WASAPI［ASIO］」が自動で選択される

もしくはパソコン内蔵のサウンドデバイスを選択します。

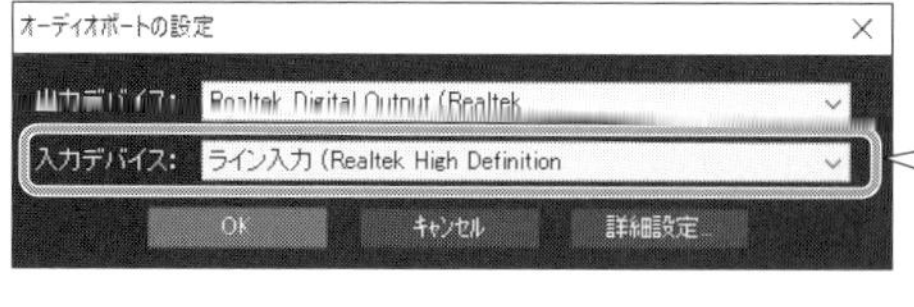

パソコンの入力端子にオーディオケーブルをつないでいないと、「入力デバイス」にパソコン内蔵のサウンドデバイス名が表示されないことがある。その場合は外部機器をつないで録音するときに設定を見なおすとして、ここでは「設定なし」を選択しておこう

オーディオ録音 / 再生の詳細設定

「オーディオポートの設定」画面で「詳細設定」ボタンをクリックすると「オーディオ録音 / 再生の詳細設定」画面が表示されます。この画面では、パソコン内蔵のサウンドデバイスなど、Windowsドライバのデバイス（デバイス名に［ASIO］とついていないもの）を選択したときにレイテンシーの設定をおこなうことができます。

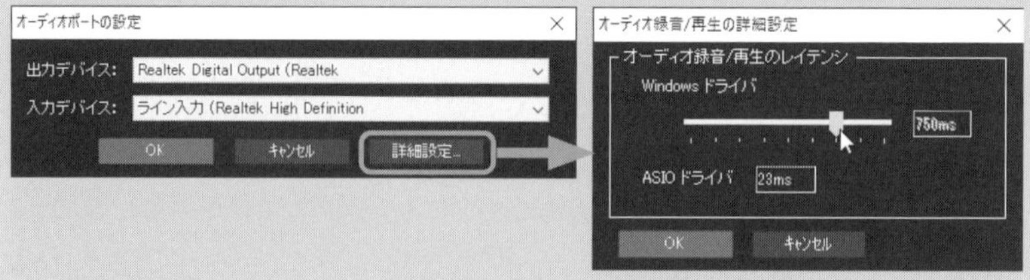

表示されるスライダーをドラッグすると、録音 / 再生時の音質や、Sound it! 9を操作したときの反応速度の調整ができるようになっています。スライダーが左側になるほど反応速度が速くなりますが、音質は悪くなります。スライダーが右側になるほど反応速度は遅くなりますが、音質は良くなります。

お使いのパソコンの性能などで変わってくるので、まずは初期設定の値で作業してみて反応速度の遅れが気になるときにスライダーを少し左にしてみるなどの調整をしていくといいでしょう。

設定した値の反応を確かめるには、「OK」ボタンをクリックして一度「オーディオポートの設定」画面を閉じる必要があります。実際に作業して反応速度を見ながら、必要であればもう一度これらの画面を開いてスライダーをドラッグし、値を調整してください。

手順４「OK」ボタンをクリックします。

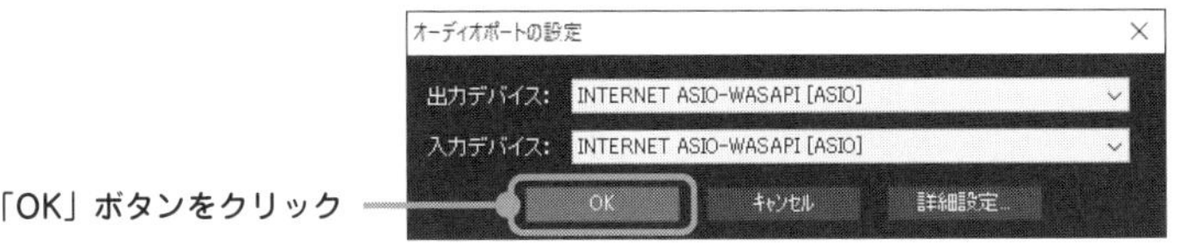

内蔵のサウンドデバイスを選択していた場合

「オーディオポートの設定」画面が閉じて設定が終了します。

「INTERNET ASIO-WASAPI［ASIO]」を選択していた場合

「ASIO 設定」画面が開きます。

この画面ではサンプリングレートの設定などがおこなえます。サンプリングレートの設定は初期設定の状態のままで大丈夫です。そのまま「OK」ボタンをクリックして「ASIO 設定」画面を閉じます。

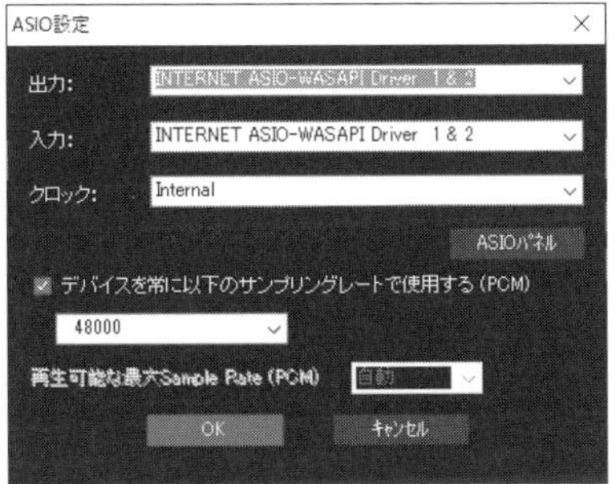

「ASIO 設定」画面

「ASIO 設定」画面では出力先を選択するなど、さらに細かい設定をおこなうことができます。必要に応じて以下を参考に設定しましょう。

「出力」（Ⓐ）と「入力」（Ⓑ）

複数の入力口、出力口を持つデバイスの場合は、どの入力口、出力口を使用するか選択することができます。INTERNET ASIO-WASAPI[ASIO] では固定になっています。

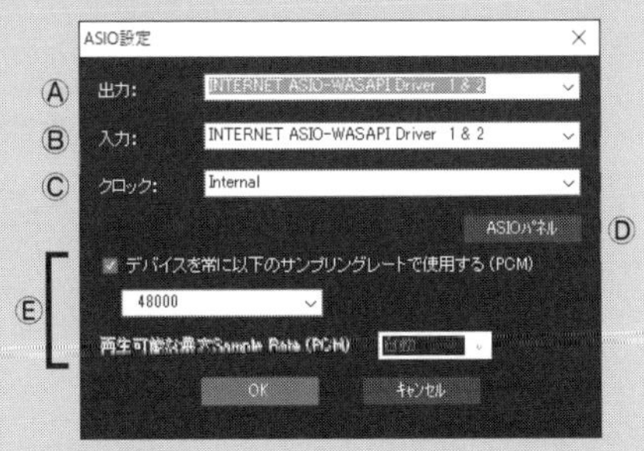

「クロック」(Ⓒ)

クロックは使用するドライバにあわせたものが表示されるので、そのままでかまいません。

「ASIO パネル」(Ⓓ)

YouTube などのパソコンの音声を録音できる LOOPBACK 機能の設定をすることができます。

「ASIO パネル」ボタンをクリックすると「INTERNET ASIO-WASAPI ドライバ」画面が表示されます。

「SHARE」を選択し、「LOOPBACK を有効にする」にチェックを入れることで LOOPBACK 機能が有効になります。設定後は「OK」ボタンをクリックします。

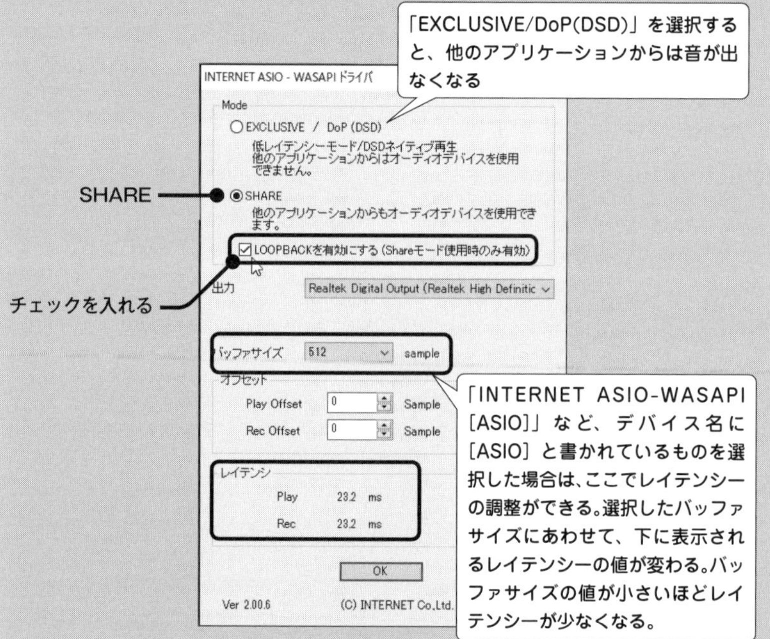

サンプリングレートの設定(Ⓔ)をする場合

「デバイスを常に以下のサンプリングレートで使用する(PCM)」にチェックを入れることでサンプリングレートを固定できます。チェックを入れないと「再生可能な最大 Sample Rate(PCM)」で値が設定できます。

チェックを入れた場合

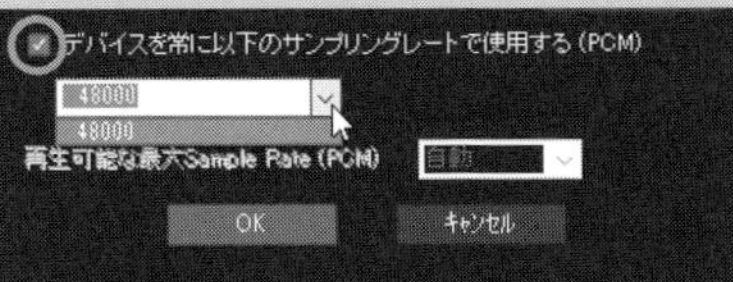

チェックを入れない場合

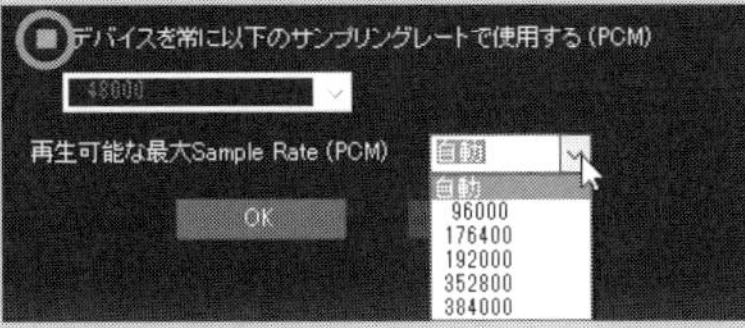

コラム ASIO とレイテンシー

ASIO は「Audio Stream Input Output」の略称で、「アジオ」と呼ばれています。外部機器とパソコンの間で音楽データをスムーズにやりとりするために考えられた規格の 1 つです。

ASIO の規格に対応したものを使うことで、パソコンに負荷をかけないデータのやりとりが実現できます。

たとえば、編集中のオーディオデータを聞くために「再生」ボタンをクリックしたとします。このときに「再生」ボタンを押してから音が出るまでに若干の遅れが生じることがあります。これはパソコンが音を出そうとしてから、実際に音が出るまでの処理に時間がかかってしまうために起こる現象です。この遅れを「レイテンシー」といいます。

レイテンシーの割合は使用する機器（オーディオインターフェースやパソコン内蔵のサウンドデバイス）によって異なります。ASIO の規格に対応している機器はこのレイテンシーを少なく（短い時間に）してくれます。

Sound it! 9 で使用できる「INTERNET ASIO-WASAPI［ASIO］」は、ASIO に対応していない機器（パソコン内蔵のサウンドデバイスなど）を低レイテンシーで使えるようにしてくれます。

オーディオインターフェースを使用する場合の設定

オーディオインターフェースをつないで、Sound it! 9 を使う場合のオーディオポートの設定を紹介します。

※ここでは例としてローランド社のオーディオインターフェース（Rubix24）を使用して説明しています。

※オーディオインターフェースを使用しない場合は、「パソコン搭載のオーディオ機能を使用する場合の設定」（36 ページ）にお戻りください。

手順 1 メニューバーの「設定」から「オーディオポートの設定」をクリックして「オーディオポートの設定」画面を表示します。

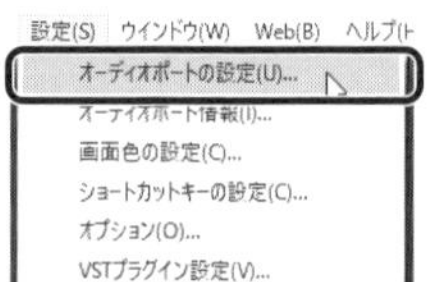

手順 2 「出力デバイス」の設定をします。音を聞くための設定です。

「出力デバイス」で使用するオーディオインターフェースを選択します。

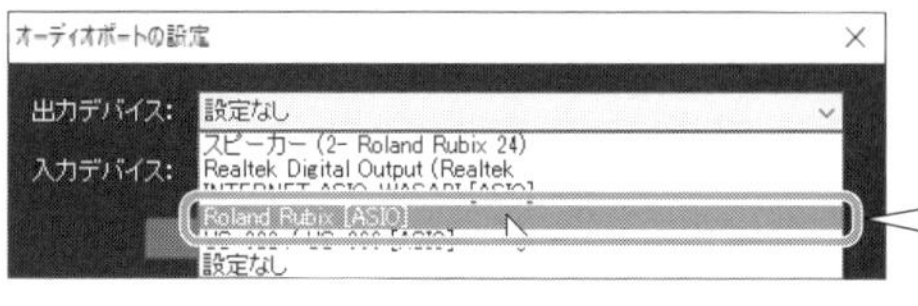

オーディオインターフェース名に［ASIO］とついているものがあれば、そちらを選択しましょう。

デバイスって何だ？

パソコンに内蔵されている部品や、パソコンに接続して使う周辺機器のことをデバイスといいます。「オーディオポートの設定」画面で出てくるデバイスは、オーディオインターフェースやパソコンに内蔵されているサウンド機器（パソコンが音を出すための機器）などをさしています。つまりどの機器を使って音を出すか設定していることになります。

手順３「入力デバイス」の設定をします。こちらは音を録音するときに必要な設定になります。

「入力デバイス」で使用するオーディオインターフェースを選択します。

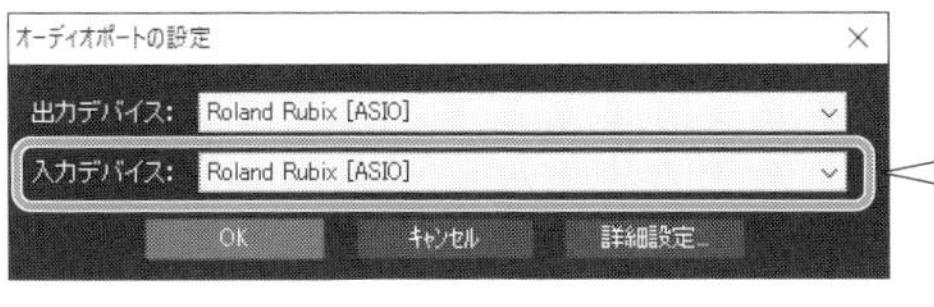

「出力デバイス」で［ASIO］という名前がついたオーディオインターフェースを選択すると、「入力デバイス」でも同じものが自動で選択されます。

ヒント
「オーディオポートの設定」画面で「詳細設定」ボタンをクリックすると「オーディオ録音 / 再生の詳細設定」画面が表示されます。詳細については 38 ページのヒント「オーディオ録音 / 再生の詳細設定」を参照してください。

手順４「OK」ボタンをクリックします。

デバイス名に［ASIO］と書かれていないものを選択した場合

「オーディオポートの設定」画面が閉じて設定が終了します。

デバイス名に［ASIO］と書かれているものを選択した場合

「ASIO 設定」画面が開きます。

この画面ではサンプリングレートの設定などがおこなえます。サンプリングレートの設定は初期設定の状態のままで大丈夫です。そのまま「OK」ボタンをクリックして「ASIO 設定」画面を閉じます。

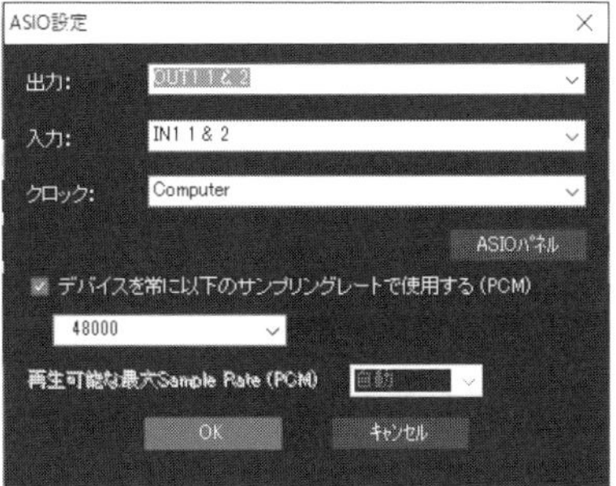

ヒント
「ASIO 設定」画面では出力先を選択するなどさらに細かい設定をおこなうことができます。詳細については 39 ページのヒント「「ASIO 設定」画面」を参照してください。

コラム サンプリング周波数と量子化ビット数

オーディオデータを扱うときに「44100Hz/16Bit」というような数値を見ることがあります。この44100Hzという値はサンプリング周波数を、16Bitという値は量子化ビット数を表しています。

サンプリング周波数とは

1秒間にどれだけ細かくデータを記録するかを表しています。44100Hzとは1秒間に44100回記録しているということで、数字が大きいほどより原音に近くなります。この数字をサンプリングレートといいます。

量子化ビット数とは

音を記録するときに0から最大値までの音量を何段階に分けるかを表しています。bitを使って表し数字が大きいほど音量差を細かく記録することができます。つまり音のダイナミクスが細かく表現できます。8bitでは256段階、16bitでは65536段階に分けて記録しています。

サンプリング周波数と量子化ビット数をイラストで見てみると次のようになります。

アナログの信号をデジタルで記録するときには、このようにサンプリング周波数と量子化ビット数で区切って記録されます。量子化ビット数とサンプリング周波数のそれぞれの値が大きいほど区切りの線も細かくなるのでデジタルにしたときにも原音に近くなります。ただしデータの容量も大きくなるので注意が必要です。

音楽CDは44100Hz/16Bitで作られています。この44100Hz/16Bitよりもサンプリング周波数や量子化ビット数が高く記録されたデータをハイレゾ（ハイレゾリューションオーディオ）と呼びます。

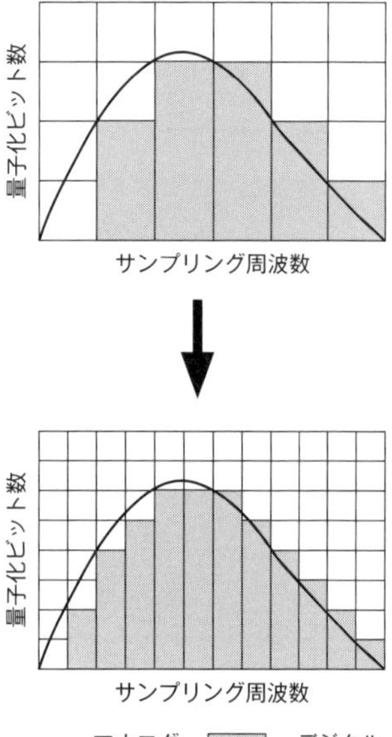

第3章
画面紹介

Sound it! 9 の操作画面

まずはSound it! 9の操作画面を見てみましょう。Sound it! 9はこのような画面で構成されています。

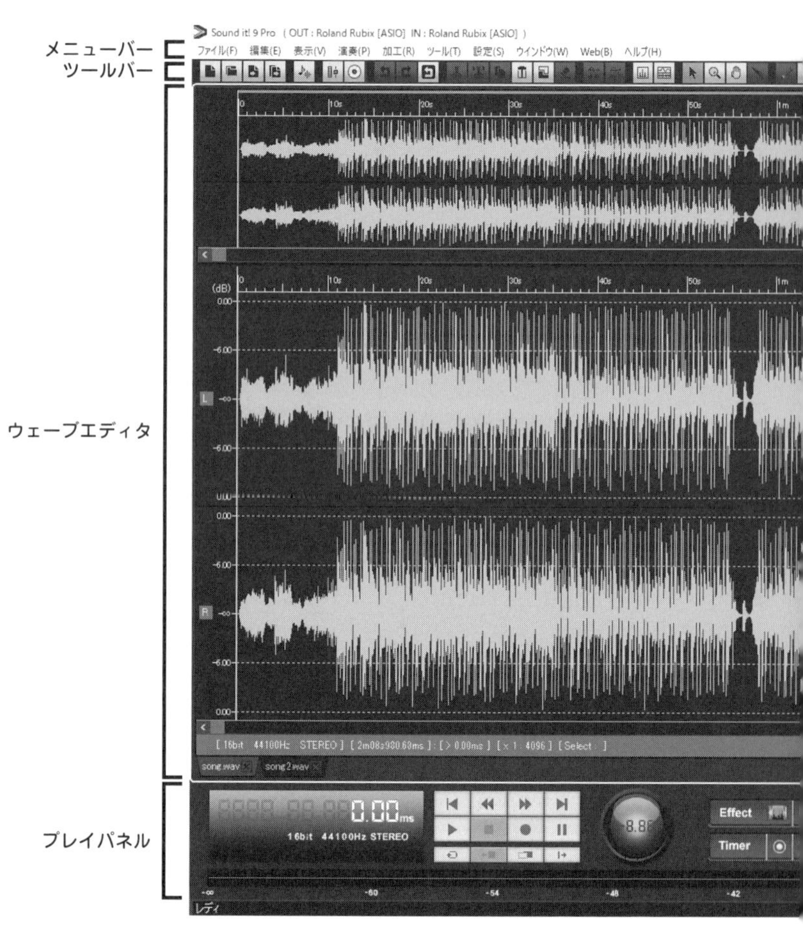

ワンウィンドウモード【新機能】

今回のバージョンからウェーブエディタはSound it! 9の画面の中に最大化されて表示されるようになりました。これを「ワンウィンドウモード」といいます。

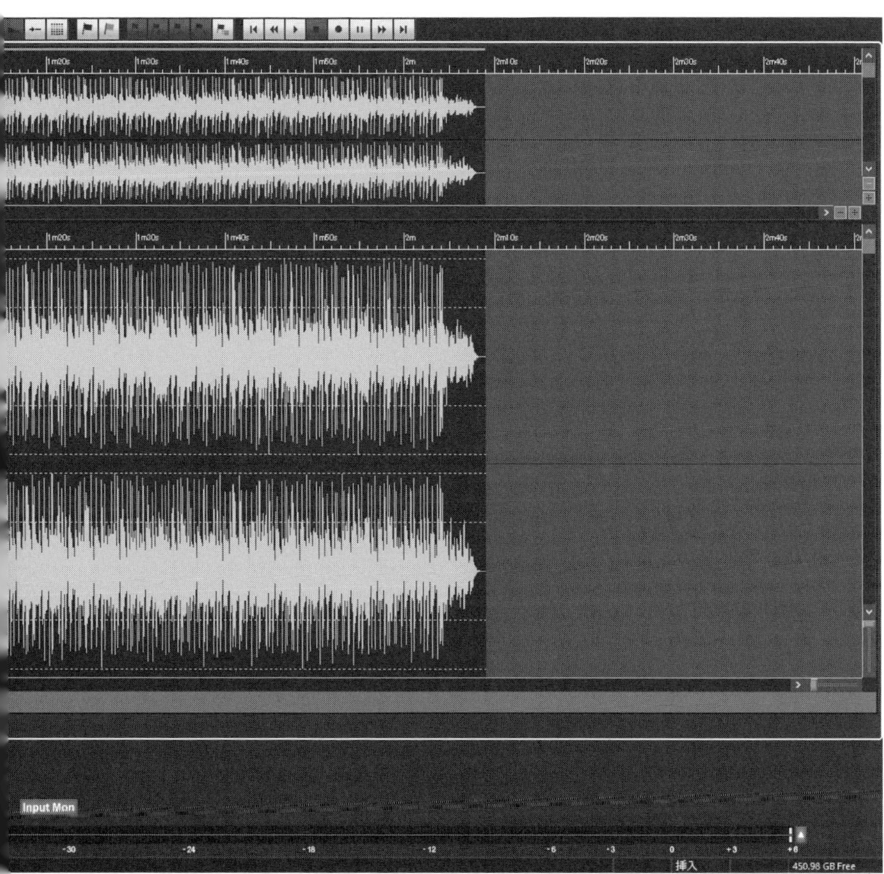

複数のウェーブエディタを表示する

Sound it! 9は複数のオーディオデータを読み込んで編集することができます。1つのオーディオデータは1つのウェーブエディタで表示されます。ウェーブエディタ左下のタブをクリックすることで表示させるウェーブエディタを選択できます。

タブは、左右にドラッグして並び順を入れ替えることができます。

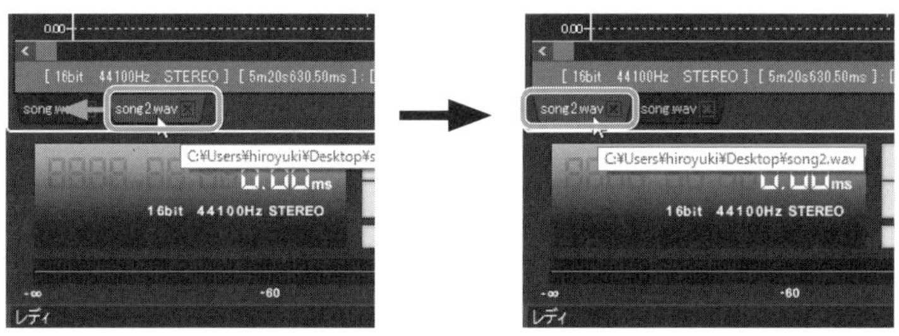

タブを上下どちらかにドラッグすると、選択していたウェーブエディタをフローティングで表示できます。

ヒント　フローティング表示させたいウェーブエディタのタブをクリックして選択し、メニューバーの「ウィンドウ」から「フローティング」を選択することでもフローティング表示させることができます。

またメニューバーの「ウィンドウ」から「すべてフローティング」を選択すると、開いているウエーブエディタがすべてフローティング表示されます。

SIO］）
ウインドウ(W)　Web(B)　ヘルプ(H)
次のタブを表示(N)　Ctrl+Tab
前のタブを表示(P)　Ctrl+Shift+Tab
すべて閉じる(A)
アクティブなウィンドウ以外すべて閉じる(E)
アクティブなタブグループを閉じる(T)
アクティブなタブグループ以外すべて閉じる(X)
フローティング(F)
すべてフローティング(L)
ドッキング(D)
すべてドッキング(O)
垂直に分割(V)
水平に分割(H)
次のタブグループへ移動(G)
すべて次のタブグループへ移動

フローティングで表示されたウェーブエディタは、画面下部にドラッグすることでワンウィンドウモードのドッキング表示に戻ります。

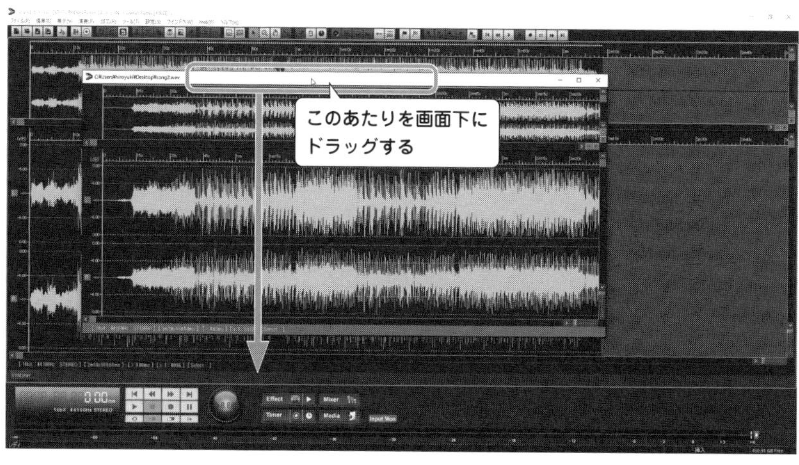

また複数のオーディオデータを読み込んでいるとき、メニューバーの「ウィンドウ」から「垂直に分割」や「水平に分割」を選択することでウェーブエディタを垂直や水平に並べて表示することもできます（次ページ図参照）。

垂直に分割

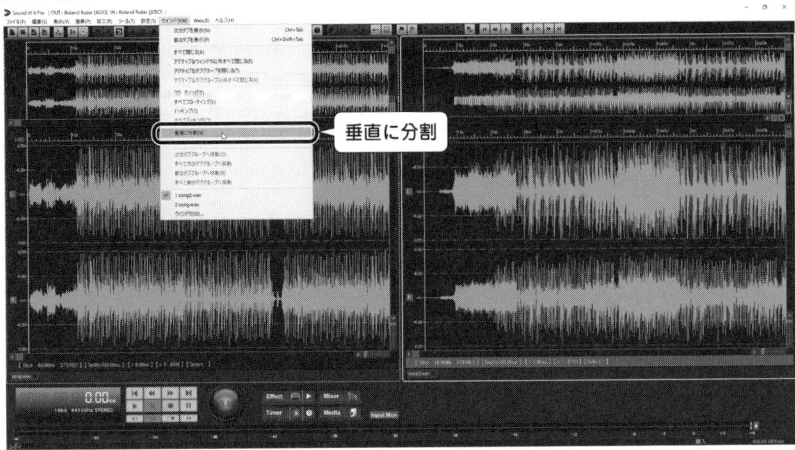

水平に分割

ヒント　垂直、水平に並べて表示されたウェーブエディタは、タブを上下どちらかにドラッグして一度フローティングで表示することで垂直、水平が解除されます。

次項より各ウィンドウをそれぞれ紹介していきます。

ウェーブエディタ

ウェーブエディタはSound it! 9の作業の中心となる画面です。

ディスプレイウィンドウとエディットウィンドウ

ウェーブエディタはディスプレイウィンドウとエディットウィンドウの２つの画面で構成されていて、読み込んだオーディオデータがそれぞれの画面で表示されます。

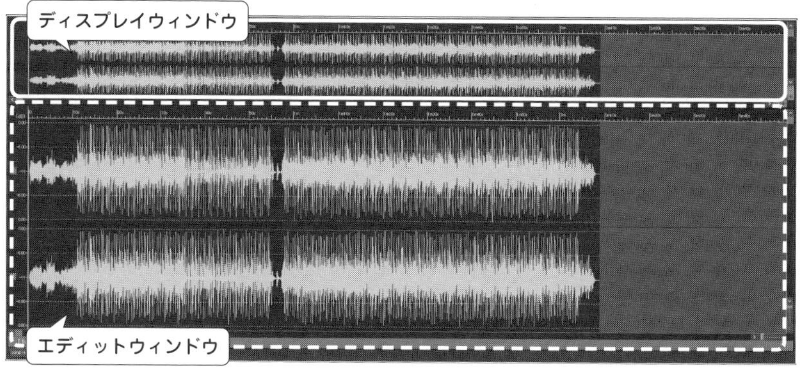

ディスプレイウィンドウは読み込んだオーディオデータの全体像を把握したり、編集したい範囲を選択するのに使用します。

エディットウィンドウにはディスプレイウィンドウで選択した範囲が拡大して表示されます。エディットウィンドウでは表示された波形を使って編集作業をおこないます（次ページ図参照）。

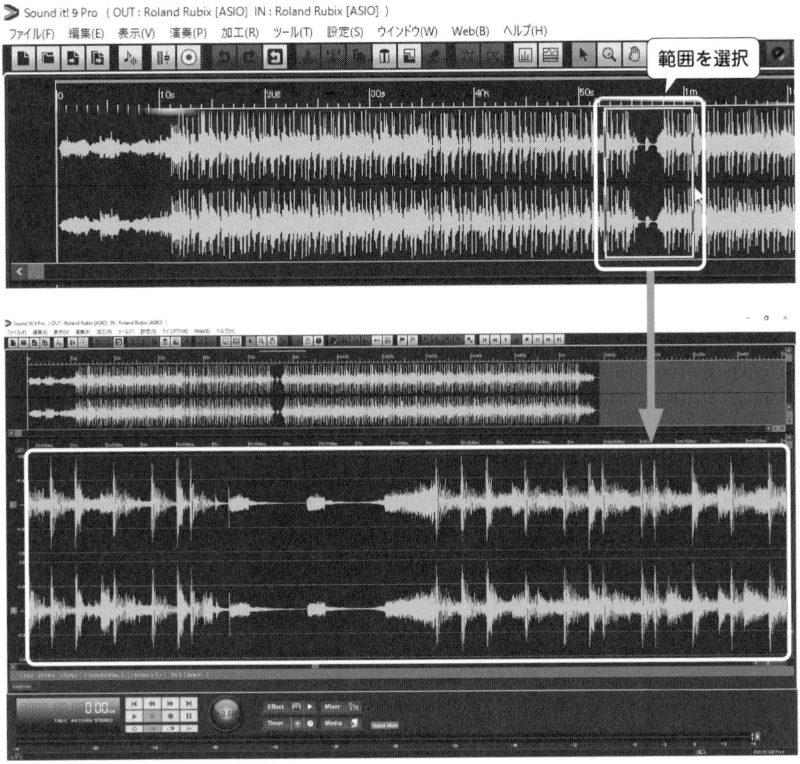

選択した範囲は、ディスプレイウィンドウの上部に緑色のバーで表示されます。このバーの少し下にマウスカーソルを移動すると手のひらのアイコンが表示され、ドラッグすることで選択されている範囲を左右に移動させることができます。

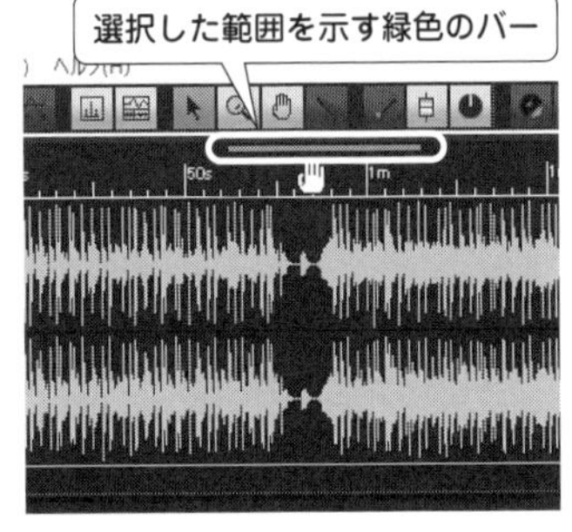

ウィンドウの拡大縮小

ディスプレイウィンドウはウィンドウ右下の「＋」「－」ボタンで、エディットウィンドウはウィンドウ右下のスライダーで縦幅、横幅、それぞれを個別に拡大縮小できます。

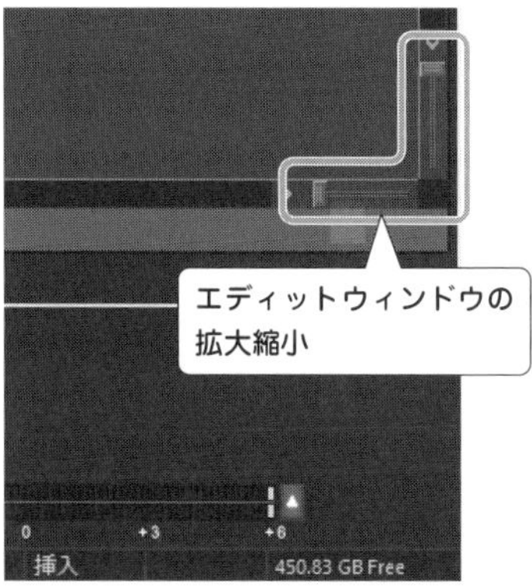

エディットウィンドウの横幅を拡大した場合

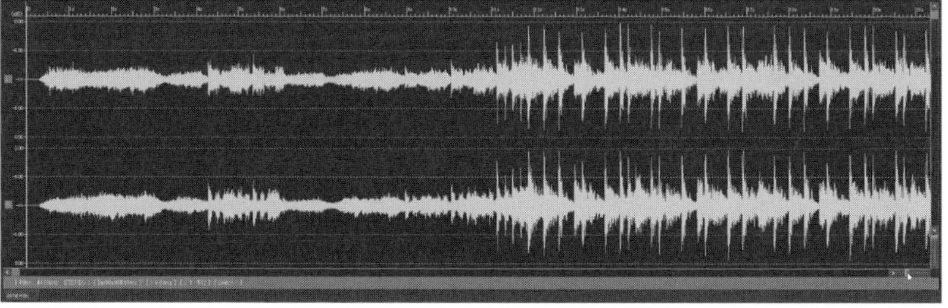

エディットウィンドウの横幅を縮小した場合

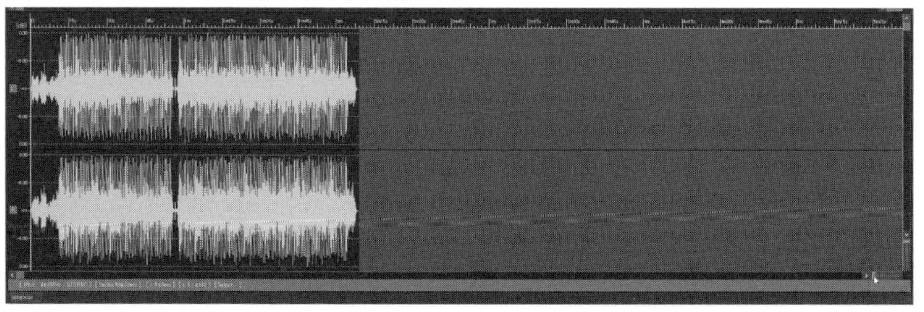

画面構成

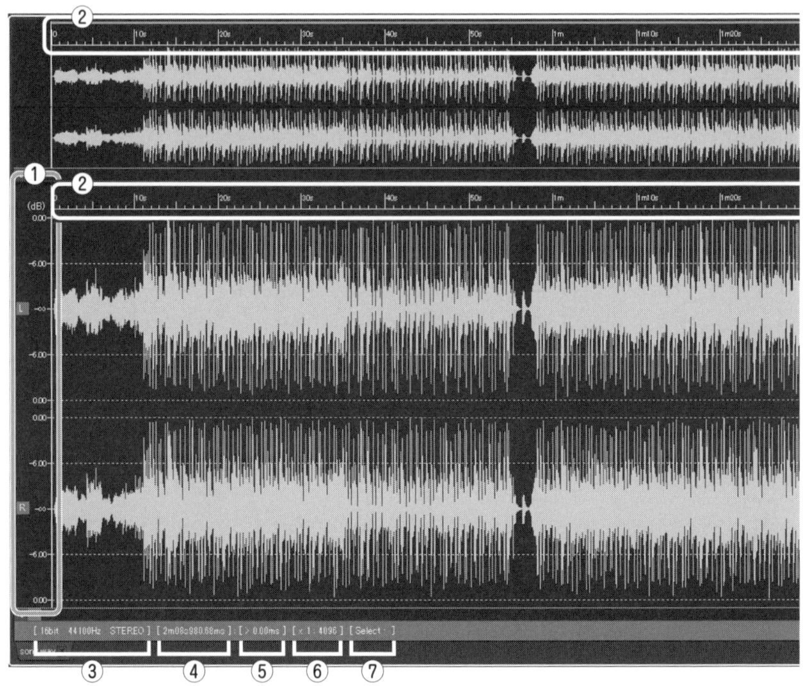

① 縦軸はオーディオデータのレベルを「%（パーセント）」または「dB（デシベル）」で表示します。目盛り部分を右クリックして表示されるポップアップメニューから縦軸に表示するものを選択できます。

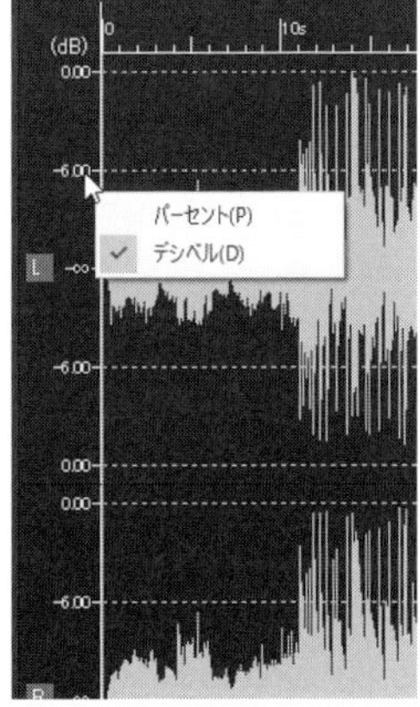

② 横軸は「時間」「サンプル」または「拍子」を表示します。ディスプレイウィンドウとエディットウィンドウでは同じものが表示されます。目盛り部分を右クリックして表示されるポップアップメニューから横軸に表示するものを選択できます。

ヒント　メニューバーの「表示」メニューの「縦軸」「横軸」からも縦軸、横軸に表示させるものを選択することができます。

また「横軸」はツールバーの「表示切り替え」ボタンをクリックして切り替えることもできます。

「表示切り替え」ボタン

③ データのフォーマット（量子化ビット数、サンプリング周波数、ステレオかモノラルか）

④ データの長さ（時間、サンプル、または拍子表示）

⑤ カーソル位置（時間、サンプル、または拍子表示）

⑥ エディットウィンドウのズーム倍率

⑦ 範囲選択しているとき
→ 選択範囲（時間、サンプル数、または拍子表示）

[16bit 44100Hz STEREO] [2m08s980.68ms] [> 48s483.27ms] [x 1 : 4096]

録音しているとき
→ 録音経過時間

[16bit 44100Hz STEREO] [2m08s980.68ms] [> 51s842.27ms] [x 1 : 4096] [Select :] [REC : 02s951.88ms]

選択範囲を拡大 / 縮小しているとき
→ ズーム倍率と、時間、サンプル数、または拍子表示

[16bit 44100Hz STEREO] [2m08s980.68ms] [> 54s056.05ms] [x 1 : 4096] [Select :] [Zoom : x 1 : 512 54s148.93ms - 57s957.01ms]

スペクトル表示【新機能】

Pro **Premium**

ウェーブエディタはスペクトル表示に切り替えることもできます。メニューバーの「表示」メニューから「スペクトル表示」を選択することでスペクトル表示に切り替わります。もう一度選択すると波形表示に戻ります。

スペクトル表示は、時間ごとの周波数レベルの変化を色分けして表したものです。

（周波数が高い）赤 >> 黄 >> 緑 >> 青 >> 紫 >> 黒（周波数が低い）

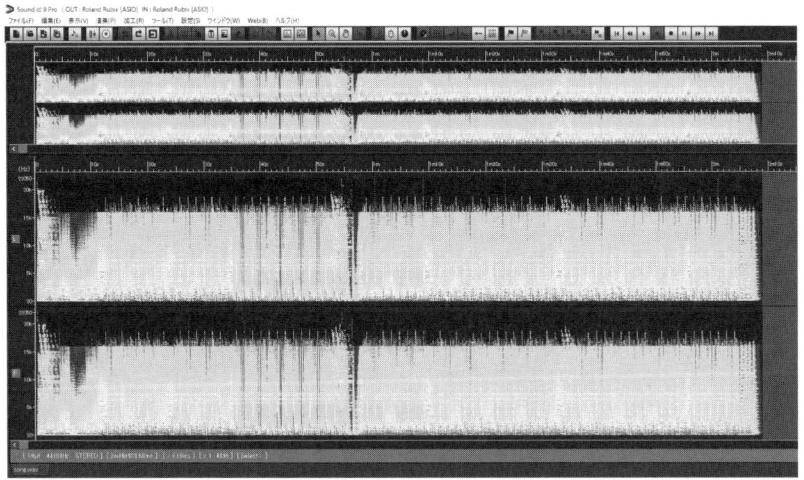

スペクトル表示のときは、縦軸の目盛り部分を右クリックして表示されるポップアップメニューから、縦軸に表示するものを「リニア（普通のグラフ）」と「ログ（対数）」で切り替えできます。

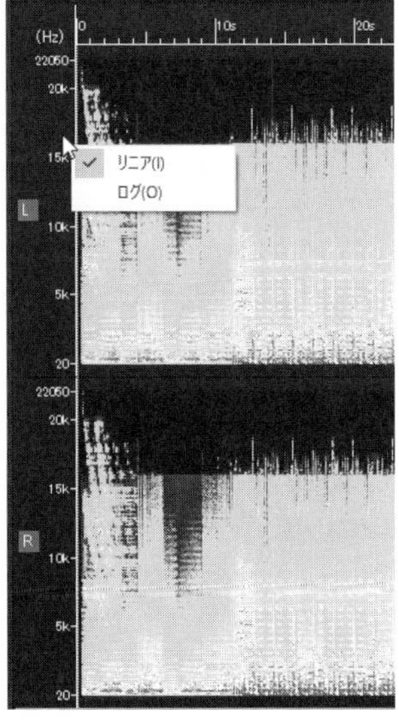

プレイパネル

プレイパネルは録音や演奏に関する操作をおこなうパネルになります。またエフェクトの設定や、ミキサーやメディアブラウザなどの画面を表示させることもできます。

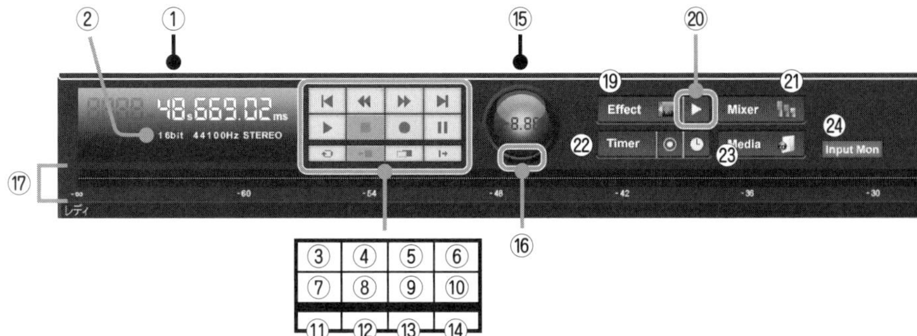

① **カーソル位置表示**　現在のカーソル位置を表示します。ウェーブエディタの横軸で選択されている単位で表示されます。

② **オーディオフォーマット表示**　ウェーブエディタで開いているオーディオデータのフォーマットを表示します。現在アクティブになっているウェーブエディタのものが表示されます。

③ **先頭へ**　データの先頭位置にカーソルを移動します。

④ **巻き戻し**　カーソルを先頭の方向へ戻します。

⑤ **早送り**　カーソルをデータの最後の方向へ進めます。

⑥ **最後へ**　データの最後にカーソルを移動します。

⑦ **再生**　カーソル位置から再生を開始します。

⑧ **停止**　再生 / 録音を停止します。ボタンをクリックした位置で停止します。

⑨ **録音開始**　カーソル位置から録音を開始します。

⑩ **録音一時停止**　録音を一時的に停止します。もう一度クリックすると録音を再開します。

⑪ **選択範囲をくり返し再生**　ボタン点灯で選択範囲をくり返し再生します。

⑫ **カーソル開始位置で停止**　停止時にカーソルを再生 / 録音開始した位置に戻します。

⑬ **上書き録音**（Pro のみ）　ボタン点灯で上書き録音されます。ボタン消灯では録音した音声はその位置に挿入されます。

⑭ **選択開始位置から再生**　ボタン点灯で選択範囲の再生を停止したあとに、再生すると選択範囲の頭から再生されます。

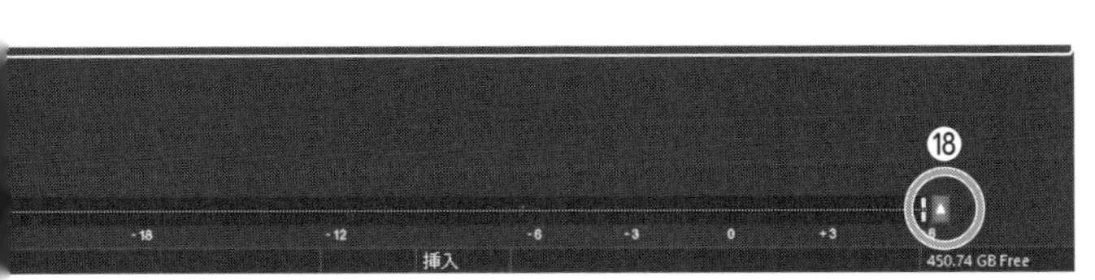

ショートカット

よく使うので覚えると便利！

パソコンの入力モードが半角英数の状態でスペースキーを押すと再生が開始し、もう一度押すと停止します。

演奏が停止している状態で Home キーを押すとデータの先頭位置にカーソルが移動します。

R キーを押すと録音が開始します。

⑮ **ジョグダイアル**　ダイアルをドラッグして早送り、巻き戻しができます。操作角度に応じた再生速度（ダイヤル中央に表示）で順方向 / 逆方向再生をします。

順方向に再生

逆方向に再生

⑯ **ホールド**　ボタンを点灯した状態でジョグダイアルを操作すると操作位置を固定することができます。

3.00
ダイアル中央の値で固定
ヒント
ジョグダイアルの上で右クリックすると、数値を直接入力することもできます。
右クリック
3.00

⑰ **レベルメーター**　録音 / 再生時のレベルをデシベル（dB）で表示します。

⑱ **ピークホールド**　ボタン点灯で現在までのピーク値を表示します。

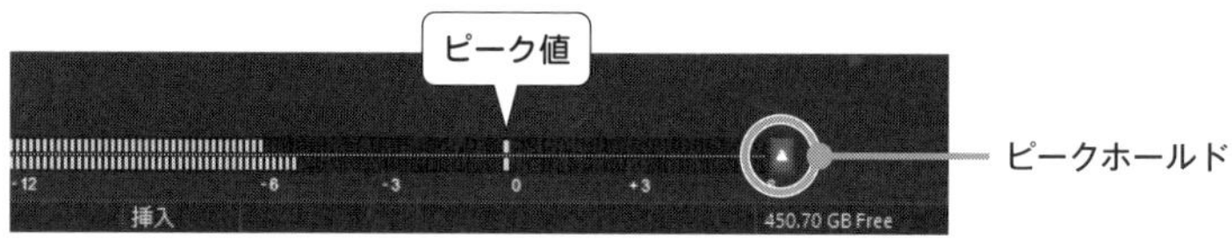

⑲ **エフェクト（Effect）**　エフェクトを選択してオーディオデータにエフェクトをかけることができます。

⑳ **エフェクトパネル**　「エフェクト（Effect）」ボタンで選択されているエフェクトのエディター画面を表示します。

㉑ **ミキサーを開く（Mixer）**　ボタン点灯でミキサーを表示、消灯でミキサーを非表示にします。

㉒ **Rec Option**

……録音を自動で停止させる時間の設定ができます。

……タイマー録音の設定ができます。

㉓ **メディアブラウザを開く（Media）**　ボタン点灯でメディアブラウザを表示、消灯でメディアブラウザを非表示にします。

㉔ **INPUT MONITOR（Pro のみ）**　ボタン点灯で入力信号をモニターすることができます。オーディオポートの設定で ASIO ドライバを指定している場合にのみ有効です。

ヒント
プレイパネルが表示されていないときは、メニューバーの「ツール」から「プレイパネル」を選択すると表示されます。

メニューバー

メニューバーから Sound it! 9 のさまざまな操作が実行できます。

ここではメニューごとにそれぞれどんなことができるか主な内容を見てみましょう。

ファイル　ファイルの新規作成や、既存のファイルの読み込み、編集したオーディオデータの保存などがおこなえます。

編集　カット、コピー、ペーストなどオーディオデータの編集や、マーカーの編集などができます。

表示　ミキサーやメディアブラウザを表示したり、ウェーブエディタの拡大縮小などができます。主に表示に関する設定がおこなえます。

演奏　録音や再生に関する操作がおこなえます。

加工　エフェクト処理やフォーマットの変更などオーディオデータの加工がおこなえます。

ツール　音楽CDからのファイル抽出や、バッチ処理などのツール的な要素を含むコマンドが実行できます。

設定　オーディオデバイスの設定や、その他のオプション設定がおこなえます。音が鳴らなかったり、録音できなかったりした場合は「オーディオポートの設定」を確認しましょう。

ウィンドウ　現在開いているウィンドウのレイアウトがおこなえます。

Web　インターネット社ホームページに接続して、ソフトのアップデートなどがおこなえます。

ヘルプ　マニュアルやバージョン情報などを見ることができます。

ツールバー

ツールバーは、メニューバーの中でよく使うメニューをボタンにして用意したものです。活用することで、すばやく目的の操作をおこなうことができます。

Sound it! 9 Pro (OUT : Roland Rubix [ASIO] IN : Roland Rubix [ASIO])
ファイル(F) 編集(E) 表示(V) 演奏(P) 加工(R) ツール(T) 設定(S) ウインドウ(W) Web(B) ヘルプ(H)
ツールバー

ツールバーは、「メインツール」「編集ツール」「加工ツール」「マーカーツール」「プレイツール（演奏ツール）」で構成されています。これらのツールが画面に表示されていないときは、メニューバーの「表示」→「ツールバー」の中で目的のツールを選択することで表示されます。

メインツール

① ② ③ ④ ⑤ ⑥ ⑦

① **新規作成**　新規ファイルを作成します。

② **開く**　既存のファイルを開きます。

③ **上書き保存**　編集中のファイルを上書き保存します。

④ **名前を付けて保存**　編集中のファイルを名前を付けて保存します。

⑤ **MIDI データの読み込み**　MIDI データをオーディオデータとして読み込みます。

⑥ **ミキサー**　ミキサーの表示 / 非表示を切り替えます。

⑦ **プレイリスト**　プレイリストの表示 / 非表示を切り替えます。

編集ツール

⑧ **元に戻す**　直前の操作を取り消します

⑨ **再実行**　［元に戻す］で取り消した操作を再度、実行します

⑩ **アンドゥ履歴**　アンドゥ履歴の表示 / 非表示を切り替えます。

⑪ **カット**　選択範囲のデータを削除します。

⑫ **トリム**　選択範囲のデータを残して、それ以外の領域をすべて削除します。

⑬ **コピー**　選択範囲のデータを複写します。

⑭ **ペースト**　カットやコピーしたデータをカーソル位置に貼り付けます。

⑮ **マージ**　カットやコピーしたデータをカーソル位置以降のデータに重ねて貼り付けます。

⑯ **消去**　選択範囲のデータを消去して無音状態にします。

⑰ **ゼロクロス　内側に補正（選択範囲を内側にゼロ・クロス補正）**　選択範囲の開始点と終了点を内側で最初に見つかったゼロクロスに補正します。

⑱ **ゼロクロス　外側に補正（選択範囲を外側にゼロ・クロス補正）**　選択範囲の開始点と終了点を外側で最初に見つかったゼロクロスに補正します。

⑲ **横軸の表示切替え**　ウェーブエディタの横軸の表示単位を切り替えます。

⑳ **全体表示**　ディスプレイウィンドウとエディットウィンドウにデータ全体を表示します。

㉑ **エディットカーソル**　選択範囲や演奏開始位置をマウスで指定する場合に使用します。

㉒ **拡大 / 縮小カーソル**　任意の位置を拡大 / 縮小する場合に使用します。

㉓ **手のひらカーソル**　ドラッグして画面をスクロールする場合に使用します。

㉔ **サンプル単位の修正**　マウスで波形を描いて修正するときに使用します。

㉕ **コントロール入力ツール**（Pro Premium のみ）　ディスプレイウィンドウに表示されるミキサーコントロールの値をマウスで描いて入力 / 編集します。

㉖ **Volume**（Pro Premium のみ）　ディスプレイウィンドウに Volume を表示します。

㉗ **Pan**（Pro Premium のみ）　ディスプレイウィンドウに Pan を表示します。

加工ツール

㉘ ㉙ ㉚ ㉛ ㉜ ㉝

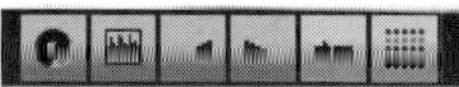

㉘ **ゲイン**　選択範囲の音量を変更します。

㉙ **ノーマライズ**　選択範囲にノーマライズをかけます。

㉚ **フェードイン**　選択範囲の音量を徐々に大きくします。

㉛ **フェードアウト**　選択範囲の音量を徐々に小さくします。

㉜ **ブランク**　カーソル位置に無音部を挿入します。

㉝ **Sonnox ノイズリダクション**　Sonnox ノイズリダクションウィンドウを表示します。

マーカーツール

㉞ ㉟ ㊱ ㊲ ㊳ ㊴ ㊵

㉞ **マーカーを置く**　カーソル位置に属性なしマーカーを置きます。

㉟ **分割マーカーを置く**　カーソル位置に分割マーカーを置きます。

㊱ **先頭へジャンプ**　先頭のマーカー位置にカーソルが移動します。

㊲ **前へジャンプ**　1つ前のマーカー位置にカーソルが移動します。

㊳ **次へジャンプ**　1つ後のマーカー位置にカーソルが移動します。

㊴ **最後へジャンプ**　最後尾のマーカー位置にカーソルが移動します。

㊵ **マーカー一覧表示**　マーカー一覧表示ウィンドウを表示 / 非表示します。

プレイツール（演奏ツール）

㊶ ㊷ ㊸ ㊹ ㊺ ㊻ ㊼ ㊽

㊶ **先頭へ**　データの先頭にカーソルを移動します。

㊷ **巻戻し**　データの先頭の方向にカーソルを移動します。

㊸ **再生**　カーソル位置から再生を開始します

㊹ **停止**　再生／録音を停止します。カーソルは現在位置で停止します。

㊺ **録音開始**　カーソル位置から録音を開始します

㊻ **録音一時停止**　録音を一時的に停止します。もう一度押すと録音再開します。

㊼ **早送り**　データの最後の方向にカーソルを移動します。

㊽ **最後へ**　データの最後にカーソルを移動します。

ヒント　ツールバーの左端をドラッグすることで、フローティングで表示することもできます。

このあたりをつかむ

ツールバーを画面上段にドラッグすると、もとのドッキングした状態に戻ります。またツールバーは、画面左端、または右端にドッキングさせて表示することもできます。

左端にドッキング

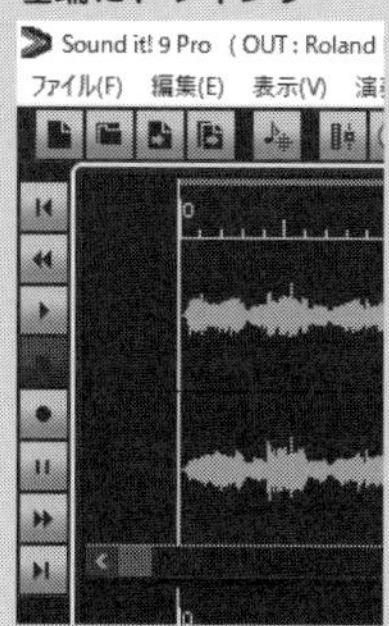

右端にドッキング

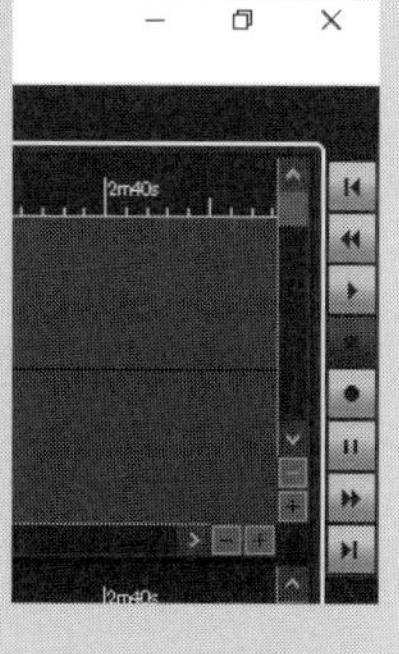

メディアブラウザ

メディアブラウザはオーディオファイルを探したり、管理したりするのに便利な画面です。メディアブラウザを使用することでSound it! 9の画面を閉じることなくオーディオファイルを探すことができます。

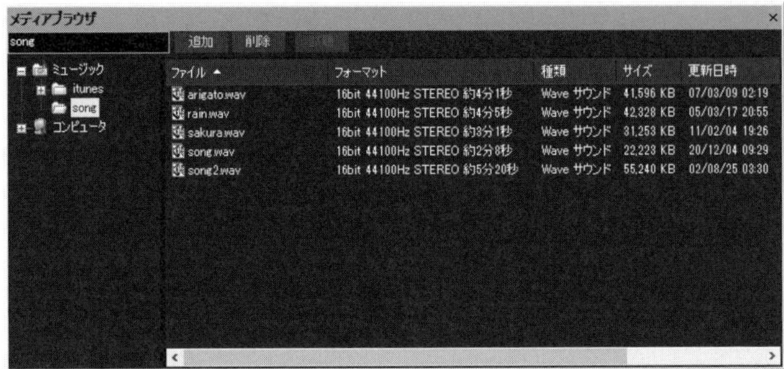

メディアブラウザの表示方法

メニューバーの「表示」から「メディアブラウザ」を選択すると表示されます。

ヒント
プレイパネルの「メディアブラウザを開く（Media)」ボタンをクリックしても表示できます。

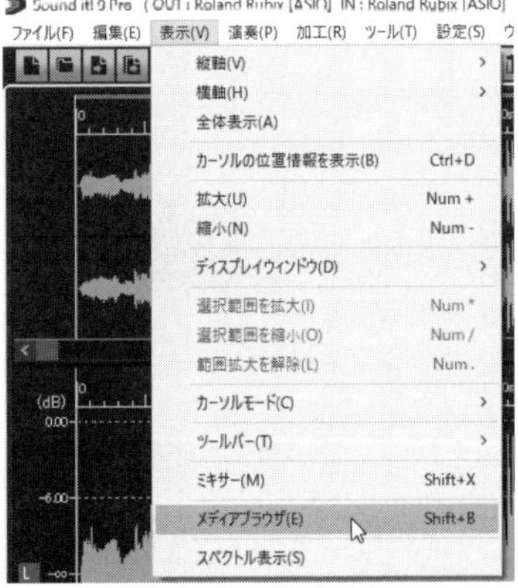

メディアブラウザをドッキング表示する方法

メディアブラウザは画面の上段、下段、左側、右側にドッキングして表示することができます。

メディアブラウザ画面の上部をドラッグすると上下左右にドッキングさせる目印が表示されます。その目印部分にドラッグするとドッキングします。

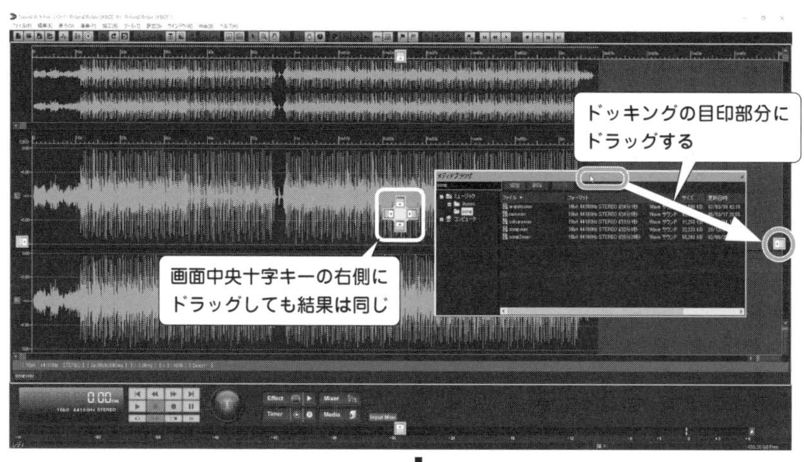
ドッキングの目印部分に
ドラッグする
画面中央十字キーの右側に
ドラッグしても結果は同じ

ドッキングしたメディアブラウザは、
この部分をドラッグすると
再びフローティングで表示できる

メディアブラウザの使い方

手順1 目的のオーディオファイルをクリックして選択します。

手順2 「試聴」ボタンをクリックして試聴します。もう一度クリックすると停止します。

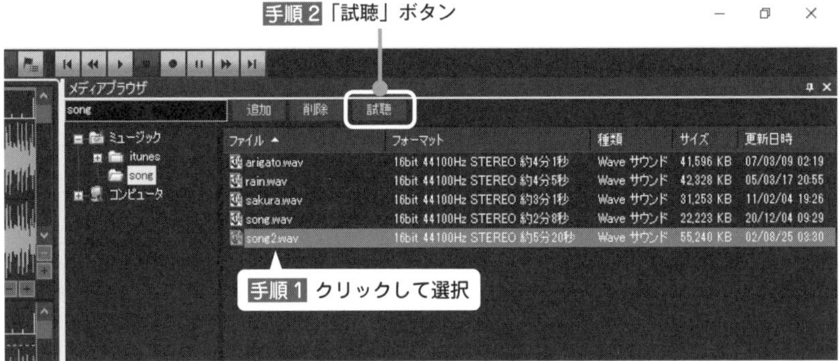

手順3 オーディオファイルをメディアブラウザの画面外にドラッグするとウェーブエディタで開きます。

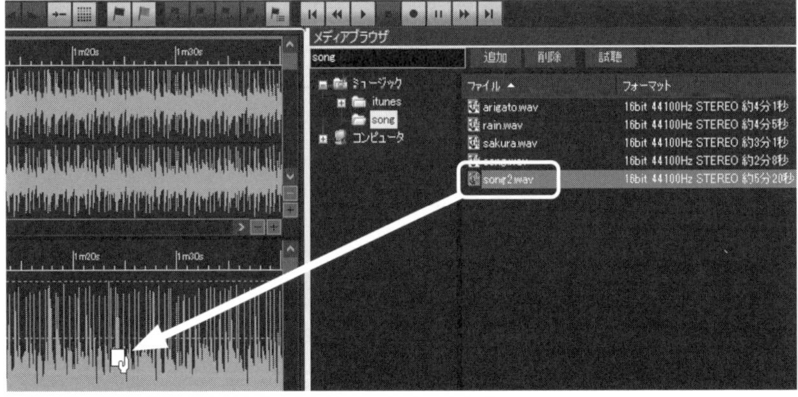

ヒント　フォルダを選択後、「追加」ボタンをクリックすると、よく使うフォルダのリストに追加されます。

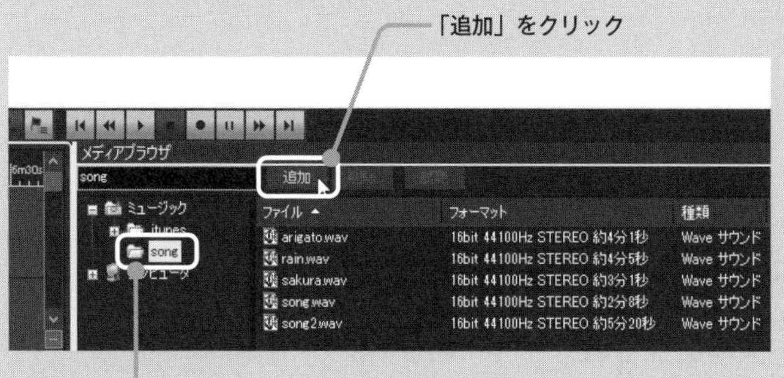

リストからフォルダを選択することで、そのフォルダをすばやく開くことができます。

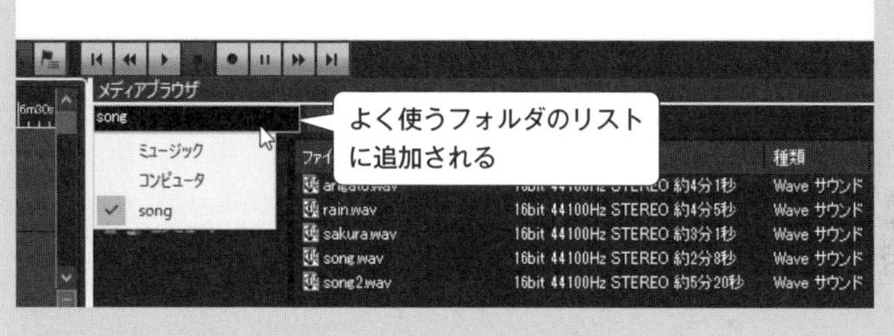

ミキサー

ミキサーではSound it! 9に録音する音声と、Sound it! 9から出力する音声の音量や定位（パン）などが調整できます。また出力される音声にはエフェクトをかけることもできます。

ミキサーの設定は編集しているウェーブエディタごとで記憶されます。

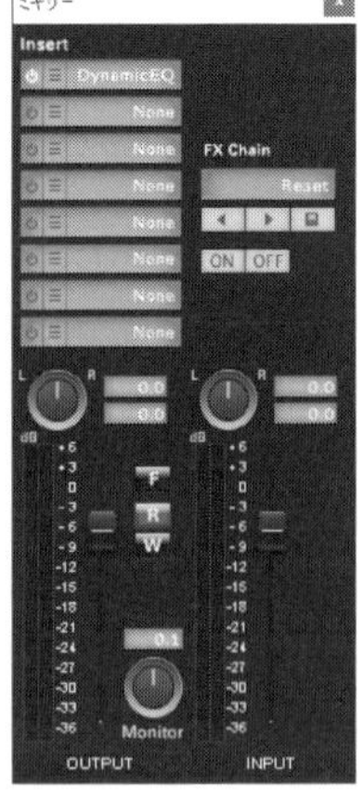

ミキサーの表示方法

メニューバーの「表示」から「ミキサー」を選択すると表示されます。

ヒント　プレイパネルの「ミキサーを開く(Mixer)」ボタンをクリックしても表示できます。

注意　DSDネイティブモード（DSD録音したデータ、またはDSDファイルをPCMに変換せずに開いている状態）では、ミキサーは表示されません（Proのみ）。

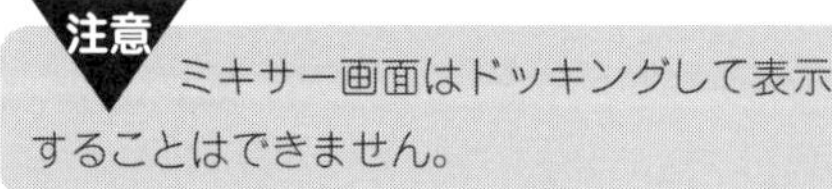

注意
ミキサー画面はドッキングして表示することはできません。

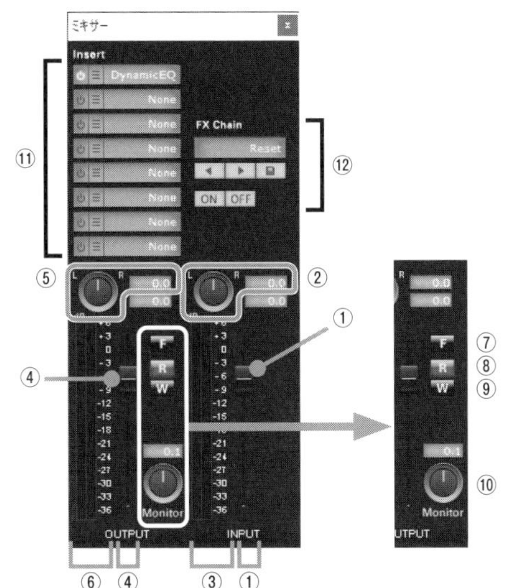

① **INPUT トラックボリューム**　録音時の入力レベルを調整します。

② **INPUT トラックパン**　録音時の入力信号の定位を調整します。

③ **INPUT トラックレベルメーター**　録音時の入力レベルを表示します。

④ **OUTPUT トラックボリューム**　出力する音量を調整します。

⑤ **OUTPUT トラックパン**　出力する信号の定位を調整します。

⑥ **OUTPUT トラックレベルメーター**　出力レベルを表示します。

⑦ **フリーズ**　ボタンをクリックすると OUTPUT トラックのエフェクトやボリューム、パンなどのパラメーターがウェーブエディタのオーディオデータに反映されます。

⑧ **オートメーションの Read**（**Pro** **Premium** のみ）　ボタンを点灯すると、記録されたボリュームやパンの値を反映して演奏します。

⑨ **オートメーションの Write**（**Pro** **Premium** のみ）　ボタンを点灯すると、演奏中にミキサーで操作したボリュームやパンの値をリアルタイムに記録します。

⑩ **モニターレベル**　オーディオデバイスに送るレベルを調整して再生時の音量を調整します。

⑪ **INSERT セクション**　エフェクトを設定することができます。

⑫ **FX CHAIN**（**Pro** のみ）　INSERT セクションで設定されているエフェクトの組みあわせとそれぞれのエフェクトのパラメーターをプリセットとして保存できます。

マーカー一覧表示

「マーカー一覧表示」画面は設定しているマーカーを一覧で見ることができる画面です。またこの画面から新たにマーカーを追加したり、設定されているマーカーを編集したりなどマーカーに関する操作もできます。

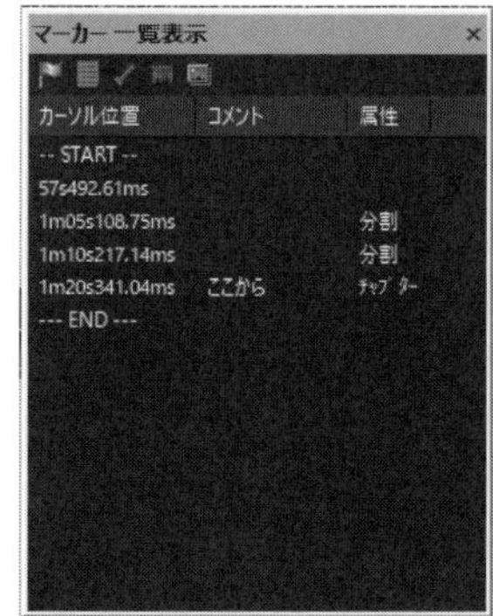

「マーカー一覧表示」の表示方法

メニューバーの「編集」→「マーカー」から「マーカー一覧表示」を選択すると表示されます。

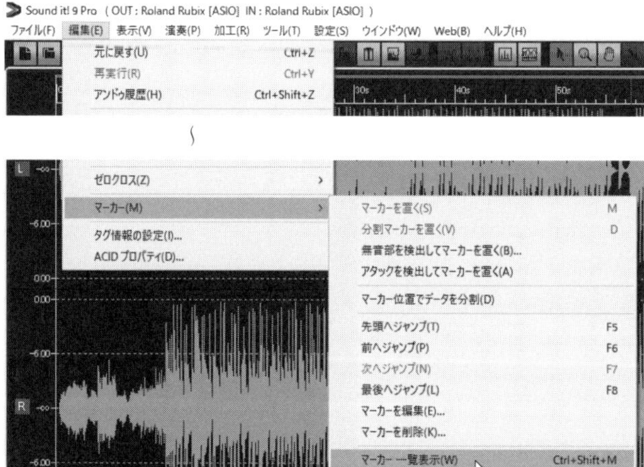

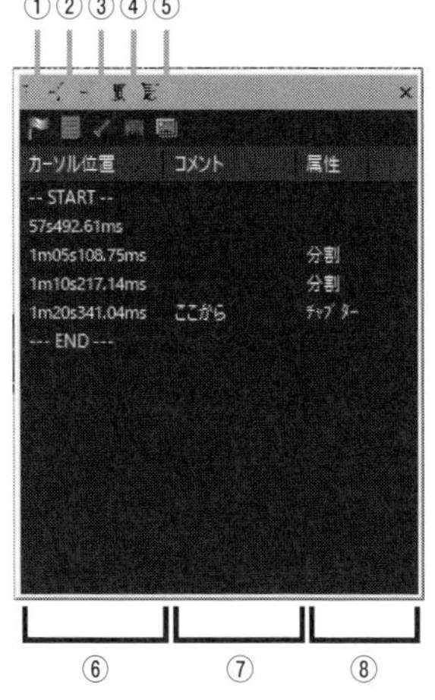

① **マーカー追加**　カーソル位置にマーカーを追加します。

② **マーカー編集**　選択したマーカーの情報を編集します。

③ **マーカー削除**　選択したマーカーを削除します。

④ **マーカー間選択**　選択した２つのマーカー間を選択します。

⑤ **画像表示**　チャプターマーカーに設定されている画像を表示します。

⑥ **カーソル位置**　マーカーが設定されたカーソル位置を時間、サンプル、拍子で表示します。

⑦ **コメント**　マーカーに設定されているコメントを表示します。

⑧ **属性**　マーカーの属性を表示します。

「マーカー一覧表示」をドッキング表示する方法

「マーカー一覧表示」は画面の上段、下段、左側、右側にドッキングして表示することができます。

マーカー一覧表示画面の上部をドラッグすると上下左右にドッキングさせる目印が表示されます。その目印部分にドラッグするとドッキングします（次ページ図参照）。

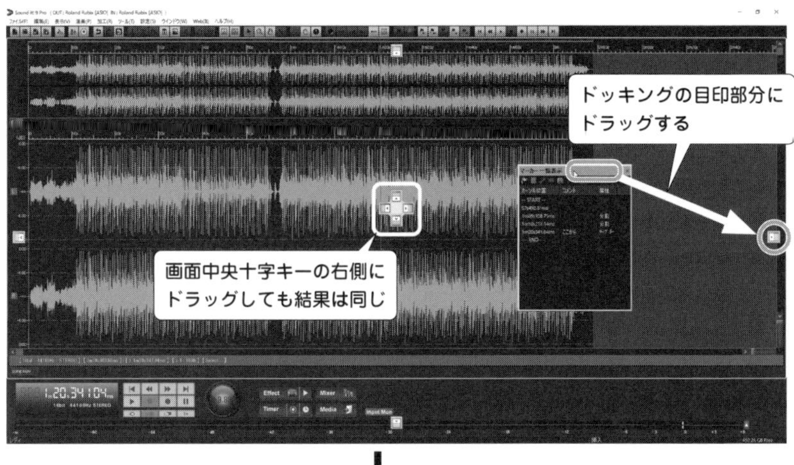
ドッキングの目印部分に
ドラッグする
画面中央十字キーの右側に
ドラッグしても結果は同じ

この部分をドラッグすると
再びフローティングで表示できる

ヒント
ドッキングした「マーカー一覧表示」はドラッグすると再びフローティングで表示できます。

アンドゥ履歴

「アンドゥ履歴」は今まで実行した操作内容を一覧で見ることができる画面です。クリックした操作内容まで戻すことができます。

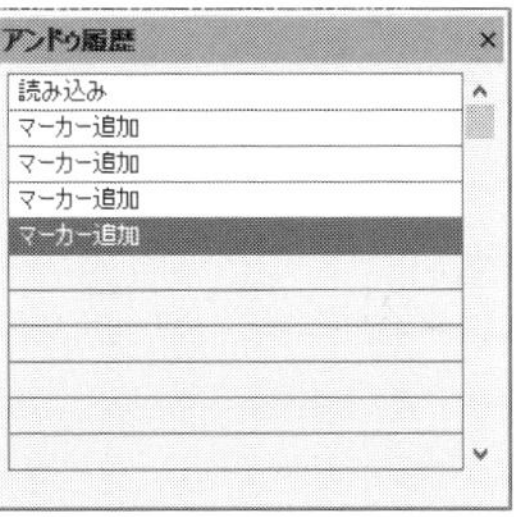

「アンドゥ履歴」の表示方法

メニューバーの「編集」から「アンドゥ履歴」を選択すると表示されます。

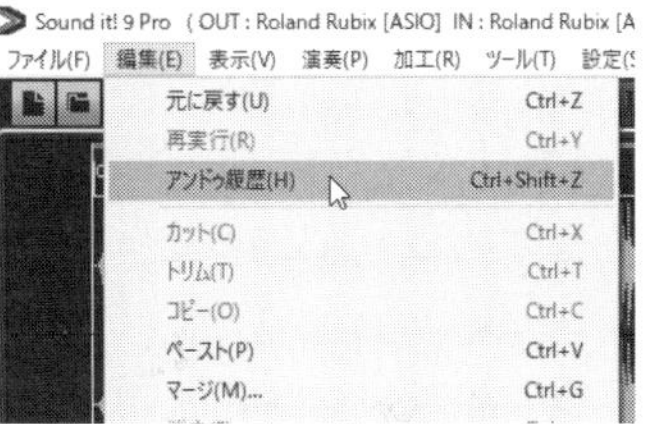

「アンドゥ履歴」の使い方

クリックすると、その操作まで戻れます。

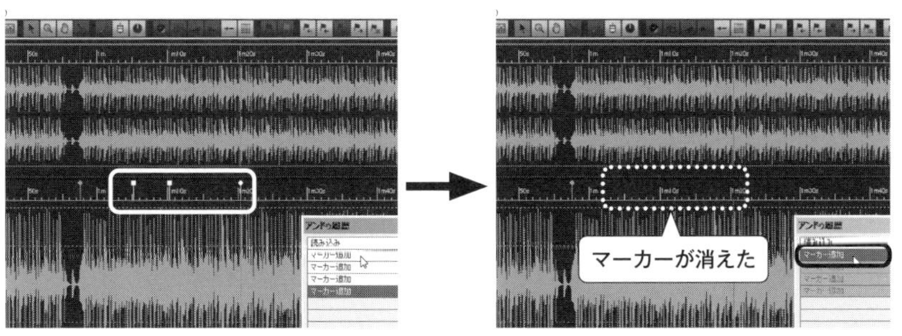

戻った状態で別の操作を実行すると、そこから新たな履歴が記録されます。

「アンドゥ履歴」をドッキング表示する方法

「アンドゥ履歴」は画面の上段、下段、左側、右側にドッキングして表示することができます。

「アンドゥ履歴」の上部をドラッグすると上下左右にドッキングさせる目印が表示されます。その目印部分にドラッグするとドッキングします。

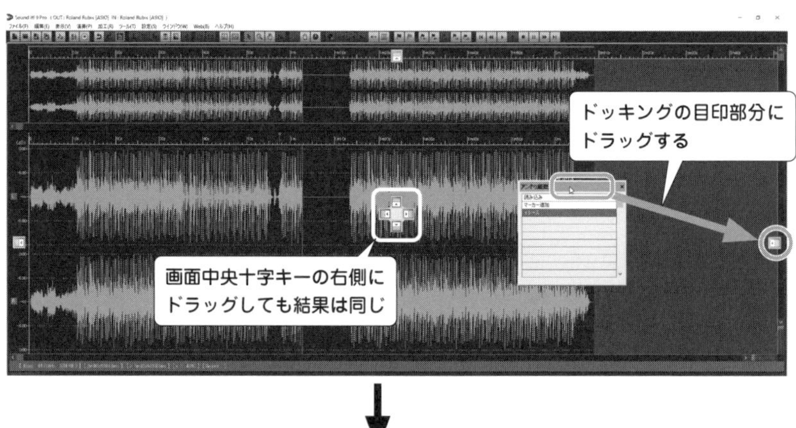
ドッキングの目印部分に
ドラッグする
画面中央十字キーの右側に
ドラッグしても結果は同じ

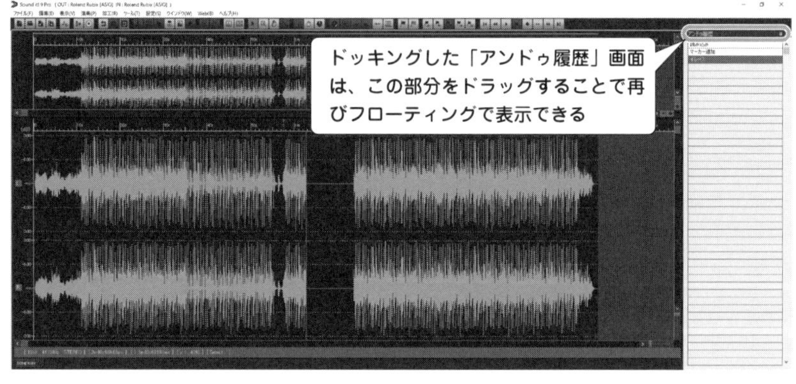
ドッキングした「アンドゥ履歴」画面
は、この部分をドラッグすることで再
びフローティングで表示できる

第４章
オーディオデータの準備と保存方法

この章ではSound it! 9の編集に使うオーディオデータを準備する方法と、録音や編集、加工したオーディオデータを保存する方法を紹介します。

オーディオデータの準備にはさまざまな方法があるので、用途にあわせて必要な項目をお読みください。

パソコンへ録音する 1

機器の接続
——レコードプレーヤー、カセットデッキなど

パソコンにレコードプレーヤーやカセットデッキなどの外部機器をつないで Sound it! 9 に音声を録音することができます。外部機器はオーディオケーブルを使ってつなぎます。パソコンに直接つなぐこともできますが、オーディオインターフェースという機材を使うことでより高音質で録音することができます。

まずは機器の接続方法から説明します。

パターン 1・パソコンに搭載されているオーディオ機能を使って録音する場合

※オーディオインターフェースを使用する場合は、「パターン 2・オーディオインターフェースを使って録音する場合」（81 ページ）にお進みください。

手順 1 パソコン側の入力端子を確認します。

パソコンの表や裏側、側面などに Mic（マイク）や Line（ライン）の端子がついていれば録音することができます。端子には「Mic」や「Line」という文字が書かれていたり、マークがついていたりするものもあります。

また Mic と Line が兼用になっていて、ケーブルをつないだときにライン入力にするかマイク入力にするかをパソコン側で選択できるものもあります。

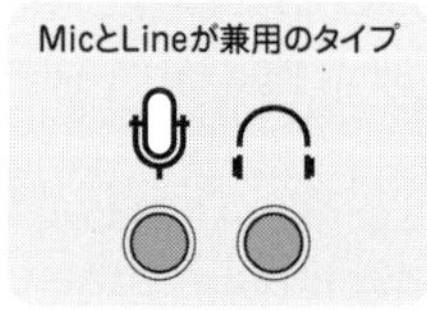

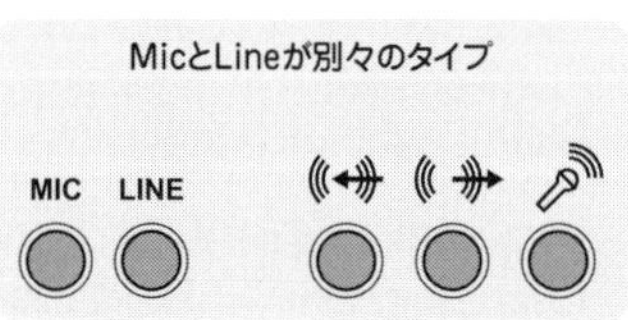

Mic や Line の端子が搭載されているかどうかは、お使いのパソコンの取扱説明書などでご確認ください。

パソコン側の Mic や Line の端子は「ミニ」と呼ばれる端子です。接続できるケーブルはステレオミニプラグケーブルになります。

手順 2 外部機器の出力端子を確認します。

レコードプレーヤーやカセットデッキなどの外部機器の多くは、出力端子に「RCA 端子」と呼ばれる端子が使われています。「LINE OUT」と書かれていたり、端子の色が赤と白になっていたりします。RCA 端子に接続できるケーブルは RCA ケーブル（ピンケーブル）になります。こちらのケーブルも接続部分が赤と白でカラーリングされていたりします。

手順 3 パソコンと外部機器を接続します。

パソコンとレコードプレーヤーやカセットデッキなどの外部機器を接続するには、片方がステレオミニプラグで、もう片方が RCA プラグのケーブルを用意しましょう。

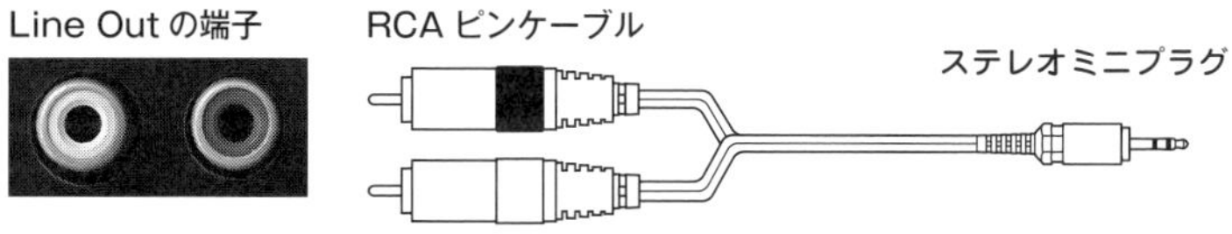

次のように接続します。

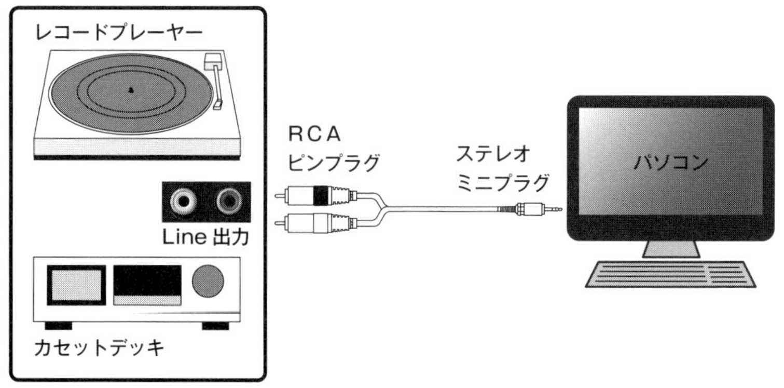

注意 レコードプレーヤーとの接続で気をつけること

レコードプレーヤーの出力にはLineとPhono（フォノ）の2種類があります。Line出力がある場合は、前ページの図のとおり直接パソコンにつなぐことができます。

もしレコードプレーヤーの出力がPhono端子だけの場合は、レコードプレーヤーにPhonoイコライザーが内蔵されていません。この場合は、Phono端子の信号を、フォノケーブル（ピンケーブルにアース線が加わったケーブル）で別途Phonoイコライザーか Phonoイコライザーを搭載しているプリメインアンプに一度つなぎ、そこからパソコンにつなぐ必要があります。

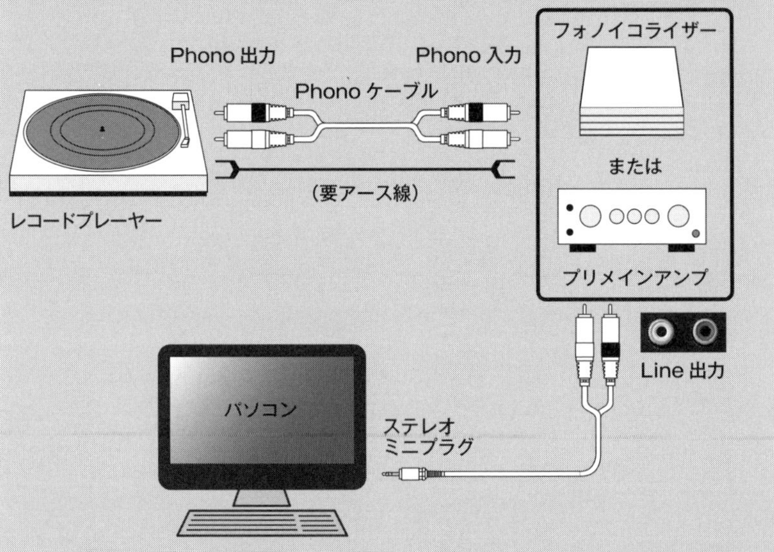

アナログレコードは音を記録するとき、効率よく記録できるように本来の音から音を変換して記録しています。そのため、アナログレコードの音を本来の音で聴くためには変換されてしまった音を一度もとに戻す必要があります。その働きをするのがPhonoイコライザーです。Phonoイコライザーにはほかに、出力レベルを上げる役割もあります。

注意 カセットデッキなどのヘッドフォン端子とパソコンのマイク端子を接続する場合は「抵抗入り」のオーディオケーブルを使いましょう。入力オーバーによる音の歪み（ひず）を防いでくれます。

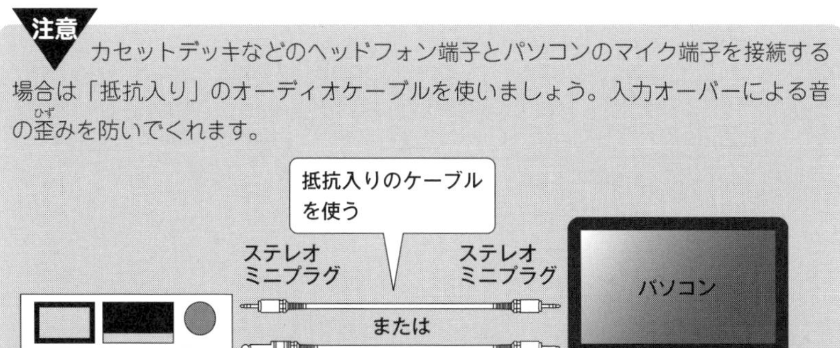

パターン 2・オーディオインターフェースを使って録音する場合

※オーディオインターフェースを使用せずに、パソコンにレコードプレーヤーなどの外部機器を直接つないで録音する場合は、「パターン 1・パソコンに搭載されているオーディオ機能を使って録音する場合」（78 ページ）にお戻りください。

手順 1 オーディオインターフェースの入力端子を確認します。

オーディオインターフェースの表面や裏面などに入力用の端子がついています。端子はキャノン端子（XLR 端子）と標準端子（フォーン端子）の両方が使用できる「コンボジャック」と呼ばれるものが一般的です。お使いのオーディオインターフェースの取扱説明書などでご確認ください。

例：ローランド社製オーディオインターフェース　Rubix24

手順 2 外部機器の出力端子を確認します。

レコードプレーヤーやカセットデッキなどの外部機器の多くは、出力端子に RCA 端子と呼ばれる端子が使われています。「LINE OUT」と書かれていたり、端子の色が赤と白になっていたりします。RCA 端子に接続できるケーブルはRCA ケーブル（ピンケーブル）になります。こちらのケーブルも接続部分が赤と白でカラーリングされていたりします。

手順 3 オーディオインターフェースと外部機器を接続します。

オーディオインターフェースとレコードプレーヤーやカセットデッキなどの外部機器を接続するには、片方が標準端子（フォーン端子）で、もう片方がRCA 端子のケーブルを用意しましょう。

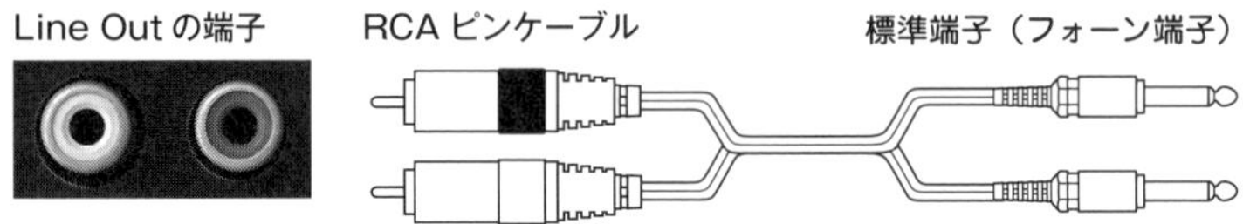

両方がRCA 端子のケーブルしかない場合は、RCA・標準プラグ変換コネクタを使って片方を標準プラグに変換することができます。

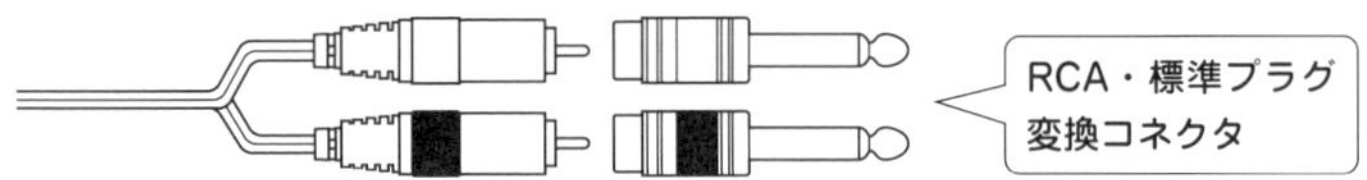

次のように接続します。

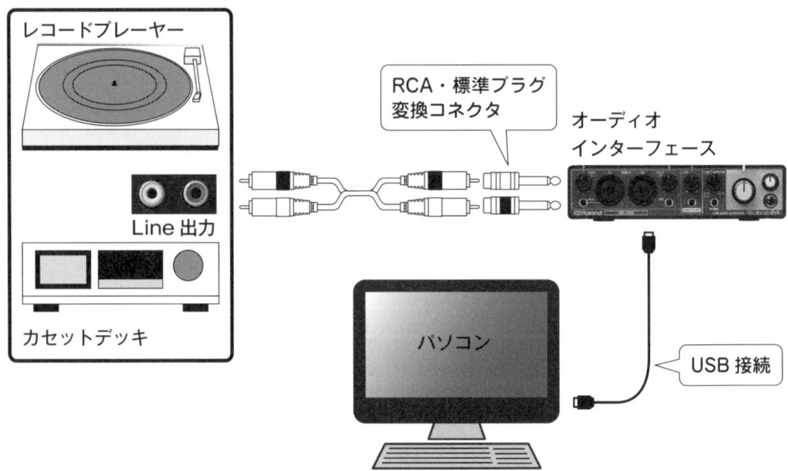

注意

レコードプレーヤーの出力には Line と Phono（フォノ）の 2 種類があります。Line 出力がある場合は、前ページの図のとおり直接オーディオインターフェースを経由してパソコンにつなぐことができます。

もしレコードプレーヤーの出力が Phono 端子だけの場合は、レコードプレーヤーに Phono イコライザーが内蔵されていません。この場合は、Phono 端子の信号を、フォノケーブル（ピンケーブルにアース線が加わったケーブル）で別途 Phono イコライザーか Phono イコライザーを搭載しているプリメインアンプに一度つなぎ、そこからオーディオインターフェースにつなぐ必要があります。

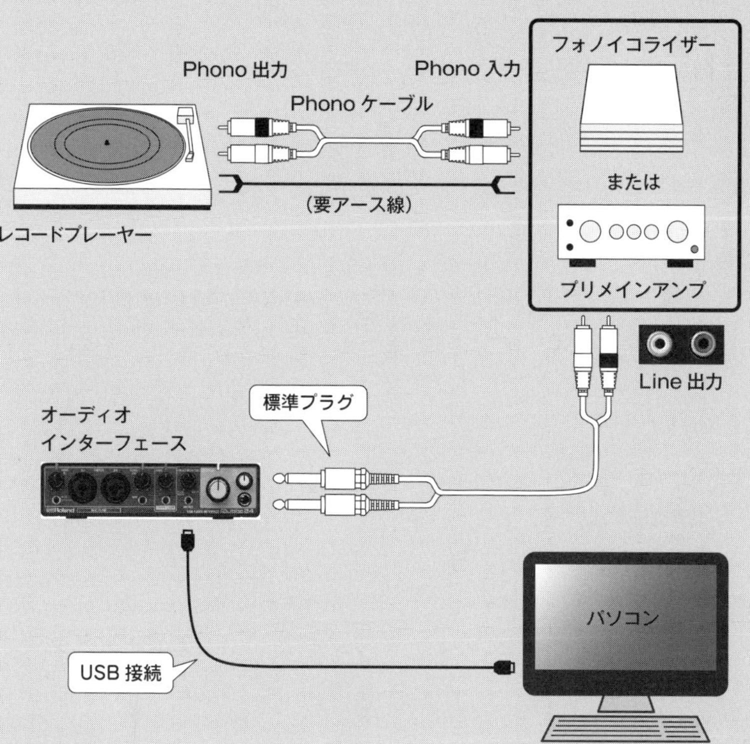

Phono イコライザーについては、80 ページのヒント「レコードプレーヤーとの接続で気をつけること」も参照してください。

パソコンへ録音する1

機器の接続
——マイク

パソコンにマイクをつないでSound it! 9に声などの音声を録音することができます。マイクはパソコンに直接つなぐこともできますが、オーディオインターフェースという機材を使うことでより高音質で録音することができます。

ここではマイクの接続方法を説明します。

手順1 お使いのマイクのケーブルの端子を確認しましょう。

マイクケーブルの端子にはミニプラグ、USB、キャノンプラグ（XLRプラグ）、標準プラグ（フォーンプラグ）などがあります。

ミニプラグ　USB　キャノンプラグ　標準プラグ（フォーンプラグ）

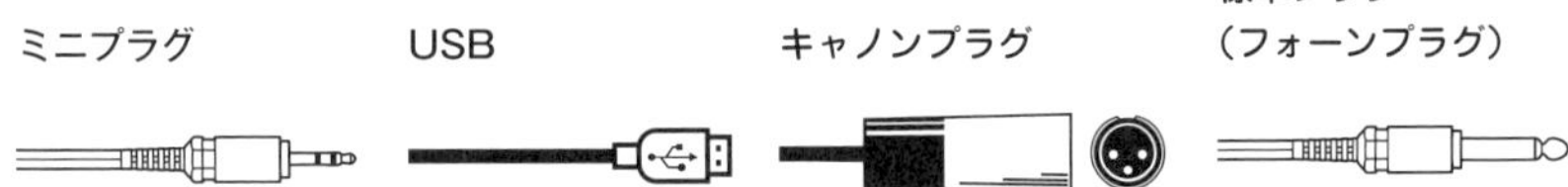

手順2 接続方法

ミニプラグの場合

パソコンの「Mic」端子に接続します。「Mic」端子はパソコンの表や裏側、側面などにあります。

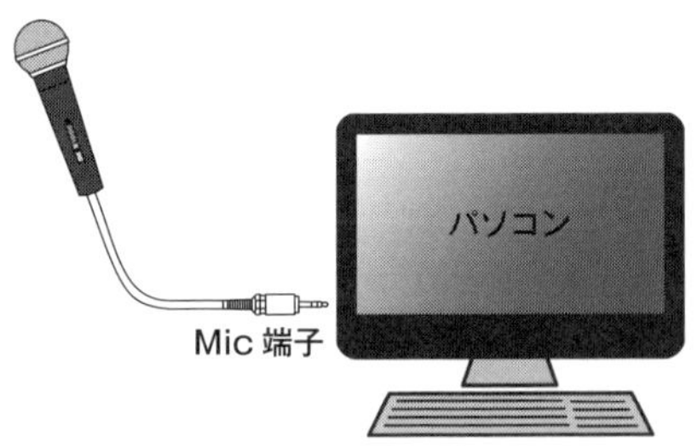

USB の場合

パソコンの USB の接続口に接続します。

※USB でつなぐにはドライバソフトのインストールが必要な場合があります。お使いの機材の取扱説明書などをご確認ください。

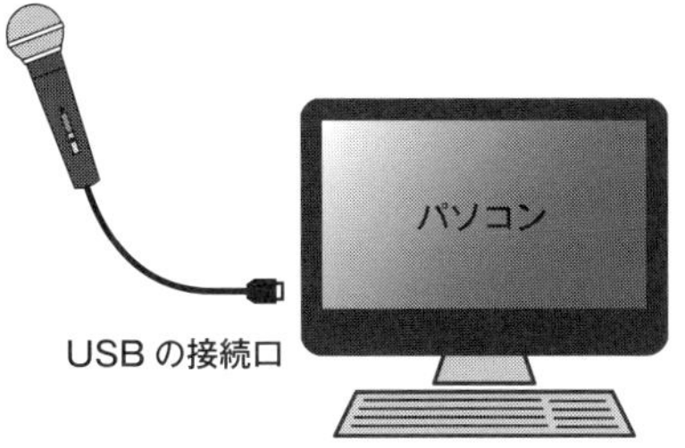

キャノンプラグ（XLR プラグ）、標準プラグ（フォーンプラグ）の場合

キャノンプラグ（XLR プラグ）や標準プラグ（フォーンプラグ）が接続できるオーディオインターフェースを使います。オーディオインターフェースにマイクをつなぎ、オーディオインターフェースとパソコンは USB などで接続します。

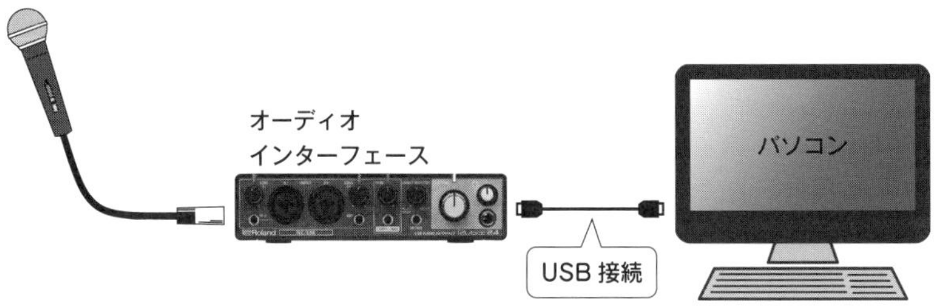

コンデンサーマイクを使用する場合

コンデンサーマイクを使用する場合は、キャノンプラグのケーブルを用います。さらにオーディオインターフェース側でファンタム電源を ON にするようにしましょう。ファンタム電源を ON にすることでコンデンサーマイクに電気が供給され、動作します。

例：ローランド社製オーディオインターフェース　Rubix24

このオーディオインターフェースでは
「48V」ボタンを点灯させることでファ
ンタム電源が ON になる

パソコンへ録音する 2

オーディオポートの設定確認
――ファイルの新規作成

外部機器やマイクなど必要な機器を接続したら、続けて Sound it! 9 側の録音の設定を確認して、録音するファイルを新規作成します。録音の設定は「オーディオポートの設定」画面でおこないます。「オーディオポートの設定」画面については第 2 章で詳しく解説しているので、ここでは確認するポイントを簡単に説明します。

手順 1 Sound it! 9 を起動し、「オーディオポートの設定」画面を開きます。

メニューバーの「設定」から「オーディオポートの設定」を選択すると、「オーディオポートの設定」画面が表示されます。

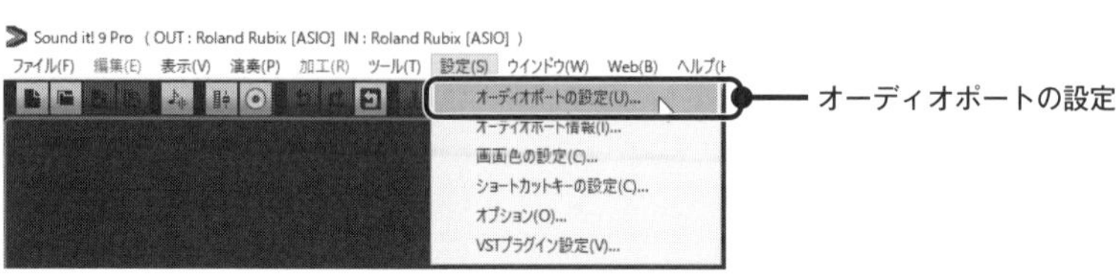

手順 2 「入力デバイス」欄で選択されているデバイスを確認します。

オーディオインターフェースを使用していない場合

パソコン内蔵のサウンドデバイス、もしくは「INTERNET ASIO-WASAPI [ASIO]」を選択します。

オーディオインターフェースを使用している場合

オーディオインターフェースの名前を選択します。

例：ローランド社製オーディオインターフェースのRubix24を使用している場合

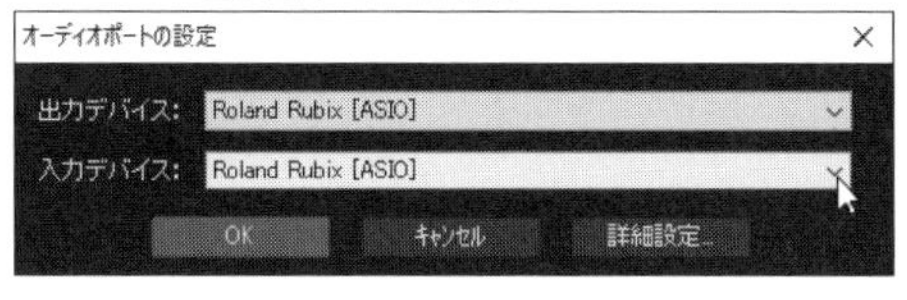

ヒント USBでマイクをパソコンに直接つないでいる場合は、「入力デバイス」欄でつないでいるマイクを選択します。マイクの商品名が表示されたり、USBデバイスと表示されたり、使われる機材によって表示方法がさまざまです。

手順3 「入力デバイス」欄がきちんと選択されていることを確認できたら、「OK」ボタンをクリックして「オーディオポートの設定」画面を閉じます。

ヒント デバイス名に［ASIO］とついたものを選択している場合、「オーディオポートの設定」画面で「OK」ボタンをクリックすると、続けて「ASIO設定」画面が表示されます。「OK」ボタンをクリックして画面を閉じます。「ASIO設定」画面の詳細については、ヒント「「ASIO設定」画面」（39ページ）を参照してください。

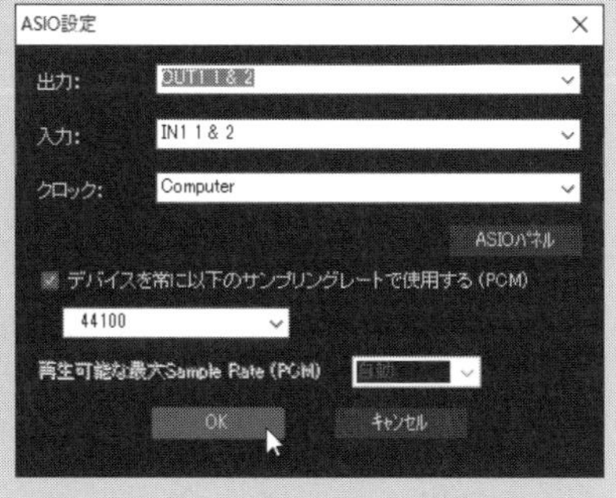

手順4 ファイルを新規作成します。

メニューバーの「ファイル」から「新規作成」を選択します。

「オーディオファイルの新規作成」画面が表示されたら、「OK」ボタンをクリックします。

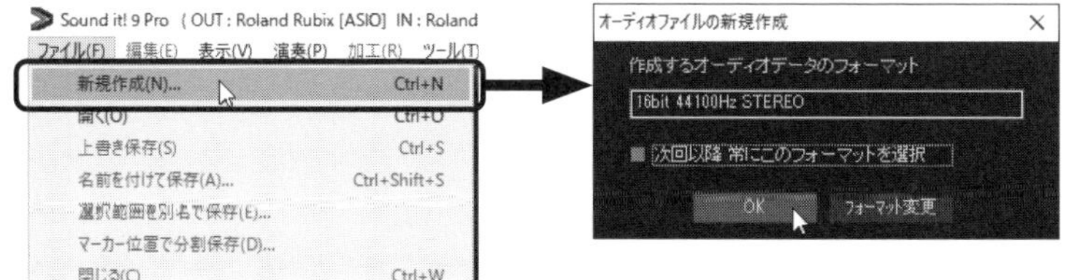

オーディオデータのフォーマットを変更したい場合

表示されているオーディオデータのフォーマットを変更したい場合は「フォーマットの変更」ボタンをクリックして変更しましょう。

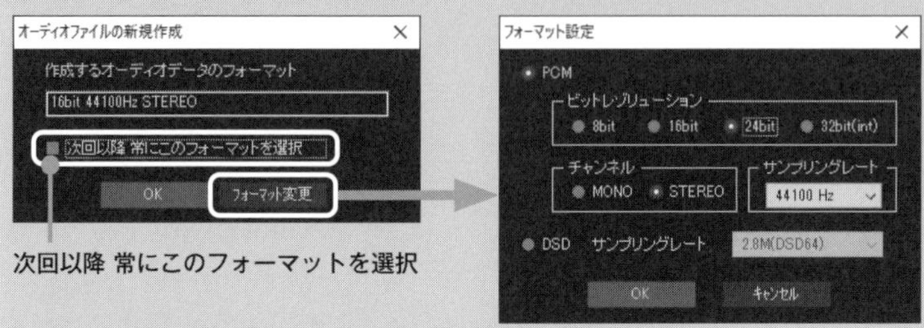

オーディオデータのフォーマットを変更したあと、「次回以降 常にこのフォーマットを選択」にチェックを入れると、次回以降から変更したフォーマットでオーディオファイルの新規作成画面が開きます。

新しいファイルが作成されます。

パソコンへ録音する 3

録音レベルの調整

録音用の新しいファイルが作成できたら続けて録音レベルを調整します。録音レベルとは、どれくらいの音量で録音するかを表すレベルになります。

オーディオインターフェースを使用しない場合

パソコン側で録音レベルを調整します。例として Windows10 の画面で解説します。

※オーディオインターフェースを使用する場合は、「オーディオインターフェースを使用する場合」（92 ページ）にお進みください。

手順 1 スタートメニューから「設定」を選択して「設定」画面を開きます。

序章 第1章 第2章 第3章 第4章 第5章 第6章 第7章 第8章 第9章 第10章 索引

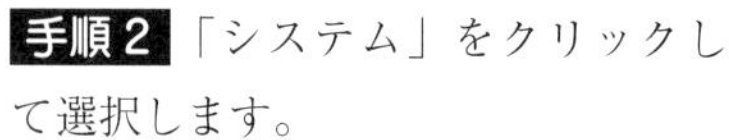

手順2「システム」をクリックして選択します。

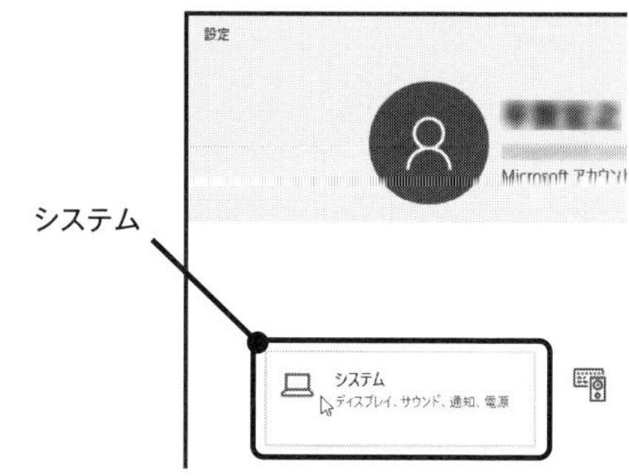

手順3「サウンド」をクリックして選択します。

手順4「サウンド コントロール パネル」をクリックして選択します。

手順5「サウンド」画面が表示されるので、「録音」タブをクリックして選択します。

手順6 デバイスを選択して、「プロパティ」ボタンをクリックします。

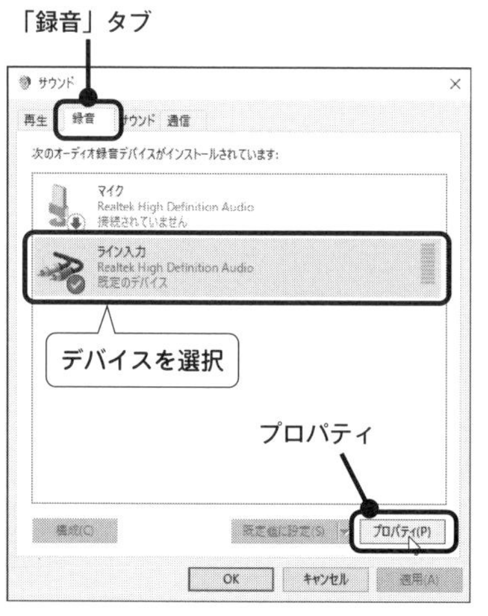

ヒント デバイスには、マイクをつないでいるときはマイクを、レコードプレーヤーなどの外部機器をつないでいるときはライン入力を選択します。また USB タイプのマイクを使用しているときには、USB タイプのマイクを表しているデバイスを選択します。有効になっているデバイスにはチェックマークがつきます。マイクやラインなどの録音用のケーブルをデバイスにつないでいないとデバイスが有効にならないことがあります。

手順７ プロパティ画面が表示されるので、「レベル」タブをクリックします。

手順８ スライダーをドラッグして入力レベル（録音レベル）を調整します。

レコードプレーヤーなどの接続した機器を再生させて（マイクの場合はマイクに向かって声を出して）、Sound it! 9 のプレイパネルにあるレベルメーターで音量レベルを確認しながら、プロパティ画面のスライダーをドラッグして調整していきます。

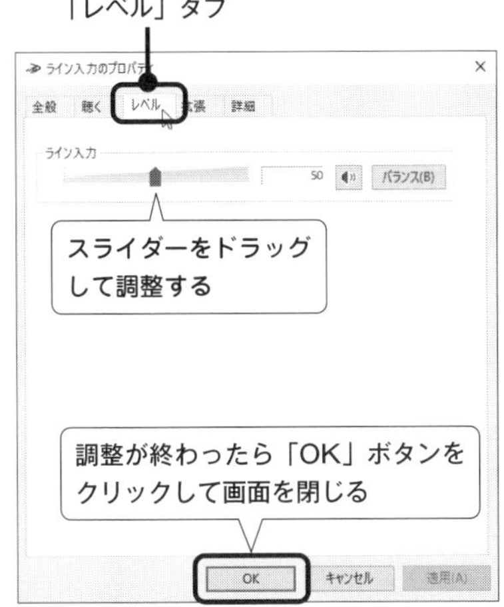

デジタルで記録できる最大値は０dB になります。０dB を超えると歪（ひず）みや音割れが発生するので、Sound it! 9 のプレイパネルにあるレベルメーターが０dB を超えないように注意しながら調整していきます。また逆に入力レベルが小さすぎるとノイズ成分が目立つものになってしまいます。

コツは、なるべく０dB に近い音量で０dB を超えないように調整することです。最初は少しゆとりを持って入力レベルの最大値（ピーク値）が -3dB くらいになるように調整するとやりやすいでしょう。

レベルメーター右端のピークホールドをクリックして点灯させておくと、現時点までのピーク値が黄色で表示されます。これを目安に調整するとよいでしょう。

オーディオインターフェースを使用する場合

オーディオインターフェース側で録音レベルを調整します。ここでは例として、ローランド社製オーディオインターフェース Rubix24 で説明します。

※オーディオインターフェースを使用しない場合は、「オーディオインターフェースを使用しない場合」（89 ページ）にお戻りください。

手順 1 オーディオインターフェースの入力レベルツマミで調整します。

例：ローランド社製オーディオインターフェース
Rubix24

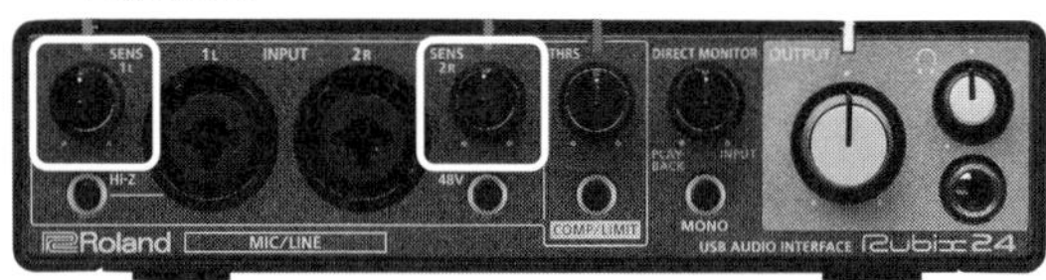

ヒント

オーディオインターフェースでは、L と R、それぞれの入力口で録音レベルが調整できるようになっています。レコードプレーヤーなどの音をステレオで録音する場合は、L と R の入力ツマミを同じくらいの大きさにそろえるようにしましょう。

また、レコードプレーヤー側の音量はなるべく大きめにしておいて、オーディオインターフェース側のツマミで調整することでノイズが入るのを抑えることができます。

レコードプレーヤーなどの接続した機器を再生させて（マイクの場合はマイクに向かって声を出して）、Sound it! 9 のプレイパネルにあるレベルメーターで音量レベルを確認しながらオーディオインターフェースの入力レベルツマミを調整していきます。

ヒント

いきなり大きな音が出て驚かないように、オーディオインターフェースのツマミは絞った状態から始め徐々に大きくしていきましょう。

デジタルで記録できる最大値は０dB になります。０dB を超えると歪みや音割れが発生するので０dB を超えないように注意しながら調整していきます。また逆に入力レベルが小さすぎるとノイズ成分が目立つものになってしまいます。

コツは、なるべく０dB に近い音量で０dB を超えないように調整することです。最初は少しゆとりを持って入力レベルの最大値（ピーク値）が -3dB くらいになるように調整するとやりやすいでしょう。

レベルメーター右端のピークホールドをクリックして点灯させておくと、現時点までのピーク値が黄色で表示されます。これを目安に調整するとよいでしょう。

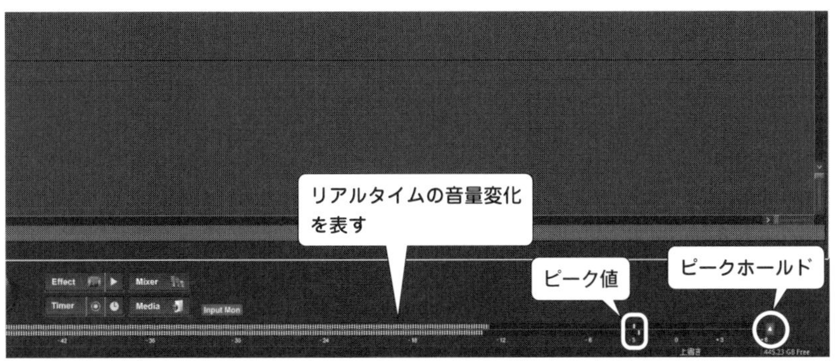

パソコンへ録音する 4

録音開始

録音レベルの調整ができたら録音してみましょう。

手順 1 Sound it! 9 のプレイパネルの「録音」ボタンをクリックします。
手順 2 レコードプレーヤーなどの外部機器を再生します。
手順 3 再生している音が Sound it! 9 に録音されます。
手順 4 録音するものの再生が終わったら「停止」ボタンをクリックします。

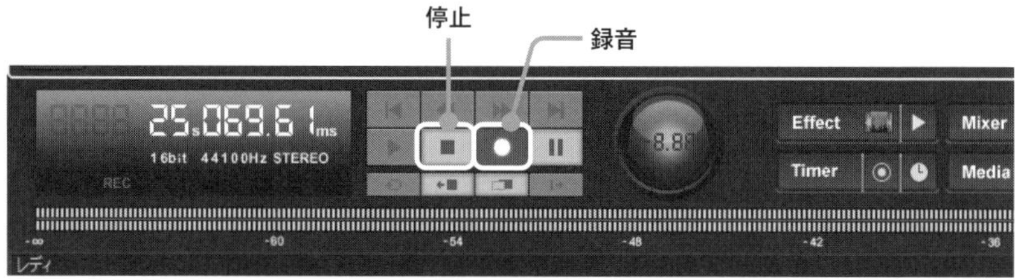

録音時に波形描画を行う

メニューバーの「設定」から「オプション」を選択すると表示される「オプション」画面の「録音 / 再生」設定で「録音時に波形描画を行う」にチェックを入れると、録音時にリアルタイムに波形が描画されるようになります。

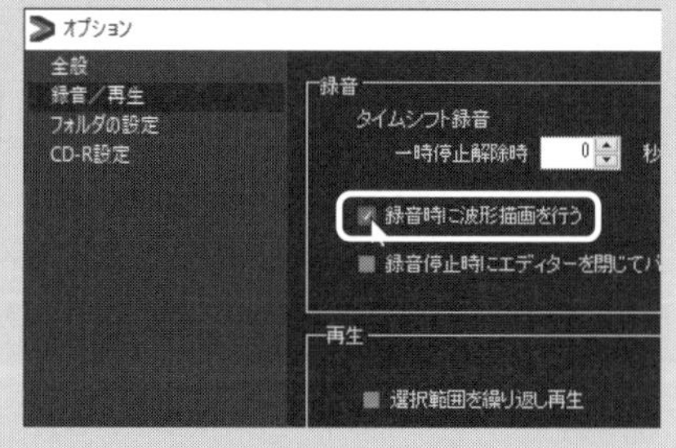

録音が終わると波形が表示されます。

手順 5 再生してきちんと録音できたか確認してみましょう。

「先頭へ」ボタンをクリックして曲の先頭にカーソルを戻し、「再生」ボタンをクリックして再生します。

録音が確認できたら、「停止」ボタンをクリックして停止します。

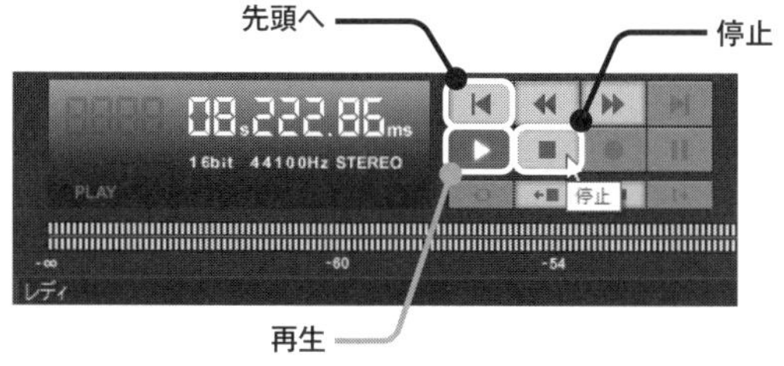

録音したオーディオデータには無音部分があったり、ノイズ成分が含まれていたりします。録音したオーディオデータをきれいに編集したり加工していく方法については、本書の第 7 章「録音したデータの編集や加工の例」(191 ページ〜) で解説しています。

序章
第1章
第2章
第3章
第4章
第5章
第6章
第7章
第8章
第9章
第10章
索引

オーディオデータの保存

録音したオーディオデータは、編集、加工する前に、まず名前を付けて保存しておくことをオススメします。

手順 1 メニューバーの「ファイル」から「名前を付けて保存」を選択すると「名前を付けて保存」画面が表示されます。
手順 2 ファイル名を入力します。
手順 3 ファイルの種類を選択します。
手順 4 ファイルを保存する場所を選択し、「保存」ボタンをクリックします。

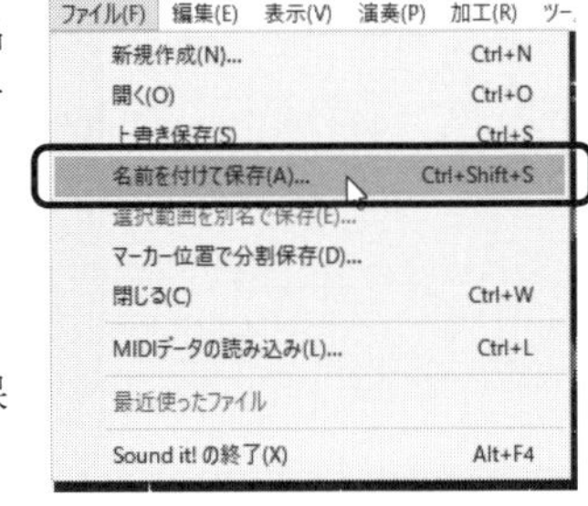

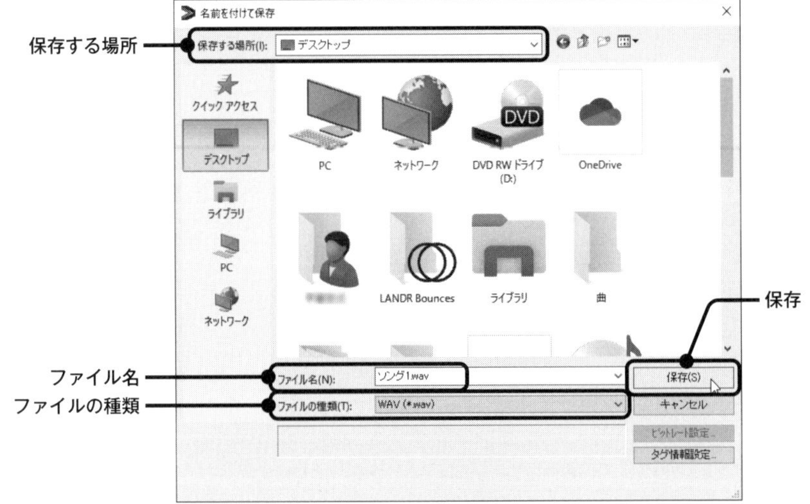

保存可能なファイル形式

- WAV（*.wav）
- Microsoft ADPCM（*.wav）
- RF64（*.wav） Pro のみ
- WMA（Windows Media Audio/WMA Pro、WMA Lossless）、VBR（*.wma）
- MP3（*.mp3）
- AAC（*.m4a）
- 3GPP（*.3gp）
- 3GPP2（*.3g2）
- Ogg Vorbis（*.ogg）
- NeXT/Sun（*.au/*.snd）
- AIFF（*.aif/*.aiff）
- G.726 ADPCM（*.wav）
- G.721 ADPCM（*.wav）
- IMA ADPCM（*.wav）
- PCM Raw Data（*.raw/*.pcm）
- Soundit File（*.siw）
- FLAC（*.flac）
- Apple Lossless（*.m4a）
- A-Law（*.wav）
- µ-Law（*.wav）
- DSD Audio（*.dsf/*.dff/*.wsd） Pro Premium のみ

※4GB を超えるデータは、Soundit! ファイル（*.siw）、MP3（*.mp3）、WMA（*.wma）でしか保存できなくなり、「ファイルの種類」欄ではそれらしか選択できなくなります。また Pro の場合のみ上記に加えて、RF64（*.wav）、FLAC（*.flac）、DSD Audio（*.dsf/*.dff/*.wsd）でも保存できます。

※Soundit ファイル（*.siw）は、Sound it! 以外のアプリケーションソフトでは再生できません。ご注意ください。

ビットレート設定

選択したファイルの種類によってはビットレートが設定できます。

ビットレートは 1 秒間あたりに何 bit のデータを転送できるかを表したものです。つまり 1 秒あたりのデータ量と考えてください。bps（bit per second の略）で表示されます。

ビットレートが大きくなるとデータ量も増えるので、音質が良くなります。

ファイルの保存でビットレートが選択できるときは、データ量と音質を考えながら値を決めていきます。

「名前を付けて保存」画面右下の「ビットレート設定」ボタンをクリックします。

例：「ファイルの種類」で MP3 を選択した場合

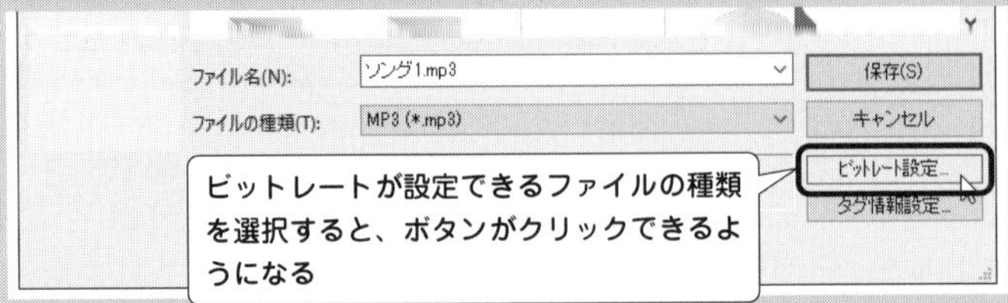

表示される「ビットレート設定」画面で、ビットレートを選択します。設定したビットレートは、「名前を付けて保存」画面でも確認できます。

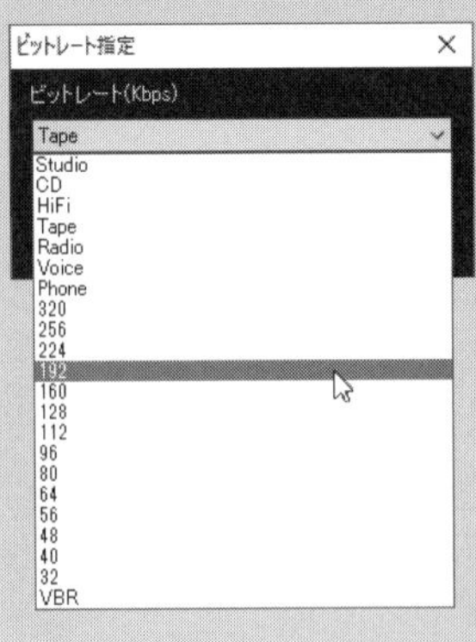

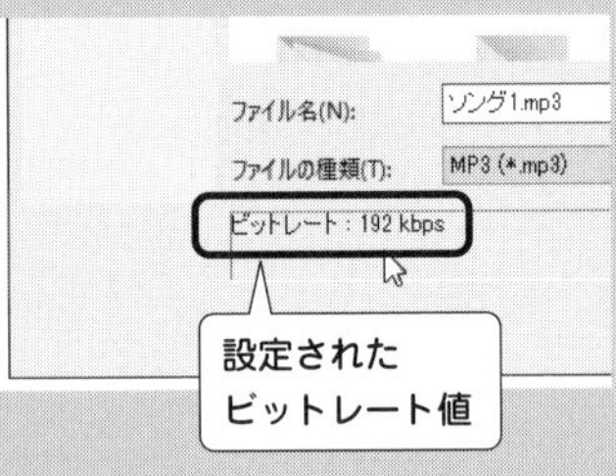

タグ情報設定

タグ情報は、楽曲名やアーティスト名などの曲に関する情報になります。これらは音楽再生ソフト、Windows のエクスプローラやプロパティ画面で見ることができます。タグ情報はファイル形式によって設定できるものが異なります。

「名前を付けて保存」画面右下の「タグ情報設定」ボタンをクリックするとタグ情報の設定画面が表示され、タグ情報の設定ができます。

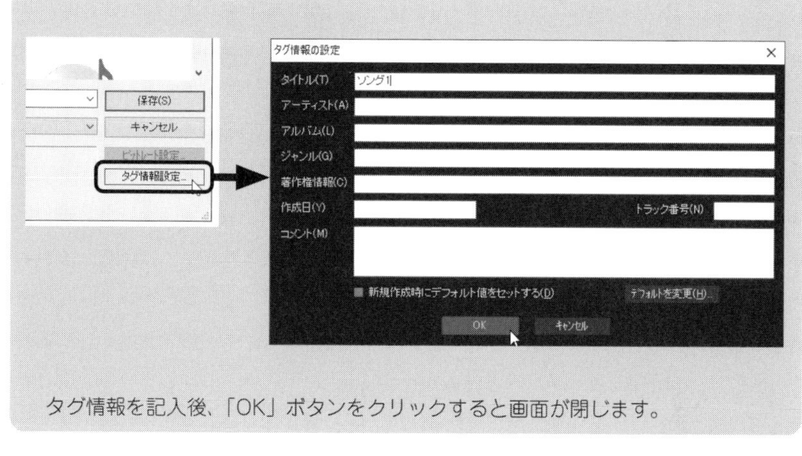

タグ情報を記入後、「OK」ボタンをクリックすると画面が閉じます。

「.ses」というファイルとは？

オーディオファイルを保存すると、同じ場所に「(オーディオファイル名).ses」というファイルが自動で作成されます。これはミキサーの設定が保存されたミキサー設定ファイルになります。

sakura.wav

sakura.wav.ses

ミキサー設定ファイルは同じ名前のオーディオファイルとセットになっていて、オーディオファイルを開くとミキサーファイルの情報もいっしょに読み込まれます。

ただし、ミキサー設定ファイルは同じ名前のオーディオファイルと同じ場所（フォルダーの階層）にある必要があります。そのため、オーディオファイルだけを別の場所に移動してから開くと、ミキサーの設定（Volume /Pan のコントロール情報も含む）は読み込まれずにデフォルトの状態で開きます。

保存時にミキサー設定ファイル「.ses」を作成しない

保存時にミキサー設定ファイルを作成しないように設定することができます。ミキサーを使わない場合などはこちらの設定をしておくといいでしょう。

手順1 メニューバーの「設定」から「オプション」を選択すると「オプション」画面が表示されます。

手順2 「全般」をクリックして選択して、「保存時にsesファイルを作成しない」のチェックボックスにチェックを入れます。

手順3 「OK」ボタンをクリックすると設定が完了して「オプション」画面が閉じます。

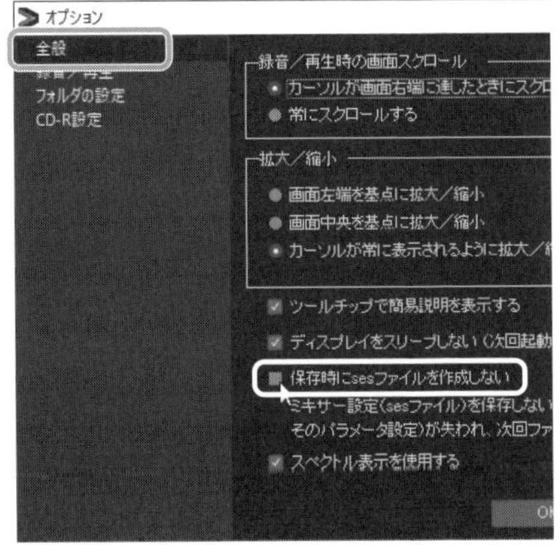

上書き保存

すでに名前を付けて保存しているオーディオデータを、現在編集しているもので上書きして保存したい場合は、「上書き保存」します。

メニューバーの「ファイル」から「上書き保存」を選択するだけで、ファイル名、保存場所、ファイル形式はそのままに、新しいデータで書き換えられます。保存時にダイアログは表示されません。

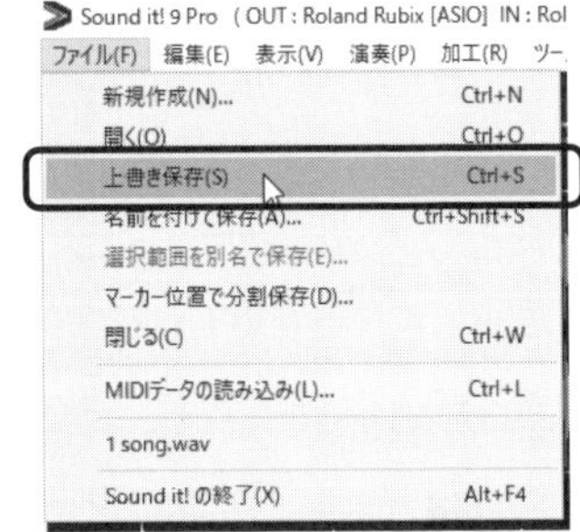

既存のオーディオファイルを読み込む

パソコンの中などに保存されているオーディオファイルを Sound it! 9 に読み込むことができます。

手順１ メニューバーの「ファイル」から「開く」を選択します。
手順２「オーディオファイルの読み込み」画面が開きます。読み込みたいオーディオファイルが保存されている場所を指定します。
手順３ 読み込みたいオーディオファイルをクリックして選択します。

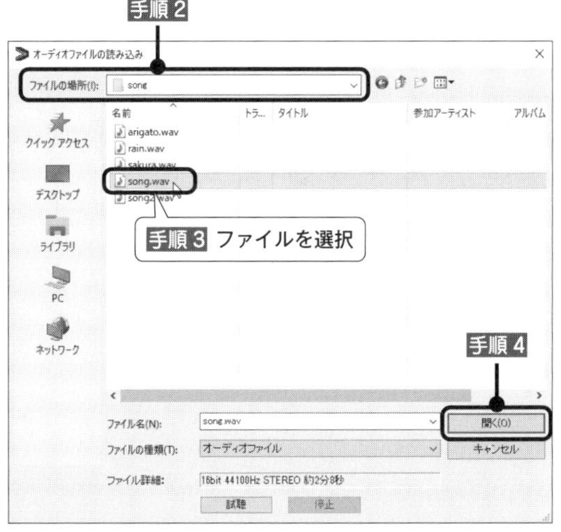

ヒント
「試聴」ボタンをクリックすると選択しているオーディオファイルを試聴できます。試聴中に「停止」ボタンをクリックすると停止します。

手順４「開く」ボタンをクリックするとオーディオファイルが読み込まれます。

読み込み可能なファイル形式

- WAV（*.wav）
- Microsoft ADPCM（*.wav）
- RF64（*.wav） Pro のみ
- WMA（Windows Media Audio/WMA Pro、WMA Lossless）、VBR（*.wma）
- MP3（*.mp3）
- AAC（*.m4a）
- 3GPP（*.3gp）
- 3GPP2（*.3g2）
- Ogg Vorbis（*.ogg）
- NeXT/Sun（*.au/*.snd）
- AIFF（*.aif/*.aiff）
- G.726 ADPCM（*.wav）
- G.721 ADPCM（*.wav）
- IMA ADPCM（*.wav）
- PCM Raw Data（*.raw/*.pcm）
- Soundit File（*.siw）
- FLAC（*.flac）
- Apple Lossless（*.m4a）
- A-Law（*.wav）
- μ-Law（*.wav）
- DSD Audio（*.dsf/*.dff/*.wsd） Pro Premium のみ
- WMV（Windows Media Video）（*.wmv）
- MP4（*.mp4）

DSD ファイルの読み込み（Pro Premium のみ）

Pro の場合は、DSD ファイルの読み込み時に DSD ファイルのまま読み込んで再生（ネイティブ再生）するか、PCM に変換するか指定できます。

Premium の場合は、読み込んだ DSD ファイルは常に PCM に変換されます。

音楽 CD の楽曲を取り込む

音楽 CD の楽曲をパソコンにオーディオファイルとして取り込む（「リッピング」という）ことができます。

ここでは音楽 CD の楽曲をパソコンにオーディオファイルとして取り込む手順を説明します。パソコンに取り込んだオーディオファイルは、「既存のオーディオファイルを読み込む」（101 ページ）の手順で Sound it! 9 に読み込むことができます。

手順 1 パソコンのディスクドライブ（CD・DVD ドライブ）にオーディオ CD を入れます。

手順 2 メニューバーの「ツール」→「音楽 CD からファイルを抽出」を選択します。

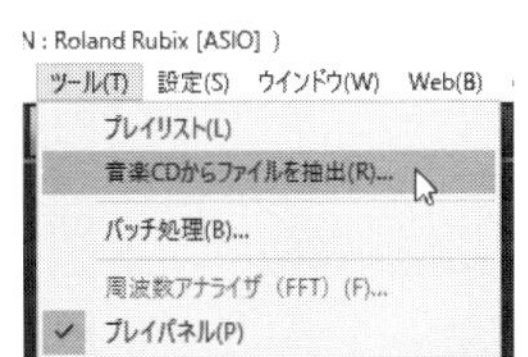

手順 3 「オーディオファイルの抽出」画面が開き CD の内容が表示されます。取り込みたい楽曲にチェックを入れます。

チェックを入れる

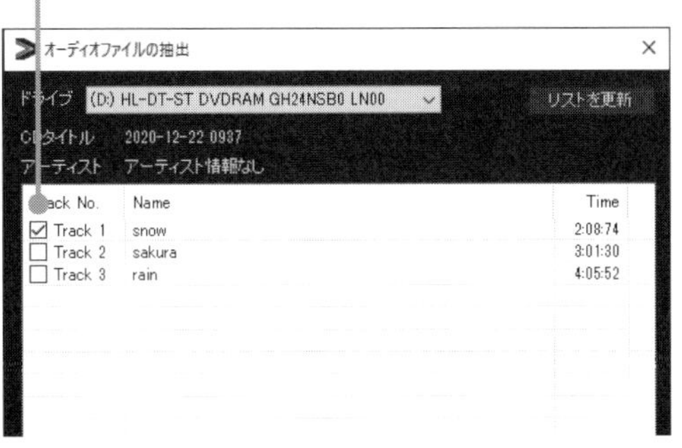

手順 4 取り込んだファイルを保存するフォルダを指定します。「変更」ボタンをクリックするとフォルダが指定できます。

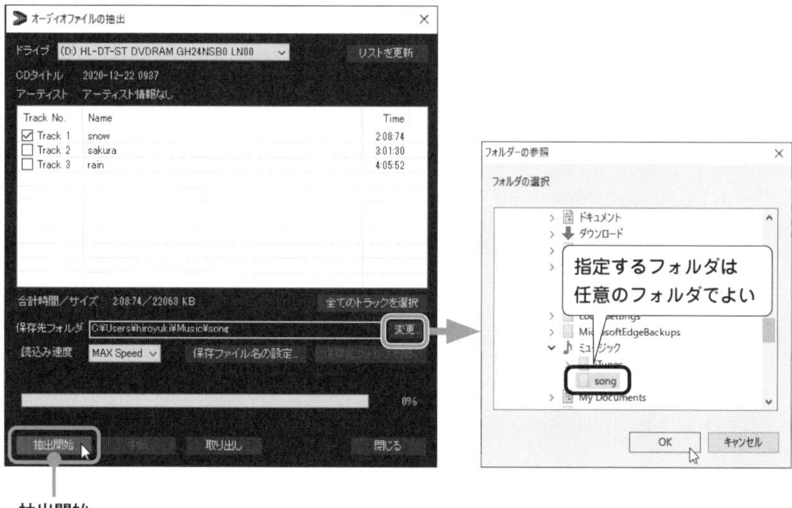

抽出開始

手順 5 「抽出開始」ボタンをクリックするとパソコンへ楽曲を取り込むのが開始されます。

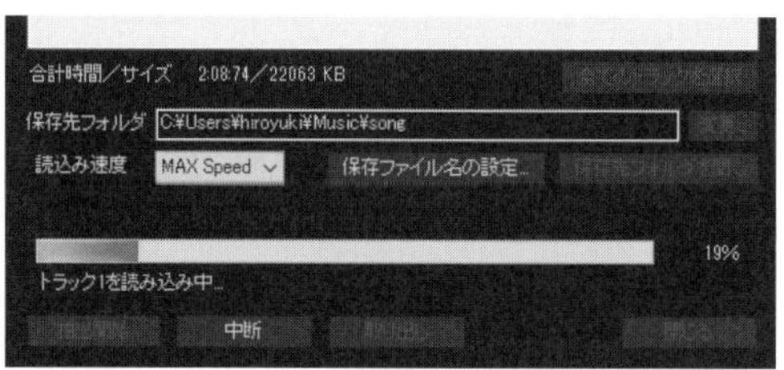

手順 6 「CD リッピングが正常に終了しました。」という画面が表示されたら「OK」ボタンをクリックして画面を閉じます。

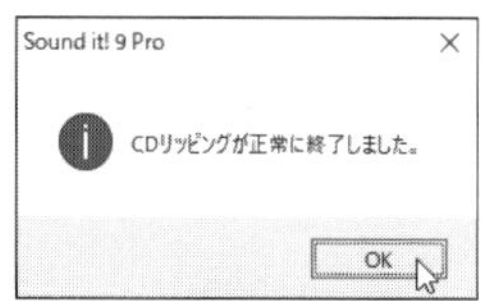

手順 7 「オーディオファイルの抽出」画面に戻るので、「閉じる」ボタンをクリックして画面を閉じます。

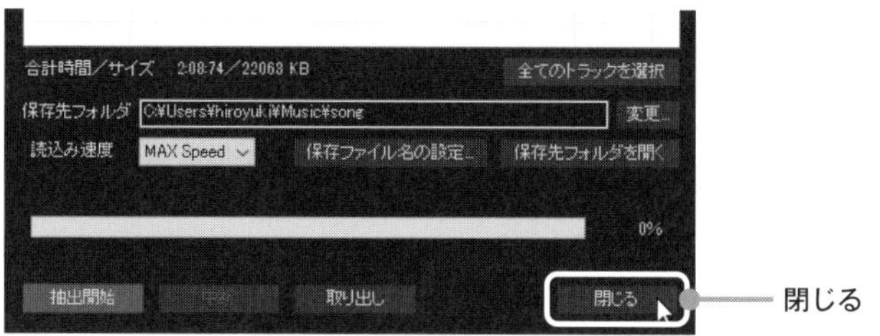

手順 4 で指定したフォルダにオーディオファイルが保存されました。

保存したオーディオファイルは、「既存のオーディオファイルを読み込む」（101 ページ）の手順で Sound it! 9 にオーディオデータとして読み込みましょう。

取り込んだオーディオファイルのファイル名

取り込んだオーディオファイルは、もとの CD 情報から自動で作成されたフォルダ中に、自動で生成されたファイル名で保存されます。

自分で名前を付けて保存したい場合は、「オーディオファイルの抽出」画面の「保存ファイル名の設定」ボタンをクリックします。表示される「保存ファイル名の設定」画面で「保存ファイル名を手動で入力する」を選択すると、「オーディオファイルの抽出」画面の「保存先フォルダ」欄でファイル名を入力して保存することができるようになります。「保存先フォルダ」欄で指定されているフォルダの直下に、名前を付けたファイルが保存されます。

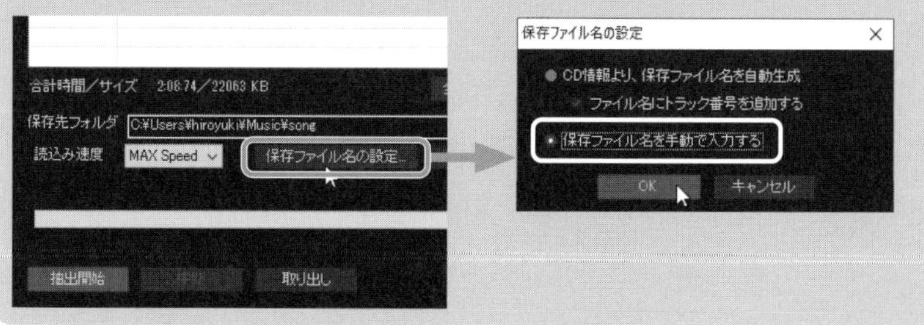

MIDI データをオーディオデータに変換して読み込む

MIDI データをオーディオデータに変換して Sound it! 9 に読み込むことができます。読み込めるデータは、スタンダード MIDI ファイル（*.mid）や Singer Song Writer ソングファイル（*.ssw, *.ss2, *.ss3）の MIDI データになります。

Singer Song Writer Lite 10

Singer Song Writer Lite 10 は楽曲の作成、歌声や楽器の録音、オーディオデータの編集、CD の作成、譜面の作成などに使用できる音楽ソフトです。Sound it! 9 と同じ株式会社インターネットから発売されています。

手順 1 メニューバーの「ファイル」から「MIDI データの読み込み」を選択します。

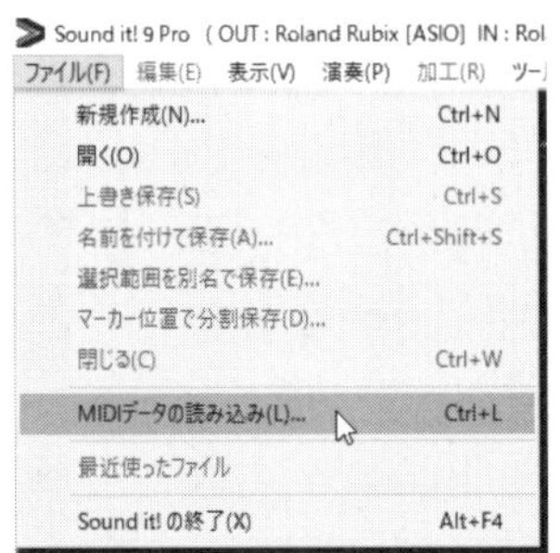

手順 2 「ソングファイルの読み込み」画面が開きます。読み込みたい MIDI データがある場所を指定します。

手順 3 読み込みたい MIDI データをクリックして選択します。

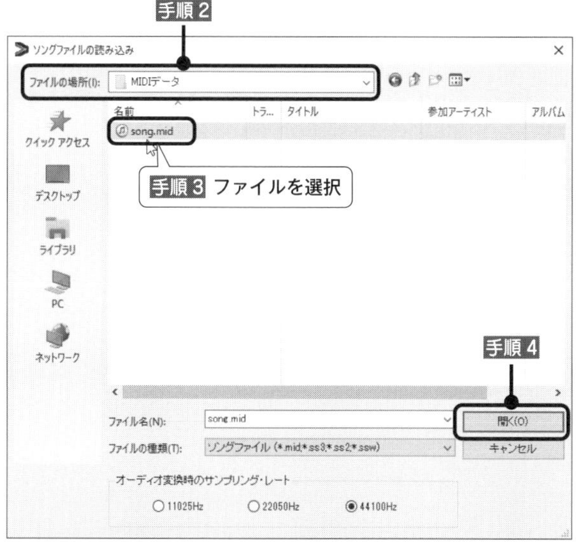

ヒント
「オーディオ変換時のサンプリングレート」欄でオーディオデータに変換するときのサンプリングレートが指定できます。

手順 4 「開く」ボタンをクリックするとオーディオファイルに変換されて読み込まれます。

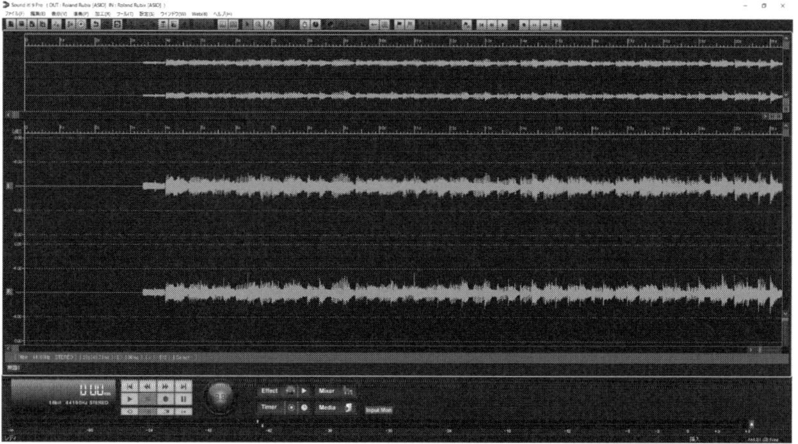

コラム　MIDI データとオーディオデータの違い

MIDI データは演奏の情報が数値化されたデータになります。たとえば「何小節目の何拍目に、どの高さの音を、どれくらいの長さで、どれくらいの強さで演奏する」というような情報が数値化されたデータです。MIDI データは演奏の情報だけなので、そのものだけでは音は鳴りません。音として鳴らすためにはシンセサイザーのような音源が別途必要になります。

MIDI データのメリットは数値化された演奏の情報だけなので、一度入力した音（情報）は数値を変更するなどして自由に編集することができます。そして MIDI データはデータ量が小さいことが特徴です。デメリットは演奏の情報だけなので、鳴らす音源によって発音される音質のクオリティが変わってしまうことです。

オーディオデータはデジタル録音されたデータになります。録音されたデータは音の振動している様子を表示した「波形」と呼ばれるデータで表示されます。

オーディオデータのメリットは、生の音をそのまま録音しているので、音色や演奏時の細かいニュアンスなどが忠実に再現されます。デメリットは入力された音の音程やタイミングなどの修正が苦手なところです。少しだけの音程やタイミングの修正であれば大丈夫なのですが、大きく変えようとすると音が破綻してしまってノイズなどが乗った音になってしまうことがあります。MIDI データと違ってデジタル録音された音の波を編集しているので修正できる範囲には限度があります。そしてデータ量も MIDI データと比べて大きくなります。

第 5 章
オーディオデータの編集

この章ではオーディオデータの編集方法を紹介します。

データの範囲選択

まずは、オーディオデータの編集したい範囲を選択する方法を紹介します。オーディオデータの範囲選択はエディットウィンドウでおこないます。範囲選択する方法は何種類かあるので、ご自身のやり易い方法でお使いください。

ダブルクリックで全体を選択

エディットウィンドウの波形をダブルクリックするとオーディオデータ全体を選択することができます。

またオーディオデータがステレオの場合は、ダブルクリックする位置によって選択するチャンネルが選べます。

L/R を同時に選択

L/R の境界線付近をダブルクリックすると、L/R を同時に選択できます。

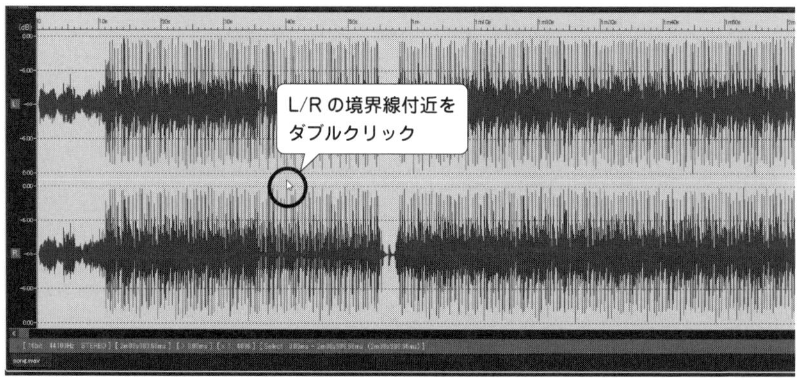

ヒント

メニューバーの「編集」から「全てを選択」を選択してL/Rチャンネルすべてを選択することもできます。

【ショートカット】パソコンの入力モードが半角英数の状態で Ctrl ＋ A

Lチャンネルだけを選択

Lチャンネルの上の領域にマウスカーソルを持っていくとカーソルが「L」になります。その状態でダブルクリックして選択します。

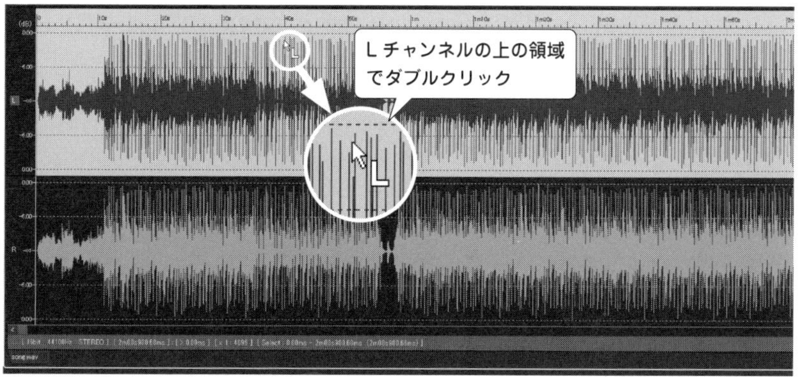

Rチャンネルだけを選択

Rチャンネルの下の領域にマウスカーソルを持っていくとカーソルが「R」になります。その状態でダブルクリックして選択します。

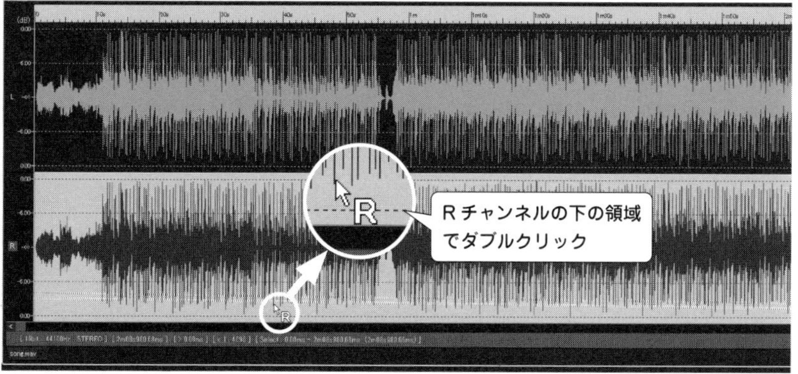

マウスでドラッグして範囲選択

エディットウィンドウで選択したい範囲をマウスでドラッグして選択できます。オーディオデータがステレオの場合はL/Rチャンネルの両方を選択、もしくはLチャンネルかRチャンネルのどちらか一方だけで範囲を選択することができます。

L/Rチャンネルを同時に選択

L/Rの境界線付近をドラッグします。

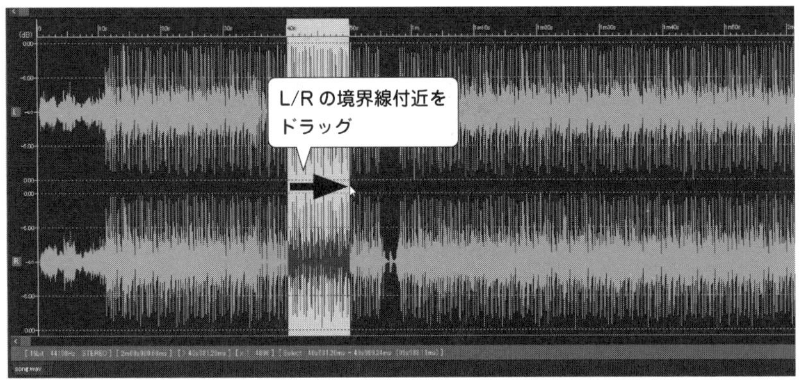

ヒント

データの先頭部分は選択しづらいですが、終点から先頭に向かって逆方向に選択することで簡単に選択できます。

Lチャンネルだけを選択

Lチャンネルの上の領域にマウスカーソルを持っていくとカーソルが「L」になります。その状態でドラッグして選択します。

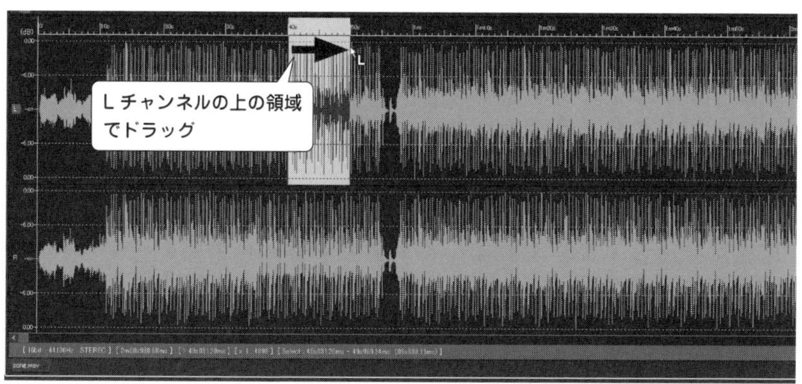

Rチャンネルだけを選択

Rチャンネルの下の領域にマウスカーソルを持っていくとカーソルが「R」になります、その状態でドラッグして選択します。

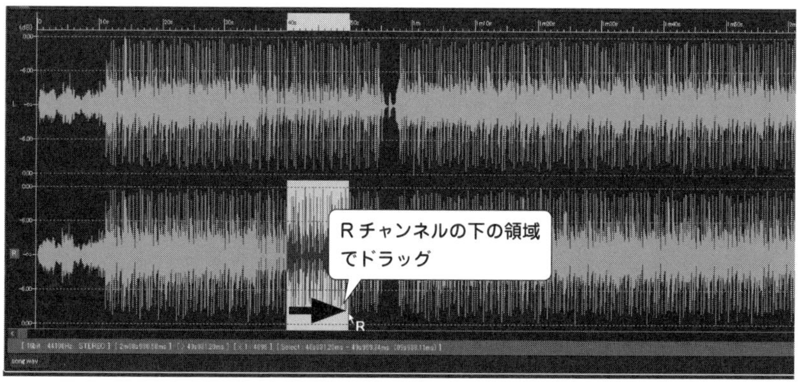

「選択範囲」画面を使って選択

メニューバーの「編集」から「範囲選択」を選択して「範囲選択」画面を表示します。

この画面では、チャンネル、開始位置と終了位置を指定して範囲選択できます。

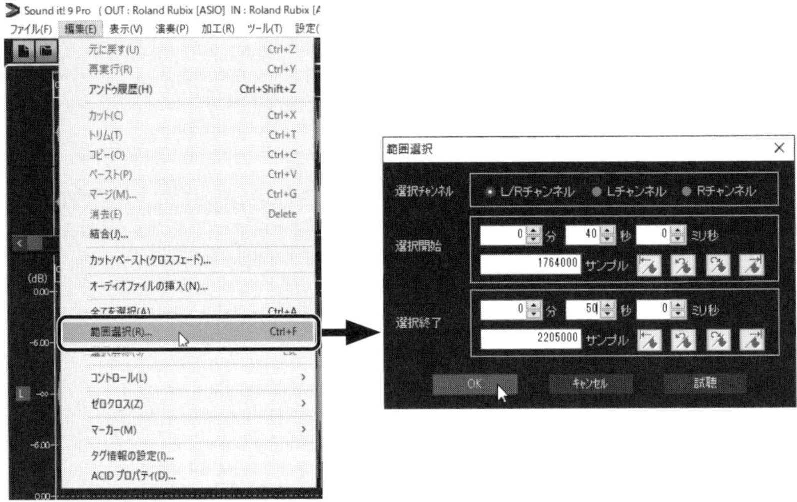

「マーカー一覧表示」画面を使って選択

「マーカー一覧表示」画面を使って範囲選択します。

マーカーについては、「マーカー」(137 ページ)の項も参照してください。

手順 1 オーディオデータがステレオの場合は選択したいチャンネルを指定します。

L/R チャンネルを指定

L/R の境界線付近をクリックすると、波形左側の L、R の文字が青く点灯します。

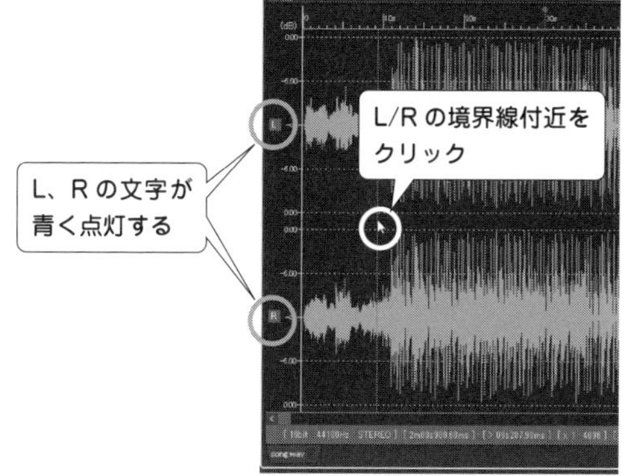

L チャンネルだけを指定

L チャンネルの上の領域にマウスカーソルを持っていくとカーソルが「L」になります。その状態でクリックすると、波形左側の「L」の文字だけが青く点灯します。

R チャンネルだけを指定

R チャンネルの下の領域にマウスカーソルを持っていくとカーソルが「R」になります。その状態でクリックすると、波形左側の「R」の文字だけが青く点灯します。

手順2 メニューバーの「編集」から「マーカー」→「マーカー一覧表示」を選択して「マーカー一覧表示」画面を表示します。

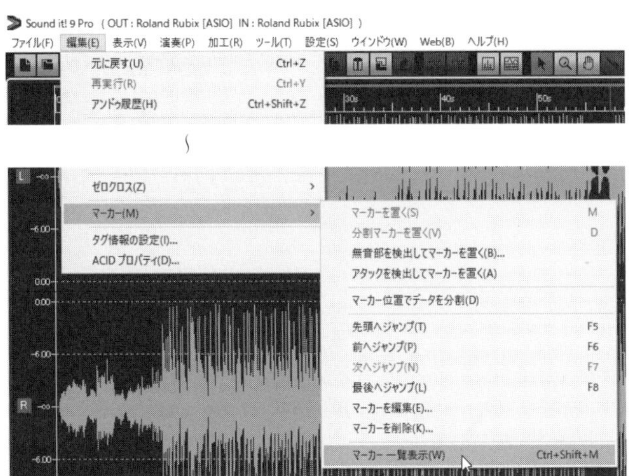

手順3 選択開始位置のマーカーをクリックして選択します。

手順4 続けて選択終了位置のマーカーを Shift キーを押しながらクリックすると、開始位置から終了位置までのマーカーが選択されます。

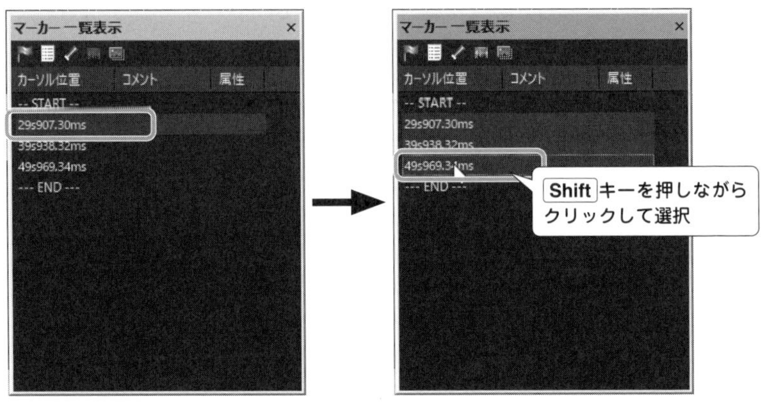

手順５「マーカー間選択」ボタンをクリックする、と選択したマーカー間の範囲が選択されます。

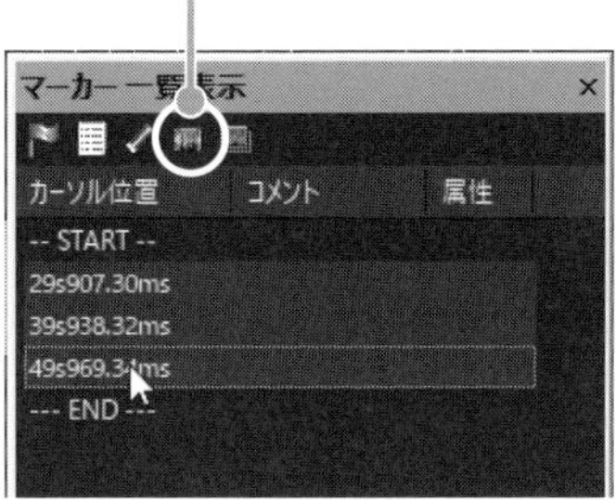

ヒント

エディットウィンドウ横軸の目盛りの上のマーカー間をダブルクリックすると、マーカー間の範囲選択ができます。

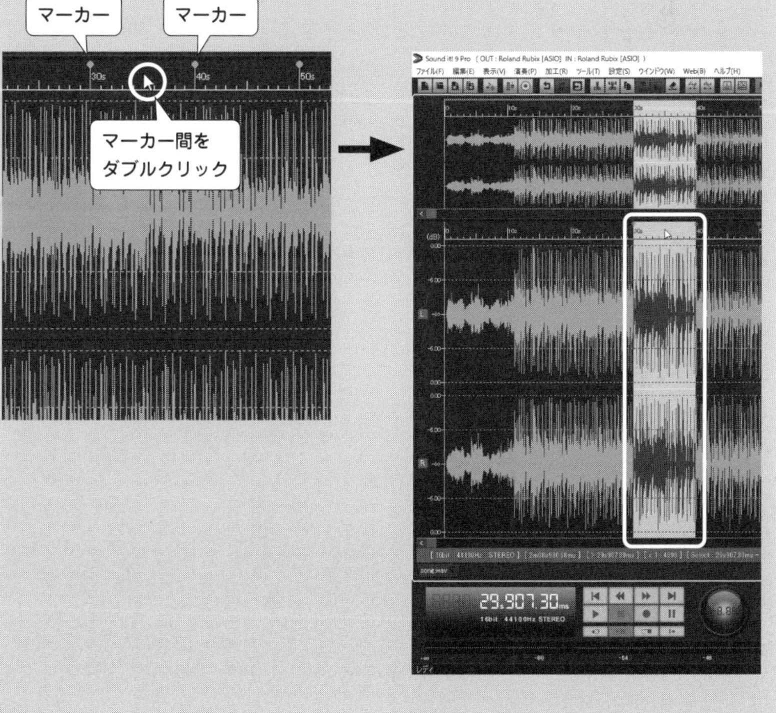

ショートカットキーを使った選択

パソコンのキーボードの←→キーを使ったショートカットキーでも範囲選択ができます。

手順1 選択開始位置でクリックしてカーソルをあわせます。

オーディオデータがステレオの場合は、選択したいチャンネル位置でクリックして選択開始位置をあわせます。

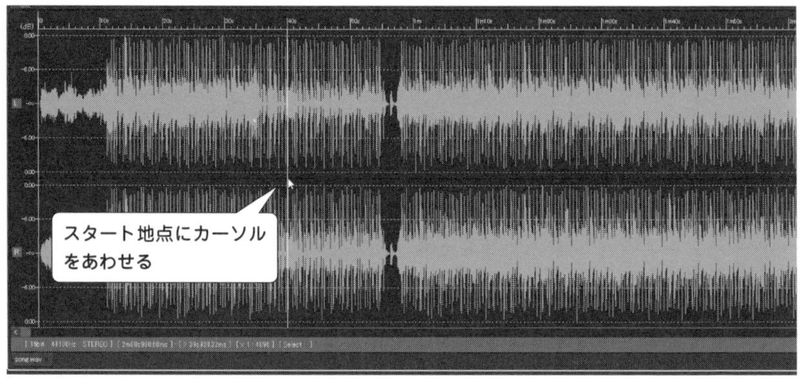

手順2 Ctrlキーを押しながら←→キーを押すと、巻き戻し／早送りをしながら範囲選択ができます。

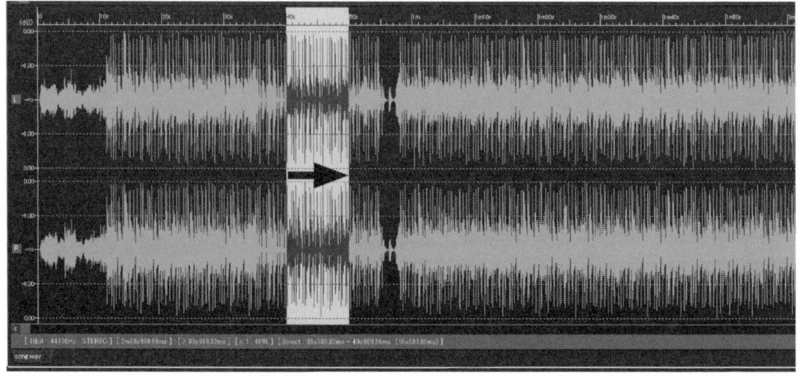

ヒント

Shift キーを押しながら、Ctrl ＋ ← → キーを押すと、高速で巻き戻し／早送りをしながら範囲選択ができます。

クリックを使った選択

手順１ 選択開始位置でクリックしてカーソルをあわせます。

オーディオデータがステレオの場合は、選択したいチャンネル位置でクリックして選択開始位置をあわせます。

手順２ Ctrl キーを押しながら選択終了位置をクリックすると範囲選択できます。

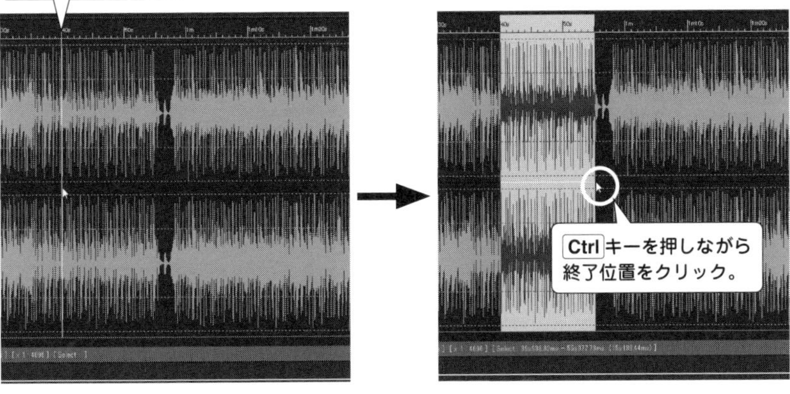

すでに範囲選択されている状態で、Ctrl＋クリックで選択終了位置を変更できます。

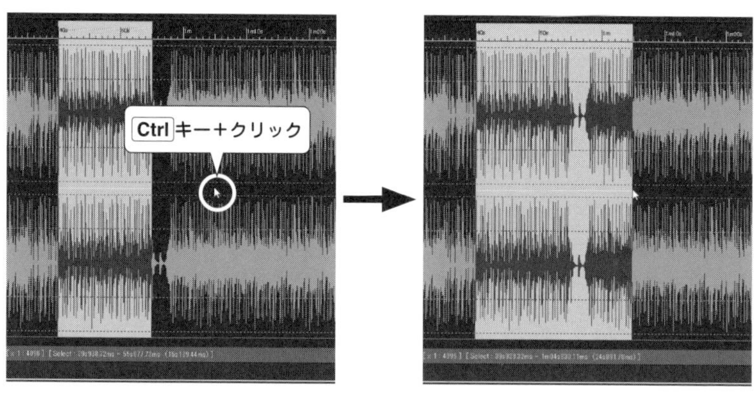

またAlt＋クリックで選択開始位置が変更できます。

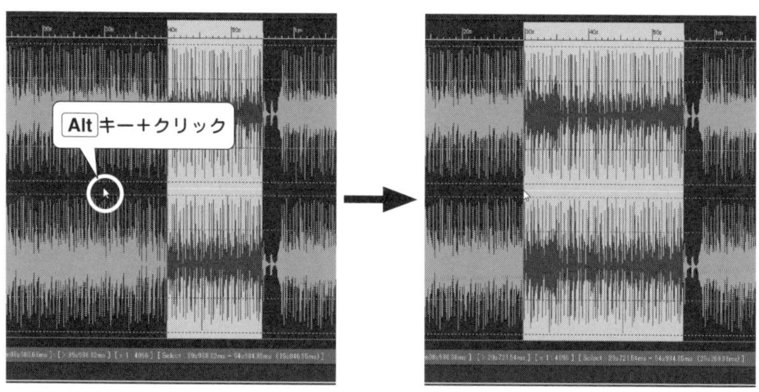

ヒント

選択範囲をウェーブエディタの外側にドラッグ&ドロップすると、その部分を新しいウェーブエディタで開くことができます。

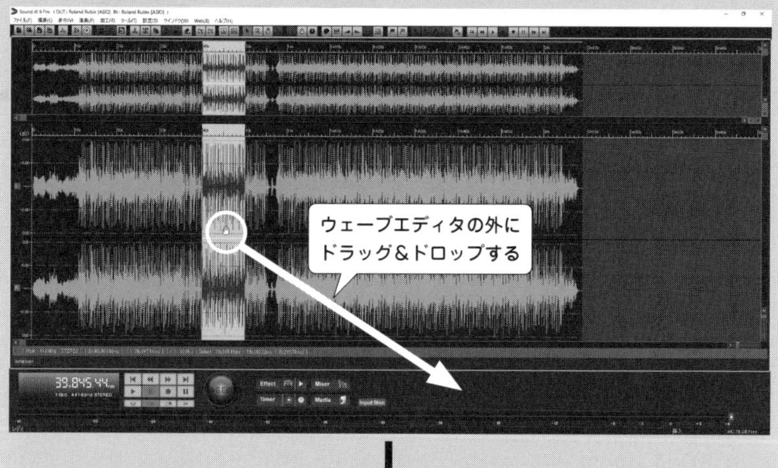

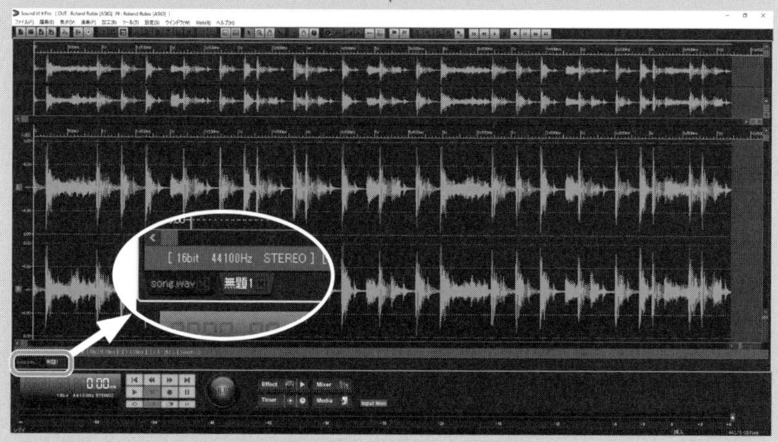

画面左下のタブが２つになって、新しいウェーブエディタで開いているのがわかります。

ゼロクロスを使った範囲選択

波形編集の際に編集した切れ目でプチっというノイズが入ってしまうことがあります。これはちょうど切れ目の部分が波形の振幅の途中になっているときにおこります。編集の切れ目を波形の振幅がなくなるタイミングにあわせることで、このプチっというノイズは抑えることができます。

ゼロクロス補正は、選択した範囲の切れ目を波形の振幅がない位置（ゼロクロス）に補正してくれる機能です。編集の際にはこの機能を活用しましょう。

まずは範囲を選択します。範囲の選択方法は「データの範囲選択」（110ページ）を参照してください。

選択範囲を内側にゼロクロス補正

メニューバーの「編集」から「ゼロクロス」→「範囲を内側に補正」を選択するか、もしくは「選択範囲を内側にゼロ・クロス補正」ボタンをクリックします。

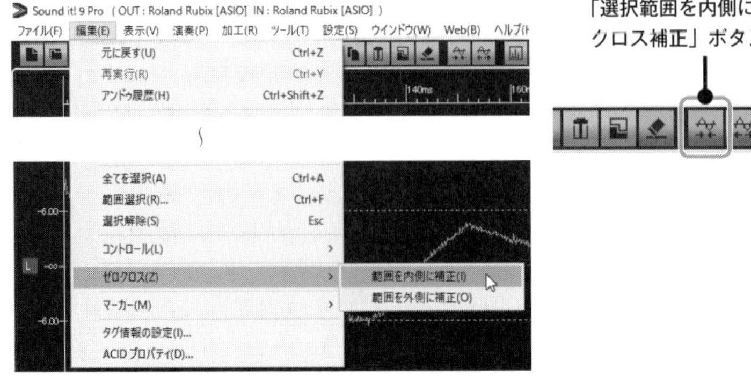

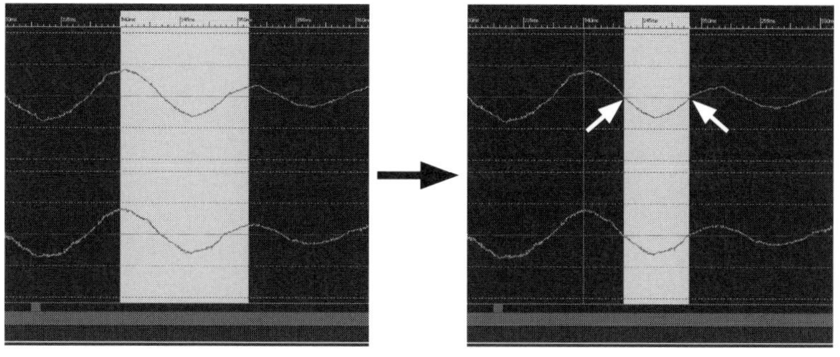

選択範囲を外側にゼロクロス補正

メニューバーの「編集」から「ゼロクロス」→「範囲を外側に補正」を選択するか、もしくは「選択範囲を外側にゼロ・クロス補正」ボタンをクリックします。

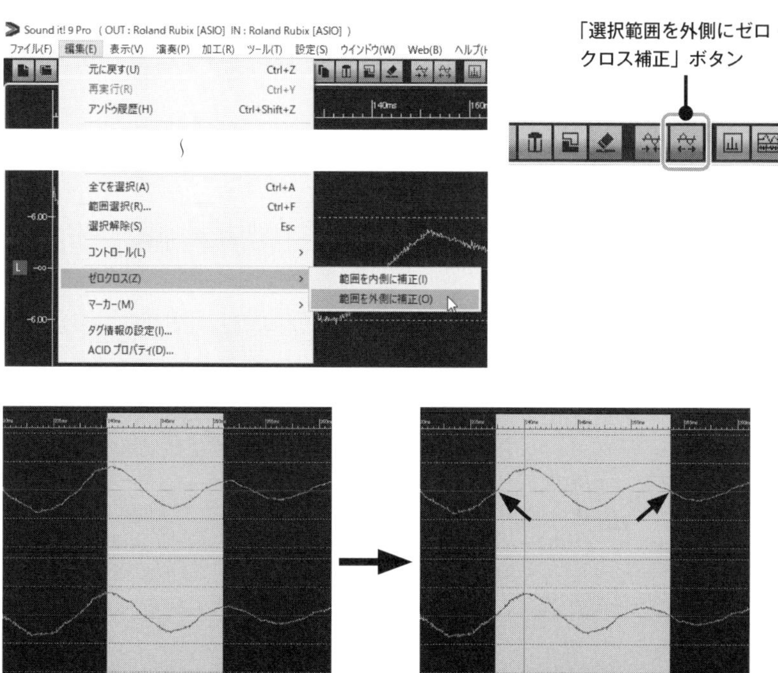

データの編集
——カット、トリム、コピー、ペースト、マージ、消去、結合

カット、トリム、コピー、ペースト、マージ、消去、結合などを使って選択範囲を編集することができます。ここでは、ステレオデータでL/Rチャンネルを選択した状態を例に、それぞれの操作方法を説明します。

カット

メニューバーの「編集」から「カット」を選択します。

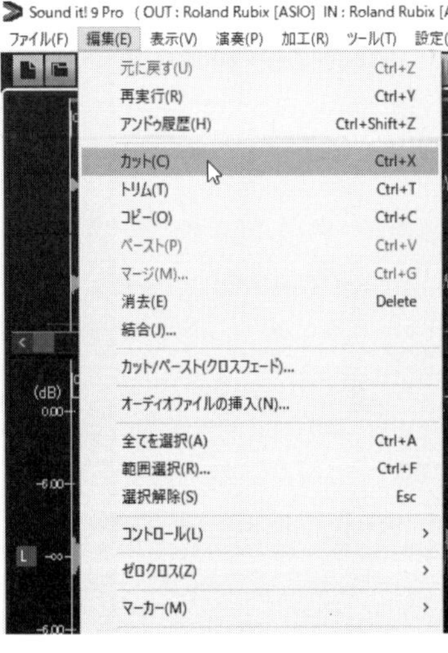

ヒント【ショートカット】パソコンの入力モードが半角英数の状態で Ctrl ＋ X

右クリックして表示されるメニューからも選択できます。

選択範囲のデータは削除されます。後ろにデータがあれば削除された分、前に移動します。

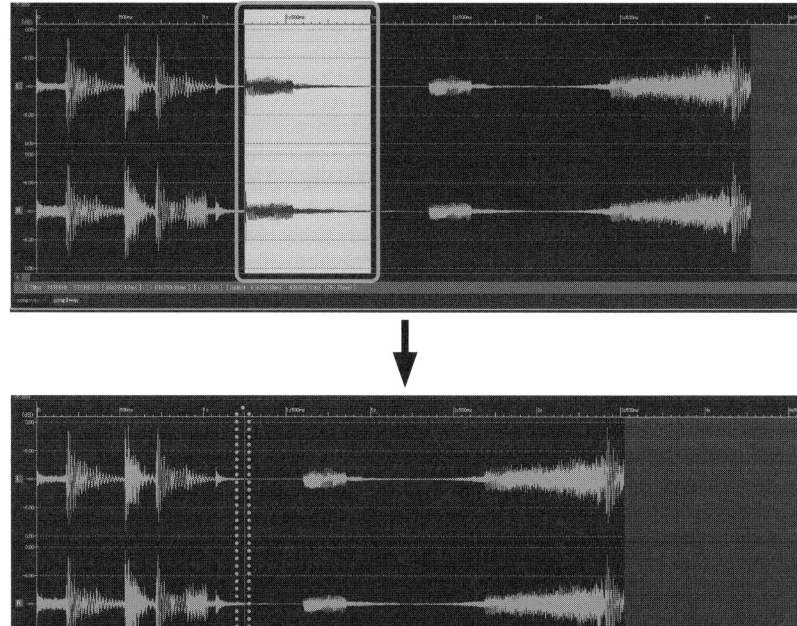

ヒント
カットしたデータはパソコンに記録され、ペーストやマージによって指定位置に貼り付けることができます。

トリム

メニューバーの「編集」から「トリム」を選択します。

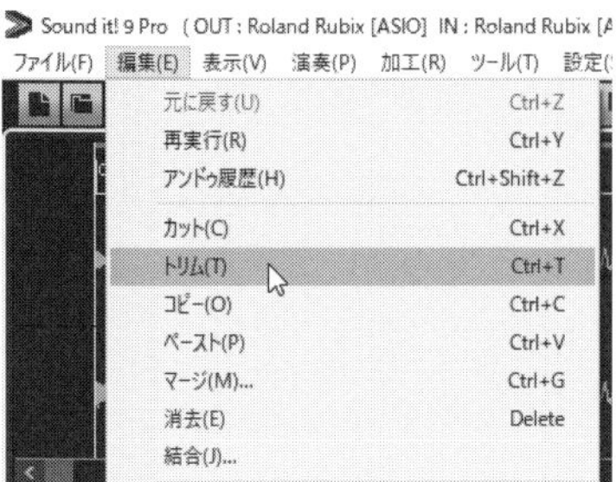

ヒント 【ショートカット】パソコンの入力モードが半角英数の状態で Ctrl ＋ T

右クリックして表示されるメニューからも選択できます。

選択範囲のデータだけを残して、それ以外は削除されます。

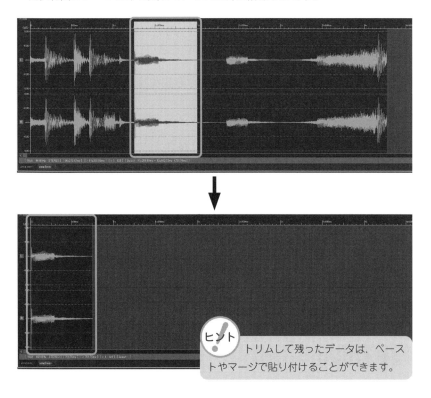

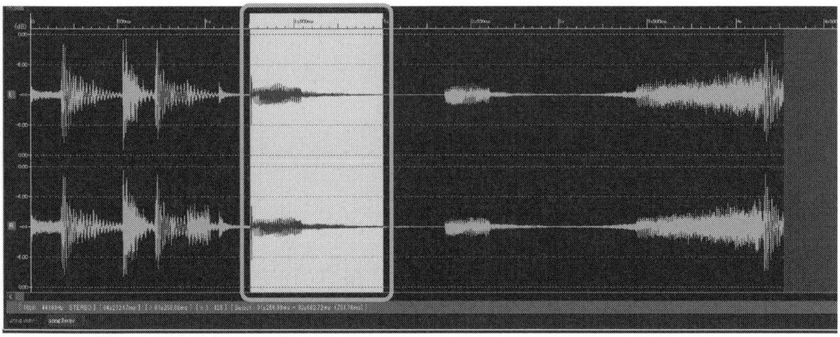

ヒント トリムして残ったデータは、ペーストやマージで貼り付けることができます。

コピー

メニューバーの「編集」から「コピー」を選択します。

Sound it! 9 Pro (OUT : Roland Rubix [ASIO] IN : Roland Rubix [A
ファイル(F) 編集(E) 表示(V) 演奏(P) 加工(R) ツール(T) 設定(
元に戻す(U) Ctrl+Z
再実行(R) Ctrl+Y
アンドゥ履歴(H) Ctrl+Shift+Z
カット(C) Ctrl+X
トリム(T) Ctrl+T
コピー(O) Ctrl+C
ペースト(P) Ctrl+V
マージ(M)... Ctrl+G
消去(E) Delete
結合(J)...

ヒント　【ショートカット】パソコンの入力モードが半角英数の状態で Ctrl ＋ C

右クリックして表示されるメニューからも選択できます。

選択範囲のデータがコピー（複製）され、パソコンに記憶されます。

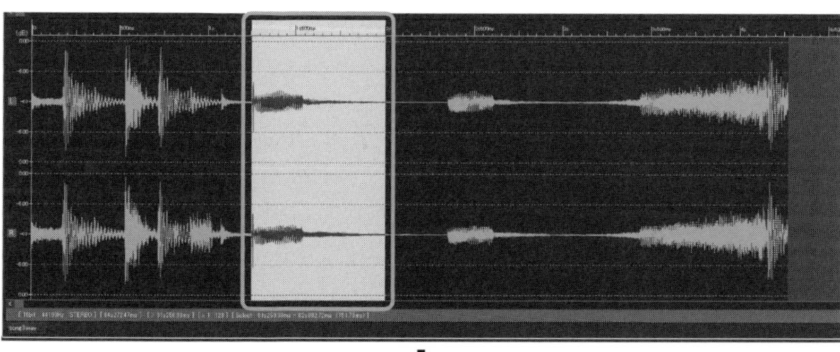

↓

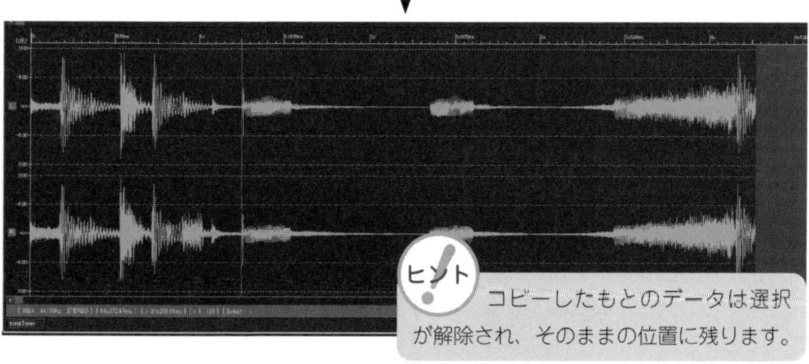

ヒント　コピーしたもとのデータは選択が解除され、そのままの位置に残ります。

ペースト

カット、トリム、コピーしたデータをカーソル位置にペースト（貼り付け）します。

手順1 貼り付け位置をクリックして選択します。

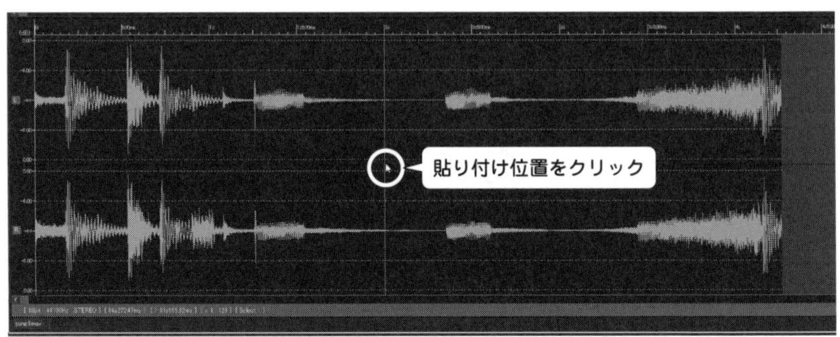

手順2 メニューバーの「編集」から「ペースト」を選択します。

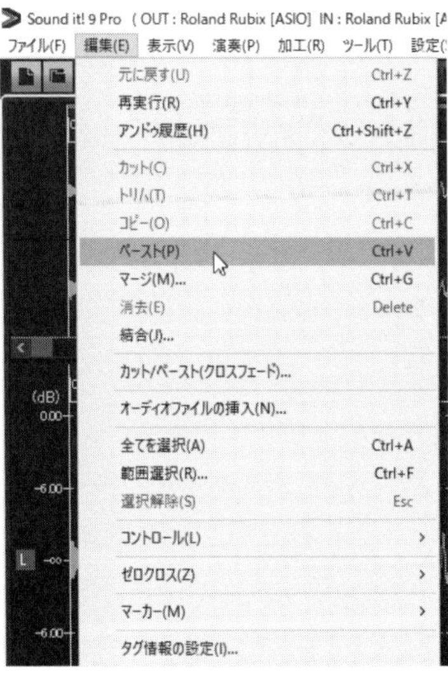

ヒント

【ショートカット】パソコンの入力モードが半角英数の状態で Ctrl ＋ V

右クリックして表示されるメニューからも選択できます。

手順３ カット、トリム、コピーしたデータが、カーソル位置にペーストされます。

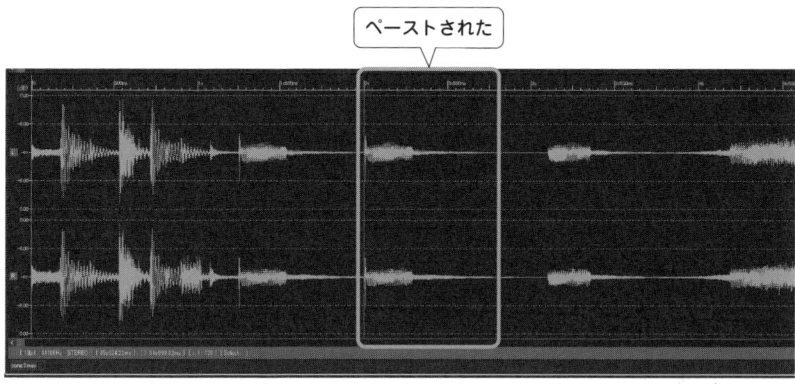

ヒント

パソコンのキーボードの**Insert**キーを押すと、ペースト時にカーソル位置に挿入してペーストするか、上書きしてペーストするかを切り替えられます。初期設定では、挿入してペーストになっています。

どちらに設定されているかは、画面右下で確認できます。

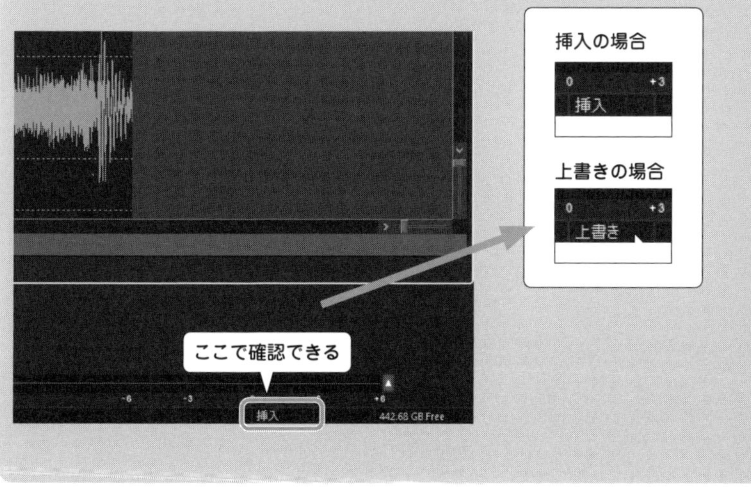

マージ

カット、トリム、コピーしたデータをカーソル位置にマージ（重ねて貼り付け）します。

手順1 マージ位置をクリックして選択します。

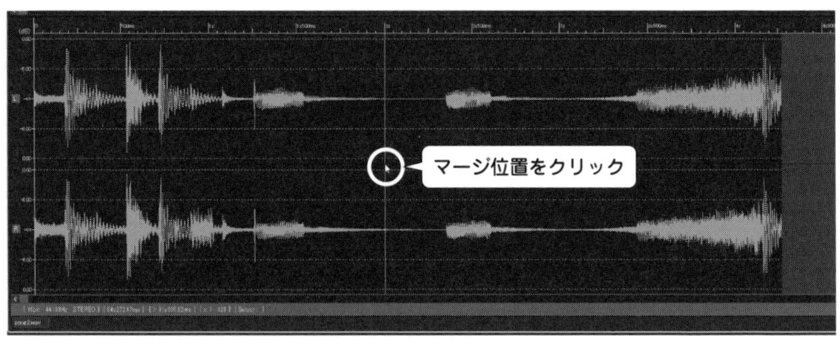

手順2 メニューバーの「編集」から「マージ」を選択します。

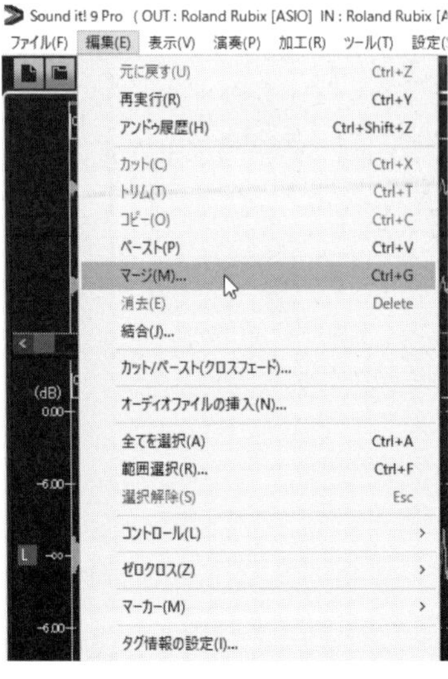

ヒント 【ショートカット】パソコンの入力モードが半角英数の状態で Ctrl + G

右クリックして表示されるメニューからも選択できます。

手順３「マージ・ペースト」画面が表示されます。

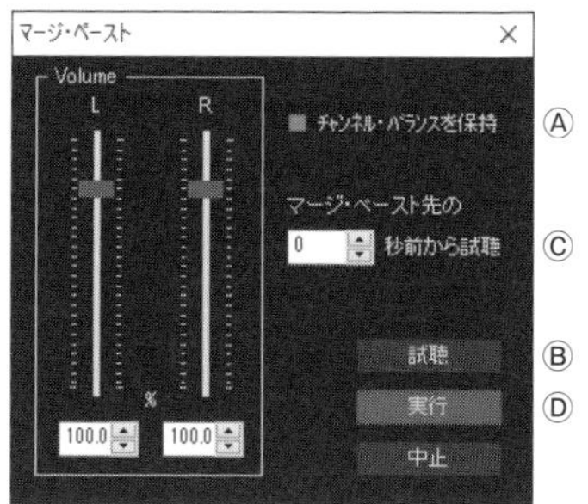

「チャンネル・バランスを保持」（Ⓐ）にチェックを入れるとＬとＲのボリュームバランスを保持したまま音量調整ができます。

「試聴」ボタン（Ⓑ）をクリックするとマージ後の音量バランスが確認できます。マージをおこなう時点よりも前から試聴したい場合は秒数を指定します（Ⓒ）。

手順４「実行」ボタン（Ⓓ）をクリックすると、カーソル位置からカット、トリム、コピーしたデータがマージされます。

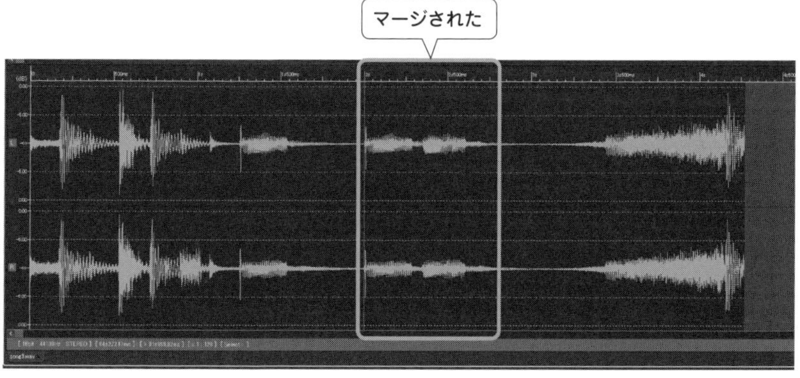

消去

メニューバーの「編集」から「消去」を選択すると消去されます。

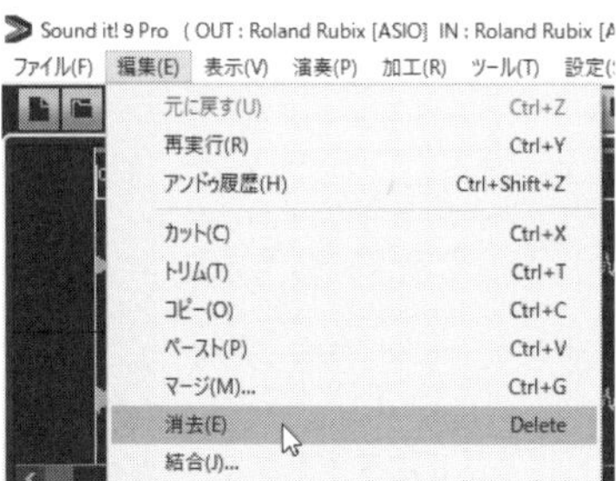

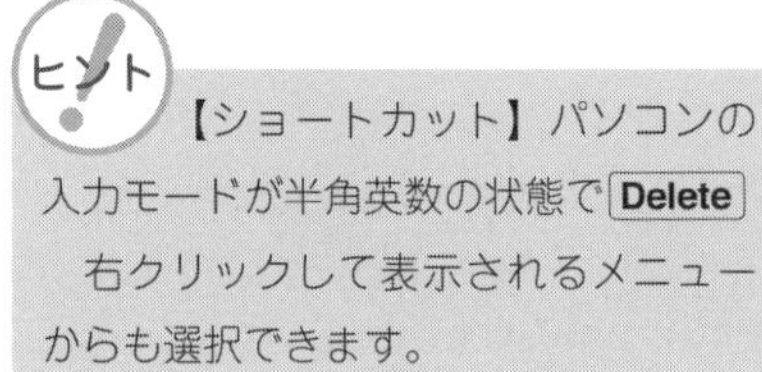

【ショートカット】パソコンの入力モードが半角英数の状態で Delete

右クリックして表示されるメニューからも選択できます。

選択範囲のデータが消去され無音状態になります。

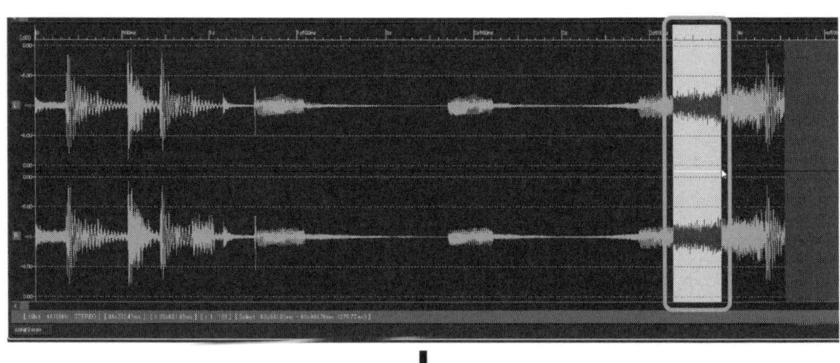

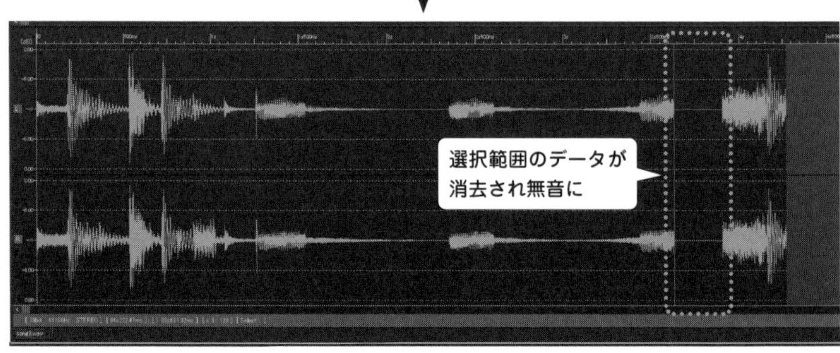

結合

開いているデータの最後に別のオーディオデータを結合します。

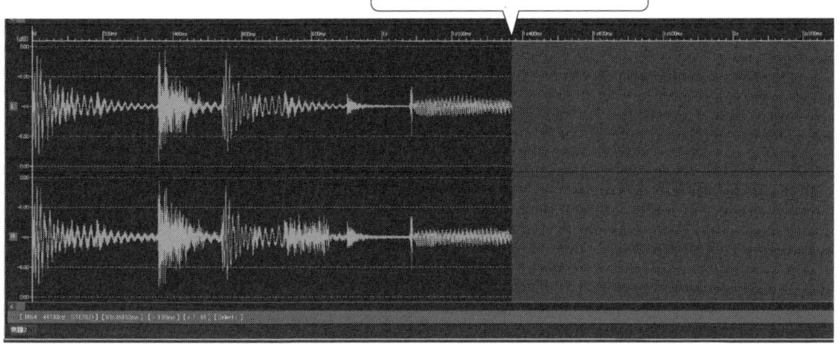

手順 1 メニューバーの「編集」から「結合」を選択すると「結合」画面が表示されます。

ヒント 右クリックして表示されるメニューからも選択できます。

手順 2 「ファイルを挿入」ボタンをクリックすると「オーディオファイルの読み込み」画面が表示されます。

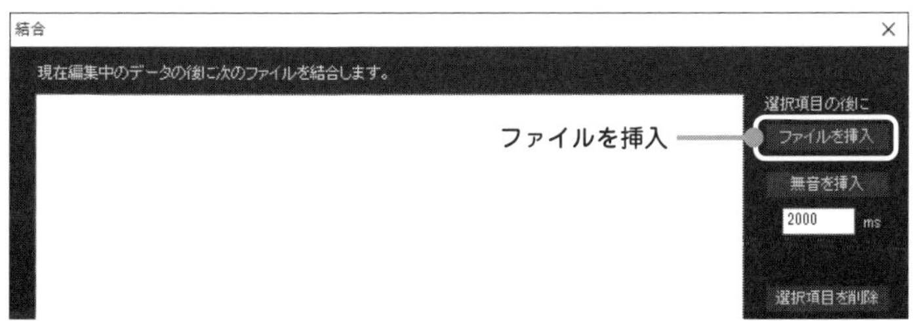

手順3 結合したいオーディオファイルを選択して「開く」ボタンをクリックします。

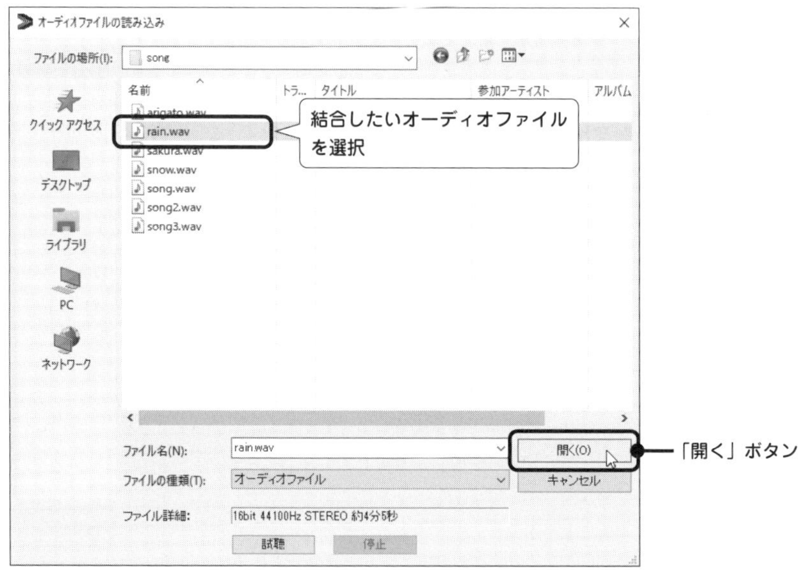

手順4 「結合」画面に戻るので「OK」ボタンをクリックします。

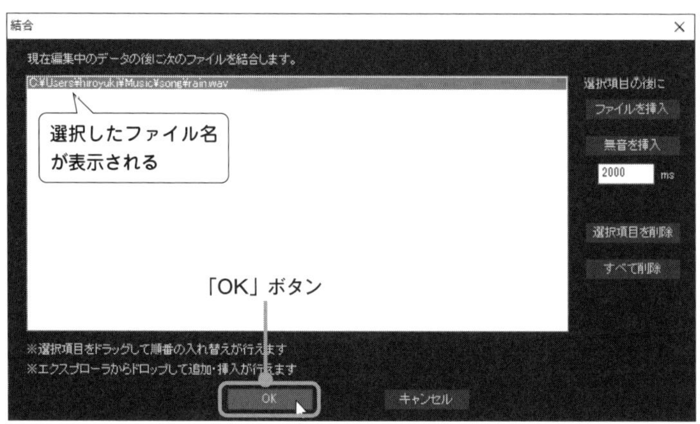

もともとあったオーディオデータの最後に、先ほど選んだオーディオデータが結合されます。

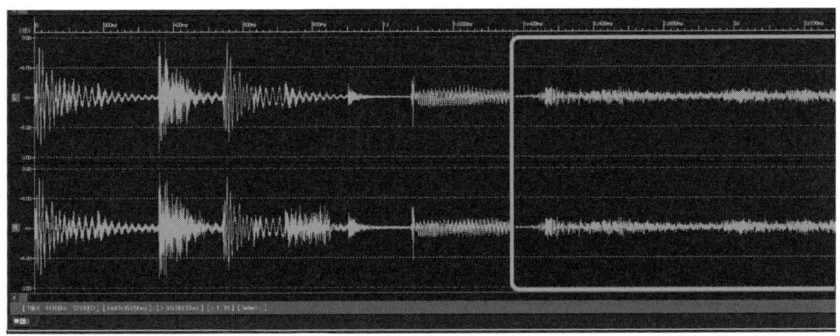

ヒント　すでに開いているオーディオデータと、新たに結合するオーディオデータのオーディオフォーマットが異なっているときは、すでに開いているオーディオデータのフォーマットに変換されて結合されます。

「結合」画面

上記手順３で複数のオーディオファイルを読み込むと、複数のオーディオファイルを一度に結合させることがきます。

オーディオファイルは、リストに表示されている順で結合されます。ファイルはドラッグして順番を入替えできます。

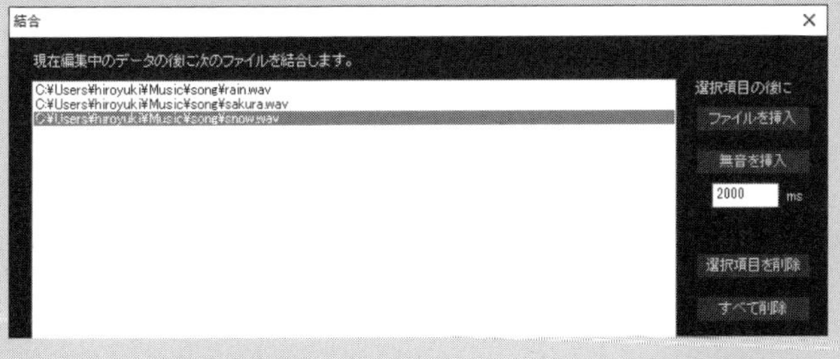

リストからファイルを削除したい場合は、ファイル名をクリックして選択し、「選択項目を削除」ボタンをクリックします。

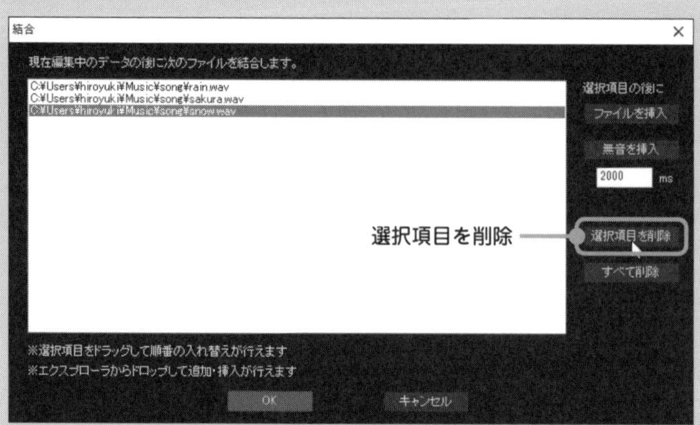

また、「無音を挿入」ボタンをクリックすると、ボタン下で設定したms（ミリ秒）の長さで挿入用の無音を作成できます。

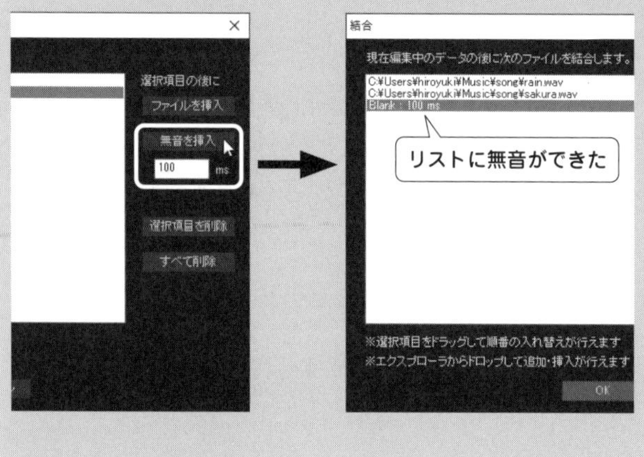

マーカー

オーディオデータの任意の場所にマーカーと呼ばれる目印を置くことができます。特定の場所に目印として置いたり、マーカー位置から再生したり、マーカー位置でオーディオデータを分割したりするなどできます。

マーカーの種類

マーカーには４種類あります。

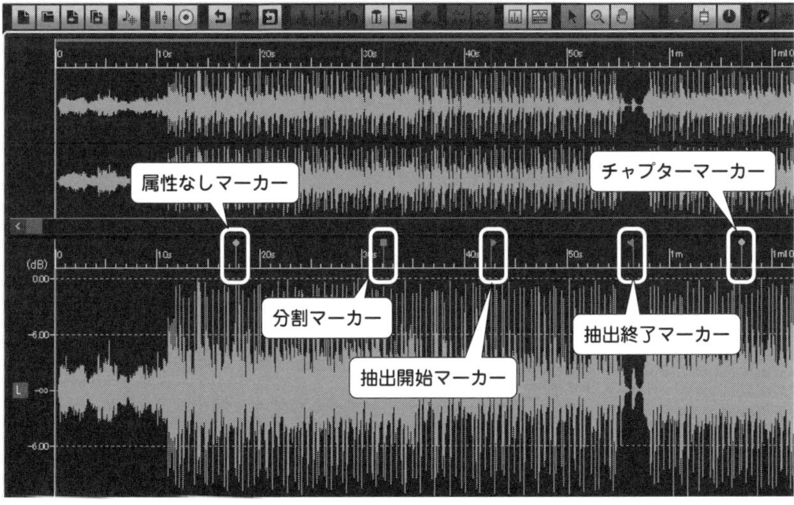

属性なしマーカー （青）

属性がない通常のマーカーです。

分割マーカー （赤）

マーカー位置でデータを分割し、分割したデータをウェーブエディタで開くときに使います。

抽出開始マーカー、抽出終了マーカー （赤）

抽出開始マーカーと抽出終了マーカーの範囲を抽出し、その範囲のデータをウェーブエディタで開くときに使います。

チャプターマーカー （緑）

iTunes などのアプリで見ることができる、チャプタータイトルや URL タイトル / アドレス、画像などが設定できます。チャプター情報が保存されるファイル形式は Soundit（*.siw）、AAC（*.m4a）になります。

マーカーを置く

属性なしマーカーと分割マーカーを置く手順を説明します。

抽出開始 / 終了マーカーとチャプターマーカーは、属性なしマーカーとして配置してからその属性を変更します。属性の変更については、「マーカーの属性の変更」（147 ページ）を参照してください。

属性なしマーカーを置く

まずは属性なしマーカーを置く手順です。

手順 1 マーカーを置きたい位置をクリックしてカーソルを移動させます。

手順２ メニューバーの「編集」から「マーカー」→「マーカーを置く」を選択するか、ツールバーの「マーカーを置く」ボタンをクリックします。

ヒント
【ショートカット】パソコンの入力モードが半角英数の状態で M
右クリックして表示されるメニューからも選択できます。

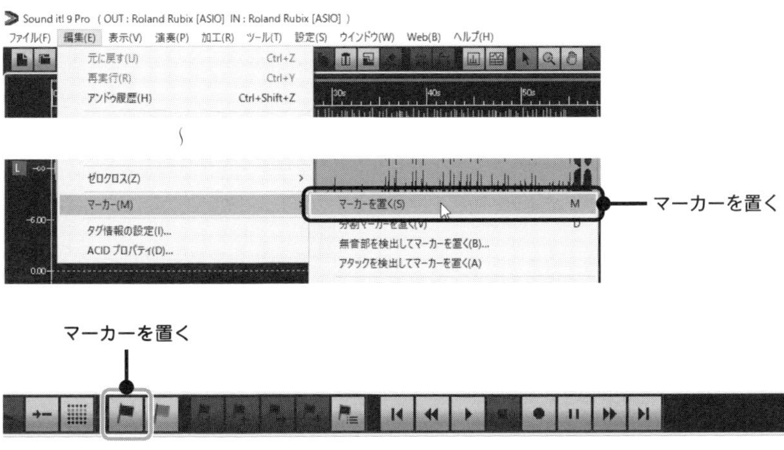

マーカーを置く

カーソル位置に属性なしマーカーが配置されます。

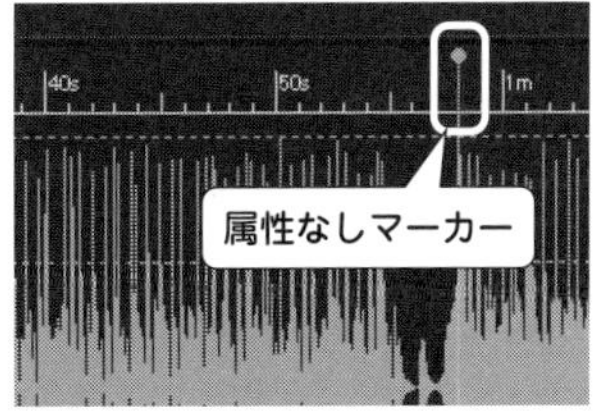

分割マーカーを置く

前項の手順2で、メニューバーの「編集」から「マーカー」→「分割マーカーを置く」を選択するか、「分割マーカーを置く」ボタンをクリックします。

【ショートカット】パソコンの入力モードが半角英数の状態でD

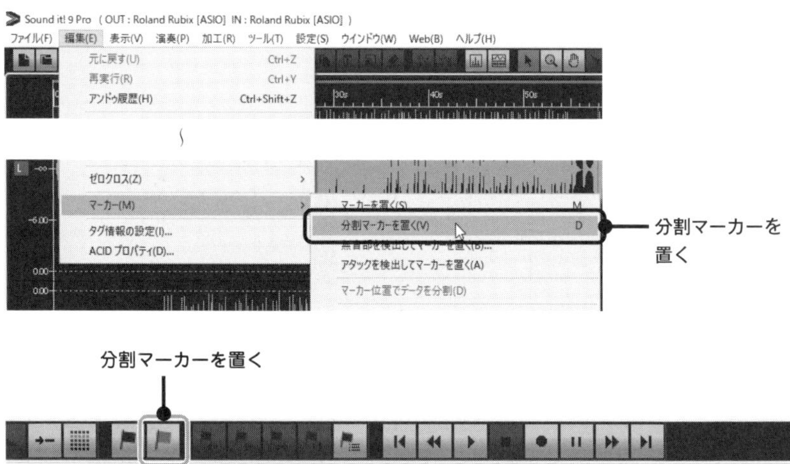

カーソル位置に分割マーカーが配置されます。

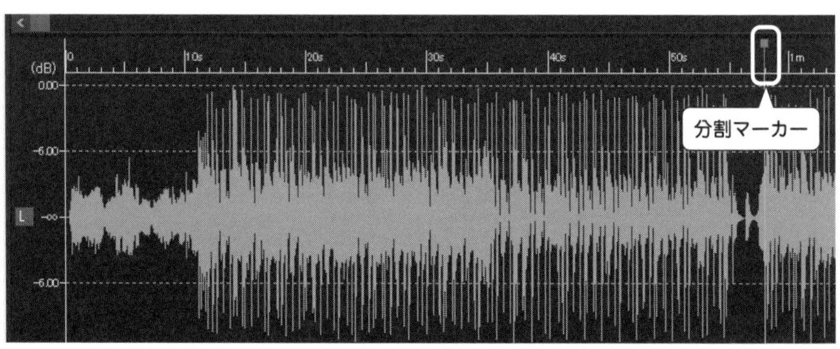

選択した範囲の前後に属性なしマーカーを置く

範囲選択した状態で、Shiftキーを押しながらメニューバーの「編集」から「マーカー」→「マーカーを置く」を選択すると選択範囲の始まりと終わりの部分に属性なしマーカーが置かれます。

ヒント　範囲選択した状態で、Shiftキーを押しながらメニューバーの「編集」から「分割マーカーを置く」を選択すると、選択部分の両端に抽出開始マーカーと抽出終了マーカーを置くこともできます。

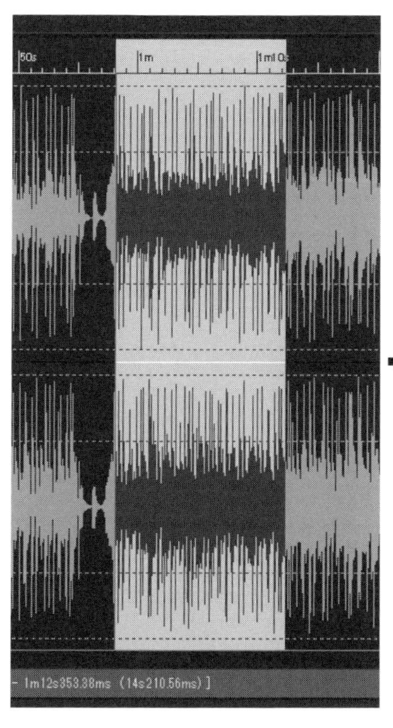

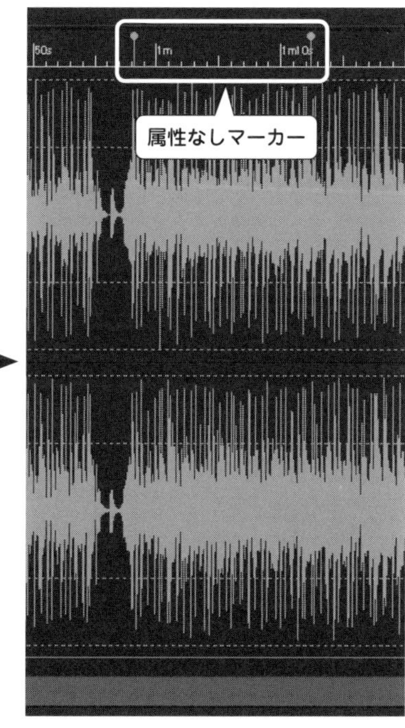

マーカーの置き方いろいろ

ほかにもこんな方法でマーカーが置けます。

無音部を検出してマーカーを置く

メニューバーの「編集」から「マーカー」→「無音部を検出してマーカーを置く」を選択すると「無音判定条件の指定」画面が表示されます。条件を設定し「OK」ボタンをクリックすると分割マーカーや抽出マーカーを置くことができます。

①範囲を選択

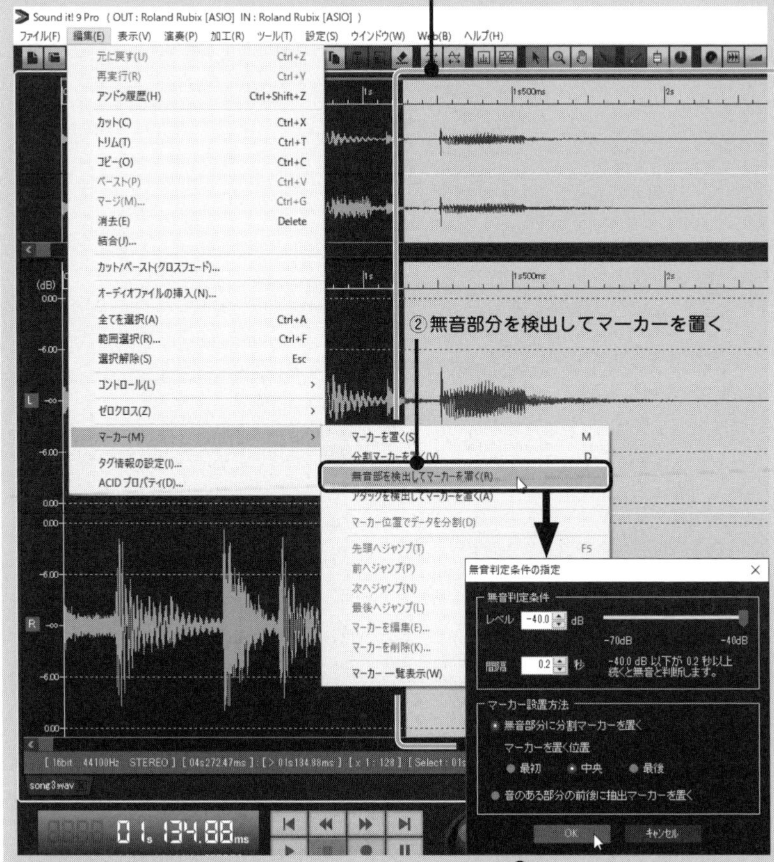

②無音部分を検出してマーカーを置く

③無音判定条件の指定

アタックを検出してマーカーを置く

メニューバーの「編集」→「マーカー」→「アタックを検出してマーカーを置く」を選択すると波形のアタック部分に属性なしマーカーが置かれます。

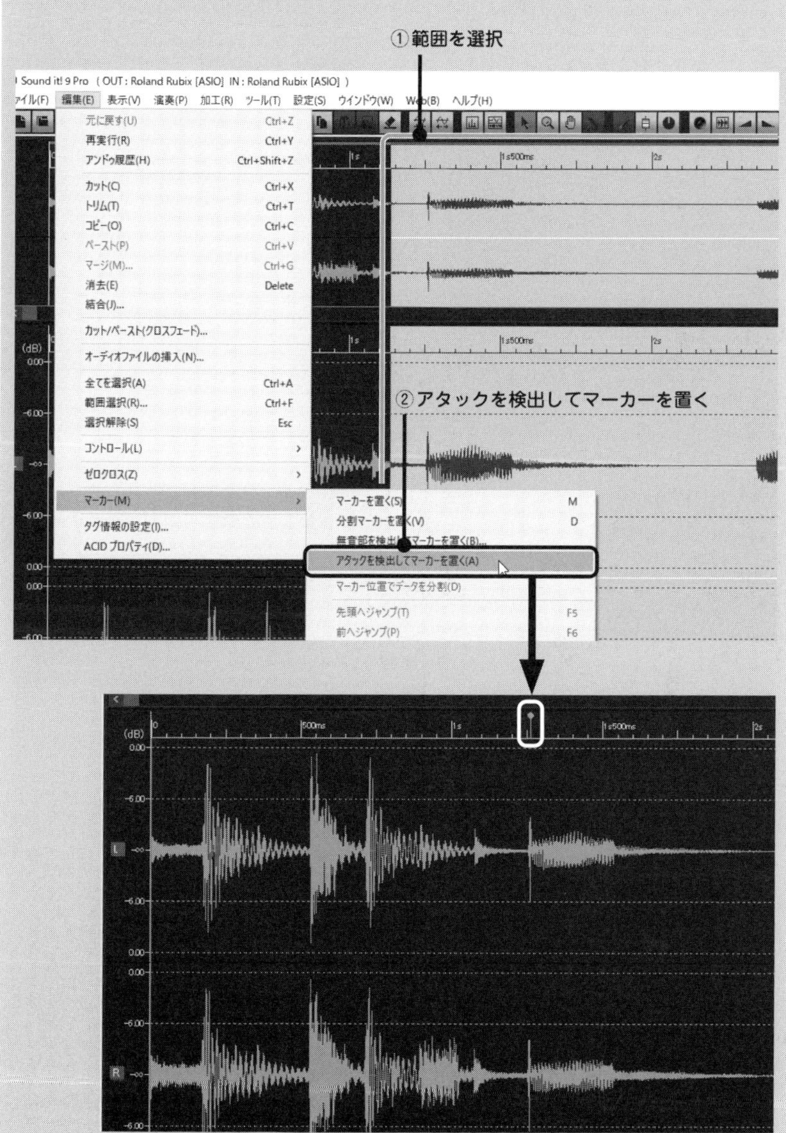

ドラッグしてマーカー位置を変更【新機能】

入力済みのマーカーは、ドラッグして位置を変更することができます。

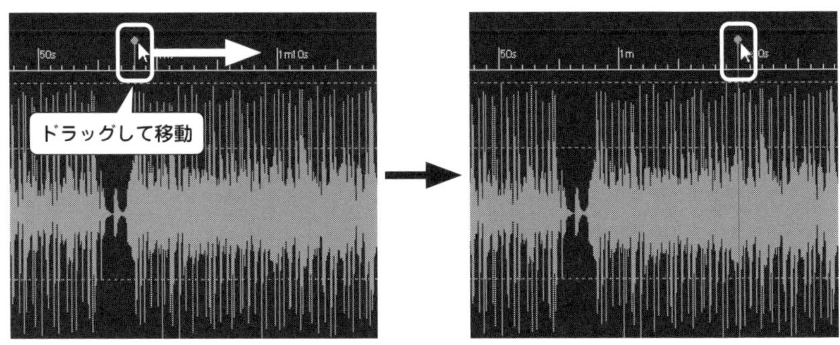

マーカーへジャンプする

複数のマーカーが置かれているデータではマーカーへジャンプすることができます。

メニューバーの「編集」→「マーカー」からジャンプ先が選択できます。

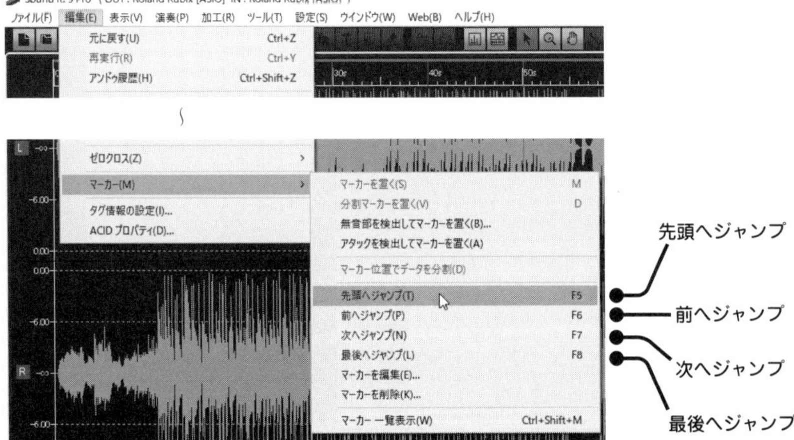

ツールバーのボタンからもジャンプできます。

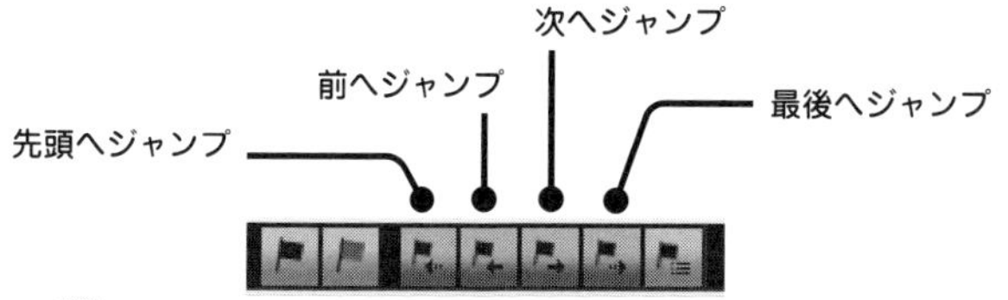

ショートカット

ショートカットでも操作できます。パソコンの入力モードを半角英数の状態にしてから操作しましょう。

「先頭へジャンプ」: F5　　「前へジャンプ」: F6
「次へジャンプ」: F7　　「最後へジャンプ」: F8

マーカーの削除

手順１ 消したいマーカーをクリックして選択します。

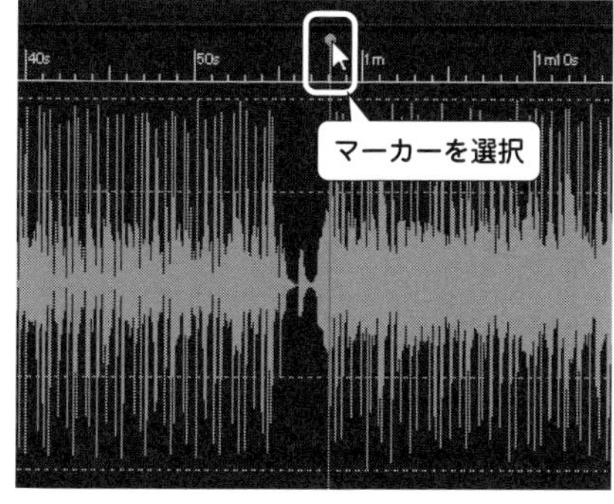

ヒント　マーカーを選択するとカーソルがマーカー位置に移動します。マーカー自体は選択しても変化がないので、カーソルの位置でマーカーが選択されたことを判断します。

手順2 メニューバーの「編集」から「マーカー」→「マーカーを削除」を選択します。

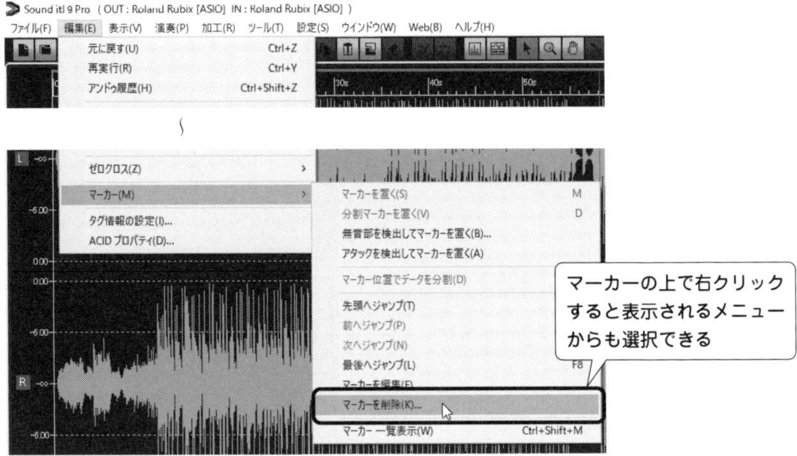

手順3 「選択されたマーカーを削除します。よろしいですか？」という画面が表示されます。

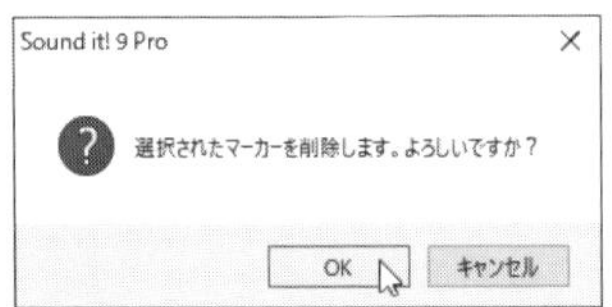

「OK」ボタンをクリックすると選択されたマーカーが削除されます。

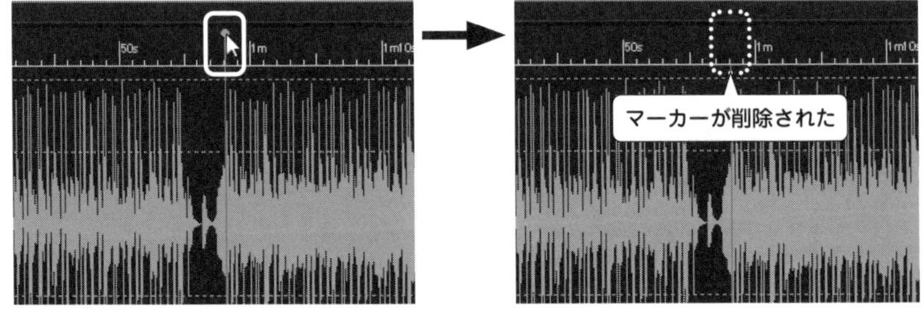

マーカーの属性の変更

手順１ 属性を変更したいマーカーをクリックして選択します。

手順２ メニューバーの「編集」から「マーカー」→「マーカーを編集」を選択します。

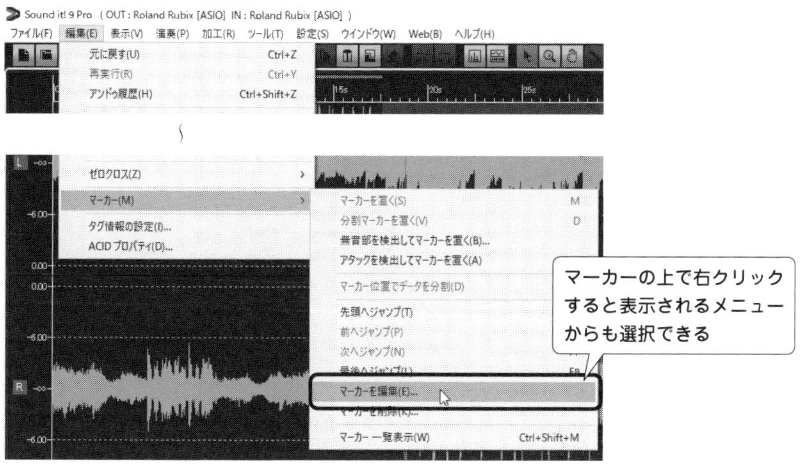

手順３「マーカー編集」画面が表示されます。

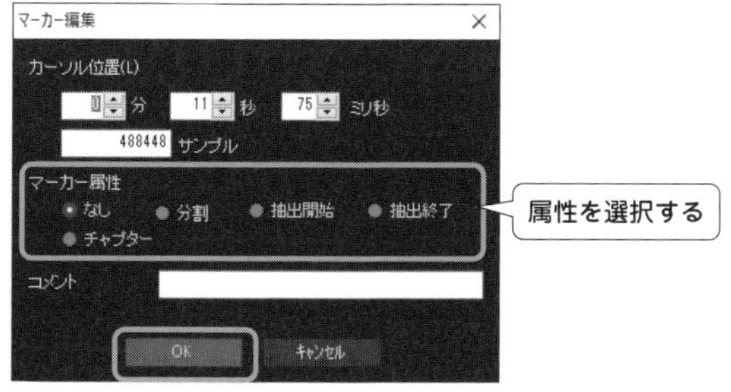

「マーカー属性」欄からマーカー属性を選択して「OK」ボタンをクリックすると属性が変更できます。

分割マーカー、抽出マーカー活用例

分割マーカー、または抽出マーカーの位置でデータを分割して、分割したデータを新しいウェーブエディタで開くことができます。マーカーが複数ある場合は一度に分割されます。

分割マーカーの例

分割マーカーの場合はマーカー位置で分割され、それぞれが新しいウェーブエディタで開きます。

手順1 メニューバーの「編集」から「マーカー」→「マーカー位置でデータを分割」を選択します。

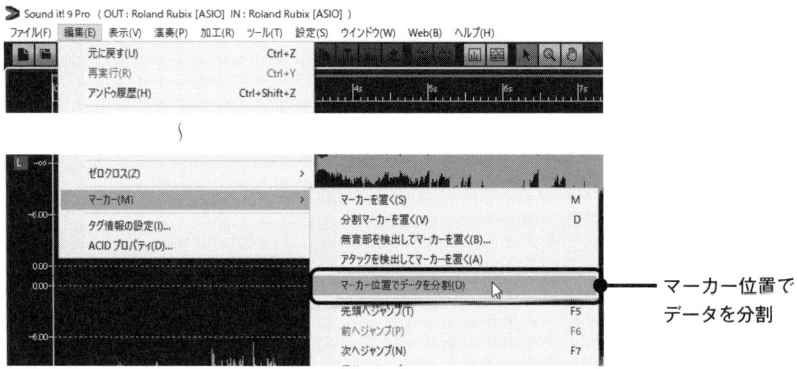

手順2 「このオーディオファイルを●分割して表示します。」という画面が表示されます。●の部分はマーカーの数によって変わってきます。

次図は分割マーカーが2つの例なので、「3分割」になっています。

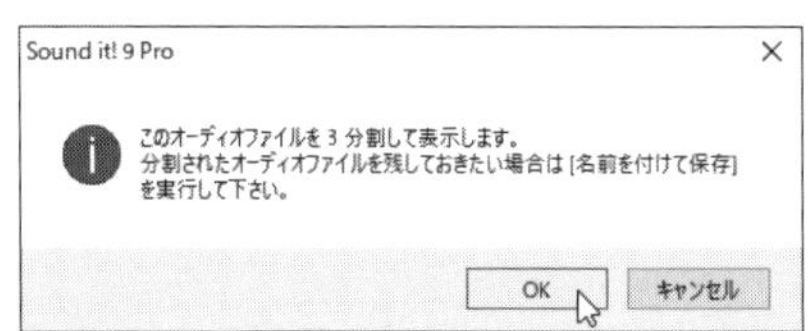

「OK」ボタンをクリックすると分割されたものがそれぞれ新しいウェーブエディタで開きます。

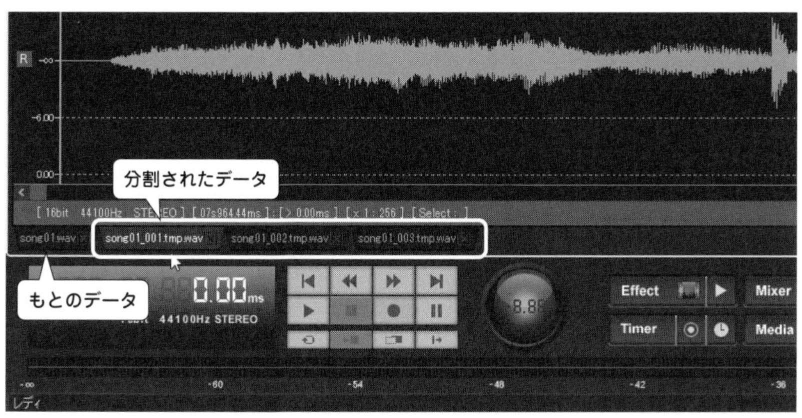

抽出マーカーの例

抽出マーカーの場合は、抽出開始マーカーと抽出終了マーカーの間が新しいウェーブエディタで開きます。

手順１ メニューバーの「編集」から「マーカー」→「マーカー位置でデータを分割」を選択します。

手順２「このオーディオファイルから●箇所を抽出して表示します。」という画面が表示されます。●の部分はマーカーの数によって変わってきます。

次図は抽出開始マーカーと抽出終了マーカーが１つずつの例なので、「1 箇所」となっています。

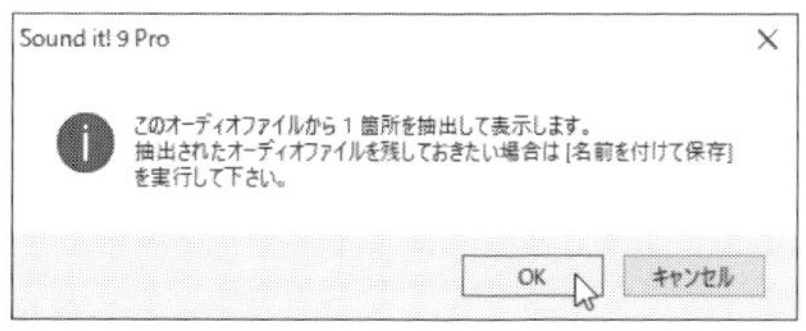

「OK」ボタンをクリックすると抽出開始マーカーと抽出終了マーカーの間が抽出され、新しいウェーブエディタで開きます（次ページ図参照）。

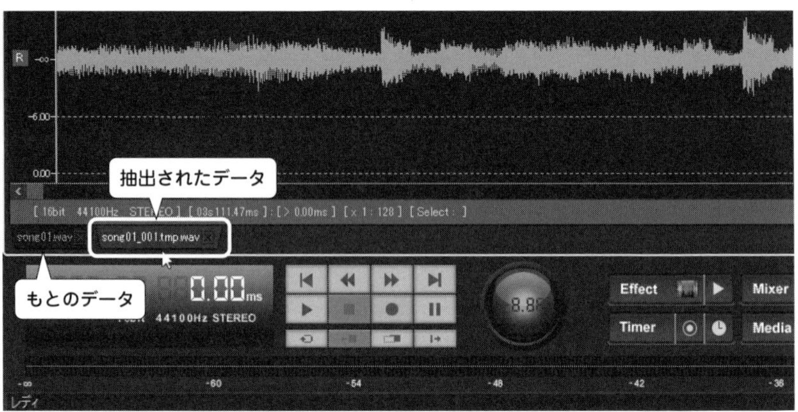

ヒント

CD 作成の際、分割マーカーや抽出マーカーが入力されている WAV 形式のファイルをトラックリストに追加すると、分割マーカーはマーカー位置で分割され、抽出マーカーは抽出マーカー間が抽出され、トラックリストに並びます。レコードプレーヤーやカセットデッキから数曲続けて録音したものを、曲ごとに分けて CD に焼きたい場合は分割マーカーを活用すると便利です。

マーカー位置で分割保存

分割マーカーや抽出マーカーの位置でデータを分割して、分割したデータを一括して保存します。ここでは分割マーカーが１つ入力されたデータを例に説明します。

手順１ メニューバーの「ファイル」から「マーカー位置で分割保存」を選択します。

手順２「このオーディオファイルを●分割して保存します。」という画面が表示されます。●の部分はマーカーの数によって変わってきます。ここでは分割マーカーが１つ入力されているので、「２分割して保存」と表示されています。

「OK」ボタンをクリックします。

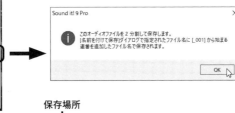

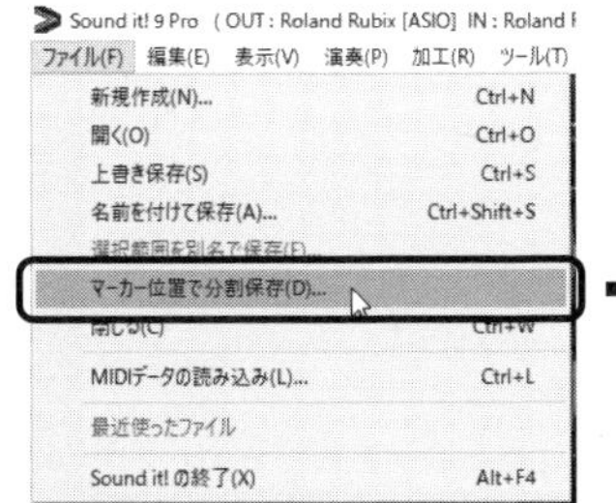

手順３「名前を付けて保存」画面が表示されるので、保存する場所とファイルの種類を指定し、ファイル名を入力後、「保存」ボタンをクリックするとデータが一括で保存されます。

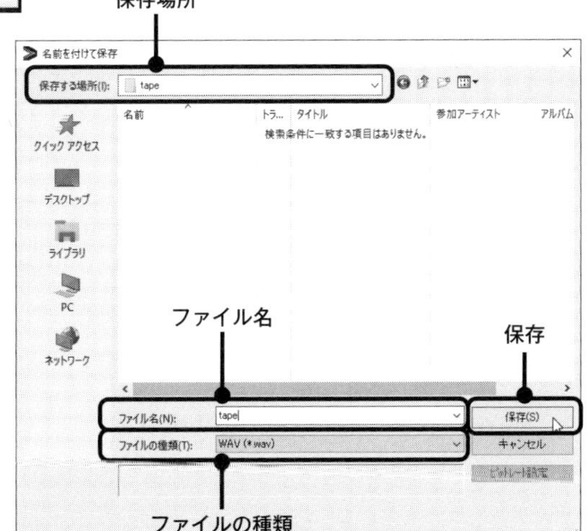

分割されたデータは、ファイル名の後ろに「_001」と連番が自動で振られます。

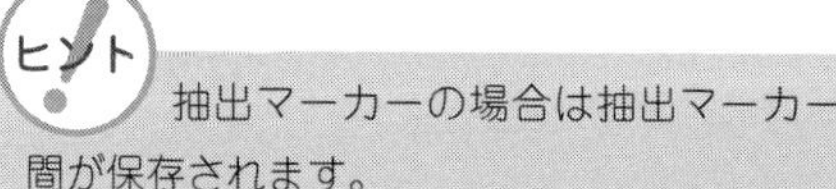

抽出マーカーの場合は抽出マーカー間が保存されます。

選択範囲を別名で保存

選択範囲だけを保存することもできます。

保存したい範囲を選択し、メニューバーの「ファイル」から「選択範囲を別名で保存」を選択します。

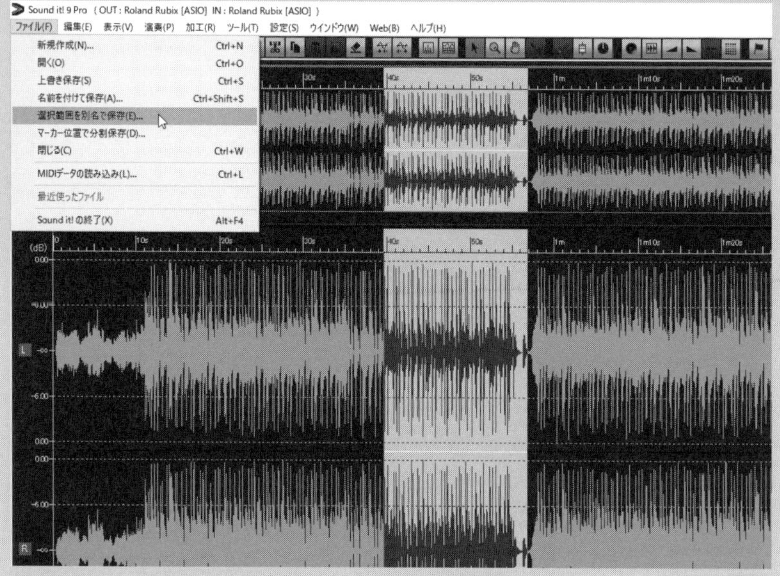

「名前を付けて保存」画面が表示されます。保存する場所とファイルの種類を指定し、ファイル名を入力後、「保存」ボタンをクリックすると選択範囲のデータが保存されます。

「マーカー一覧表示」画面

「マーカー一覧表示」画面は現在開いているウェーブエディタのマーカーを一覧で表示します。この画面からもマーカーの追加や、編集、マーカー間の範囲選択などの操作がおこなえます。

メニューバーの「編集」→「マーカー」から「マーカー一覧表示」を選択するか、ツールバーの「マーカー一覧」ボタンをクリックすると表示されます。

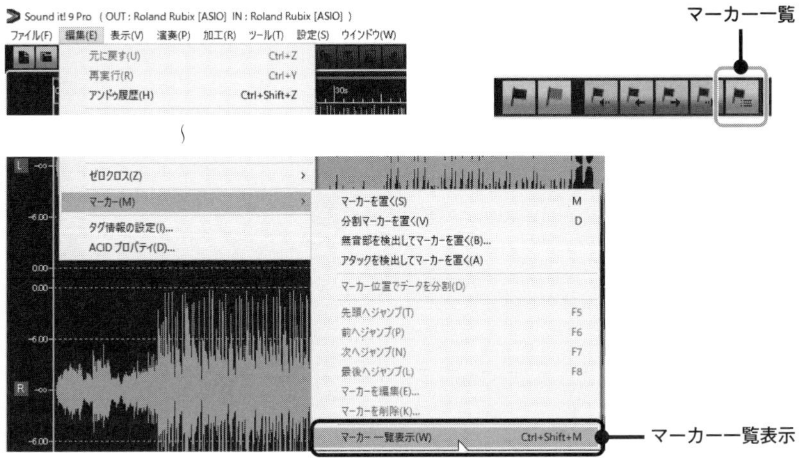

ヒント

【ショートカット】パソコンの入力モードが半角英数の状態で Ctrl ＋ Shift ＋ M

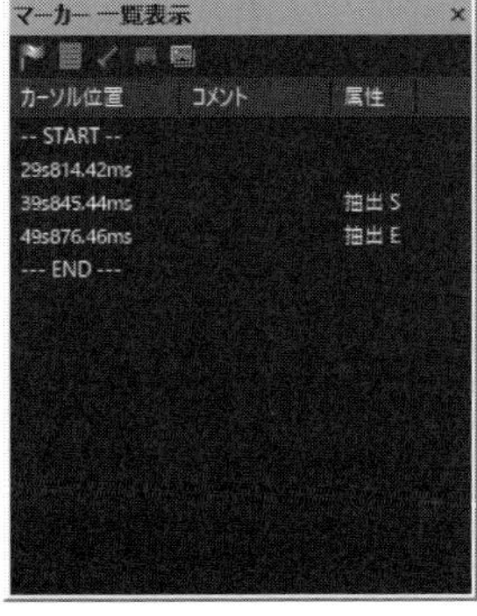

画面のマーカーはクリックして選択できます。

複数選択するときは、Ctrl キーを押しながらクリックします。また１つのマーカーをクリックして選択している状態で Shift キーを押しながら別のマーカーをクリックすると、その間のマーカーがすべて選択されます。

※「マーカー一覧表示」画面の各ボタンについては、第３章「画面紹介」の「マーカー一覧表示」（72ページ）を参照してください。

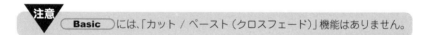

Pro Premium

カット / ペースト（クロスフェード）

範囲選択したデータをカットやペーストするときに切れ目でクロスフェードをかけることができます。クロスフェードとは2つの曲をつないで再生するときに、前の曲の音量を徐々に小さくしていき（フェードアウト）、同時に次の曲の音量を小さいところから徐々に大きくしていく（フェードイン）ことです。クロスフェードをかけることでカット、ペースト時に切れ目でノイズが乗ることを防いでくれます。

ここではカット / ペースト（クロスフェード）の効果がわかりやすいように音圧を上げたモノラルのオーディオデータの画像を使って解説します。

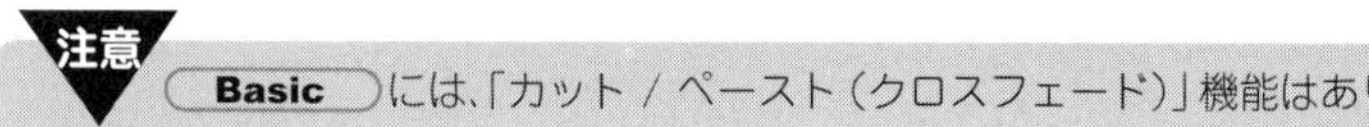

注意
Basic には､「カット / ペースト（クロスフェード）」機能はありません。

カットしてクロスフェード

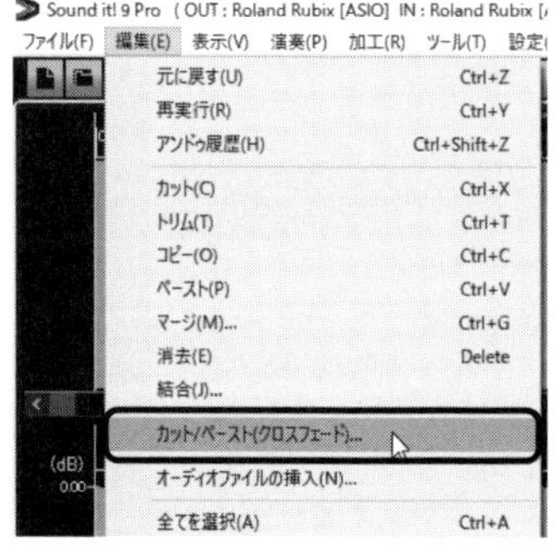

手順1 カットする範囲を選択します。

手順2 メニューバーの「編集」から「カット / ペースト（クロスフェード）」を選択すると「カット / ペースト（クロスフェード）」画面が表示されます。

手順3 「クロスフェード時間」と「クロスフェードタイプ」を設定し「カット」ボタンをクリックします。

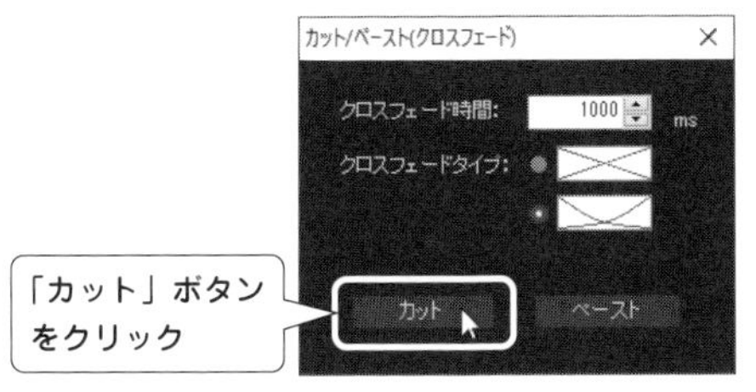

カットをした分短くなります。さらにそこから「クロスフェード時間」で指定しただけクロスフェードがかかり短くなります。

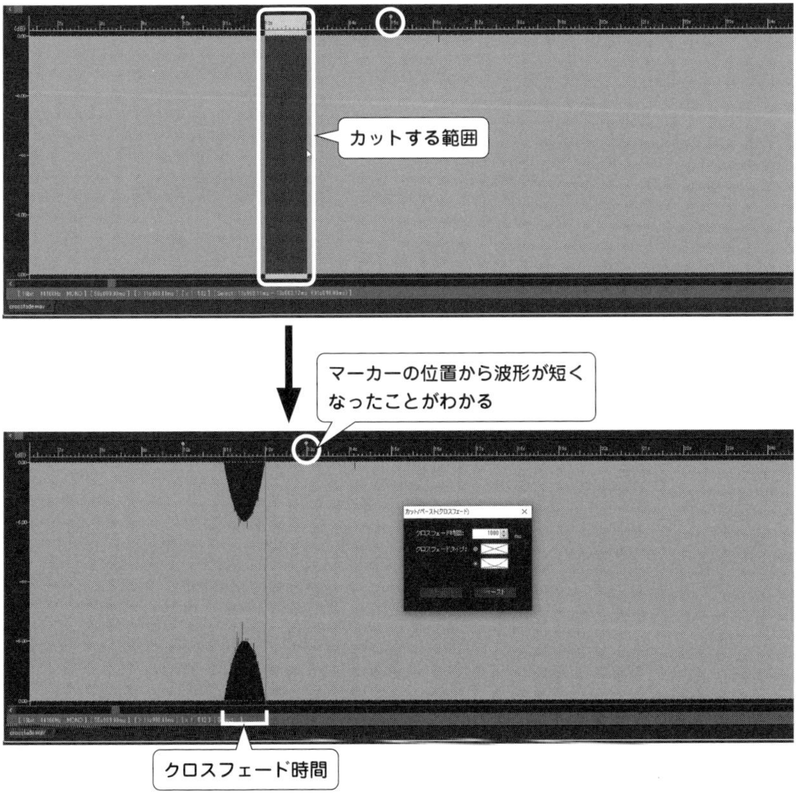

カットする範囲

マーカーの位置から波形が短くなったことがわかる

クロスフェード時間

ペーストしてクロスフェード

手順 1 範囲選択してコピーします。

手順 2 ペーストしたい位置にカーソルをあわせ、メニューバーの「編集」から「カット / ペースト（クロスフェード）」を選択すると「カット / ペースト（クロスフェード）」画面が表示されます。

手順 3 「クロスフェード時間」と「クロスフェードタイプ」を設定し「ペースト」ボタンをクリックします。

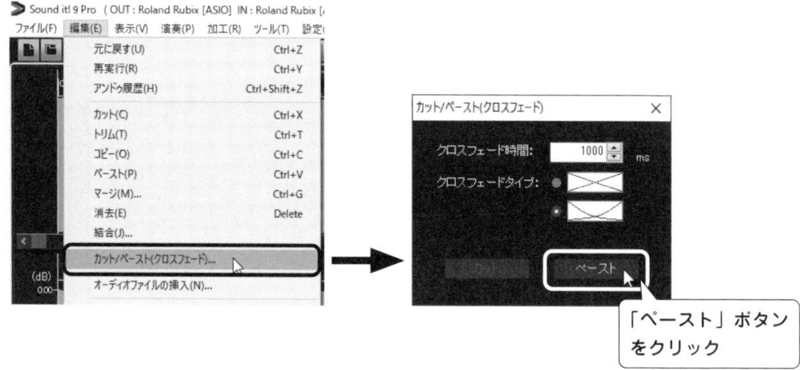

ペーストした分データは長くなります。さらにそこから「クロスフェード時間」で指定しただけペーストしたデータの前後にクロスフェードがかかり短くなります。

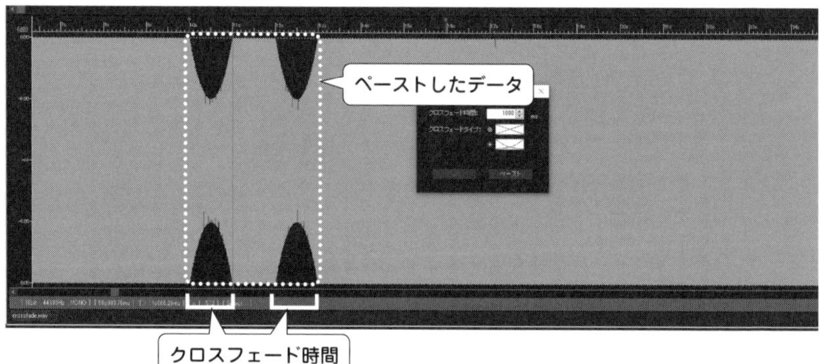

オーディオファイルの挿入

ウェーブエディタのカーソル位置にオーディオファイルが挿入できます。

手順１ オーディオファイルを挿入したい位置をクリックしてカーソルをあわせます。

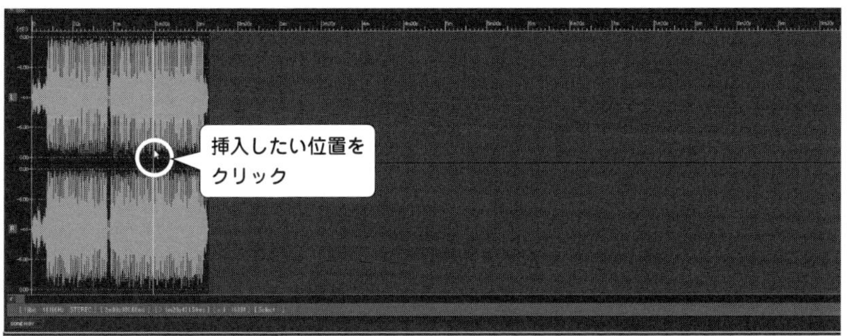

手順２ メニューバーの「編集」から「オーディオファイルの挿入」を選択すると「オーディオファイルの読み込み」画面が表示されます。

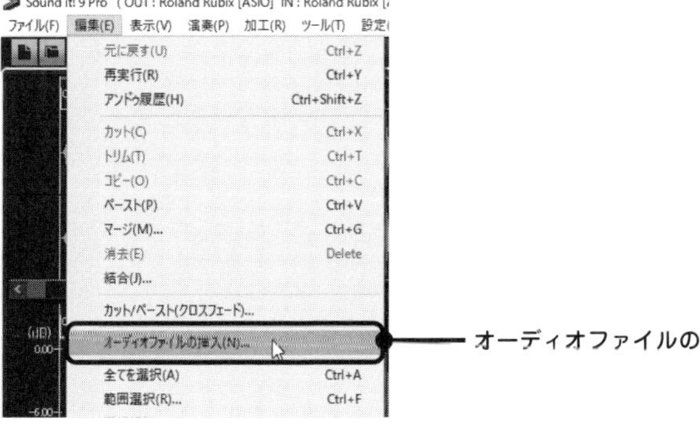

手順３ 挿入したいファイルをクリックして選択して「開く」ボタンをクリックするとオーディオファイルが挿入されます。

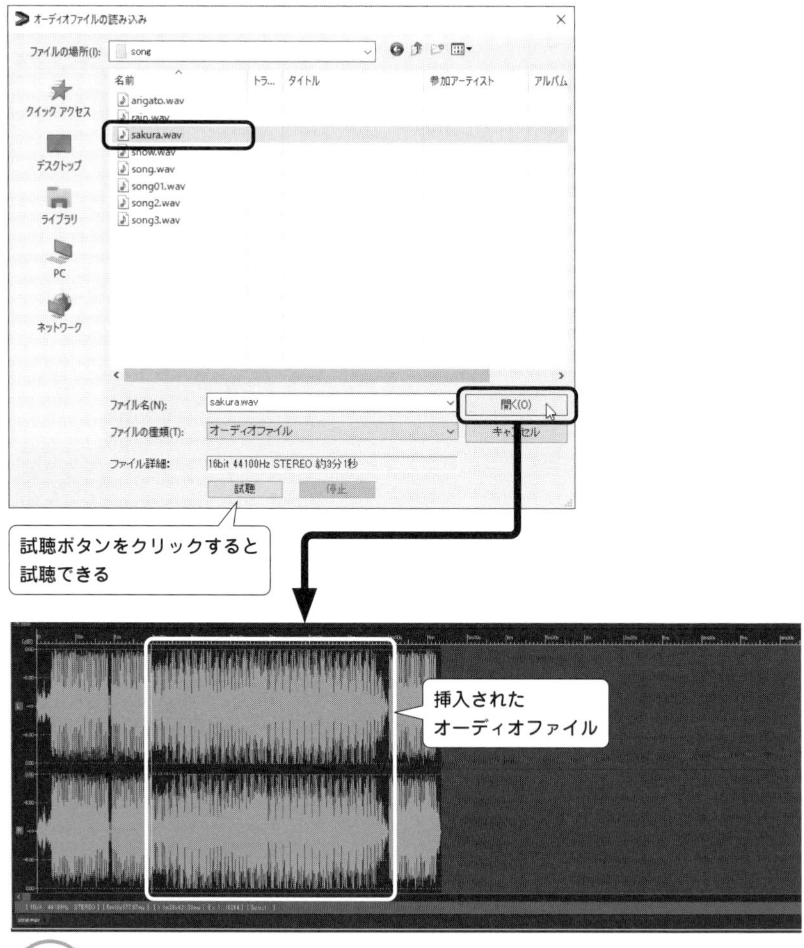

ヒント 挿入されるオーディオファイル（オーディオデータ）は、ウェーブエディタがステレオで開いていればステレオで、モノラルで開いていればモノラルに変換されて挿入されます。モノラルのデータがステレオに変換されて挿入されたときに注意することは、見た目はステレオになっていますが、実際に聞こえる音はモノラルのときと同じということです。

元に戻す / 再実行

「元に戻す」は、誤っておこなってしまった操作（編集、加工、エフェクト処理など）を取り消して、操作する前の状態に戻すことができる機能です。

逆に「再実行」は「元に戻す」で取り消した操作を、再び実行する機能です。

「元に戻す」も「再実行」も１つ前の状態に戻すだけでなく、いくつか前の状態までさかのぼれます。

元に戻す

メニューバーの「編集」→「元に戻す」を選択するか､ツールバーの「UNDO」ボタンをクリックすると１つ前の操作に戻ります。

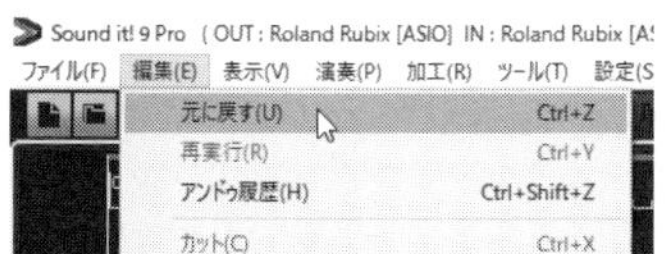

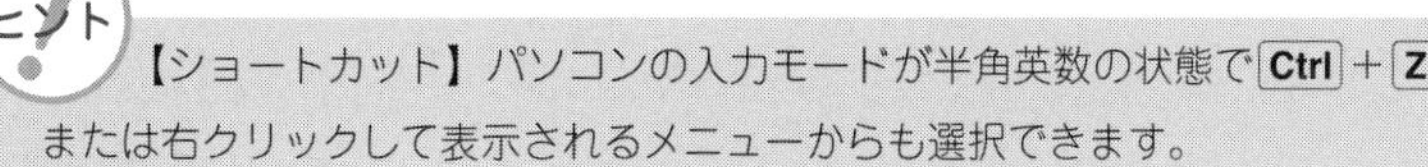

【ショートカット】パソコンの入力モードが半角英数の状態で Ctrl ＋ Z または右クリックして表示されるメニューからも選択できます。

再実行

メニューバーの「編集」→「再実行」を選択するか、ツールバーの「REDO」ボタンをクリックすると､「元に戻す」で取り消した操作を再び実行します（次ページ図参照）。

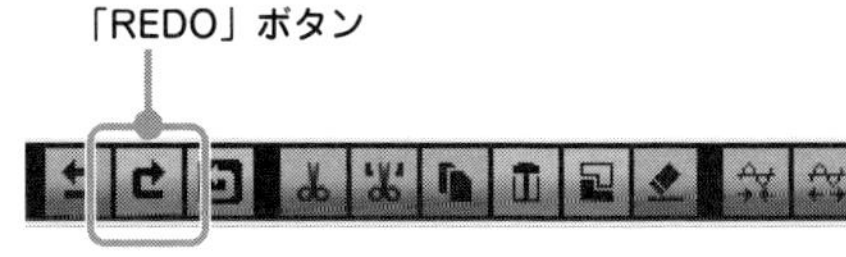

ヒント 【ショートカット】パソコンの入力モードが半角英数の状態でCtrl＋Y または右クリックして表示されるメニューからも選択できます。

「アンドゥ履歴」画面を使う

「アンドゥ履歴」画面を使って、「元に戻す」と「再実行」の操作をすることができます。「アンドゥ履歴」画面ではそれまでの操作の内容が一覧で見ることができ、ワンクリックで指定した操作まで戻ることができるので便利です。

メニューバーの「編集」から「アンドゥ履歴」を選択するか、ツールバーの「アンドゥ履歴」ボタンをクリックすると「アンドゥ履歴」画面が表示されます。

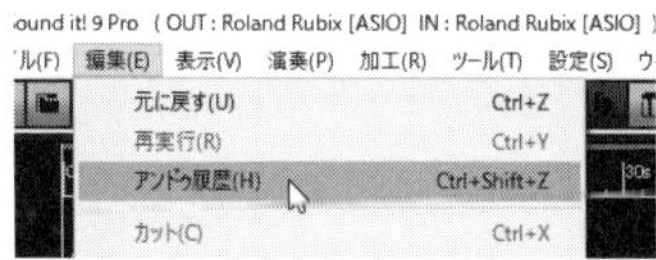

【ショートカット】パソコンの入力モードが半角英数の状態でCtrl＋Shift＋Z

「アンドゥ履歴」画面のリストに表示されている操作内容をクリックすると、その操作までさかのぼれます。

ヒント 「元に戻す」や「再実行」をして前の操作に戻ったあと、再び別の操作をするとアンドゥの履歴がそこから新しく変わります。

閉じる

いま開いているウェーブエディタを閉じるときに使います。編集中のデータが保存されていない場合は、保存を確認する画面が表示されます。

メニューバーの「ファイル」から「閉じる」を選択します。

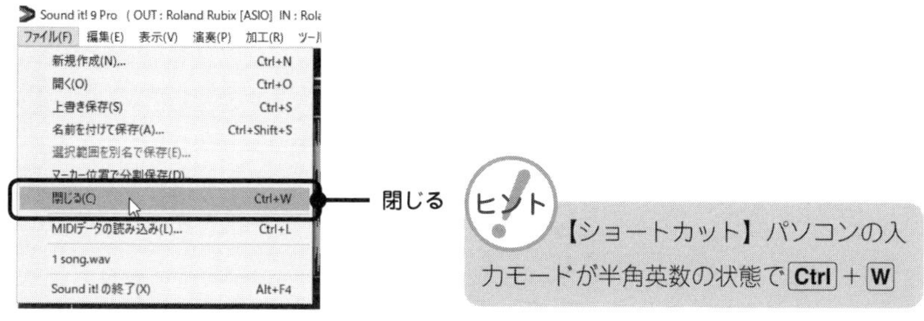

（保存後に）何も編集をしていない場合

そのまま閉じます。

編集作業をして、それがまだ保存されていない場合

「編集中のオーディオデータに変更があります。保存しますか？」という画面が表示されます。

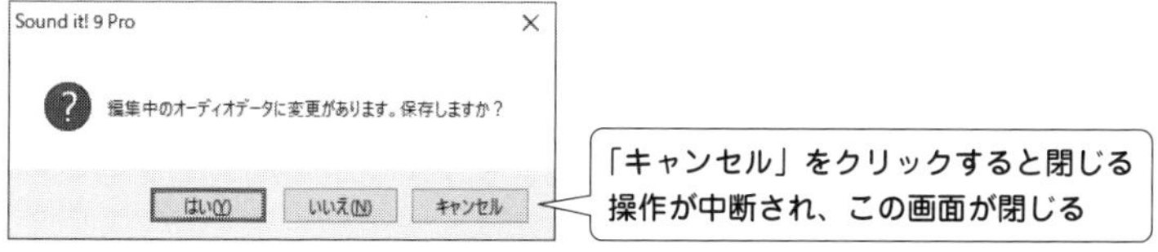

「いいえ」をクリックすると、編集内容を保存せずに閉じます。
「はい」をクリックすると、編集内容を保存できます。

編集中のオーディオデータが一度も保存されていなければ「名前を付けて保存」画面が開きます。名前を付けて保存しましょう。保存と同時にウェーブエディタが閉じます。

一度保存している場合は上書き保存され、ウェーブエディタが閉じます。

注意 編集が上手くいかなかったりして、データを保存したくない場合は「いいえ」をクリックするようにしましょう。編集内容を保存せずに、最後に保存した状態のままウェーブエディタが閉じます。「はい」を選択して上書き保存してしまうと、編集前のデータがなくなってしまうので注意が必要です。

ヒント 編集しているデータに未保存の変更がある状態でSound it!を終了させると、同じように「編集中のオーディオデータに変更があります。保存しますか？」という画面が表示され、データを保存するかどうか選択することができます。

Sound it! を終了するには、メニューバーの「ファイル」から「Sound it! の終了」を選択するか、操作画面右上の「×（閉じる）」ボタンをクリックします。

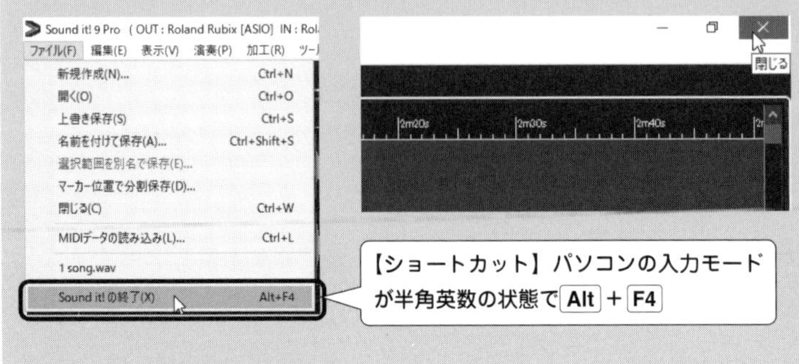

第6章
オーディオデータの加工

この章ではオーディオデータの加工方法を紹介します。

音の大きさを変える（ゲイン）

ゲインでは、選択範囲の音量を変えることができます。ウェーブエディタに表示される波形の振幅の大きさは音量を表しています。ゲインを調整することでこの波形の振幅の大きさも変わります。

ゲインは音量を大きくするだけでなく、小さくすることもできます。

手順1 音量を変更したい範囲を選択します。

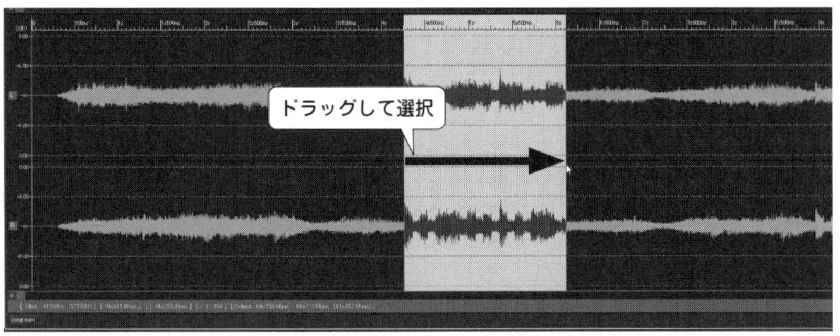

手順2 メニューバーの「加工」から「ゲイン」を選択するか、ツールバーの「選択範囲をゲイン変更」ボタンをクリックして「ゲイン」画面を表示します。

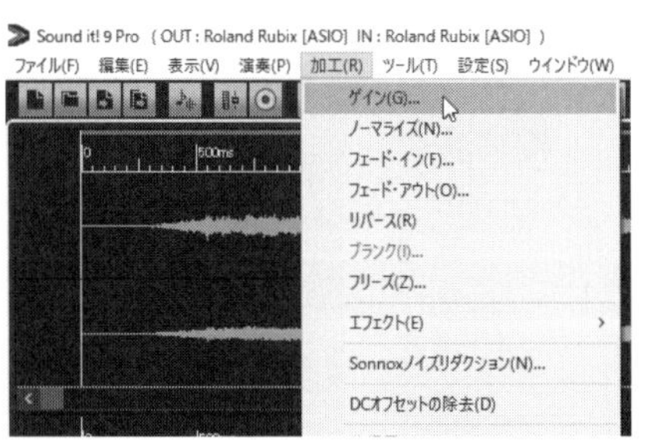

ヒント
右クリックして表示されるメニューからも選択できます。

手順３「ゲイン指定」欄で増減させたい値を「dB」または「%」で設定します。右図は６dB大きくする設定にした例です。

dBの値を入力すると、%のほうもそれにあわせて変わります。

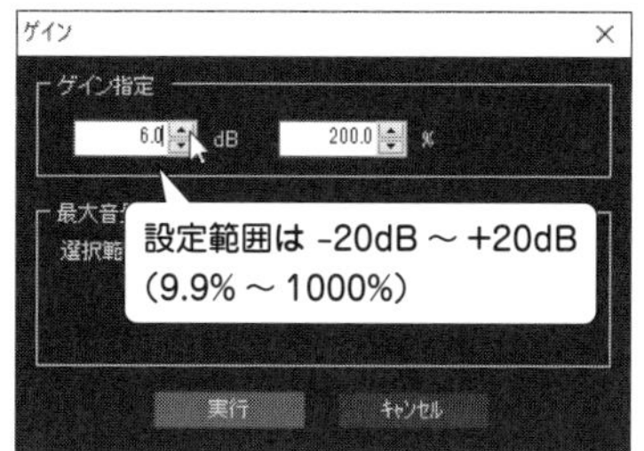

ヒント　最大音量検出

「最大音量検出」欄の「検出開始」ボタンをクリックすると、選択範囲内での最大音量が検出され値が表示されます。

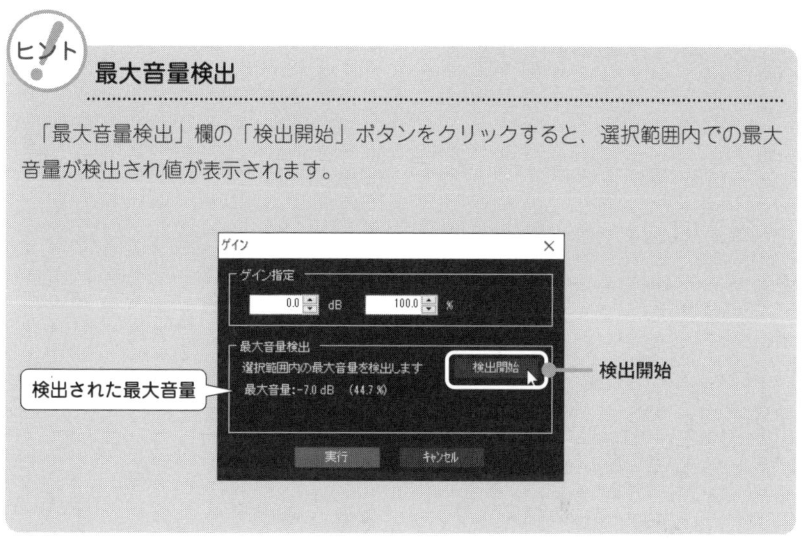

手順４「実行」ボタンをクリックすると、選択した範囲の音量が変わります。

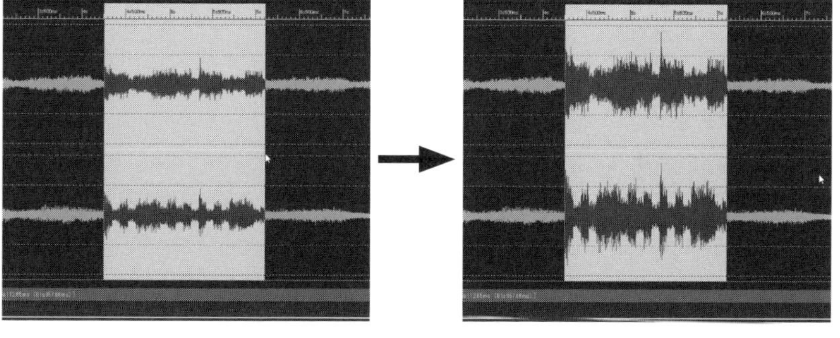

ヒント　マイナスの値を入力することで、ゲインで音量を小さくすることもできます。

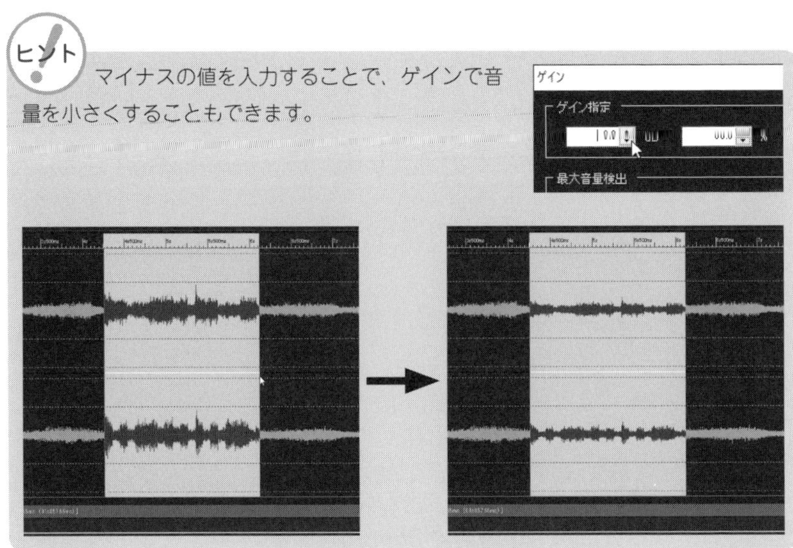

ヒント　選択した波形が0dBを超えてしまうようなゲインを設定すると音が割れてしまいます。音割れしてしまった場合は「元に戻す」（**Ctrl**＋**Z**）の操作で加工前の状態に戻して設定しなおしましょう。

音の大きさを変える（ノーマライズ）

ノーマライズは選択範囲内の最大値を基準にして音量を変えることができる機能です。

たとえば最大値を０dB（100％）と指定すると、選択範囲の波形で一番大きな箇所が０dB になるように音量が調整されます。ノーマライズの最大値は０dB となっているので、ゲインと違って加工したものが０dB を超えてしまって音割れするといったことがありません。ゲインでは増減させる音量の値を自由に指定できましたが、ノーマライズは最大値０dB までの範囲の中で音量を調整できるものと覚えておきましょう。

オーディオデータの音量が小さすぎたり、大きすぎたりした場合に活用できます。

手順１ 音量を変更したい範囲を選択します。

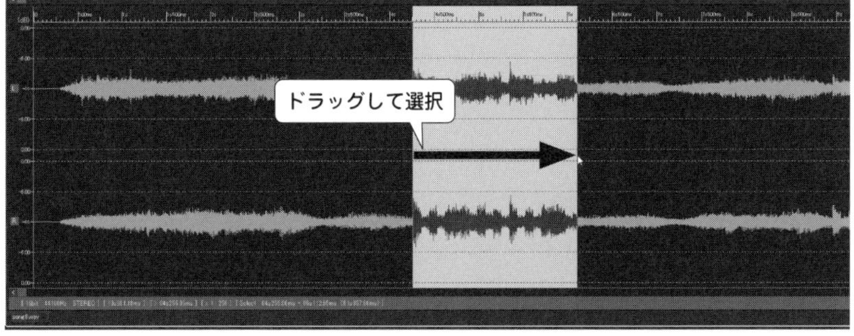

手順２ メニューバーの「加工」から「ノーマライズ」を選択するか、ツールバーの「選択範囲をノーマライズ」ボタンをクリックして「ノーマライズ」画面を表示します（次ページ図参照）。

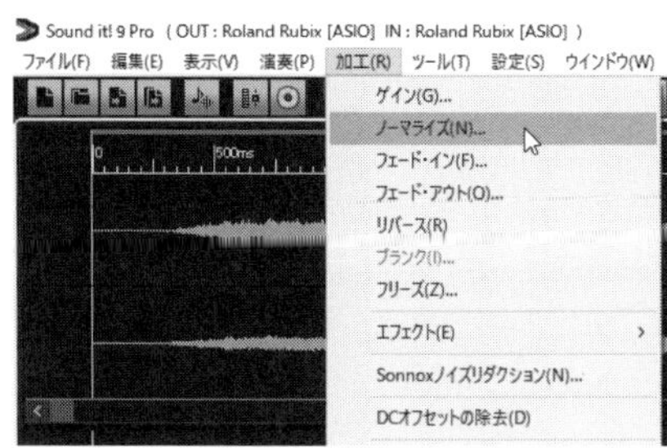

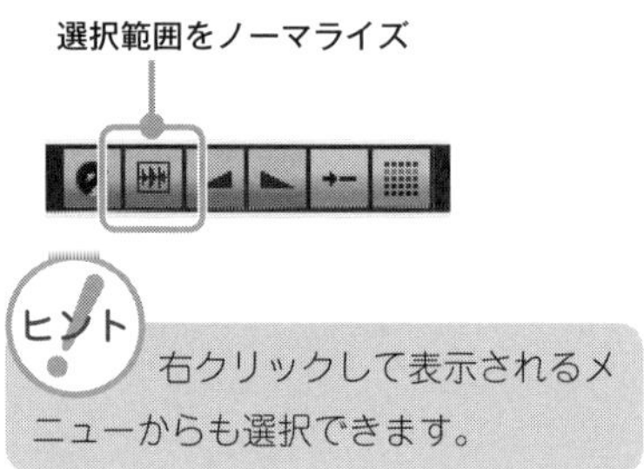

選択範囲をノーマライズ
ヒント
右クリックして表示されるメニューからも選択できます。

手順 3 「最大レベル」欄の「dB」または「%」で値を設定します。

次図は例として最大値である 0 dB まで音を大きくするよう設定したものです。dB の値を入力すると％のほうもそれにあわせて変わります。

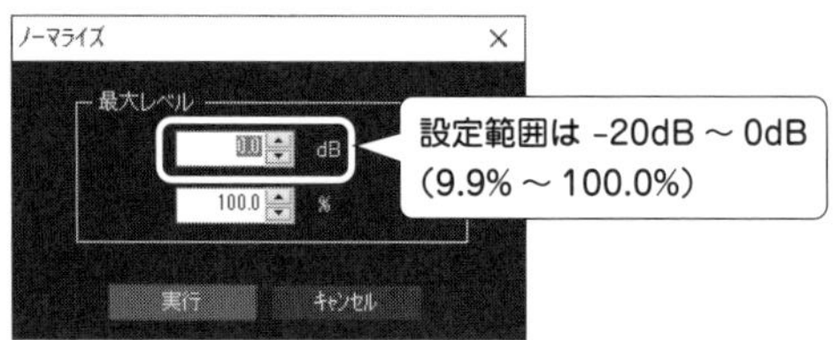

手順 4 「実行」ボタンをクリックすると選択した範囲の音量が変わります。

ヒント
すでに選択範囲内に最大値が 0dB になっている場所があるとき、それ以上音は大きくなりません。

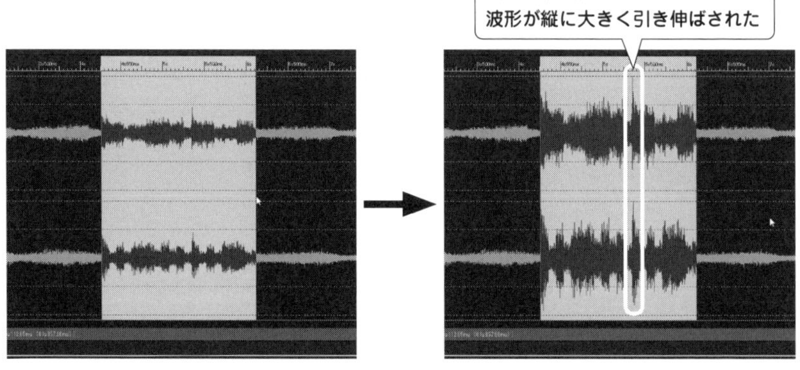

フェードイン、フェードアウト

選択範囲の音量を徐々に大きくしたり、小さくしたりできる機能です。フェードインは音量が小さなところから徐々に大きくなります。フェードアウトは音量が徐々に小さくなっていきます。

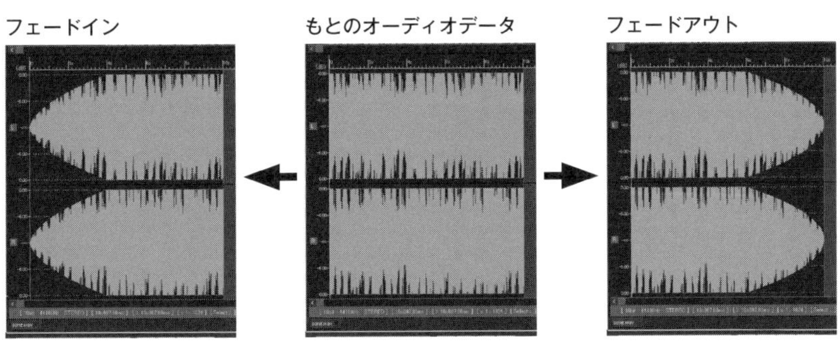

ここでは例としてフェードインの操作手順を紹介します。

手順１ フェードインをかけたい範囲を選択します。

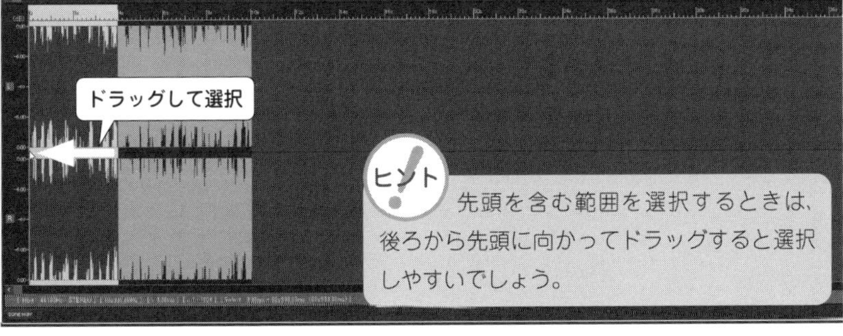

ドラッグして選択
ヒント
先頭を含む範囲を選択するときは、
後ろから先頭に向かってドラッグすると選択
しやすいでしょう。

手順2 メニューバーの「加工」から「フェード・イン」を選択するか、ツールバーの「選択範囲をフェード・イン」ボタンをクリックして「フェード・イン」画面を表示します。

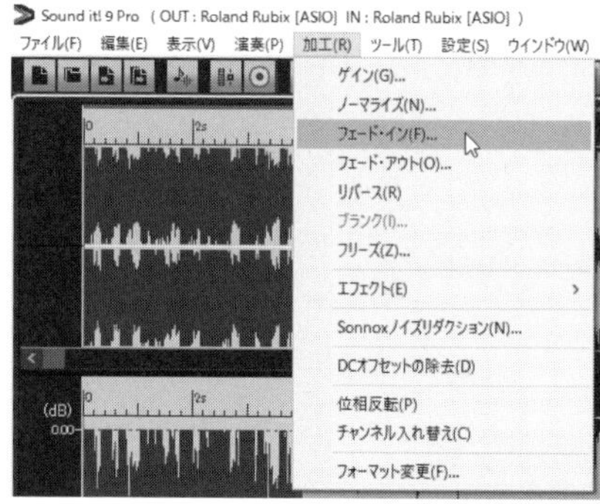

手順3 音量を変化させる「始点」と「終点」の音量レベルが設定できます。ここでの値はもとの音量レベルを100%としたときの割合になります。

次図では始点「0％」、終点「100％」に設定したものです。この場合は無音からもとの音量まで音量が徐々に大きくなっていくフェードインになります。

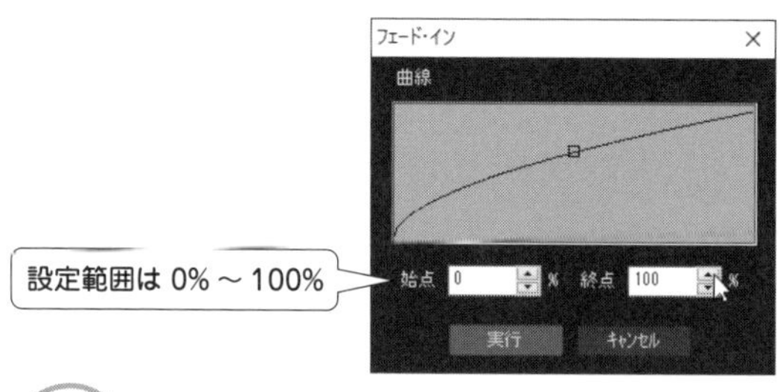

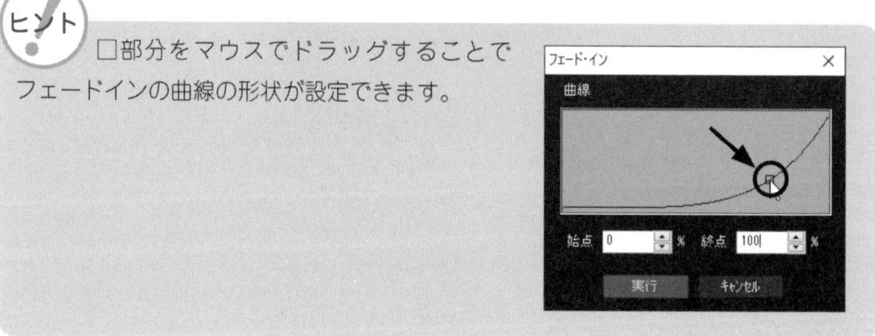

ヒント
□部分をマウスでドラッグすることでフェードインの曲線の形状が設定できます。
フェード・イン
曲線
始点 0 %
終点 100 %
実行
キャンセル

手順 4 「実行」ボタンをクリックすると選択した範囲にフェードインがかかります。

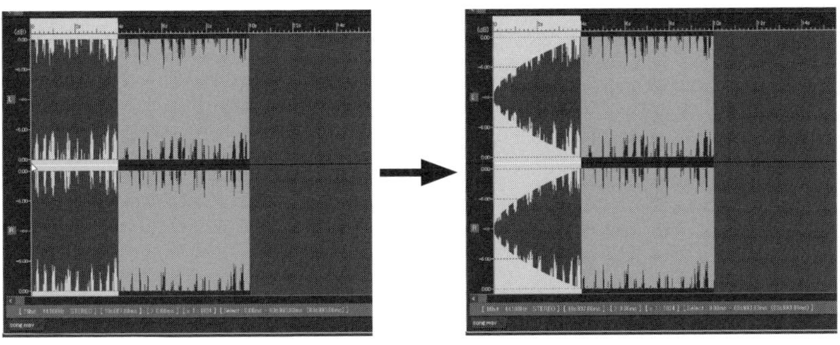

ヒント

同様の手順でフェードアウトも設定できます。

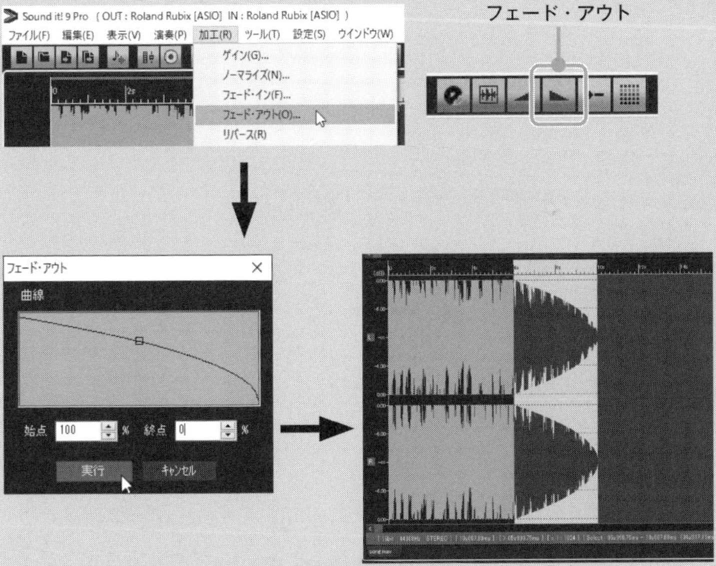

Sound it! 9 Pro（OUT : Roland Rubix [ASIO]　IN : Roland Rubix [ASIO]）

ファイル(F)　編集(E)　表示(V)　演奏(P)　加工(R)　ツール(T)　設定(S)　ウインドウ(W)

ゲイン(G)...
ノーマライズ(N)...
フェード・イン(F)...
フェード・アウト(O)...
リバース(R)

フェード・アウト

フェード・アウト
曲線
始点 100 %　終点 0 %
実行　キャンセル

リバースで波形を逆再生させる

リバースは、選択範囲の開始位置と終了位置を逆にして波形を反転させることができる機能です。リバースをすることによって逆再生の効果が得られます。

手順1 リバースをかけたい範囲を選択します。

手順2 メニューバーの「加工」→「リバース」を選択すると選択範囲がリバースされます。

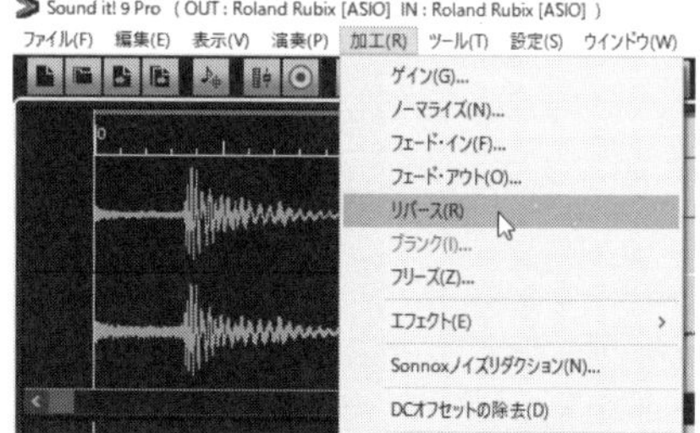

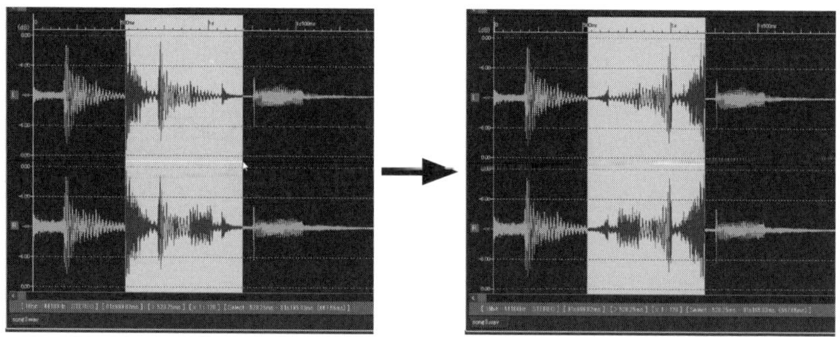

ヒント

クラッシュシンバル単体の音をリバースすると、ポップスなどでよく使用されているリバースシンバルという効果音を作ることができます。

ブランクで無音部分を挿入する

指定した長さのブランク（無音部分）を、現在のカーソル位置か、データの最後に挿入できます。レコードプレーヤーなどから連続して楽曲を録音したときに、曲と曲の間に無音部分を作る場合などにも使えます。

カーソル位置にブランクを挿入したい場合

手順１　ブランクを入れたい位置をクリックしてカーソルを移動させます。

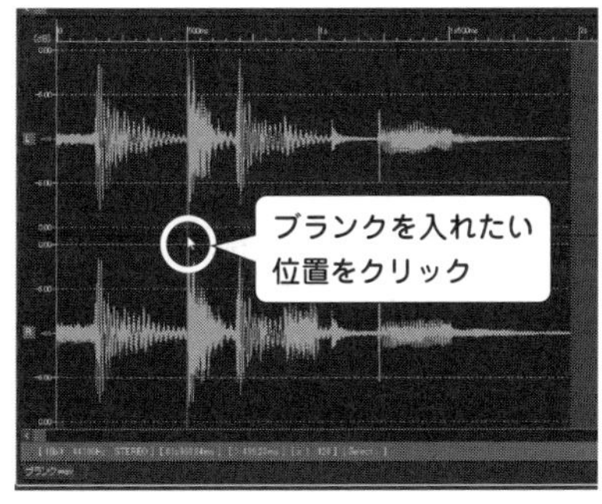

手順２　メニューバーの「加工」→「ブランク」を選択するか、ツールバーの「カーソル位置に無音を挿入」ボタンをクリックして「無音部の挿入」画面を表示します。

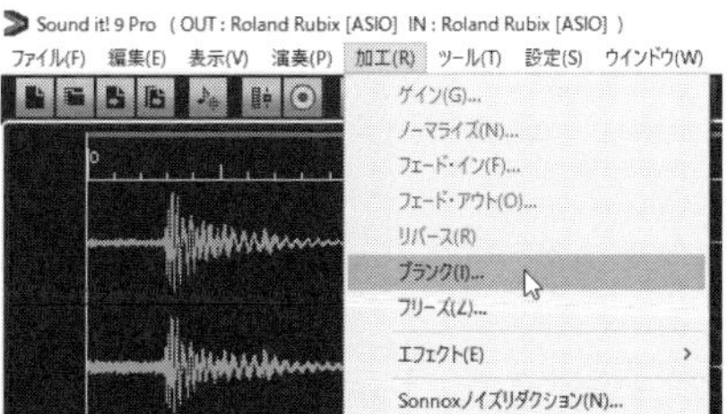

序章 第1章 第2章 第3章 第4章 第5章 第6章 第7章 第8章 第9章 第10章 索引

手順３ 挿入したいブランクの時間を設定します。

ここでは例として１秒のブランクを挿入してみます。

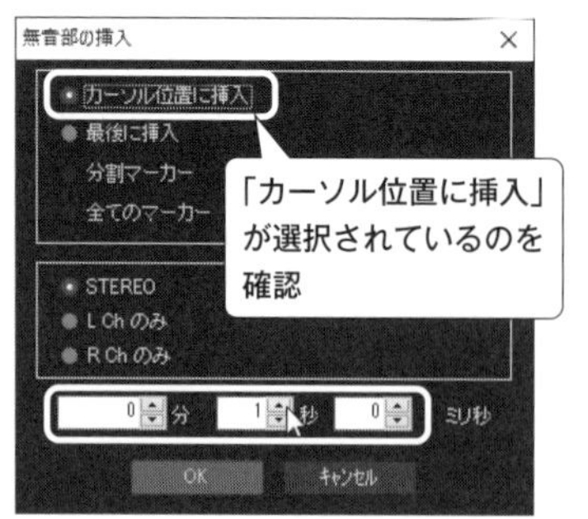

ヒント マーカーが入力されている場合、「分割マーカー」や「全てのマーカー」のマーカー位置にブランクを挿入することもできます。複数マーカーがある場合は対応するマーカーすべてにブランクが挿入されます。

手順４ 「OK」ボタンをクリックすると、選択したカーソル位置にブランクが挿入されます。

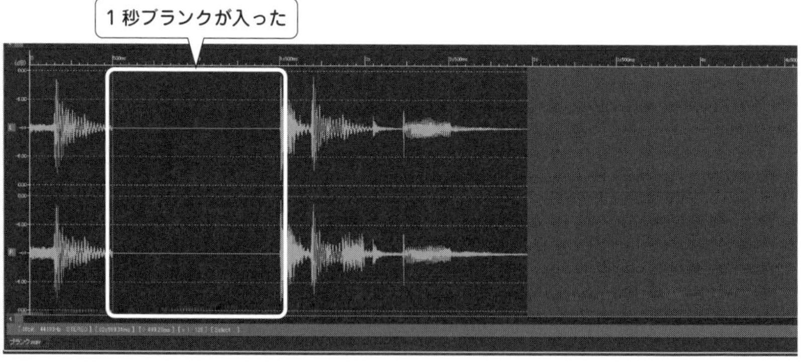

データの最後にブランクを挿入したい場合

リバーブやディレイなどの残響が残るエフェクトは、音楽が終わったあとに残響が残ります。そのため、オーディオデータの曲終わりに余白部分が十分にないと、この残響音がプチっと途中で切れていましまます。そんなときは残響が残っている長さの分だけ、データの終わりにブランクをつけ足しましょう。

データの最後にブランクを挿入したい場合は、前項手順3で無音部分の時間を設定し、「最後に挿入」を選択します。

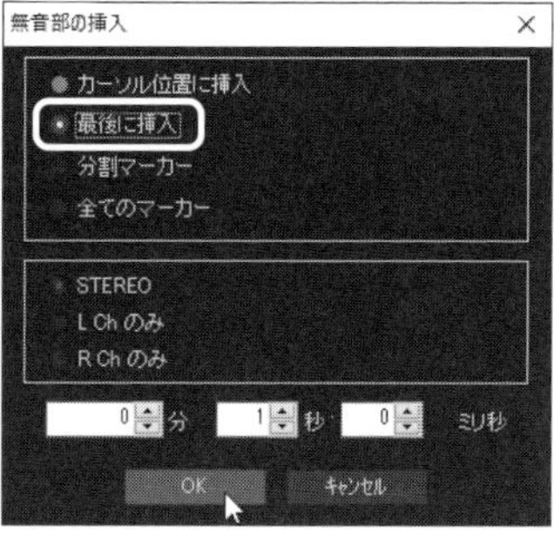

「OK」ボタンをクリックすると、カーソル位置に関係なく、データの最後にブランクが挿入されます。

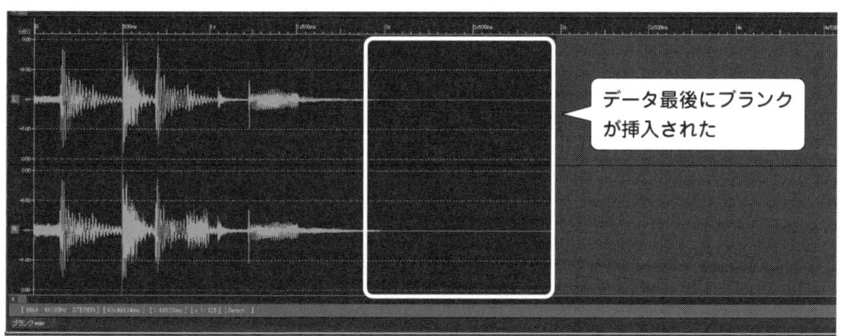

ヒント

挿入するブランクはSTEREOでの挿入のほかに、Lchのみ、Rchのみでも挿入できます。

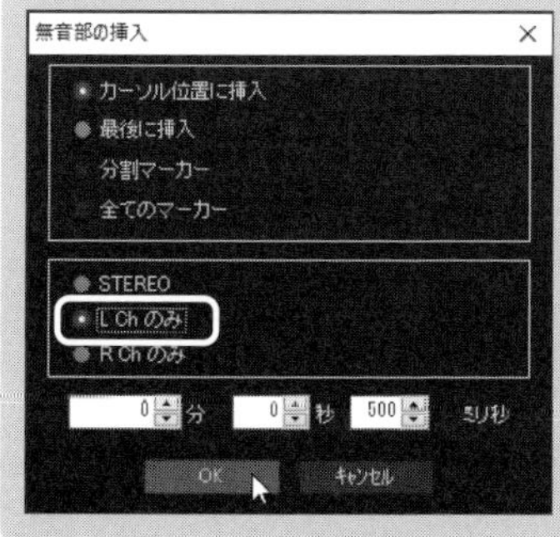

DC オフセットの除去

パソコンに音声を録音したときに、機材などの直流成分のノイズ（DC オフセット）が入ってしまうことがあります。DC オフセットが入ると波形の振幅が真ん中からずれて表示されます。

ヒント 直流成分のノイズは、直流電圧にプラスまたはマイナスの偏りがあるために入るノイズです。

「DC オフセットの除去」はこの直流成分のノイズによるデータのずれを検出して除去してくれる機能です。編集しているオーディオデータにノイズのような音があったらまずはDC オフセットの除去を試してみましょう。

手順 1 メニューバーの「加工」→「DC オフセットの除去」を選択します。
手順 2 DC オフセットがあった場合は、このような画面が表示されます。「はい」をクリックするとDC オフセットが除去されます。

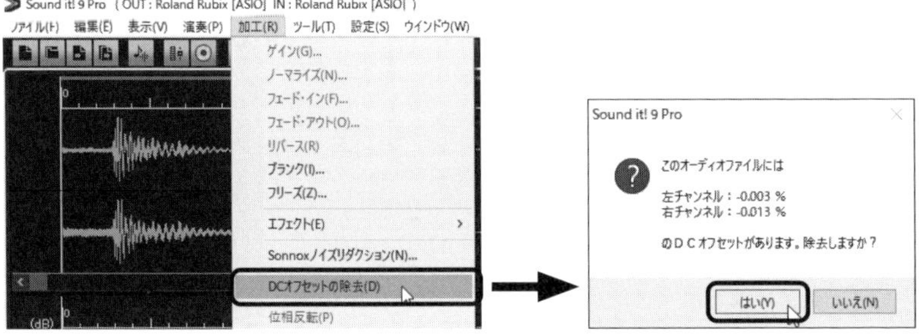

Sonnox ノイズリダクションで ノイズを除去する

　Sonnox ノイズリダクションはノイズ除去のエフェクトを同時に4つまで設定できる画面です。また「Sonnox ノイズリダクション」画面では、設定したノイズ除去のエフェクトやそのエフェクトのパラメーターなどを保存することができます。いくつかのデータに、同じ設定でノイズ除去のエフェクトをかけたいときに便利です。

「Sonnox ノイズリダクション」画面の表示方法

　メニューバーの「加工」から「Sonnox ノイズリダクション」を選択するか、ツールバーの「Sonnox ノイズリダクション」ボタンをクリックして「Sonnox ノイズリダクション」画面を表示します。

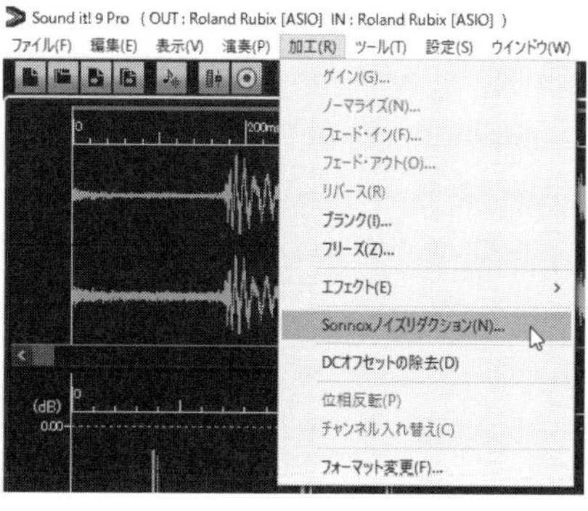

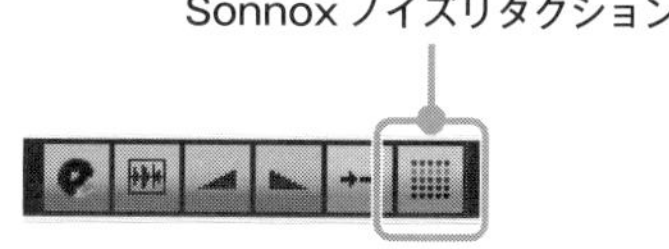

「Sonnox ノイズリダクション」画面

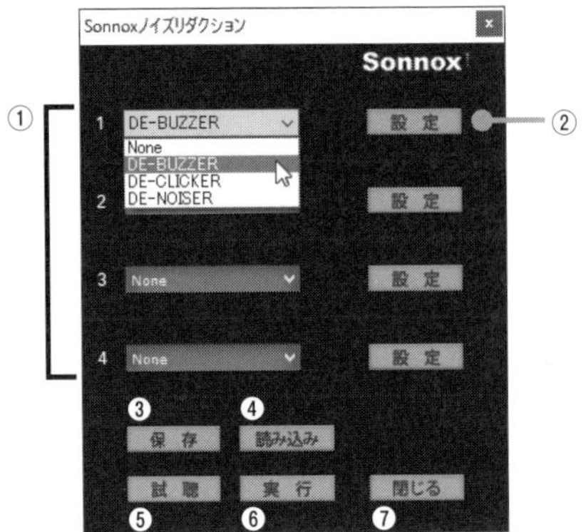

① **ノイズリダクションの選択**　使用するノイズリダクションを選択します。「None」を選択すると、ノイズリダクションを何も選択していない状態になります。

② **設定**　ノイズリダクションのエディタ画面を開きます。

③ **保存**　「Sonnox ノイズリダクション」画面で選択しているノイズリダクションとそのパラメーターを設定ファイル（*.nrs）として保存します

④ **読み込み**　保存した設定ファイル（*.nrs）を読み込みます

⑤ **試聴**　エディタでパラメーターを設定したノイズリダクションのかかり具合を試聴します

⑥ **実行**　ノイズリダクションを実行します

⑦ **閉じる**　「Sonnox ノイズリダクション」画面を閉じます

Sonnox ノイズリダクションの3種類のエフェクト

「Sonnox ノイズリダクション」画面で使えるエフェクトは3種類あります。それぞれどういったエフェクトかを見ていきましょう。

DE-BUZZER

データの中で、低音で「ブーン」と聞こえるハムノイズを除去します。交流電源の周波数である50Hz、もしくは60Hzの周波数が信号の中に混入することで発生するノイズです。

DE-CLICKER

アナログレコードの再生時に聞こえる「プチ」「パチ」といったスクラッチノイズを除去します。スクラッチノイズはアナログレコード盤面の傷やホコリ、静電気などで生じるノイズです。

DE-NOISER

カセットテープの再生時などに聞こえる「サー」「シー」といったヒスノイズを除去します。ヒスノイズは高い周波数のノイズになります。磁気テープの表面の磁性体のムラで発生します。

Sonnox ノイズリダクションエフェクトの使い方

DE-BUZZER、DE-CLICKER、DE-NOISER の使用例を紹介します。1つの例として参考にしてください。

注意 使用するオーディオデバイスのサンプリングレートの設定が 44.1KHz よりも低い場合、ノイズリダクションのエフェクターは使用できません。

DE-BUZZER

「ブーン」という低音のハムノイズが聞こえたら DE-BUZZER を使います。

ハムノイズは電源から混入するノイズで電気の周波数と関係があります。日本では電気の周波数が、東日本で 50Hz、西日本で 60Hz となっています。DE-BUZZER を使用する際にはお住まいの地域にあわせた周波数で設定しましょう。

手順 1 「Sonnox ノイズリダクション」画面のプルダウンメニュー（ノイズリダクションの選択）から「DE-BUZZER」を選択します。

手順 2 すぐ右の「設定」ボタンをクリックすると DE-BUZZER のエディター画面が表示されます。

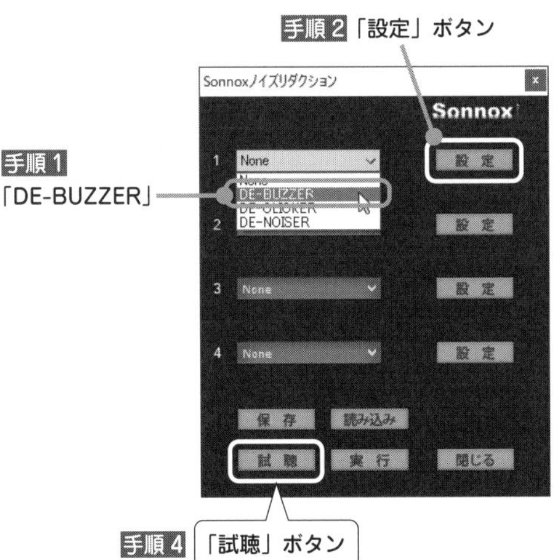

ヒント 表示されるエディター画面は「Sonnox ノイズリダクション」画面の上に重なって表示されます。この後の操作のために、開いたエディター画面をドラッグして「Sonnox ノイズリダクション」画面が見える位置に移動させておきましょう。

手順３「Freeze」ボタンをクリックして点灯させ、「Sensitivity」を90％、「Attenuation」を-50dBくらいに設定します。

「Track」ボタンと「Freeze」ボタン

「Track」ボタンを点灯すると、ハムノイズの基本周波数が自動で調整されます。時間的に変化するハムノイズの除去に適しています。

「Freeze」ボタンを点灯すると、ハムノイズの基本周波数が「Frequency」で設定した値に固定されます。周波数が一定のハムノイズの除去に適しています。

手順４「Sonnoxノイズリダクション」画面の「試聴」ボタンをクリックすると、DE-BUZZERの効果が反映された音が再生されます。聞きながらDE-BUZZERの「Frequency」を調整してノイズが消えるポイントを探します。

もう一度「試聴」ボタンをクリックすると再生されている音が停止します。

ヒント　電源系の「ブーン」というノイズは東日本で50Hz、西日本で60Hzとなっているので「Frequency」の値はその周辺を探るといいでしょう。

手順 5 「Frequency」で「ブーン」という音がある程度消えるポイントを見つけたら、「Fine Adjust」ボタンをクリックします。

現在選択されている周波数付近が拡大されるので、さらに細かく「Frequency」を調整して、ノイズがきれいに消えるポイントを探します。

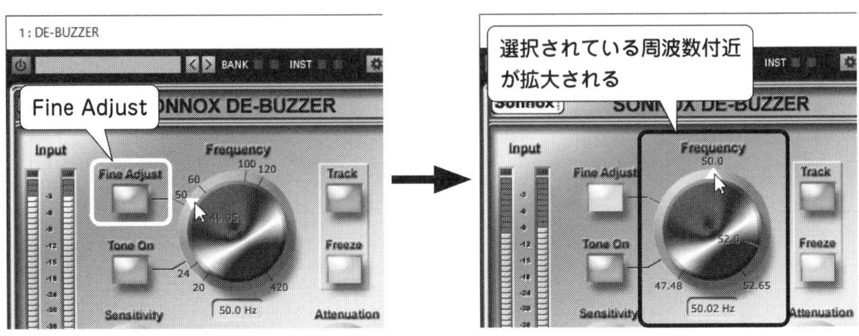

「Tone On」ボタン

「Tone On」をクリックして点灯させ試聴すると、「Frequency」で現在選択されている周波数の音を発振します。点灯時にボタンの上に表示される数値で発信音のレベルが調整できます。ハムノイズの音程と発信音の音程を一致させるように調整します。ハムノイズの周波数が見つけにくいときに使用できます。

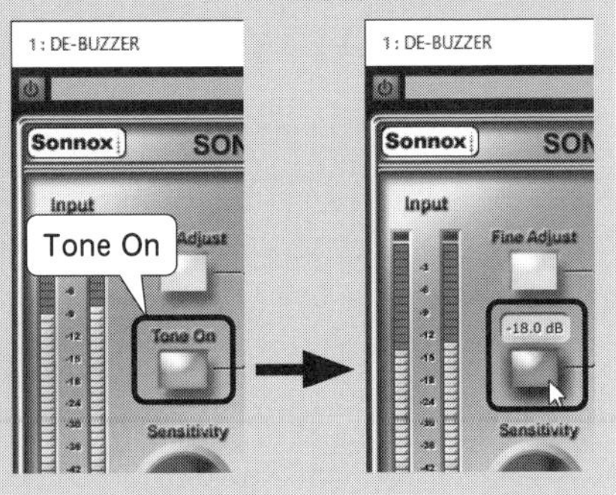

手順 6 「In」ボタンをクリックして消灯させ試聴すると、DE-BUZZER のかかっていないもとの音が聞けます。もう一度クリックして点灯させ試聴すると、再び DE-BUZZER の効果が反映されている音が聞けます。

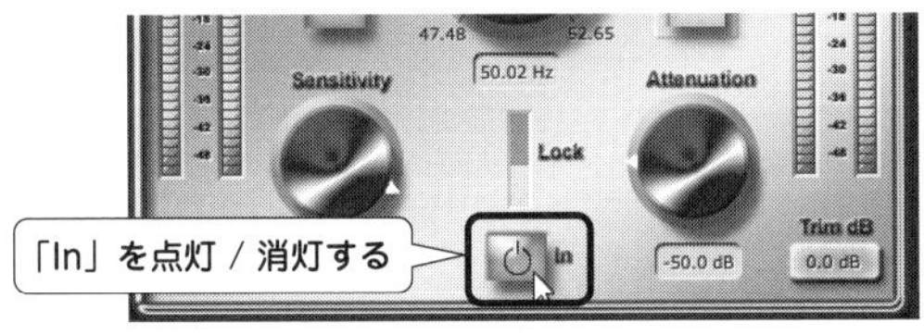

この「In」ボタンをクリックして消灯 / 点灯させながら DE-BUZZER でノイズがどれくらい除去されたのか確認しましょう。

ヒント　DE-BUZZERをかけても十分な効果が得られないときは、「Sonnox ノイズリダクション」画面でもう1台DE-BUZZERをかけてみましょう。ノイズリダクションのエフェクトは同じ種類でも4つまで同時に使用できます。

DE-CLICKER

DE-CLICKER はポップノイズ、クリックノイズ、クラックルノイズを除去するときに使います。

DE-CLICKER には「DePop」「DeClick」「DeCrackle」の3つのスライダーが並んでいます。「DePop」は、レコード盤面にレコード針を落とすときに生じる「ポコッ」というポップノイズを除去します。「DeClick」は、レコードの傷などによって生じる「パチッ」という音などのクリックノイズを除去します。「DeCrackle」は、レコード盤面のほこりや静電気などから生じる「プチプチ」というクラックルノイズを除去します。

手順1 「Sonnox ノイズリダクション」画面のプルダウンメニュー（ノイズリダクションの選択）から「DE-CLICKER」を選択します。

手順2 すぐ右の「設定」ボタンをクリックすると DE-CLICKER のエディター画面が表示されます。

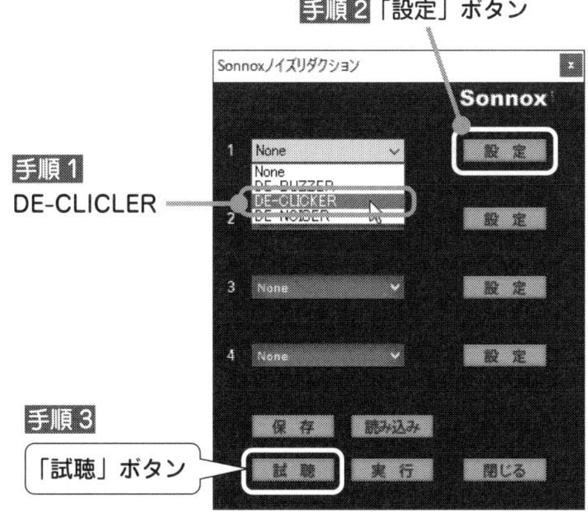

ヒント　表示されるエディター画面は「Sonnox ノイズリダクション」画面の上に重なって表示されます。この後の操作のために、開いたエディター画面をドラッグして「Sonnox ノイズリダクション」画面が見える位置に移動させておきましょう。

手順 3 「Sonnox ノイズリダクション」画面の「試聴」ボタン（前ページ図参照）をクリックすると、DE-CLICKER の効果が反映された音が再生されます。聞きながら DE-CLICKER の「DePop」「DeClick」「DeCrackle」の中で除去したいノイズの「Sensitivity」のスライダーを上にドラッグしていき、ノイズを除去していきます。スライダーは上にいくほど強くノイズを除去します。

もう一度「試聴」ボタンをクリックすると再生されている音が停止します。

ヒント
「Sensitivity」のスライダーは、ノイズ除去の感度を調整するものです。上にいくほど強く除去されますが、あまり上げすぎるとノイズ以外の音も消えてしまうことがあるので、上げ過ぎには注意しましょう。

「DePop」「DeClick」「DeCrackle」それぞれに用意されている 3 つの「Sensitivity」のスライダーは、同時に使用することができます。

ヒント
スライダーの右側にある「Detect」は、検出されたノイズのエネルギーを表しています。

手順 4 それぞれのスライダーの右下にある「In」ボタンは点灯して試聴するとスライダーの効果が適用されます。クリックして消灯して試聴すると、スライダーの効果が適用されていない音が聞こえます。

「In」ボタンを点灯 / 消灯しながら、ノイズ除去のかかり具合を確認しましょう。

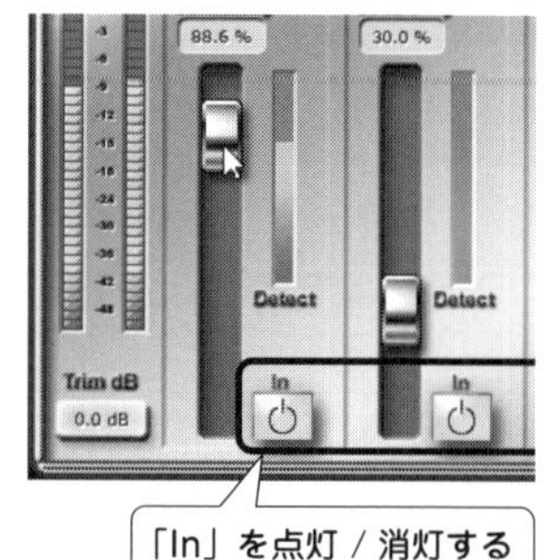

「In」を点灯 / 消灯する

ヒント
DE-CLICKER をかけて十分な効果が得られないときは、「Sonnox ノイズリダクション」画面でもう 1 台 DE-CLICKER をかけてみましょう。ノイズリダクションのエフェクトは同じ種類でも 4 つまで同時に使用できます。

DE-NOISER

DE-NOISERは、「サー」というヒスノイズを除去するときに使います。

手順1 「Sonnoxノイズリダクション」画面のプルダウンメニュー（ノイズリダクションの選択）から「DE-NOISER」を選択します。

手順2 すぐ右の「設定」ボタンをクリックするとDE-NOISERのエディター画面が表示されます。

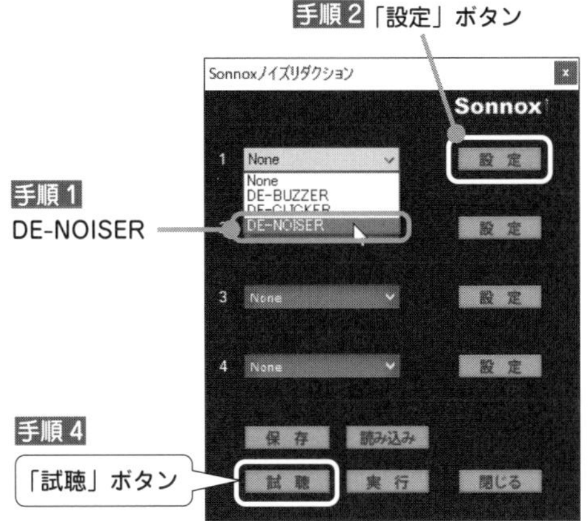

ヒント 表示されるエディター画面は「Sonnoxノイズリダクション」画面の上に重なって表示されます。この後の操作のために、開いたエディター画面をドラッグして「Sonnoxノイズリダクション」画面が見える位置に移動させておきましょう。

手順3 「Freeze」ボタンをクリックして点灯させ、「Sensitivity」を6dB程度に設定します。「Sensitivity」はノイズ除去の感度になります。

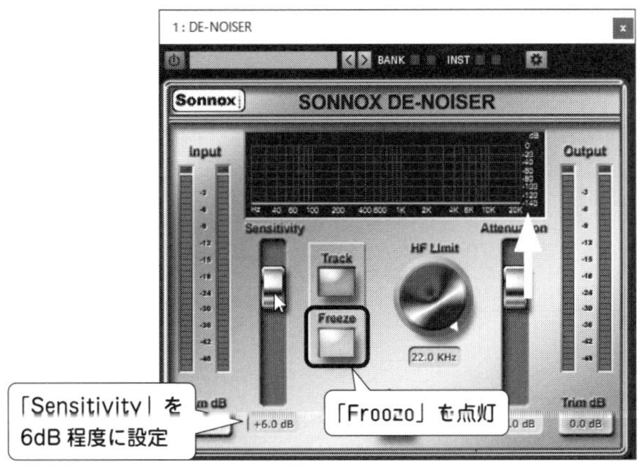

「Track」ボタンと「Freeze」ボタン

「Track」ボタンを点灯すると、入力された音から常にノイズの成分の特徴を計算します。時間的に一定でないノイズの除去に適しています。「Freeze」ボタンは、点灯時に入力された音から一度だけノイズ成分の特徴を計算します。一定のノイズの入った信号からノイズを除去するときに適しています。

エディター画面上段のディスプレイ上に検出されたノイズのスペクトラムがラインで表示されます。「Track」ボタン点灯ではこのラインは常に動き、「Freeze」ボタン点灯では固定になります。このラインより下に表示される成分がノイズと判断されます。

手順 4 「Sonnox ノイズリダクション」画面の「試聴」ボタン（前ページ図参照）をクリックするとDE-NOISERの効果が反映された音が再生されます。聞きながらDE-NOISERの「Attenuation」のスライダーを下げていきヒスノイズが消えるポイントを探します。

もう一度「試聴」ボタンをクリックすると再生されている音が停止します。

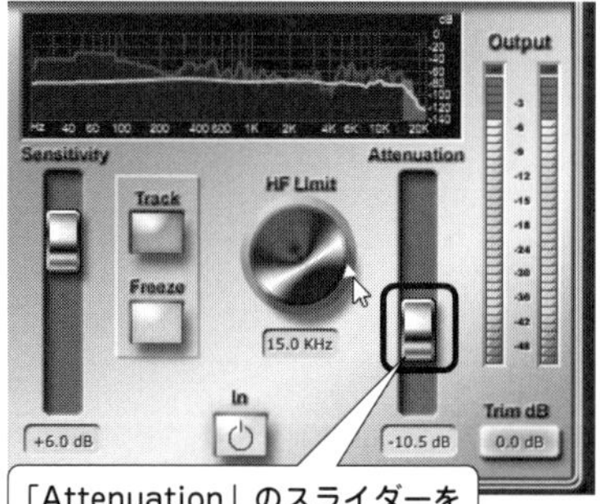

ヒント　ノイズといっしょに高音域の楽器の音が聞こえなくなってしまった場合は、「HF Limit」を調整しましょう。「HF Limit」で設定した周波数より低い領域でだけノイズ除去がおこなわれます。

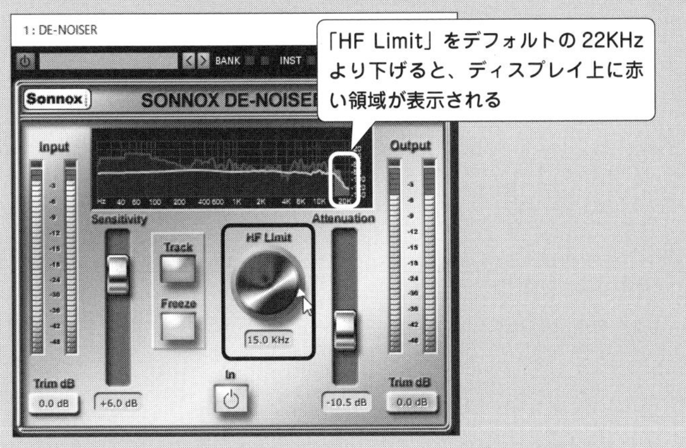

手順 5「In」ボタンをクリックして消灯させ試聴すると、DE-NOISER のかかっていない音が聞けます。もう一度クリックして点灯させ試聴すると、再び DE-NOISER の効果が反映されている音が聞けます。

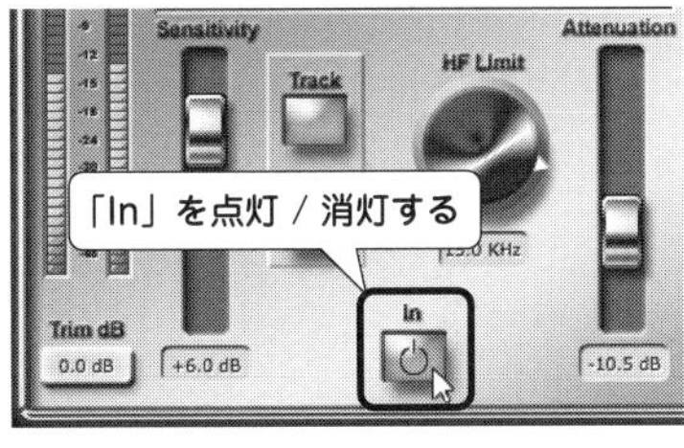

この「In」ボタンをクリックして消灯 / 点灯させながら DE-NOISER でノイズがどれくらい除去されたのか確認しましょう。

ヒント　ノイズが残ってしまう場合は、「Sensitivity」や「Attenuation」の値を少しずつ変えながら、ノイズが消えるポイントを探っていきましょう。

ヒント　DE-NOISER をかけて十分な効果が得られないときは、「Sonnox ノイズリダクション」画面でもう 1 台 DE-NOISER をかけてみましょう。ノイズリダクションのエフェクトは同じ種類でも 4 つまで同時に使用できます。

Sonnox ノイズリダクションエフェクトを適用する

Sonnox ノイズリダクションのエフェクトでノイズを除去するパラメーターの調整ができたら、エフェクトの効果（ノイズが除去された状態）をオーディオデータに反映させましょう。

この操作をおこなわないと、オーディオデータを保存したときにノイズ除去の効果が反映されていないので必ずおこなうようにしましょう。

「Sonnox ノイズリダクション」画面の「実行」ボタンをクリックすると効果が反映されます。

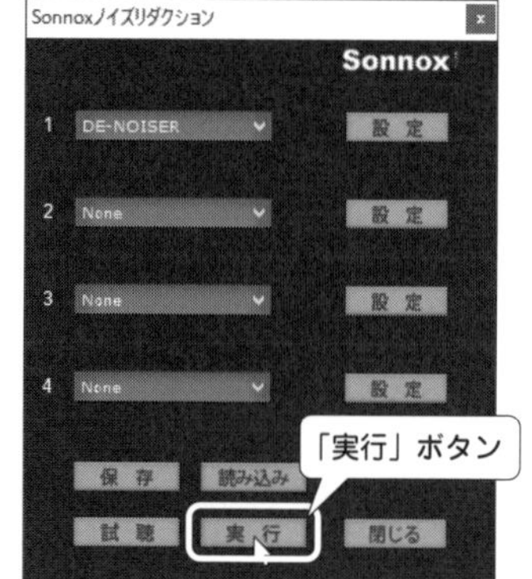

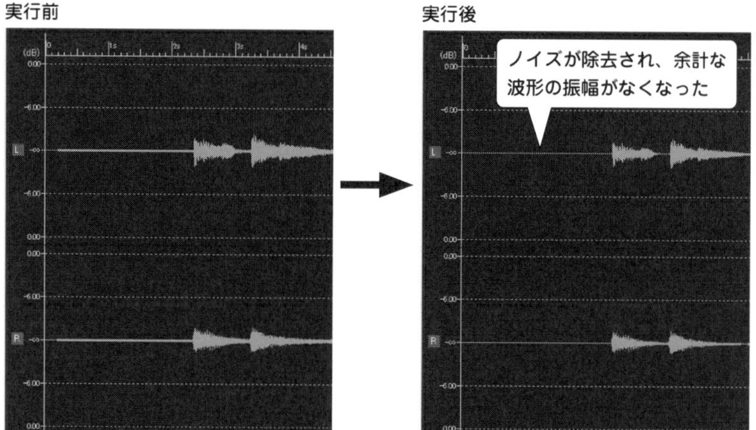

ヒント 範囲選択していない場合は、オーディオデータ全体にエフェクト効果が適用されます。

Sonnox ノイズリダクションの設定を保存する / 読み込む

設定ファイルの保存

「Sonnox ノイズリダクション」画面で設定したエフェクトとそのパラメーターを設定ファイル（*.nrs）として保存することができます。よく使う設定を保存しておくと便利でしょう。

手順１「Sonnox ノイズリダクション」画面の「保存」ボタンをクリックすると「ノイズリダクション設定の保存」画面が表示されます。

手順２ 保存するファイル名を記入し、ファイルの保存先を指定して「保存」ボタンをクリックすると設定ファイルが保存されます。

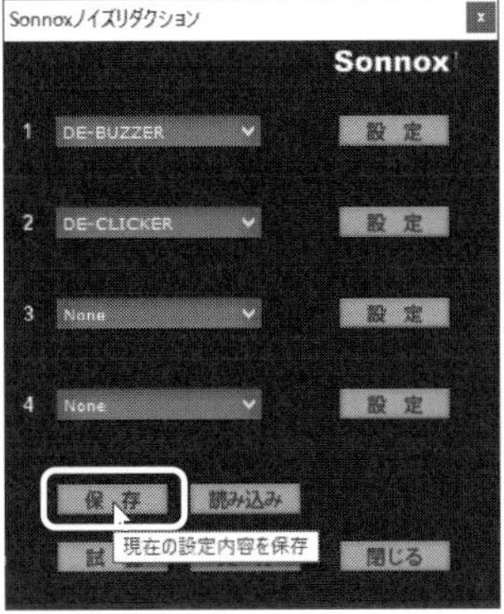

設定ファイルの読み込み

手順１「Sonnox ノイズリダクション」画面の「読み込み」ボタンをクリックすると「ノイズリダクション設定の読み込み」画面が表示されます。

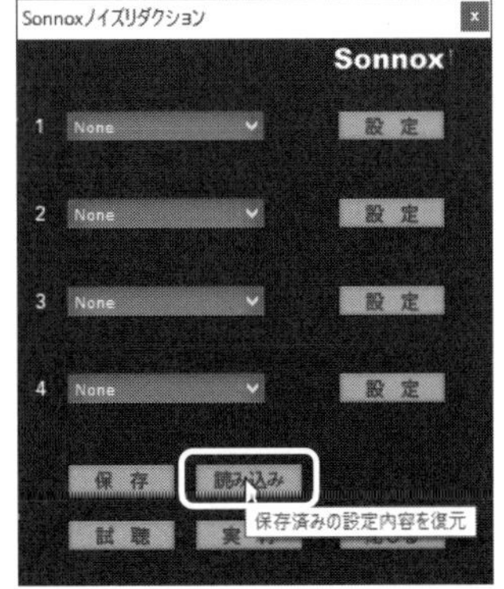

手順 2 読み込む設定ファイルを選択して「開く」ボタンをクリックすると設定ファイルが読み込まれます。

注意

設定ファイルを読み込んだあとも「Sonnox ノイズリダクション」画面のプルダウンメニューは「None」のままですが、保存したときに使っていたエフェクトは読み込まれています。試しに「設定」ボタンをクリックしてみるとエフェクトのエディター画面が表示され、パラメーターも保存されているのがわかります。

第7章 録音したデータの編集、加工の例

Sound it! 9に外部の音源を録音したときに、音量が小さい、録音した曲の前後に無駄な余白がある、ノイズがあるなどの問題も出てきます。

この章では録音したオーディオデータの編集、加工の例を紹介します。

ノーマライズで波形を大きくする

録音したオーディオデータの音量が小さいときには、ノーマライズという機能を使って音量を大きくしてみましょう。

オーディオデータの波形は振幅（縦方向への波）が大きいほど音量が大きくなります。ノーマライズは、波形の一番振幅が大きなところ（「ピーク」という）が最大値0dBになるまで波形全体の振幅を大きく引き伸ばしてくれます。つまり、録音したオーディオデータの中で音量の一番大きなところが0dBを超えないように、全体の音量を調整することができる機能、ということになります。ノーマライズのメリットは、0dBを超えることがないので、この操作による音割れがない点です。

手順1 メニューバーの「編集」から「全てを選択」を選択して波形全体を選択します。

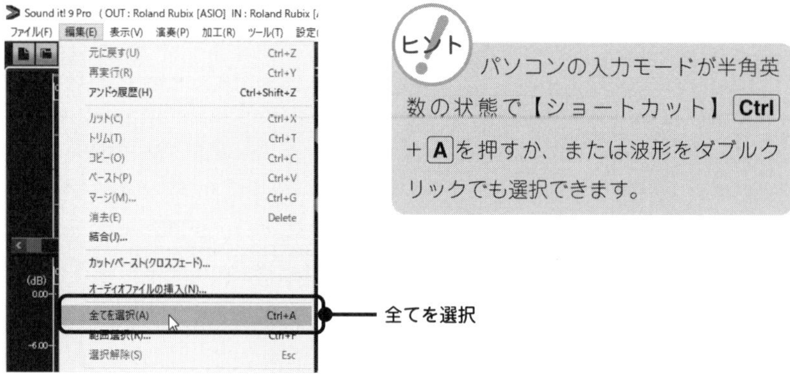

手順2 メニューバーの「加工」から「ノーマライズ」を選択するか、ツールバーの「選択範囲をノーマライズ」ボタンをクリックすると「ノーマライズ」画面が表示されます。

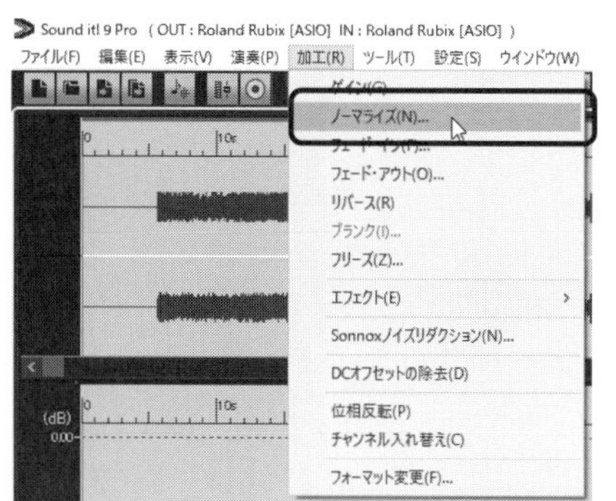

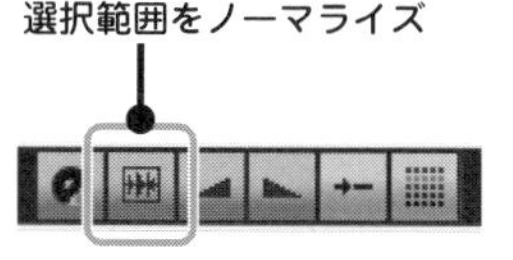

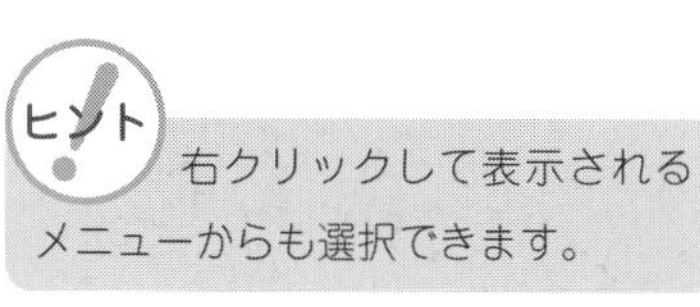

ヒント
右クリックして表示されるメニューからも選択できます。

手順３「最大レベル」欄が、「0.0dB」「100.0%」になっているのを確認します。もしなっていない場合は「0.0dB」「100.0%」に設定します。

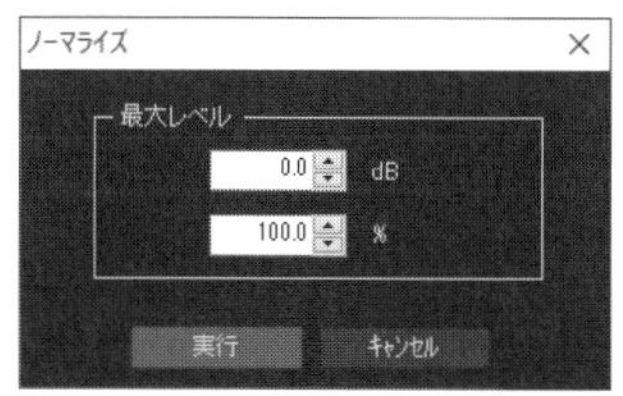

手順４「実行」ボタンをクリックすると波形の最大値が０dBになるまで波形が大きくなります。

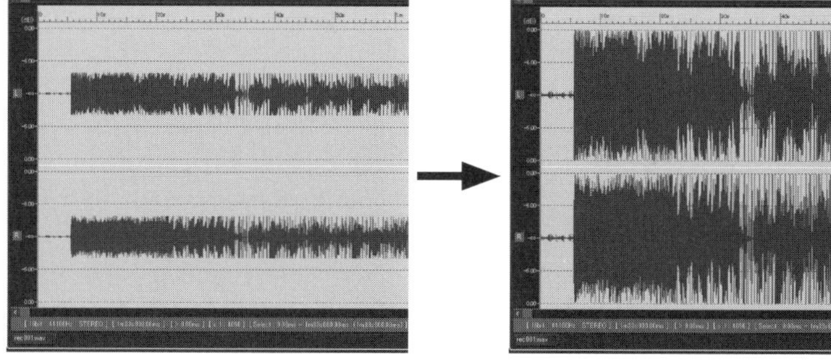

ノーマライズが終わったら、**Esc** キーを押すと選択が解除されます。

ヒント

ステレオのオーディオデータで左右の音量レベルが違うとき

ステレオのオーディオデータを録音したとき、上下で波形の大きさが違って録音されてしまうことがあります。この上下はＬチャンネルとＲチャンネルを表しています。波形の大きさが違うと、再生時に波形が大きいほうのスピーカーから音が大きく聞こえ、アンバランスな音になってしまいます。

原因は、録音に使ったレコードプレーヤーやカセットデッキの出力の接触不良や、機材をつなぐケーブルの不具合などが考えられます。また、つないでいるオーディオインターフェース側の入力レベルがＬチャンネル、Ｒチャンネルでそろっていないと、このように波形の大きさが違って録音されてしまいます。

上下の波形の大きさの違いは、ノーマライズをするとより顕著になります。できれば外部機器の取扱説明書などを参照して出力先を掃除してサビやホコリを取り除いたり、接続に使っていたケーブルを変えたり、オーディオインターフェースを使っている場合は入力レベルを確認したりしてから、もう一度録音しなおすことをオススメします。

録音しなおすことが難しい場合は、波形が小さいほうのチャンネルだけを選択して、片側だけノーマライズすることで、波形の大きさをある程度そろえることができます。

波形の小さいほうのチャンネルだけ選択します。Ｌチャンネルの場合は上段、Ｒチャンネルの場合は下段の方にマウスを持っていくとマウスカーソルが「L」もしくは「R」となります。その状態でダブルクリックすると片方のチャンネルだけ選択できるので、続けてノーマライズをします。ノーマライズの手順は本項目の手順２からの流れを参照ください。ノーマライズが終わったら Esc キーを押すと選択が解除されます。

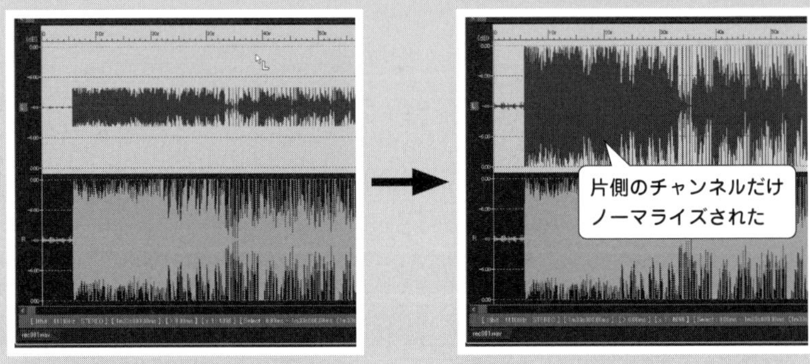
片側のチャンネルだけ
ノーマライズされた

音声データ前後の
不要な部分を取り除く

ノーマライズで波形を大きくしたら、曲の前後にある不要な部分を取り除きます。その手順は、まずはじめに曲の前後の不要な部分の音を消去し（①）、続いて曲の始まりと終わりの部分にフェードイン／フェードアウトをかけ（②）、最後に曲の前後の不要な部分をカットします（③）。最初から不要な部分をカットしないのはフェードイン／フェードアウトの処理をしやすくするためです。

まずは、曲の始まり部分を例に説明します。

①ノイズ部分の消去

ノーマライズをすることで小さい音だったノイズも大きくなり目立つようになります。まずは曲の前後にある不要な部分のノイズを消去します。

手順１ 画面右下の横に動かせるスライダーを右方向にドラッグして、曲の始まり部分がわかるくらいに横軸（時間軸）の表示を拡大します。

曲の始まり部分

ヒント
【ショートカット】パソコンの入力モードが半角英数の状態でNum +キーで拡大、Num -キーで縮小。
または右クリックして表示されるメニューからも選択できます。

横方向拡大 / 縮小カーソル

「横方向拡大 / 縮小カーソル」を使って横軸を拡大縮小することもができます。

まずはツールバーの「横方向拡大 / 縮小カーソル」ボタンをクリックして点灯させます。

マウスカーソルが真ん中に「+」が表示された虫眼鏡の状態で波形をクリックすると横軸が拡大されます。

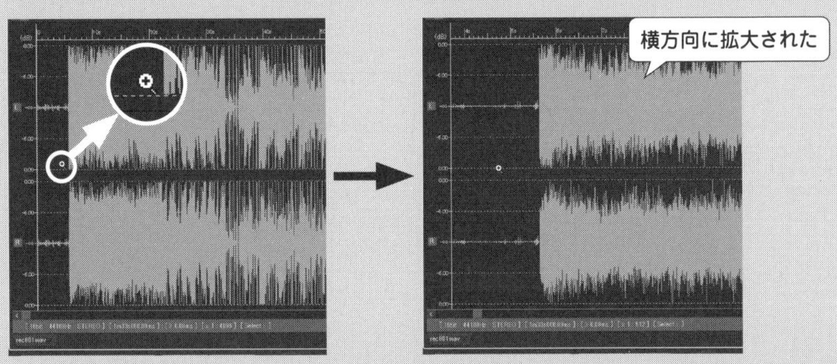

パソコンの入力モードが半角英数の状態で Alt キーを押すとマウスカーソルが「ー」の虫眼鏡になります。その状態で波形をクリックすると横軸が縮小されます。

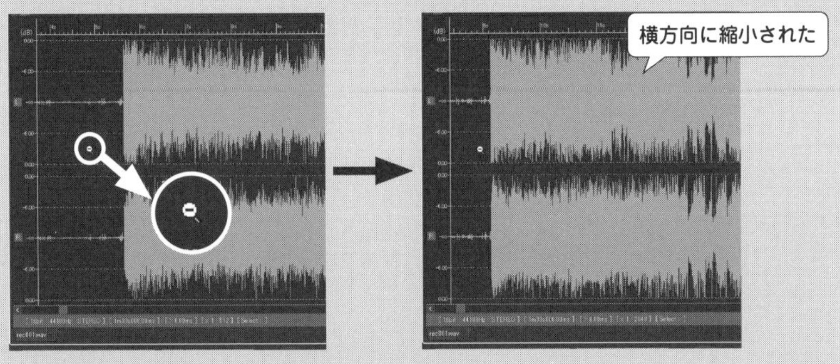

拡大縮小の操作が終わったら、ツールバーの「編集カーソル」ボタンをクリックして点灯させ、マウスカーソルをもとの状態（編集カーソル）に戻しておきましょう。

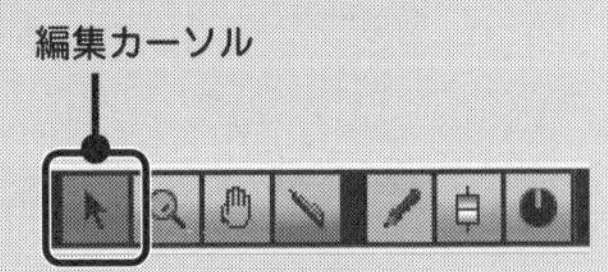

手順２ 曲の始まりの位置（おおよその位置で大丈夫）にカーソルをあわせます。カーソルはマウスで波形をクリックするとクリックした位置に移動します。

手順３ 再生して音を聞きながらカーソルの位置を微調整します。

05s450.88ms
16bit 44100Hz STEREO
再生
パソコンキーボードのスペースキーでも再生／停止ができる

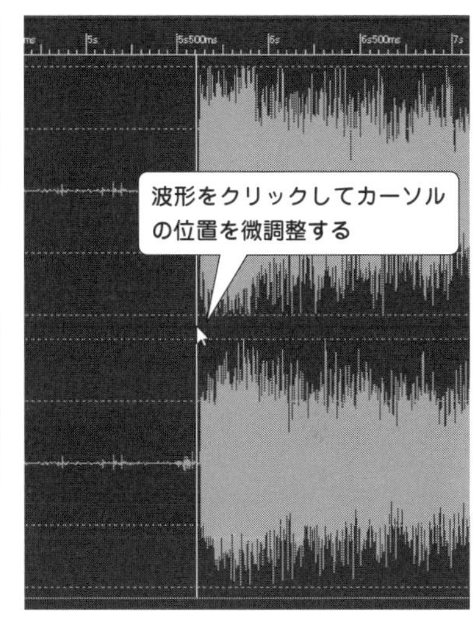
波形をクリックしてカーソルの位置を微調整する

ヒント
マウスのホイールを使うとカーソル位置が微調整できます。ホイールを手前に回すとカーソルが右に、反対に回すと左に進みます。

手順４ 曲の始まりにあわせたカーソル位置からオーディオデータの先頭までをドラッグして範囲選択します。

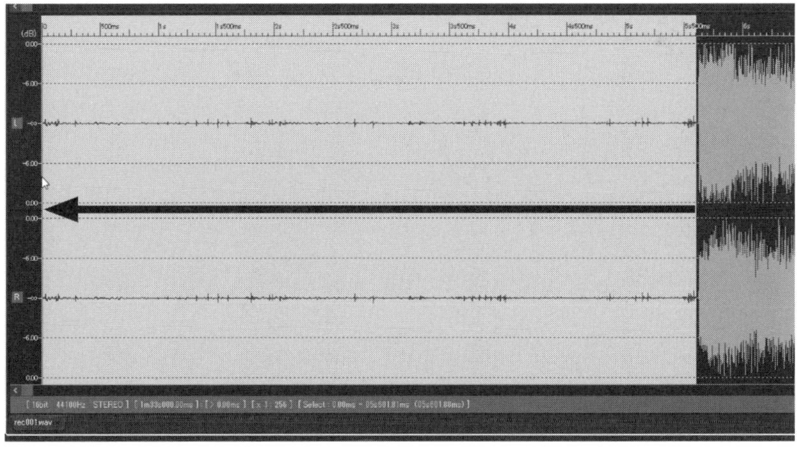

手順 5 メニューバーの「編集」から「消去」を選択します。

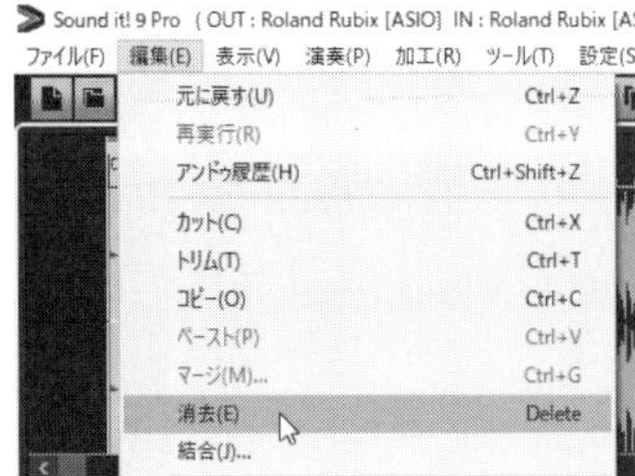

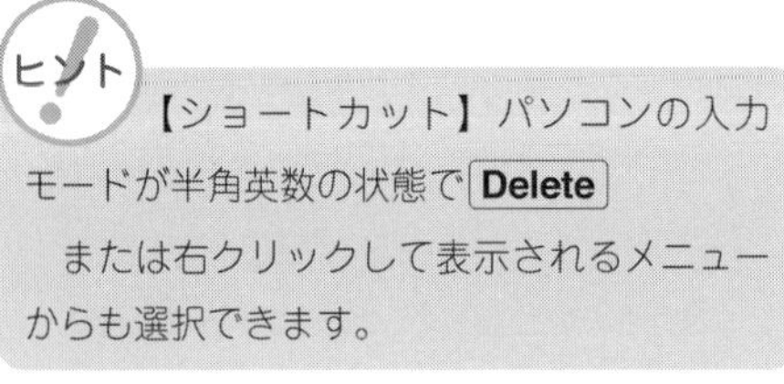
ヒント

【ショートカット】パソコンの入力モードが半角英数の状態で Delete

または右クリックして表示されるメニューからも選択できます。

選択範囲の音が消去されます。

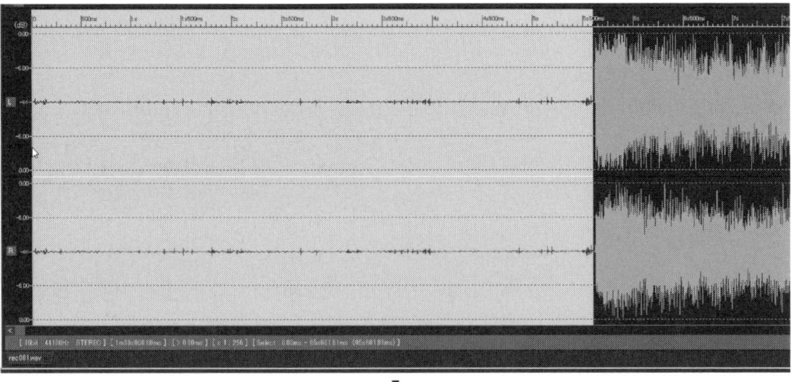

↓

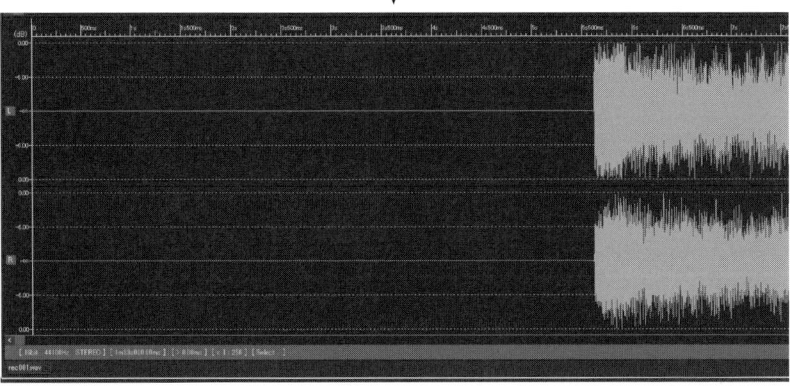

②波形の始まりと終わりを フェードイン／フェードアウトで処理する

音を消去すると、切れ目の部分でプチっというノイズが入ってしまうことがあります。これは切れ目の部分が波形の振幅の途中になっていると起こります。切れ目の部分を波形の振幅がない（ゼロクロス）の位置にあわせることでこのノイズを抑えることもできますが、ここでは「フェード」という機能を使ってこのノイズを目立たないようにします。フェードは選択範囲の音量を徐々に大きくしたり、小さくしたりできる機能です。

手順１ 画面右下の横に動かせるスライダーを右方向にドラッグして横軸（時間軸）の表示をさらに拡大します。

手順２ フェードインする範囲をドラッグして選択します。

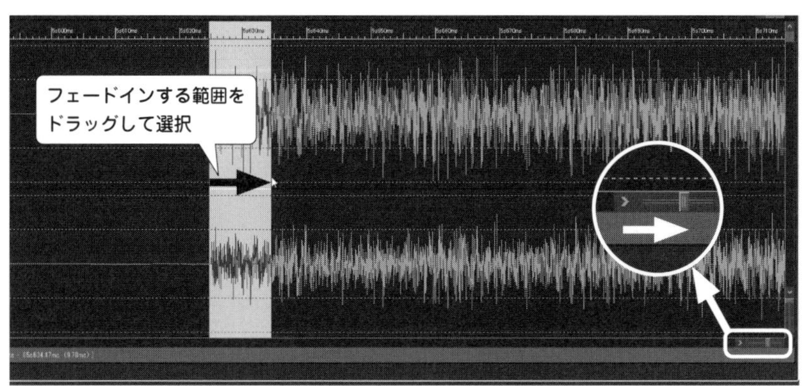

手順３ メニューバーの「加工」から「フェード・イン」を選択すると「フェード・イン」画面が表示されます。

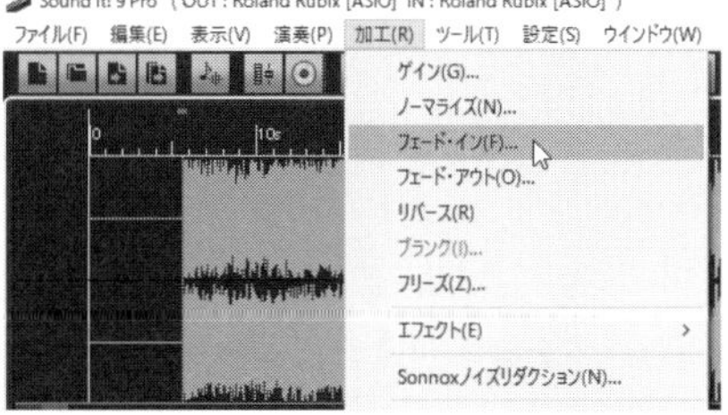

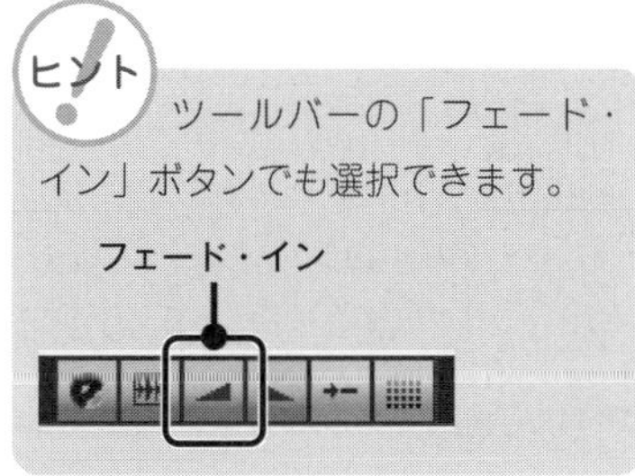

ヒント
ツールバーの「フェード・イン」ボタンでも選択できます。
フェード・イン

手順 4 「始点」を 0%、「終点」を 100%にします。音量が大きくなっていくカーブを「曲線」の□の部分をドラッグして調整します。

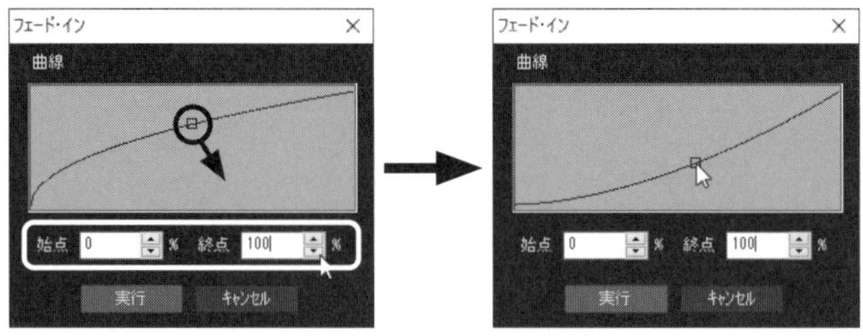

手順 5 「実行」ボタンをクリックするとフェードインが反映されます。

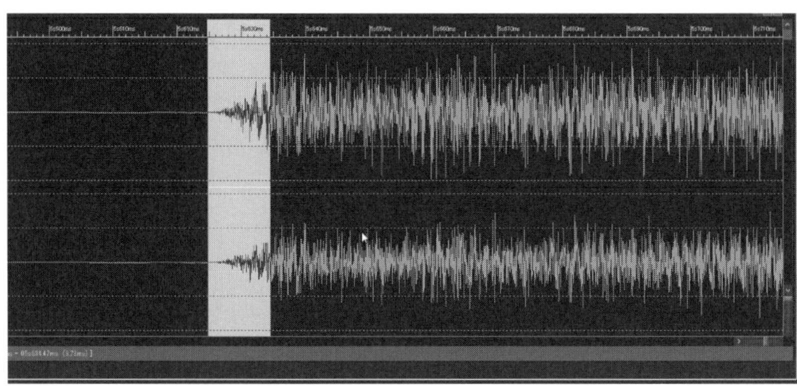

ヒント

再生して聞いてみたら、フェードインの範囲やカーブがしっくりこない場合があるかもしれません。そんなときは、メニューバーの「編集」から「元に戻す」を選択して、フェードインをかける前の状態に戻してやりなおしましょう。

③不要な部分をカットする

フェードの処理までできたら、最後に不要な部分をカットします。

手順１ 画面右下の横に動かせるスライダーを左方向にドラッグして横軸（時間軸）の表示を縮小します。

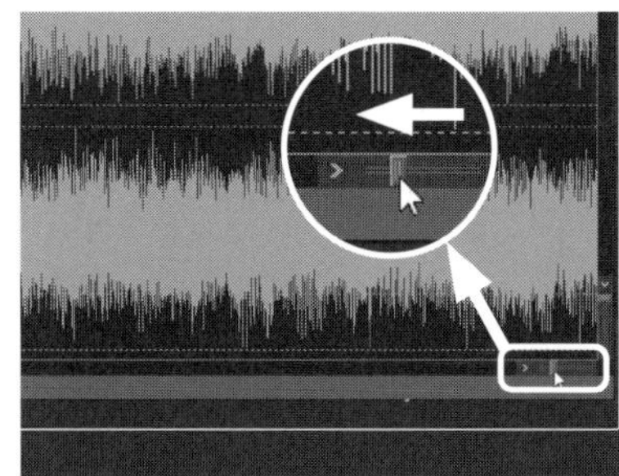

ヒント　このあとにカットする範囲を選択するので、横軸の縮尺はあまり拡げ過ぎていない方が作業しやすくなります。

手順２ カットしたい範囲をドラッグして選択します。

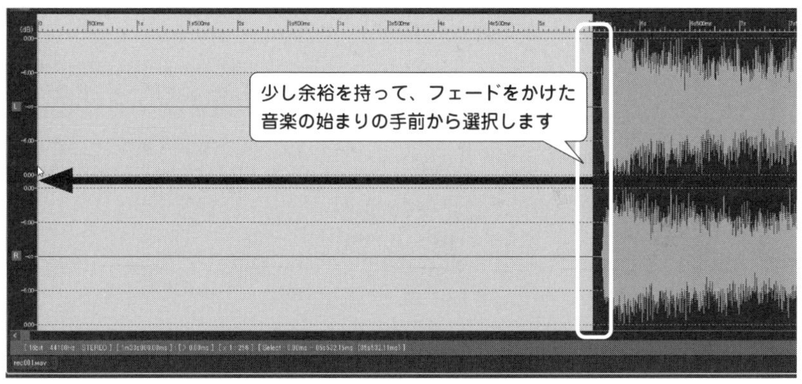

手順３ メニューバーの「編集」から「カット」を選択してカットします。

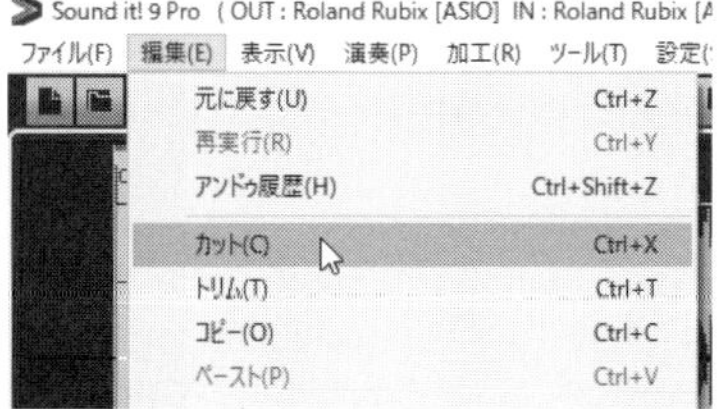

ヒント　【ショートカット】パソコンの入力モードが半角英数の状態で Ctrl ＋ X
右クリックして表示されるメニューからも選択できます。

これで、曲が始まる前の不要な部分が取り除かれました。

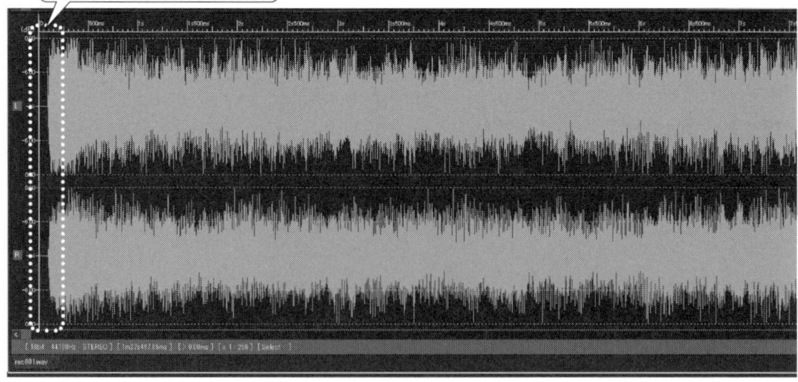

曲の終わりの不要部分を取り除く

同じ手順で今度は曲の終わりにある不要な部分も取り除いてみましょう。

①ノイズ部分の消去

オーディオデータの終わりの不要部分にあるノイズを消去します。

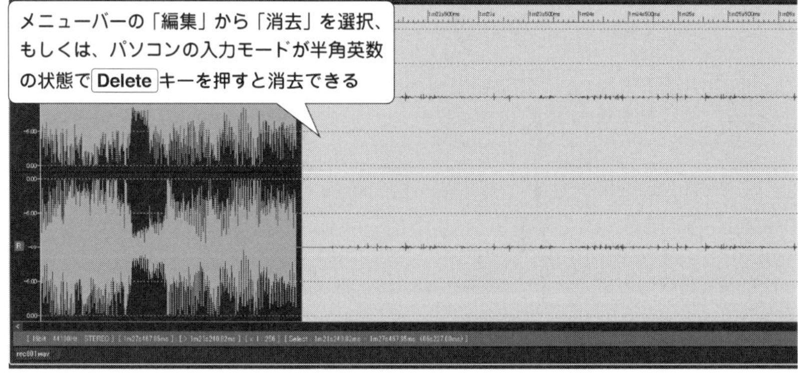

メニューバーの「編集」から「消去」を選択、
もしくは、パソコンの入力モードが半角英数
の状態でDeleteキーを押すと消去できる

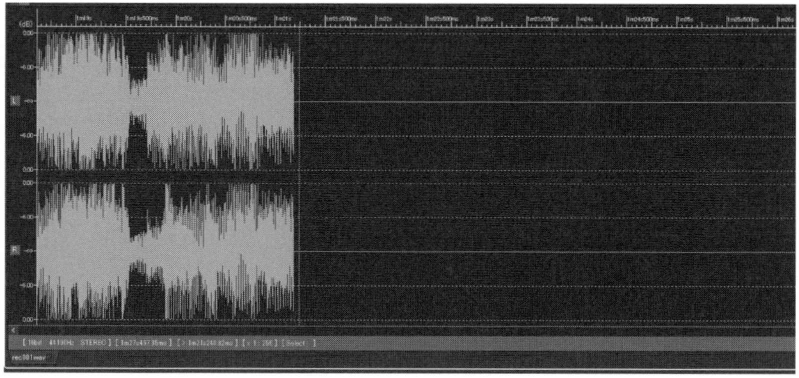

②波形の終わりをフェードアウトで処理する

曲の終わり部分にフェードアウトをかけます。

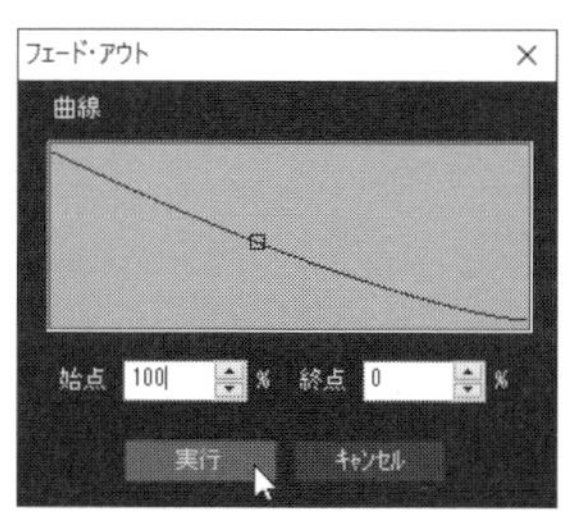

ヒント

「フェード・アウト」画面は、メニューバーの「加工」から「フェード・アウト」を選択、もしくはツールバーの「フェード・アウト」ボタンをクリックして表示できます。

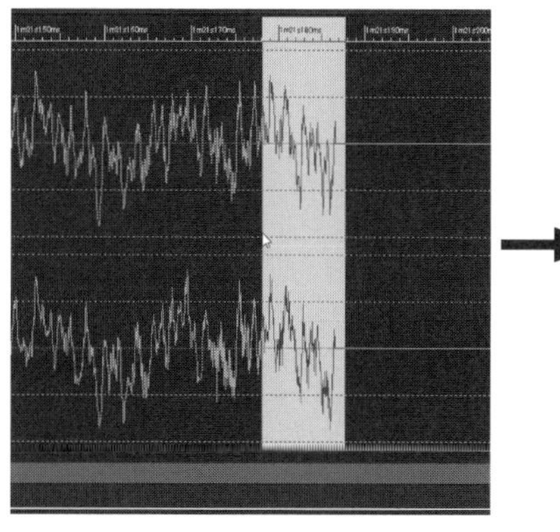

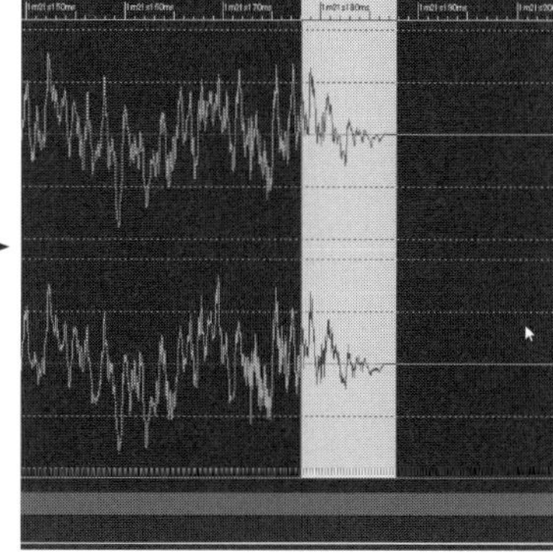

③不要な部分をカットする

最後に不要部分をカットします。

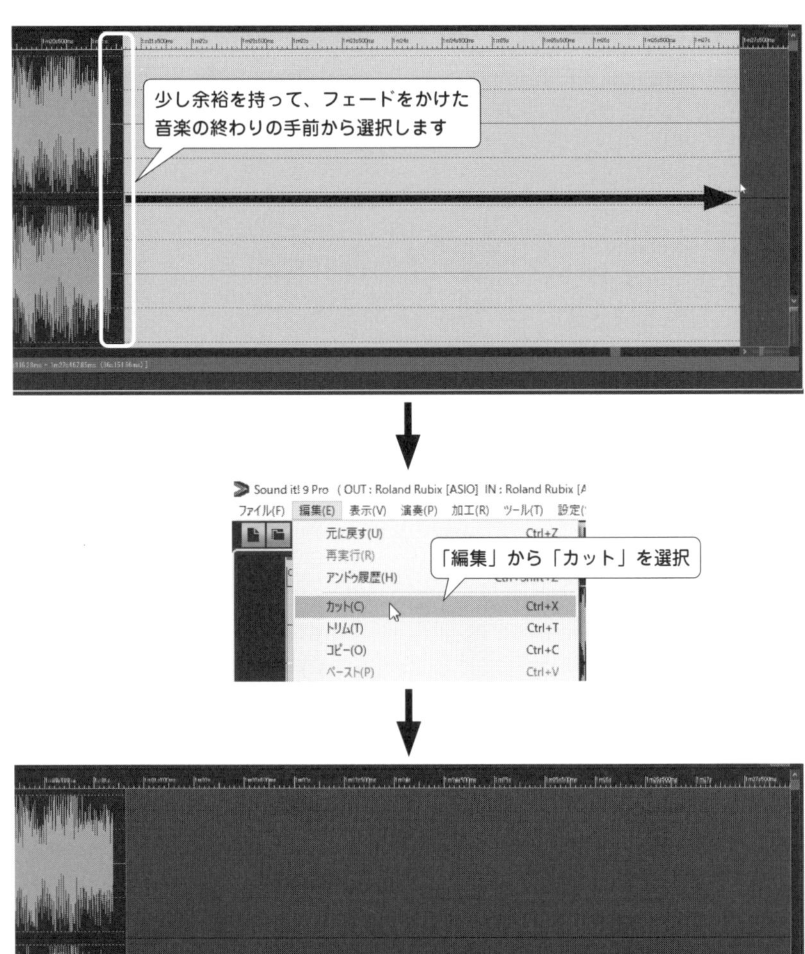

一部分だけのノイズを除去する

曲の中に一部分だけパチッというノイズが入ってしまっている場合の処理方法を紹介します。断続的に続いているノイズではなく一瞬だけ鳴るノイズは、その部分をカットすることで消すことができます。

手順１ 再生しながらパチッというノイズの位置を探します。

手順２ おおよその位置がわかったら、スクラブ再生でノイズの位置を特定します。

波形をクリックしてカーソルをあわせ、メニューバーの「演奏」から「スクラブ再生」を選択すると、カーソルから数秒間の音声がくり返し再生されます。ノイズの位置を絞り込むときに便利な機能です。

ヒント　「スクラブ再生」は、【ショートカット】パソコンの入力モードが半角英数の状態で S

カーソルから数秒間
くり返して再生される

スクラブ再生はプレイパネルの「停止」ボタンをクリックすると停止します。

「スクラブ再生の設定」

メニューバーの「演奏」から「スクラブ再生の設定」を選択すると「スクラブ再生の設定」画面が表示されます。再生範囲でスクラブ再生する時間が設定できます。設定後は「OK」ボタンをクリックすると画面が閉じます。

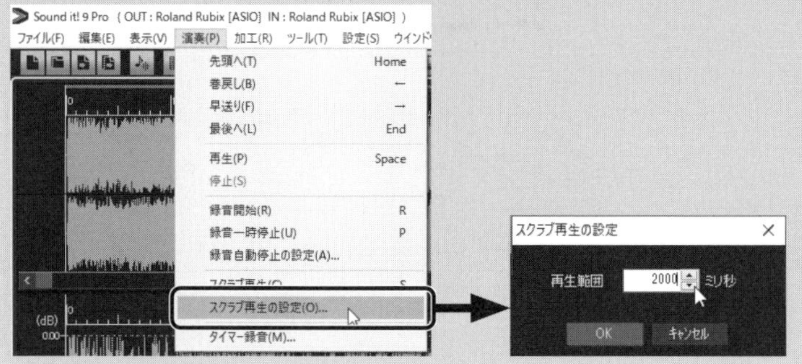

ジョグダイヤル

ジョグダイヤルで再生速度を遅くしてノイズの箇所を探すこともできます。ジョグダイヤルは0.60～0.80くらいの速度にあわせるとノイズを探しやすいでしょう。ジョグダイヤル下の「ホールド」ボタンを点灯させておくことで設定した速度で固定して再生されます。

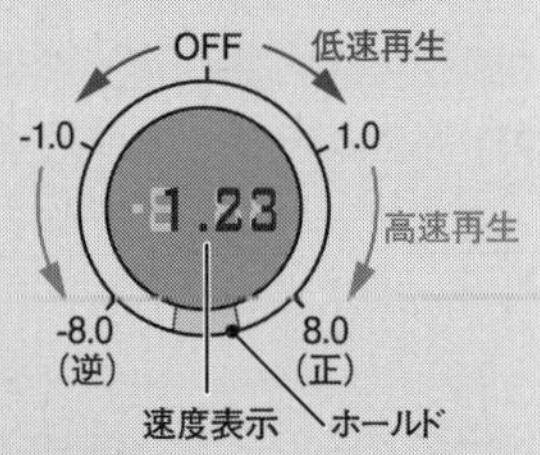

手順３ ノイズの位置を見つけたら、見失わないようにマーカーをつけておきましょう。

ノイズがある位置をクリックしてカーソルをあわせ、メニューバーの「編集」から「マーカー」→「マーカーを置く」を選択してマーカーをつけます。

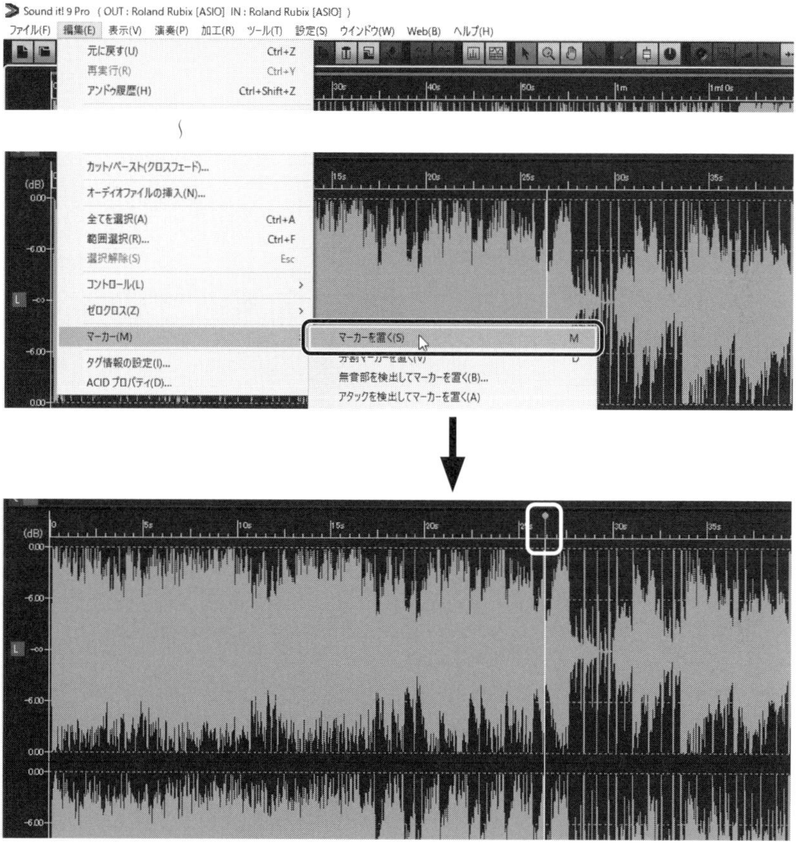

マーカーはドラッグして位置を移動できます。

手順4 マーカー部分を拡大します。

マーカーの近辺にカーソルをあわせ、画面右下の横に動かせるスライダーを右方向にドラッグして、横軸（時間軸）の表示を拡大します。

ズーム倍率［×１：1］くらいまで拡大すると見やすくなります。

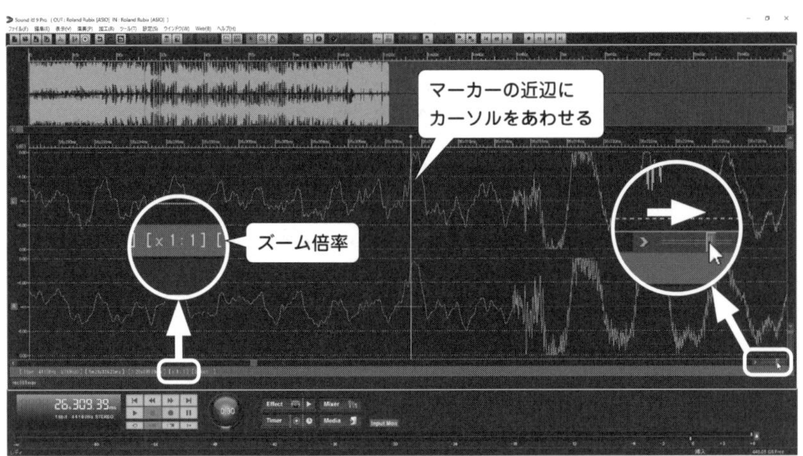

手順5 ノイズがある範囲をドラッグして選択します。

手順6 選択範囲の切れ目が波形の振幅の途中になっているとノイズになってしまうので、切れ目がゼロクロスの位置（振幅がない位置）になるように調整します。

メニューバーの「編集」から「ゼロクロス」→「範囲を内側に補正」を選択するか、もしくは「選択範囲を内側にゼロ・クロス補正」ボタンをクリックします。

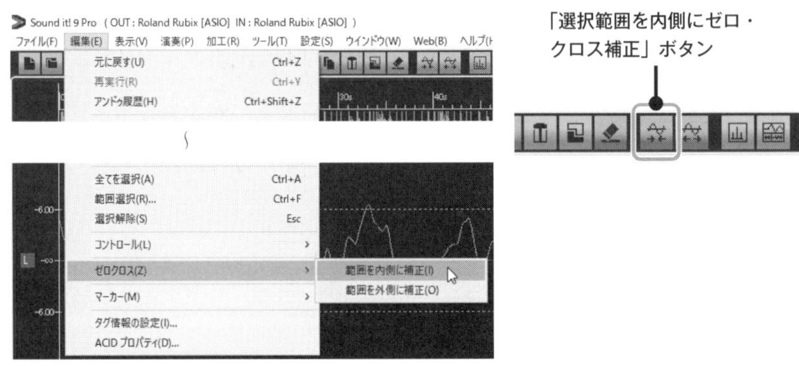

選択範囲の切れ目がゼロクロスに補正されます。

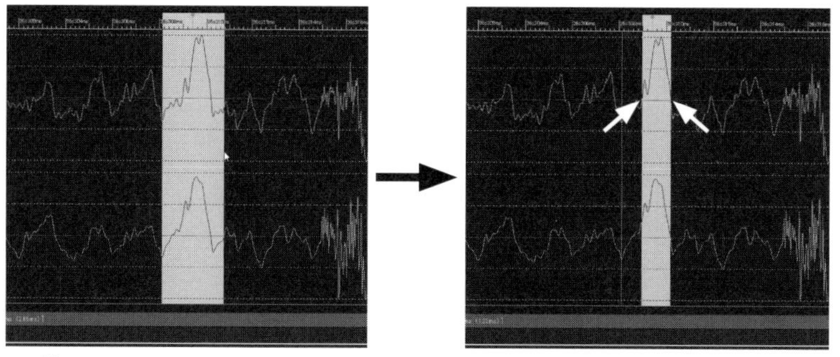

ヒント　「選択範囲を内側に補正」を選択して、ノイズ部分がうまく選択範囲の中に入らない場合は、「選択範囲を外側に補正」を選びましょう。

手順７　選択範囲をカットします。

メニューバーの「編集」から「カット」を選択して、選択範囲をカットします。

ヒント　【ショートカット】パソコンの入力モードが半角英数の状態で Ctrl ＋ X

右クリックして表示されるメニューからも選択できます。

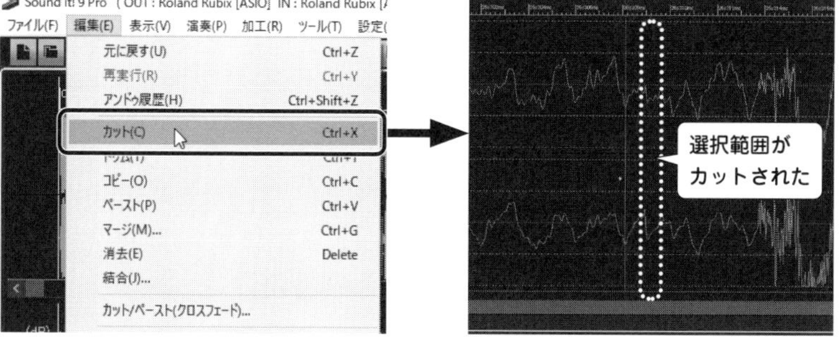

これで曲の中で一瞬だけ鳴るパチッというノイズが消せました。

注意したいのは、カットする範囲が大きすぎると違和感が出てしまうということです。ノイズの部分だけを選択し、なるべく小さい範囲でカットしましょう。

もしカットした部分に違和感があれば、「元に戻す」コマンドを使ってカットする前の状態に戻してやりなおしましょう。

波形全体に渡って ノイズが入っている場合の処理

波形全体に渡ってノイズが入ってしまっている場合は、ノイズを除去するエフェクトを使います。

手順 1 メニューバーの「加工」から「Sonnox ノイズリダクション」を選択するか、ツールバーの「Sonnox ノイズリダクション」ボタンをクリックして「Sonnox ノイズリダクション」画面を表示します。

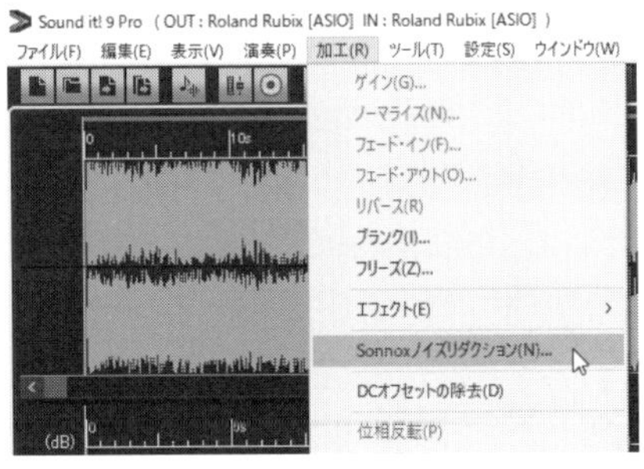

Sonnox ノイズリダクション

手順 2 「Sonnox ノイズリダクション」画面のプルダウンメニュー（ノイズリダクションの選択）からノイズを除去するエフェクトを選択します。

手順 3 「設定」ボタンをクリックするとエフェクトのエディター画面が表示されます。

エディター画面のパラメーターを設定します。

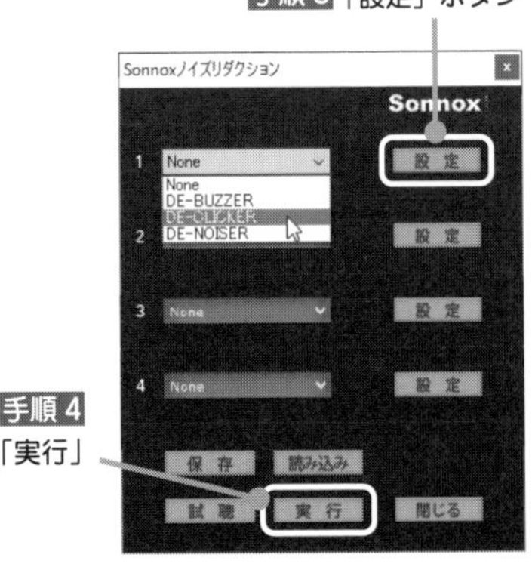

ヒント

Sound it! 9にはノイズを除去するエフェクトが３種類用意されています。ノイズにあわせて使うものを選択しましょう。同じエフェクトも含めて最大で４つまで同時に使用できます。

DE-BUZZER

…データの中で聞こえる「ブーン」といったハムノイズを除去します。

DE-CLICKER

…アナログレコードの再生時に聞こえる「プチ」「パチ」といったスクラッチノイズを除去します。

DE-NOISER

…カセットテープの再生時などに聞こえる「サー」「シー」といったヒスノイズを除去します。

各エフェクトの使い方は第６章「Sonnoxノイズリダクションエフェクトの使い方」（177ページ）を参照してください。

手順４「Sonnoxノイズリダクション」画面の「実行」ボタンをクリックするとエフェクトの効果がオーディオデータに反映され、ノイズが除去されます。

ヒント

ノイズ除去のエフェクトを使ってもノイズが取れないときは、「DCオフセットの除去」も試してみましょう。「DCオフセットの除去」は直流成分のノイズを除去してくれます。

DCオフセットの除去については、第６章「DCオフセットの除去」（176ページ）で詳しく解説しているので参照してください。

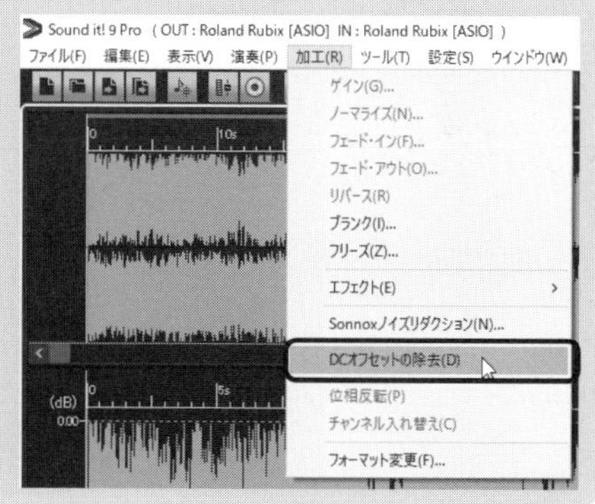

録音したオーディオデータの編集、加工の流れはここまでになります。

ここで解説したのは１つの例ですので、参考にしながらいろいろと試してみてください。

第８章
エフェクトを使った音作り

この章ではエフェクトをかける手順や、使いやすいエフェクトの紹介をします。

エフェクトのかけ方は２種類

Sound it! 9には音を加工するエフェクトが数多く収録されています。これらのエフェクトは２通りの方法で使用することができます。それぞれの特徴を見てみましょう。

方法１・オーディオデータの選択範囲に直接エフェクトをかける

オーディオデータの選択した範囲に直接エフェクトをかける方法です。同時に使えるエフェクトの数は１つで、エフェクトをかけるとその効果がオーディオデータに適用され、波形が変わります。

特定の範囲にだけエフェクトの効果をつけたいときに便利な方法です。

方法２・ミキサーにエフェクトを設定してリアルタイムにかける

ミキサーにエフェクトを設定してかける方法です。この方法では、データを再生したときにミキサーを通る音にリアルタイムにエフェクトがかかります。オーディオデータに変更を加えずに（波形を変えずに）エフェクトをかけることができます。複数のエフェクトを同時に扱える上、パラメーターをあとから変更することができます。

複数のエフェクトを同時にかけたいときや、エフェクトの効果を試しながらエフェクトをかけたいときに便利な方法です。

次項より、それぞれの方法でエフェクトをかける手順を紹介します。

方法１

オーディオデータの選択範囲に直接エフェクトをかける方法

手順１ エフェクトをかけたい範囲をドラッグして選択します。

手順２ メニューバーの「加工」→「エフェクト」から使用したいエフェクトを選択するとエフェクトのエディター画面が表示されます。

ヒント プレイパネルの「エフェクト（Effect）」ボタンをクリックして、エフェクトを選択することもできます。

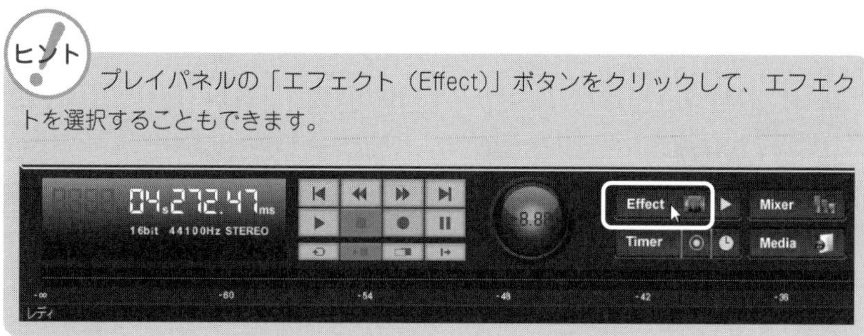

手順 3 エディター画面で各パラメーターを設定します。

手順 4 「PLAY」ボタンをクリックすると設定したパラメーターでエフェクトがかかった音が試聴できます。試聴中は「PLAY」ボタンが「STOP」ボタンに変わります。「STOP」ボタンをクリックすると試聴が終了します。

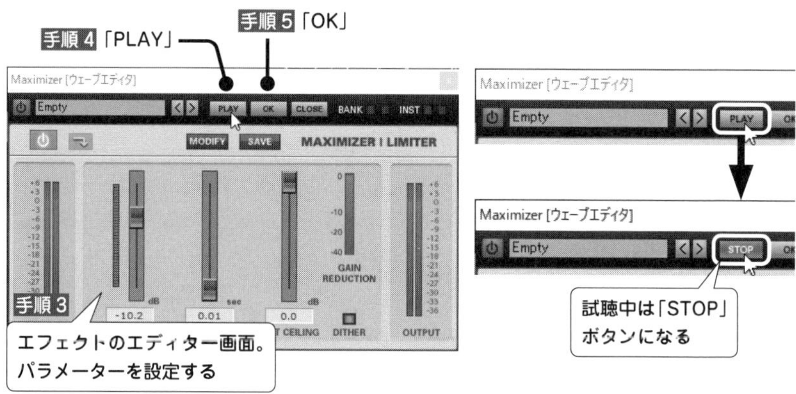

手順 5 「OK」ボタンをクリックすると、選択した範囲にエフェクトが適用されます。

注意 エフェクトのパラメーターを設定している途中でプレイパネルでデータを再生しても、リアルタイムでエフェクトの効果は反映されないので気をつけましょう。エフェクト設定後は必ずエディター画面の「OK」ボタンをクリックして波形にエフェクトの効果を適用させてから、プレイパネルで再生して聞くようにしましょう。

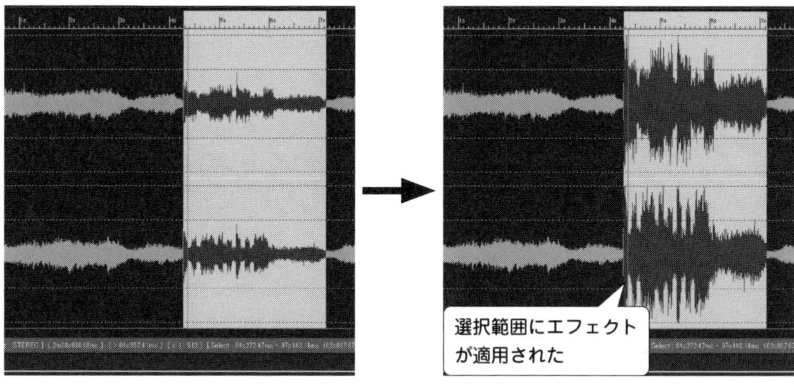

手順６「CLOSE」ボタンをクリックするとエフェクトのエディター画面が閉じます。

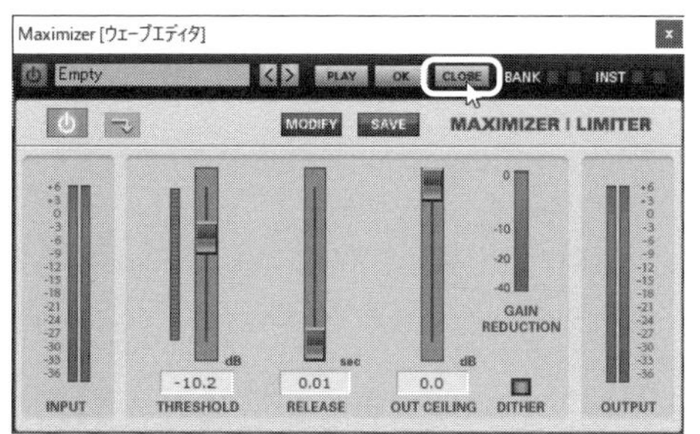

閉じたエフェクトのエディター画面はプレイパネルの「エフェクト（Effect）」ボタン右横の「▶」ボタンをクリックすることで再び表示できます。

ヒント　この方法で呼び出したエフェクトを削除するというコマンドはありません。エフェクトは手順３～５の操作をしなければ動作しないので、使用しないときにはエディター画面を閉じておきましょう。

方法 2

ミキサーにエフェクトを設定して リアルタイムにかける方法

この方法では、エフェクトの効果を耳で確認しながらパラメーターを調整できます。

手順 1 メニューバーの「表示」から「ミキサー」を選択するとミキサー画面が表示されます。

ヒント

【ショートカット】パソコンの入力モードが半角英数の状態で Shift + X

ヒント

プレイパネルの「ミキサーを開く(Mixer)」ボタンをクリックして、ミキサー画面を表示することもできます。

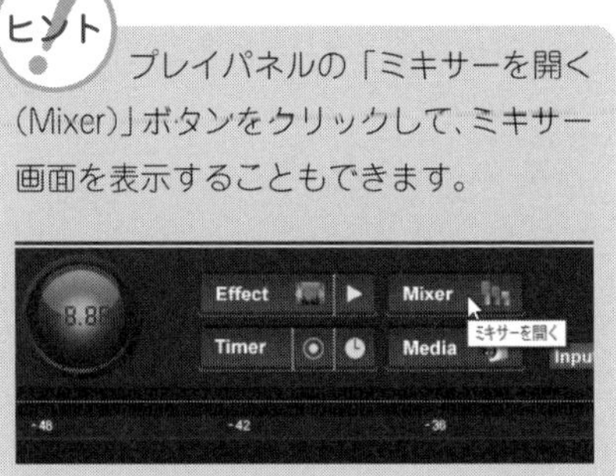

手順 2 「Insert」のエフェクト名表示部（None と書かれている部分）をクリックしてエフェクトを選択します。

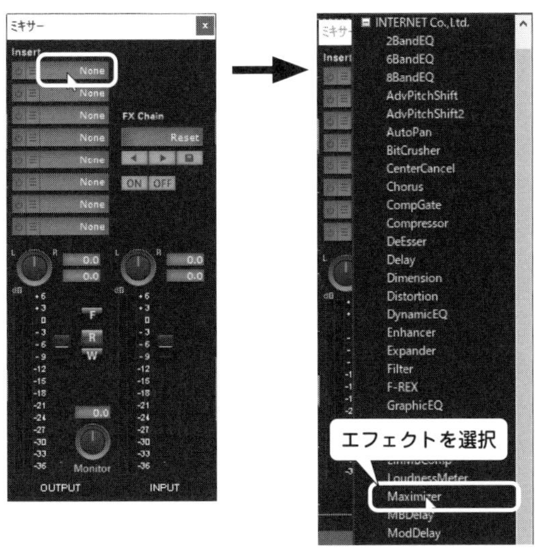

エフェクトを選択すると、エフェクトのエディター画面が表示されます。

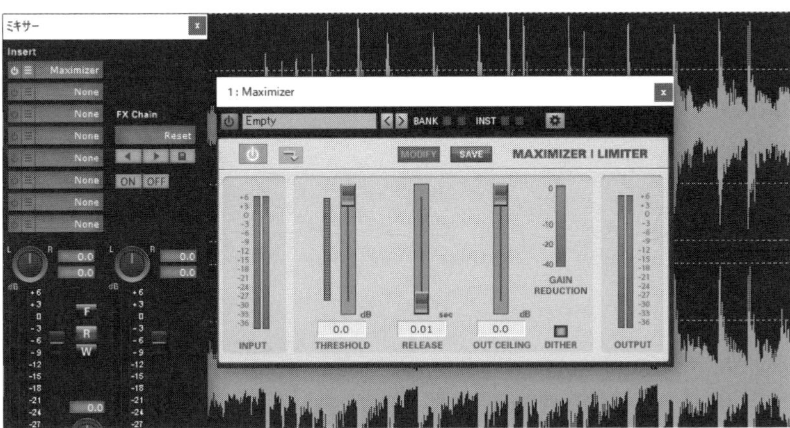

ヒント

「Insert」に読み込んだエフェクトは、エフェクト名の左横にある☰ボタンをクリックしてエディター画面の表示／非表示が切り替えられます。ボタンが点灯でエディター画面を表示、消灯で非表示になります。

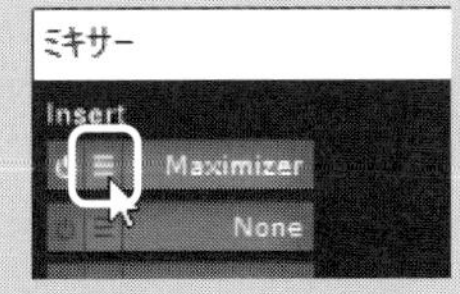

手順 3 プレイパネルの「再生」ボタンをクリックしてオーディオデータを再生させます。

手順 4 再生している音を聞きながらエフェクトのパラメーターを調整します。エフェクトのパラメーターで調整した音はリアルタイムで聞こえます。

複数のエフェクトを同時に設定する

この方法では、複数のエフェクトを同時に使用することができます。Sound it! 9 Basic では 2 つまで、Premium と Pro では 8 つまでエフェクトを同時に使用できます。

エフェクトは「Insert」の上から順番に適用されます。１つめのエフェクトが適用されてできあがった音に対して､次のエフェクトが適用されます。そのため、エフェクトが適用される順番によって効果が変わってきます。

たとえばイコライザーとリバーブを使用する場合、イコライザーをかけたあとにリバーブをかけるのと、リバーブをかけたあとにイコライザーをかけるのでは仕上がりの音が変わってきます。

読み込んだエフェクトは、Shiftキーを押しながらドラッグして順番を入替えできます。

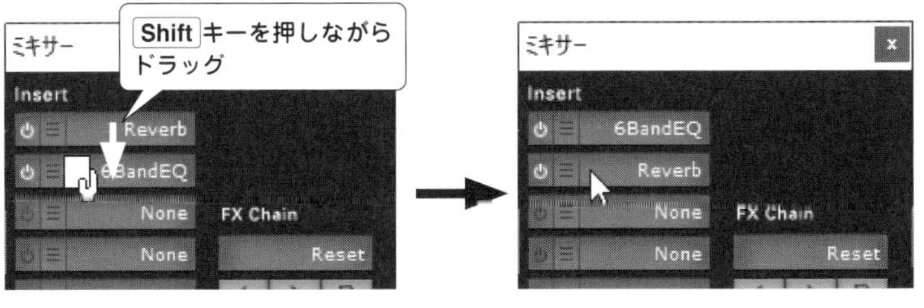

フリーズ機能

フリーズは、ミキサー画面で設定したエフェクトやボリューム、パンなどの情報をオーディオデータに反映させる機能です。フリーズをおこなうと、オーディオデータにミキサーの情報が反映され波形の形が変わります。

手順 1 ミキサー画面の「F」ボタンをクリックするか、メニューバーの「加工」から「フリーズ」を選択すると「フリーズ」画面が表示されます。

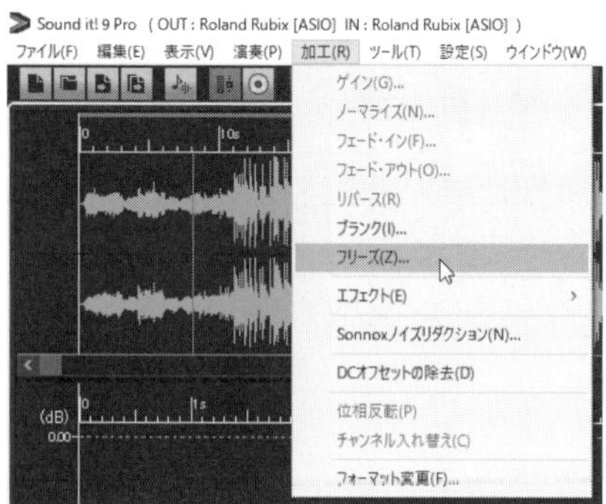

手順 2 「エフェクトを反映する」にチェックを入れます。

Basic の場合

Sound it! 9 Basic では「反映するパラメータ」欄の「エフェクト」と「Volume/Panpot」にチェックを入れます。

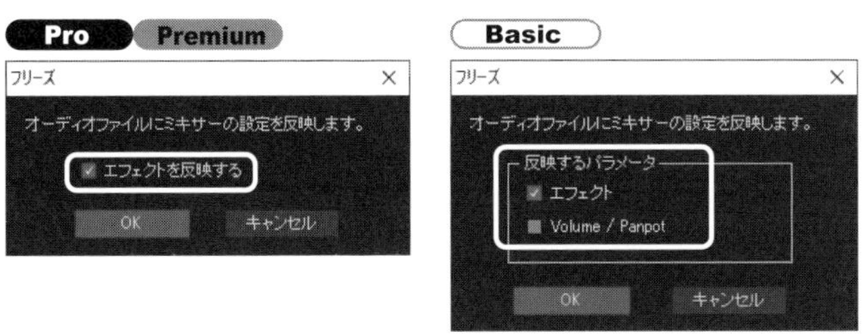

手順３「OK」ボタンをクリックするとオーディオデータにミキサーの情報が反映されます。

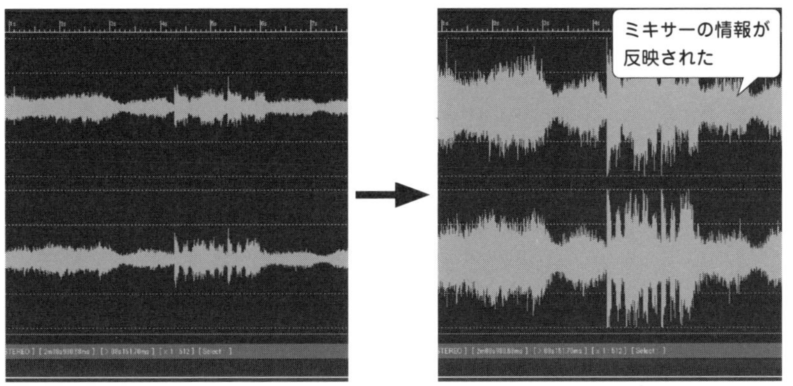

ヒント　フリーズをおこなうと、ミキサーの画面は情報がリセットされ、初期設定の状態に戻ります。

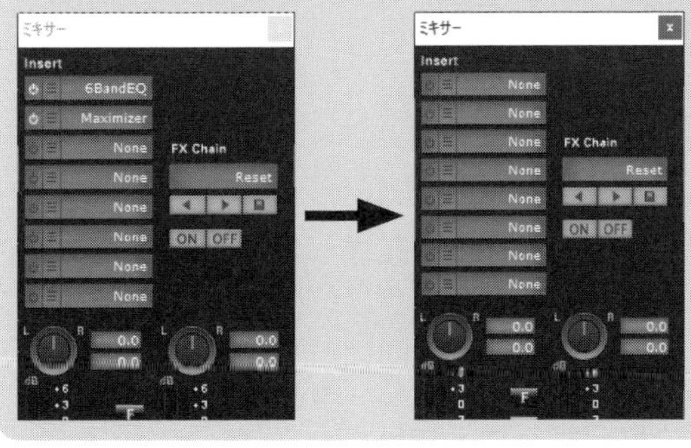

FX Chain でミキサーのエフェクトを保存する

FX Chain では、ミキサーに設定されているエフェクトの組みあわせ（並び順）と、それらのエフェクトのパラメーターをプリセットとして保存することができます。プリセットとして保存しておくことで、別のオーディオデータを編集する際にもそのプリセットが使用できるようになります。

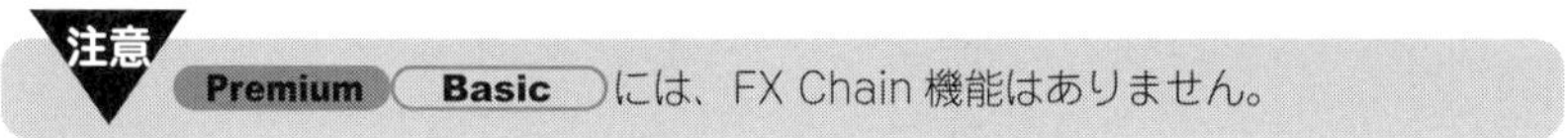

注意
Premium
Basic
には、FX Chain 機能はありません。

プリセットの保存方法

手順 1 ミキサー画面の FX Chain の保存ボタン をクリックすると「FXChain の保存」画面が表示されます。

手順 2 「Preset 名」に保存するプリセットの名前を入力します。

手順 3 「保存」ボタンをクリックするとプリセットが保存されます。

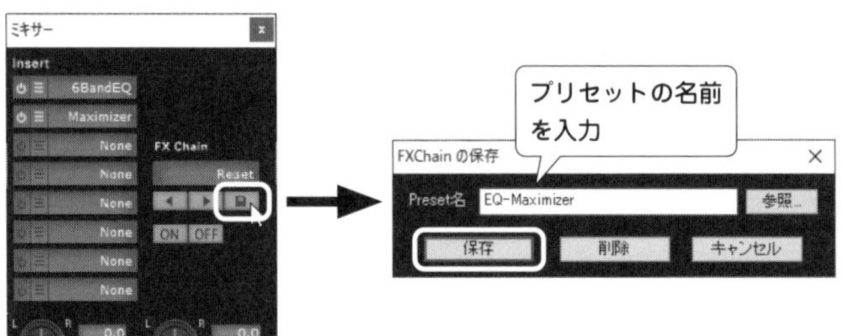

プリセットの読み込み方

保存したプリセットは、ミキサー画面の「FX Chain」欄から読み込みます。

プリセット名が表示される部分をクリックして表示されるメニューからプリセットを選択します。

プリセットが１つも保存されていない状態では、選択することができません。

または、すぐ下の「◀」「▶」ボタンをクリックしてプリセットを選択することもできます。

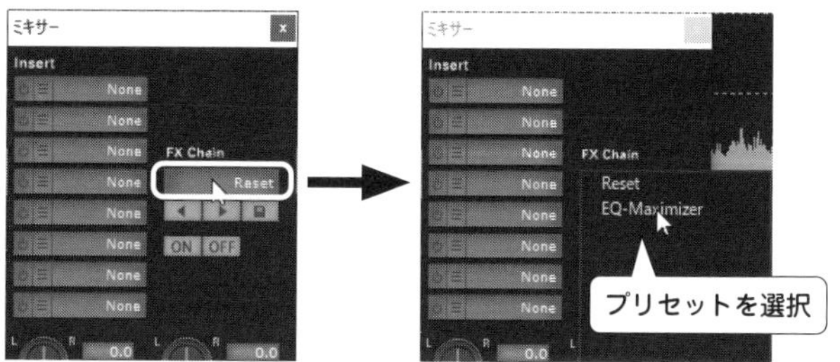

ヒント

ミキサー画面で、「ON」ボタンをクリックすると読み込んでいるエフェクトの電源がすべてONになり、「OFF」ボタンをクリックするとエフェクトの電源がすべてOFFになります。

「ON」ボタン、「OFF」ボタン自体はクリックしても点灯しません。

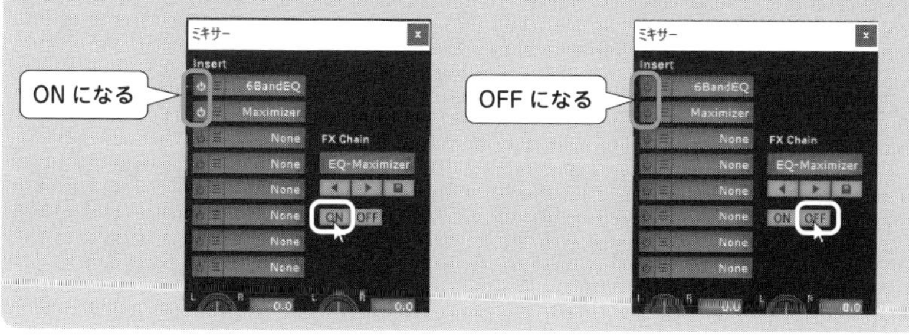

プリセットの削除方法

手順 1 ミキサー画面の FX Chain の保存ボタン を クリックすると「FXChain の保存」画面が表示されます。

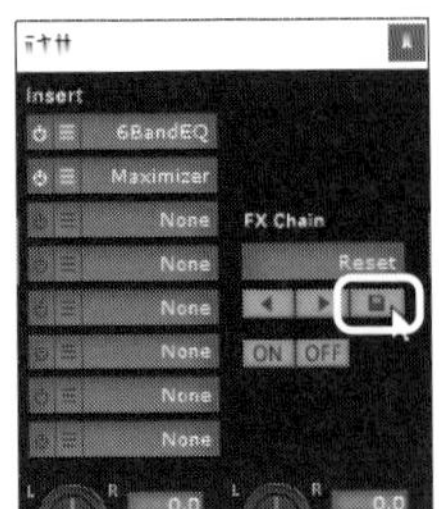

手順 2 「参照」ボタンをクリックして表示されるメニューから削除したいプリセットを選択します。

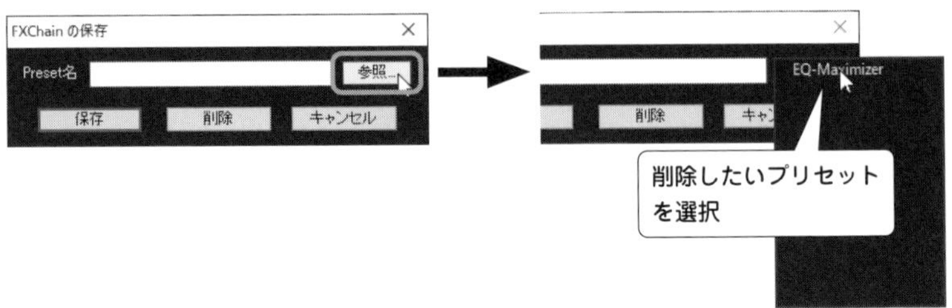

手順 3 「削除」ボタンをクリックするとプリセットが削除されます。

手順 4 「×」をクリックして「FXChain の保存」画面を閉じます。

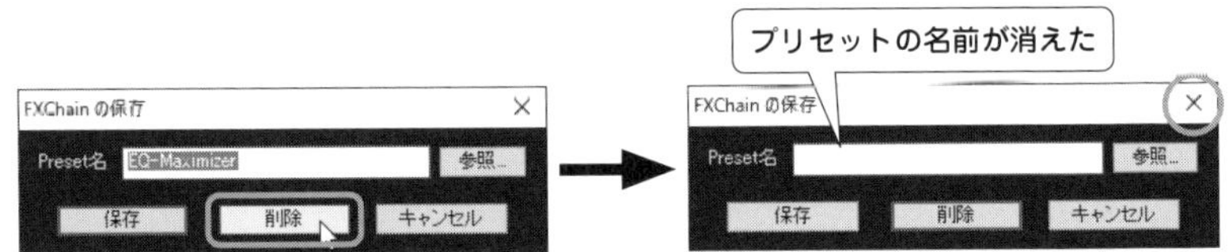

ヒント すべてのプリセットを削除すると、ミキサー画面のプリセット名が表示される部分をクリックしてもメニューは開きません。複数のプリセットのうち一部だけを削除した場合はメニューが開き、削除したプリセットの名前だけがなくなっていることが確認できます。

エフェクトの紹介

この項では、Sound it! 9 に収録されているエフェクトをその使用例とともに紹介します。

Sound it! 9 にはたくさんのエフェクトが収録されているので、ここでは Pro / Premium / Basic、すべてのラインナップに収録されているものをメインに、使いやすいものや新しく追加されたものなど、おすすめのエフェクトを厳選してピックアップしました。

ヒント

この項目ではエフェクトごとに使用例を紹介しています。ミキサーを使ってエフェクトをかけたときにはオーディオデータを保存する前に必ずフリーズの操作をするようにしましょう。ミキサーでかけたエフェクトはフリーズをすることでエフェクトの効果がオーディオデータに反映され波形が書き換えられます。フリーズについては、「フリーズ機能」（222 ページ）を参照してください。

Pro　Premium　Basic

6Band EQUALIZER（6 バンドイコライザー）

イコライザーは楽曲の中の不快な音をカットしたり、特定の音を強調して目立たせたりなど、音の補正に使えるエフェクトです。また、たとえば低音をブースト（音量を上げること）させて、ヒップホップで使われるようなドラムの音を作り込むなど、積極的な音作りに活用することもできます。

イコライザーでは、オーディオデータの特定の周波数を指定して、その周波数の部分でだけ音量を大きくしたり、小さくしたり調整します。周波数を指定して音量調整できるセクションのことを「Band（バンド）」と呼びます。6Band EQUALIZER は 6 つのセクションが用意されているイコライザーで、それぞれのセクションごとに周波数を指定して音量調整ができます。

ヒント ここでは、すべてのラインナップに収録されている6Band EQUALIZERを使って、イコライザーの使い方を解説していますが、Sound it! 9 Pro / PremiumにはSonnox EQUALISER & FILTERS、さらにSound it! 9 Proには8つのバンドを持つ8Band Equalizerや、周波数による位相歪みがないLINEAR PHASE EQも収録されています。基本的な使い方は6Band EQUALIZERと似ているので、以下の手順を参考にしてください。

エディター画面

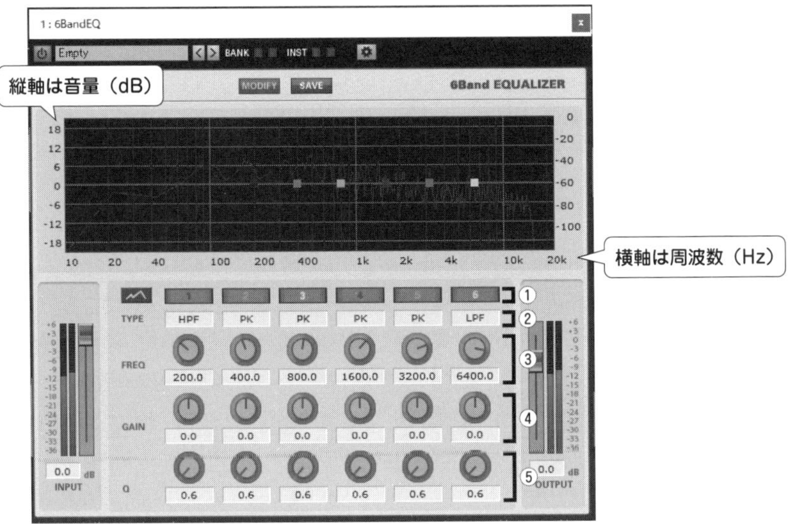

① **バンド番号**　周波数を指定して音量調整できるセクションの番号。点灯でONになります。

② **TYPE**　指定した帯域にかけるEQタイプを選択します。EQタイプは5種類あります。

PK（ピーキング）:「FREQ」を中心とする周波数成分を増減する

L-SH（ローシェルビング）:「FREQ」よりも低い周波数帯域をブースト／カットする

H-SH（ハイシェルビング）:「FREQ」よりも高い周波数帯域をブースト/カットする

LPF（ローパス）: FREQUENCYよりも高い周波数成分をカットする

HPF（ハイパス）: FREQUENCYよりも低い周波数成分をカットする

③ **FREQ**　音質を変えるポイントとなる周波数(FREQUENCY)を設定します。

L-SH、HPF選択時：設定値より低い周波数の音質を変更する

PK選択時：設定値付近の周波数の音質を変更する

H-SH、LPF選択時：設定値より高い周波数の音質を変更する

④ **GAIN**　音量変化の度合いを表します。元音＝0dBとし、プラス値でブースト（音量を上げる）、マイナス値でカット（音量を下げる）します。ただし「TYPE」で「LPF」「HPF」を選択した場合は無効になります。

⑤ **Q**　指定した帯域の幅です。Qの値が大きくなるほど幅が狭くなり、その周波数の「GAIN」を操作したときの効果が増します。「TYPE」で「LPF」「HPF」を選択した場合は無効になります。

使用例

たとえば楽曲の中で高い周波数帯に耳障りな音があった場合、イコライザーを使ってその音がある周波数の音量を下げて目立たなくする手順を紹介します。

今回はミキサーにエフェクトを読み込んで、データを再生させて音を聞きながらリアルタイムにエフェクトのパラメーターを設定していきます。

手順1　ミキサーに6Band EQUALIZER（「6BandEQ」と表示）を読み込みます。

手順2　プレイパネルの「再生」ボタンをクリックしてデータを再生します。

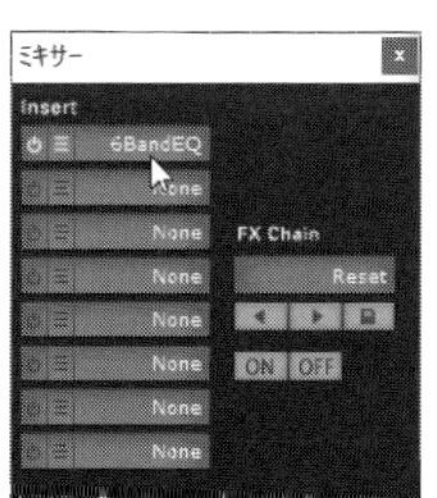

手順3 エディター画面のバンドの数字をクリックして点灯します。ここでは例として4番を選択しましたが、使うバンドは何番でも結構です。

手順4 「TYPE」で「PK（ピーキング）」を選択し、「Q」の値を「2.0」に設定します。

「Q」の値を大きくするほど「GAIN」を操作した時の効果が増します。初めは「2.0」くらいに設定して「GAIN」を操作した時の効果を見ながら「Q」の値を細かく調整していくといいでしょう。

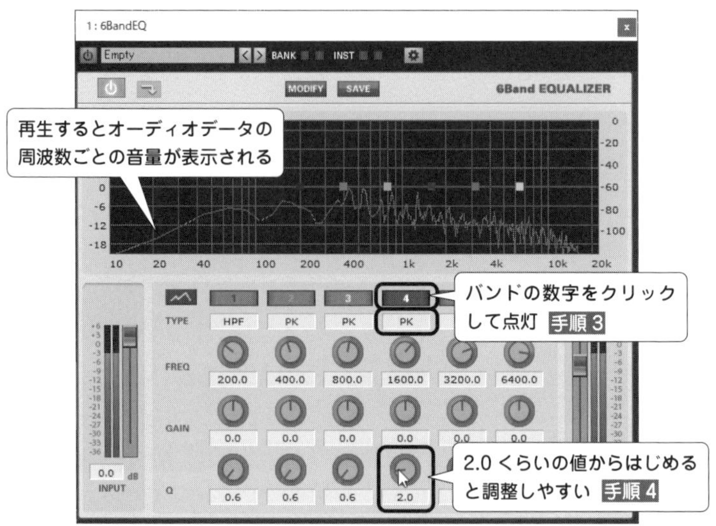

手順5 上段の画面に四角が表示されています。選択したバンドと同じ色の■を上にドラッグします。上方向にドラッグ（ブーストという）するとその周波数の音量が大きくなります。

手順6 続けて左または右にドラッグして、気になる音が目立つ場所（周波数）を探します。

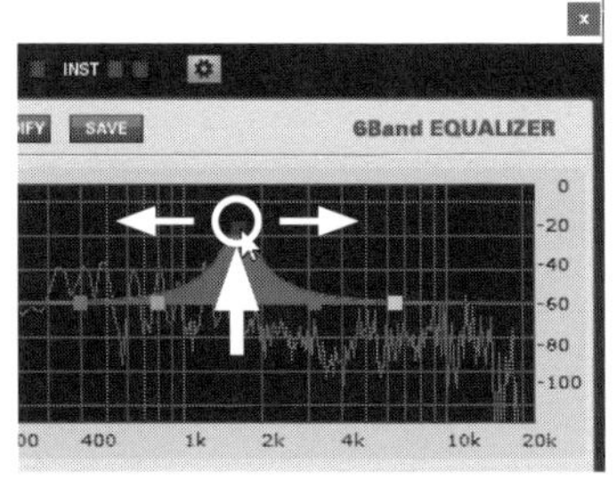

手順7 気になる音が目立つポイント（周波数）が見つかったら、その位置で■を -6dB くらいまでドラッグして下げ（カットという）ます。その周波数の音量が -6dB 分下がります。

データにもよりますが、下げる音量は -6dB くらいまでにしておくと自然でしょう。

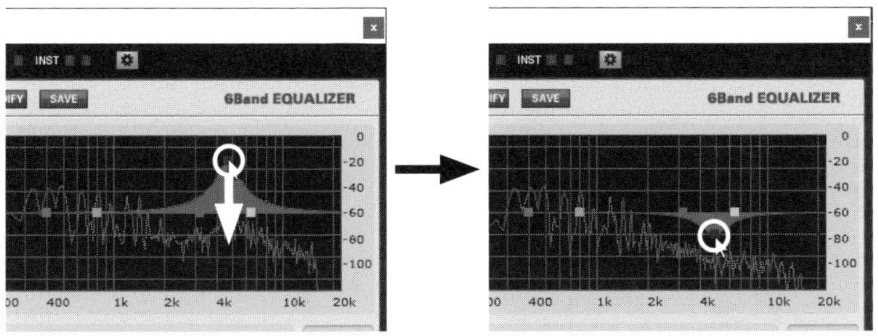

コツは、バンドをブーストさせて気になる音の周波数帯を探すことです。大きくブーストすることで見つけやすくなります。

周波数帯を見つけたらそこからブーストやカットさせる音量（GAIN）を微調整していきます。イコライザー画面の上段の■を左右、上下にドラッグすることで下段の「FREQ」や「GAIN」の値が変化します。下段のツマミで「FREQ」や「GAIN」の値を調整していくよりも、上段の■をドラッグするほうが直観的に操作できます。

2Band EQUALIZER

2Band EQUALIZER も、Sound it! 9 Pro / Premium / Basic、すべてのラインナップに収録されているイコライザーです。2つのBand（バンド）で、GAIN、FREQUENCY、Q などをツマミで操作するタイプのイコライザーです。

2Band EQUALIZER にはいくつかプリセットが用意されています。プリセット欄をクリックして表示されるメニューからプリセットを選んで使用することもできます。

Pro Premium Basic

GRAPHIC EQUALIZER（グラフィックイコライザー）

グラフィックイコライザーは、周波数をいくつかに分割し、それぞれで音量調整ができるイコライザーです。周波数帯域は固定されています。操作方法がシンプルで、直観的に音作りできるのが特徴です。

これに対して前項で説明した6Band EQUALIZERなどは、バンドごとに周波数を自由に設定できるイコライザーなのでパラメトリックイコライザーと呼ばれています。

エディター画面

① **GAIN**　音量変化の度合いを表します。元音＝0.0dBとし、プラス値でブースト（音量を上げる）、マイナス値でカット（音量を下げる）します。

② **周波数**　周波数が15分割されています。

③ **Q**　指定した帯域の幅です。Qの値が大きくなるほど幅が狭くなり、その周波数の「GAIN」を操作したときの効果が増します。

使用例

例として、楽曲の低音や高音を強調する手順を紹介します。

今回はミキサーにエフェクトを読み込んで、データを再生させて音を聞きながらリアルタイムにエフェクトのパラメーターを設定していきます。

手順１ ミキサーにGRAPHIC EQUALIZER（「GraphicEQ」と表示）を読み込みます。

手順２ プレイパネルの「再生」ボタンをクリックしてデータを再生します。

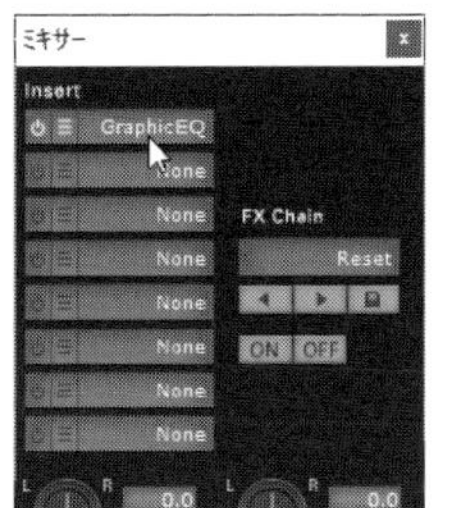

手順３ エディター画面上段のGAINのスライダーをドラッグして、周波数ごとの音量を調整します。

高い周波数のスライダーを上げることで高音が強調されます。逆に低い周波数のスライダーを上げることで低音が強調されます。

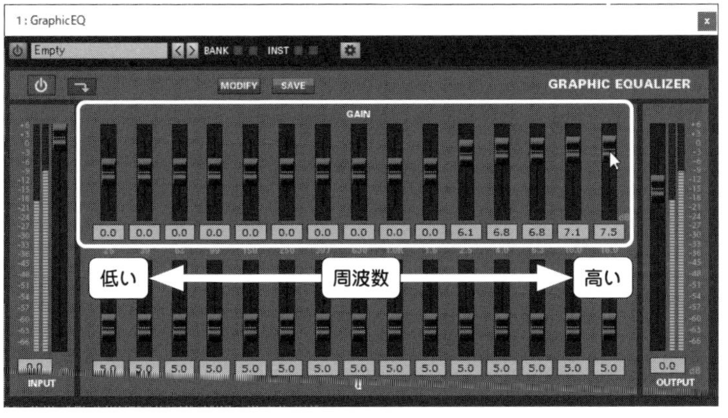

序章
第1章
第2章
第3章
第4章
第5章
第6章
第7章
第8章
第9章
第10章
索引

ヒント

プリセットも使ってみよう

プリセット欄をクリックして表示されるメニューからプリセットを選択することもできます。

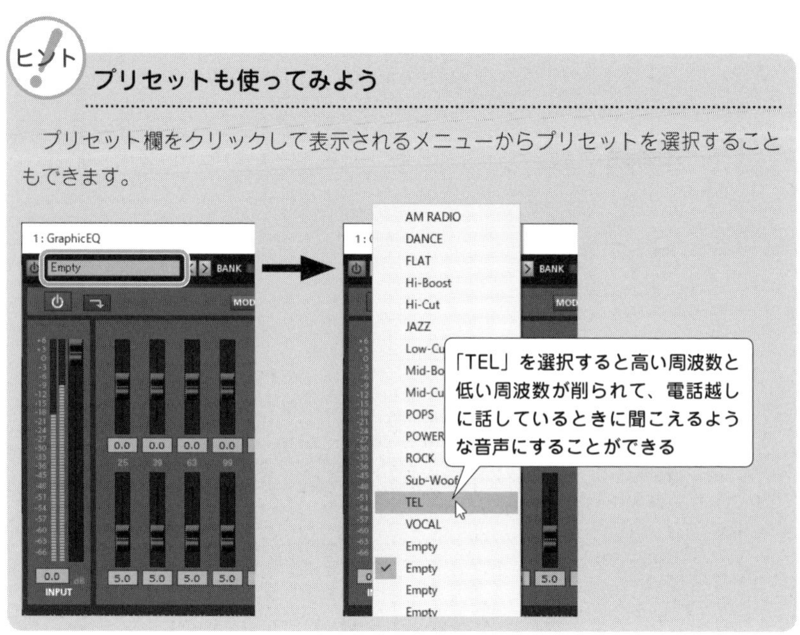

Pro Premium Basic

【新機能】Dynamic EQ（ダイナミックイコライザー）

通常のEQでは、指定した帯域をカット（音量を下げる）やブーストすると、楽曲の頭から終わりまでその効果が反映されます。ところが実際の楽曲などでは、時間で常に音が変化しています。ある部分でだけEQをかけて、他の部分ではEQをかけたくないということもあると思います。そんなときに使えるのがDynamic EQです。Dynamic EQは各バンドの信号がThresholdを超えた（または下回った）ときだけEQがかかるイコライザーです。

たとえばカットの場合、通常のEQでは設定した周波数の音を常にカットしますが、Dynamic EQではThresholdで設定した値を境にその周波数の音をカットしたりしなかったりと、能動的なイコライジングができます。削りたい音量になったときに削って、削りたくない音量のときには削らずに残すことができるEQというようにイメージするといいかもしれません。もちろんカットだけでなくブースト（音量を上げる）に使うこともできます。

つまり、Dynamic EQ は気になる音が大きくなったとき（小さくなったときも設定可）にだけ EQ をかけることができるイコライザーだと考えてください。

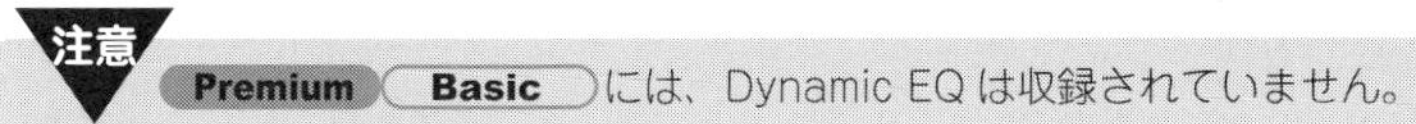

注意
Premium
Basic
には、Dynamic EQ は収録されていません。

エディター画面

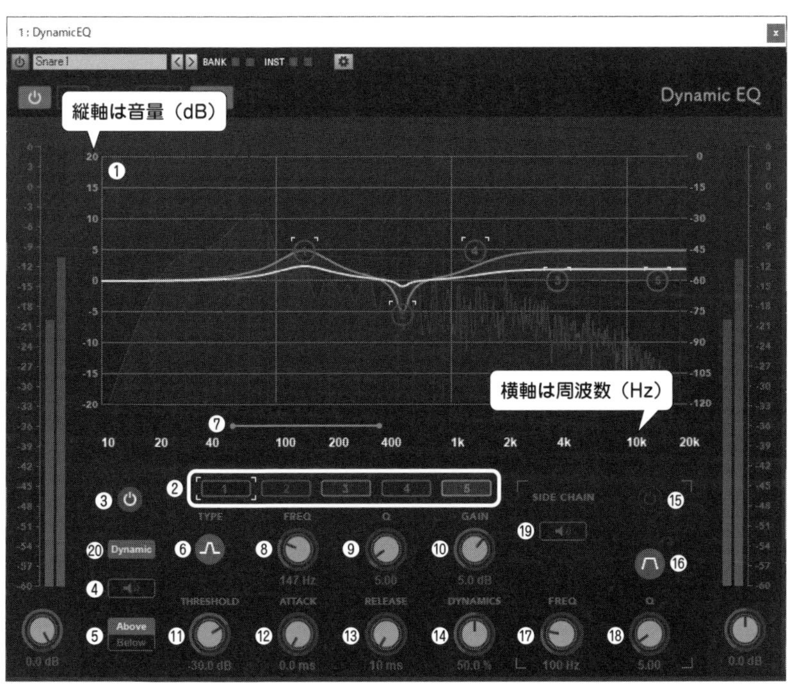

① **上部パネル**　設定した EQ がオレンジ色のラインで、実際に処理された EQ が白いラインで表示されます。 設定した Threshold と入力信号の音量差で EQ の GAIN が変わります。

② **バンド番号**　周波数を指定して音量調整できるセクションの番号。上部パネルの番号と連動しています。

③ **ON/OFF**　バンドごとに指定した帯域の EQ の ON/OFF を切り替えます。

④ **試聴**　バンドごとに指定した帯域を試聴します。

⑤ **Above/Below**　バンドごとに Above/Below を設定できます。

Above：Threshold 値を超えた信号に対して EQ が動作します。

Below：Threshold 値を下回った信号に対して EQ が動作します。

⑥ **TYPE**　バンドごとに指定した帯域にかける EQ タイプを選択します。

Peaking（ピーキング）：「FREQ」を中心とする周波数成分を増減する

Low Shelving（ローシェルビング）：「FREQ」よりも低い周波数帯域をブースト / カットする

High Shelving（ハイシェルビング）：「FREQ」よりも高い周波数帯域をブースト / カットする

⑦ **バー**　オレンジ色のバーや、その両端にある「●」をドラッグして FREQ や Q が設定できます。

「Peaking」選択時：オレンジ色のバーをドラッグすると FREQ が、バーの両端にある「●」をドラッグすると Q が設定できる

「Low Shelving」「High Shelving」選択時：オレンジ色のバーはドラッグでない。バーの両端にある「●」をドラッグして FREQ が設定できる

「SideChain」が ON の場合：オレンジ色のバーをドラッグすると SideChain の FREQ が、バーの両端にある「●」をドラッグすると SideChain の Q が設定できる

⑧ **FREQ**　音質を変えるポイントとなる周波数（FREQUENCY）を設定します。

「Low Shelving」選択時：設定値より低い周波数の音質を変更する

「Peaking」選択時：設定値付近の周波数の音質を変更する

「High Shelving」選択時：設定値より高い周波数の音質を変更する

⑨ **Q**　指定した帯域の幅です。Q の値が大きくなるほど幅が狭くなり、その周波数の「GAIN」を操作したときの効果が増します。ただし「TYPE」で「LPF」「HPF」を選択した場合は無効になります。

⑩ **GAIN**　音量変化の度合いを表します。元音＝0 dB とし、プラス値でブースト（音量を上げる）、マイナス値でカット（音量を下げる）します。

⑪ **THRESHOLD**　バンドごとに指定した帯域に EQ が効きはじめる入力レベルの値。

「Above」選択時：Threshold を超えた分に対して GAIN までの EQ がかかる。GAIN は Threshold を超えた音量から GAIN で設定した最大値の間で変化する。

「Below」選択時：Threshold を下回った分に対して GAIN までの EQ がかかる。GAIN は Threshold を下回った音量から GAIN で設定した最小値の間で変化します。

⑫ **ATTACK**　EQ が効きはじめるまでの時間。

⑬ **RELEASE**　EQ が効き終わるまでの時間。Threshold を下回る（Above）、または超えた（Below）ときに EQ が OFF になるまでの時間を設定します。

⑭ **DYNAMICS**　GAIN で設定した値に DYNAMICS の割合をかけた分の範囲で DynamicEQ が動きます。

⑮ **ON/OFF（SIDE CHAIN）**　Side Chain を ON（点灯）にすると、バンド番号で指定した FREQ（⑧）と Q（⑨）ではなく、SIDE CHAIN 欄の FREQ（⑰）と Q（⑱）の値で EQ を動作させることができます。バンド番号で指定した帯域とは異なる帯域の音を EQ を動作させるトリガーにすることができます。

⑯ **TYPE（SIDE CHAIN）**　クリックして SIDE CHAIN に使用するフィルタータイプ（バンドパス、ローパス、ハイパス）を選択します。

- Band-pass（バンドパス）：FREQ（⑰）を中心とする周波数帯域で動作する
- Low-pass（ローパス）：FREQ（⑰）よりも低い周波数帯域で動作する
- High-pass（ハイパス）：FREQ（⑰）よりも高い周波数帯域で動作する

⑰ **FREQ（SIDE CHAIN）**　ここで設定した帯域の信号が Threshold 値の音量を上回る、または下回ると EQ が動作します。

⑱ **Q（SIDE CHAIN）**　SIDE CHAIN の帯域の幅です。Q の値が大きくなるほど幅が狭くなります。

⑲ **試聴（SIDE CHAIN）**　使用する Side Chain の帯域を試聴します。

⑳ **Dynamic**　クリックして OFF（消灯）にすると、Dynamic EQ の機能がオフになり、通常の EQ と同じ動作になります。OFF にした場合白のラインはオレンジのラインと同一になります。

ヒント

サイドチェイン（SIDE CHAIN）は、外部からの信号をトリガーにしてエフェクトを動作させる手法です。Dynamic EQ のサイドチェインでは、バンド番号で指定した帯域とは別の帯域の音をトリガーにして、そのバンド番号にイコライザーをかけることができます。

使用例

歌声を録音すると歯擦音（しさつおん）という「サシスセソ」の音が強く目立ってしまうことがあります。ここでは例として録音した歌声の歯擦音をDynamic EQを使って抑える手順を紹介します。

今回はミキサーにエフェクトを読み込んで、データを再生させて音を聞きながらリアルタイムにエフェクトのパラメーターを設定していきます。

手順1 ミキサーにDynamic EQを読み込みます。

手順2 プレイパネルの「再生」ボタンをクリックしてデータを再生します。

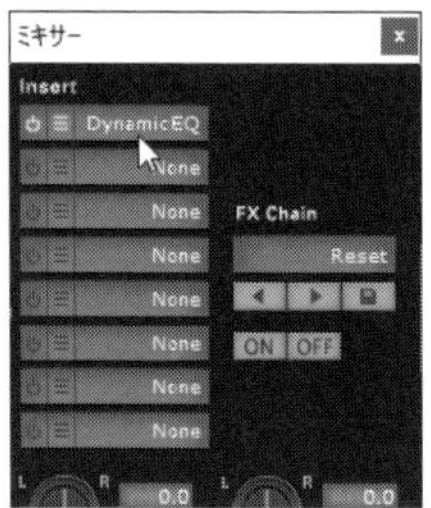

手順3 エディター画面左上のプリセット欄をクリックして表示されるメニューからプリセットを選択します。ここでは「De Esser」を選択します。

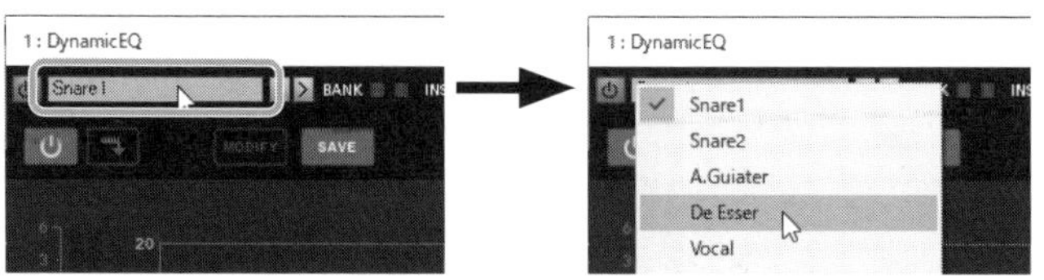

ヒント

ディエッサー（De Esser）は歌声を録音するときに入ってしまう歯擦音（サシスセソの音）の音量を抑えることができるエフェクトです。このエフェクトでは、高い周波数（3kHz～8kHzあたり）にある歯擦音を狙ってその周波数にだけコンプレッサーをかけて抑えています。

手順3で選択したプリセットの「De Esser」も、実際のDe Esserエフェクトと効果はほぼ同じで、狙った周波数をコンプレッサーではなく、EQの動作によって抑えます。

手順4 今回選択したプリセットではバンドの4番にだけパラメーターが設定されています。バンドの4番をクリックして選択します。

手順5 上部パネルの4番の数字を左右にドラッグして気になる音がある周波数帯を探します。

手順6 「THRESHOLD」でEQが動作しはじめる音量を設定します。

「THRESHOLD」のツマミをドラッグすると、設定した値にあわせて上部パネルの白いライン（実際にEQがかかっているライン）が動きます。最大値の0 dBからだんだん小さくして、上部パネルの白いラインを見ながらかかり具合を調整します。コツはずっとかかっている状態ではなく、気になる音があったときにだけかかる（上部パネルの白いラインが動く）値を探していきます。

このプリセットでは「THRESHOLD」左横の「Above」が点灯しているのでこの設定ではバンド番号で指定した帯域の音量が「THRESHOLD」で設定した値を超えたときにイコライザーがかかるようになります。

手順7 「GAIN」で指定した帯域の音量をどれくらい下げるか調整します。

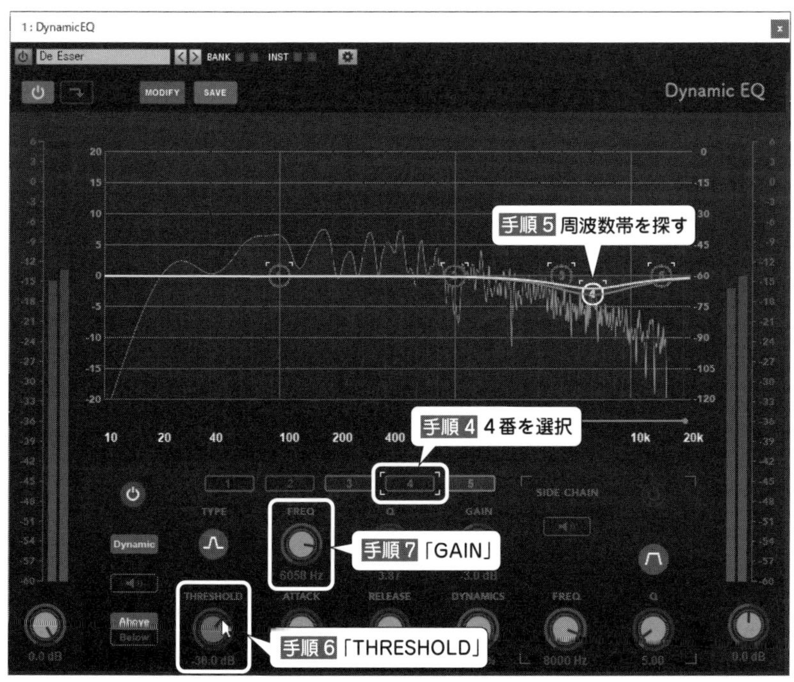

用意されているプリセットの使用例

Snare1：スネアドラムの音をシャープにしたいとき
Snare2：スネアドラムの音の抜けをよくしたいとき
A.Guitar：アコースティックギターの音の抜けをよくしたいとき
DeEsser：歌声の摩擦音、破裂音などのノイズを抑えたいとき
Vocal：歌声のコモリを抑えたいとき
Piano：ピアノの音のコモリを抑えてヌケをよくしたいとき
Ducking Bass SC BD：キックドラムをサイドチェインに使ったダッキングベース用
HiHat SC Snare：スネアをサイドチェインに使ったハイハット用
Low Cleanup：低域のカブリ、コモリを抑えたいとき

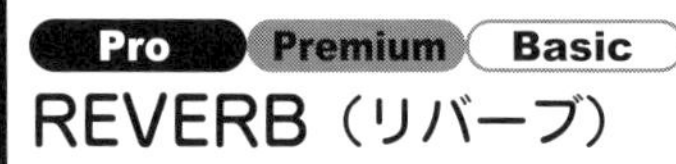

REVERB（リバーブ）

残響の効果（リバーブ）を加えるエフェクトになります。カラオケで歌声にかけるエフェクトをよくエコーと呼んでいますが、あれもリバーブになります。残響を再現する空間の大きさや残響の長さなどを自由に調整することができます。

エディタ画面

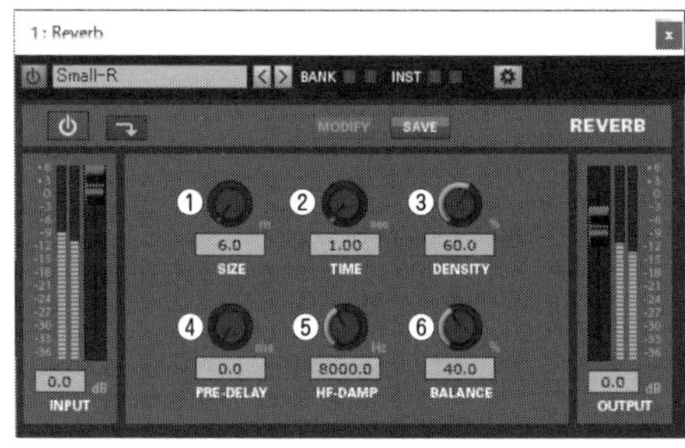

① SIZE　残響を再現する空間（部屋やホール）の大きさ。
② TIME　残響音の余韻の長さ。
③ DENSITY　残響音の密度。
④ PRE DELAY　原音が鳴ってから残響音が聴こえるまでの時間。
⑤ HF-DAMP　残響音の高音成分をカットする周波数が設定できます。
⑥ BALANCE　原音と残響音の割合。0%（原音のみ）～ 100%（残響音のみ）。どれくらいリバーブをかけるかはここで調整します。

使用例

例として、オーディオデータ全体にリバーブをかける手順を紹介します。

今回はミキサーにエフェクトを読み込んで、データを再生させて音を聞きながらリアルタイムにエフェクトのパラメーターを設定していきます。

手順１ ミキサーに REVERB（「Reverb」と表示）を読み込みます。

手順２ プレイパネルの「再生」ボタンをクリックしてデータを再生します。

手順３ エディター画面左上のプリセット欄をクリックして表示されるメニューからプリセットを選択します。

手順４ 「BALANCE」のツマミでリバーブのかかり具合を調整します。

リバーブはかけ過ぎると音像がぼやけてきます。かかり具合はデータを再生して音を聞きながら BALANCE を調整するようにしましょう。

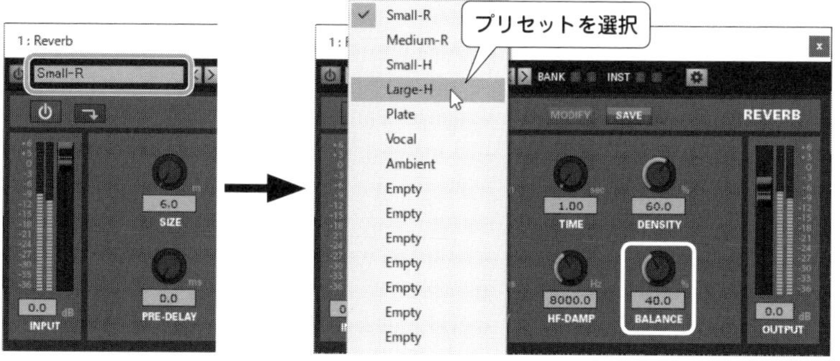

ヒント　リバーブの各パラメーターは調整が難しいので、最初はプリセットを読み込んでリバーブをかける量を調整する使い方をオススメします。慣れてきたら、プリセットで読み込んだものをもとに、「SIZE」や「TIME」などのパラメーターを微調整して、イメージしたリバーブに近づけていくとよいでしょう。

ヒント Sound it! 9 Pro / Premium には Sonnox Reverb、Sound it! 9 Pro には IR Reverb、Reverb 2 も収録されています。これらのリバーブはここで紹介した REVERB よりも高品位なリバーブ効果が得られます。REVERB での操作を参考にしながらお試しください。

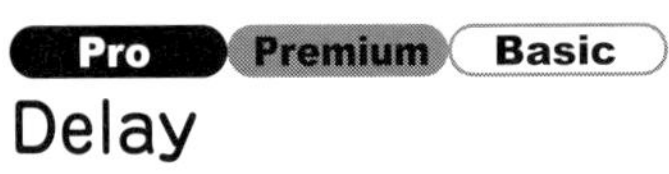

Delay

ディレイは山びこのような残響を付加するエフェクトです。ディレイに入力された信号は少し遅れて再生され、繰り返されます。

エディタ画面

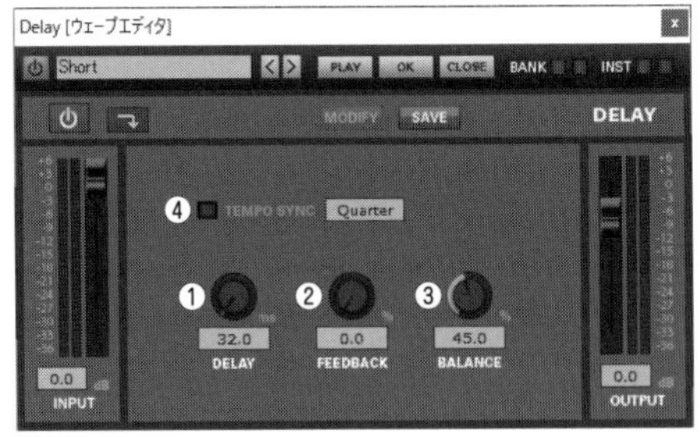

① DELAY　原音が鳴ってからディレイ音が聴こえるまでの時間。

② FEEDBACK　ディレイ音を再び入力に戻す割合。

③ BALANCE　原音とディレイ音の割合。0%（原音のみ）～ 100%（ディレイ音のみ）。

④ TEMPO SYNC　「TEMPO SYNC」ボタンを点灯させると、指定した音符の長さ単位でディレイタイムがオーディオデータの Tempo と同期します。

使用例

例として、オーディオデータの一部分（選択した範囲）にディレイをかける手順を紹介します。

手順 1 エフェクトをかけたい範囲をドラッグして選択します。

ここで範囲選択しない場合は、オーディオデータ全体にエフェクトがかかります。

手順２ メニューバーの「加工」から「エフェクト」→「INTERNET Co.,Ltd.」→「Delay」を選択します。

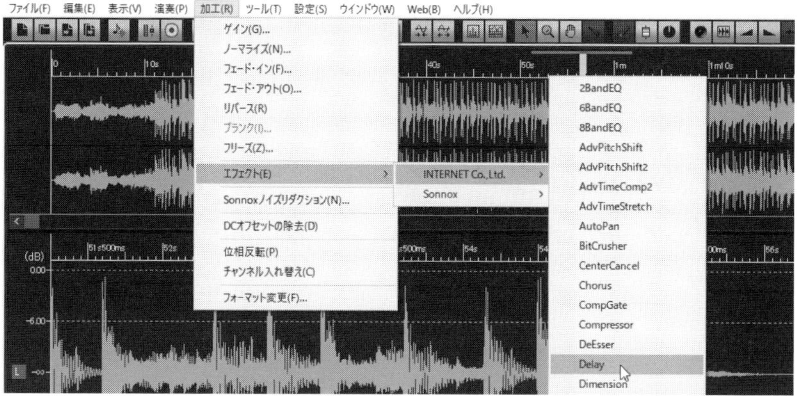

手順３ エフェクト画面上段の「PLAY」ボタンをクリックすると選択範囲がくり返し再生されます。

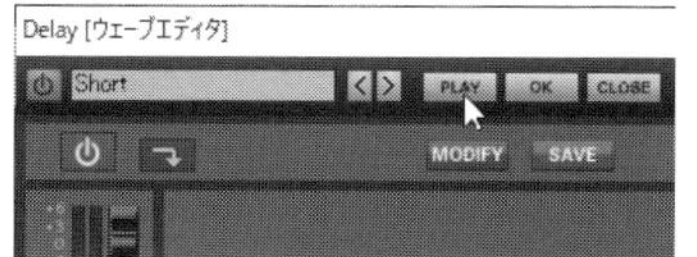

手順４ 「TEMPO SYNC」ボタンをクリックして点灯させ、右側の表示部から音符の長さを選択します。ここで選択した音符の長さは原音が鳴ってからディレイ音が聴こえるまでの時間になります。

手順５ 「FEEDBACK」でディレイ音が繰り返される割合を調整します。

「FEEDBACK」は少な目の値に設定するとディレイがきれいにかかります。

手順6「BALANCE」でディレイのかかり具合を調整します。

手順7 調整が終わったら、「STOP」ボタンをクリックして再生を停止します。

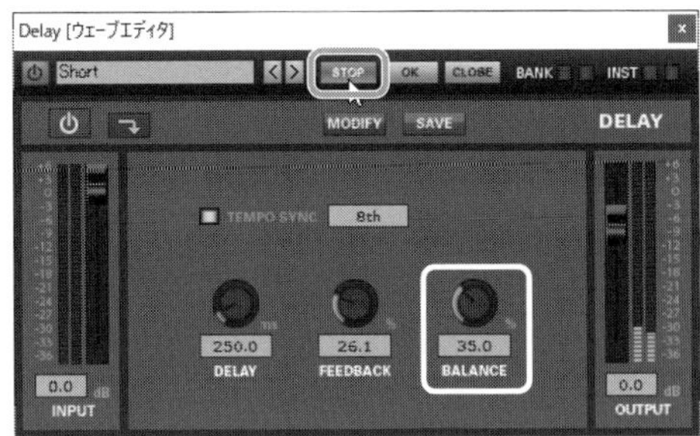

手順8「OK」ボタンをクリックするとエフェクトの効果がオーディオデータに反映され、波形が書き換わります。

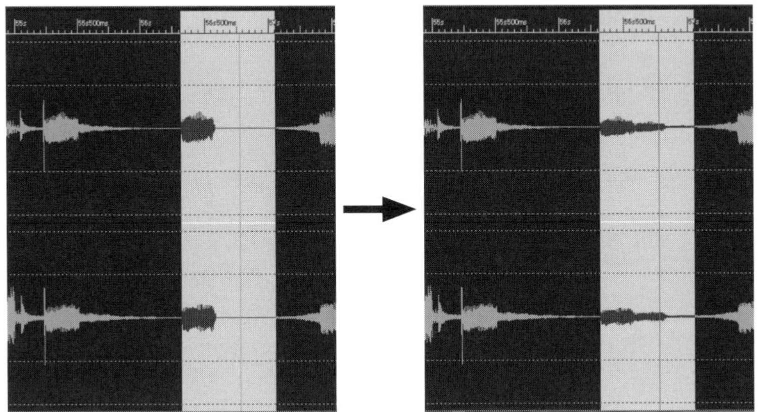

ヒント

ディレイをかけることで音に広がりが出ます。

また特定の音だけにディレイをかけることで、その音を目立たせることもできます。たとえば、昔のアニメで主人公が必殺技の名前を叫ぶときに、声にディレイがかけられ、その部分が目立つというような使われ方もありました。

ヒント

Sound it! 9 Pro / Premium にはTap Delay、Sound it! 9 ProにはMultiband Delay、Modulation Delay、Stereo Delayも収録されています。Delayでの操作を参考にしながらお試しください。

Pro　Premium　Basic

MAXIMIZER/LIMITER（マキシマイザー / リミッター）

マキシマイザーやリミッターは、オーディオデータを圧縮して音圧レベルを上げることができるエフェクトです。音圧が上がることで実際に聞こえる音の大きさも大きくなります。

ヒント　ここではSound it! 9 Pro / Premium / Basic、すべてのラインナップに収録されているMAXIMIZER/LIMITERを使って解説しますが、Sound it! 9 Pro / PremiumにはSONNOX LIMITERも収録されています。以下の例を参考にしながらお試しください。

音圧とは

パソコンなどのデジタルでは、表現できる（記録できる）音の幅が決まっています。最大値を「０dB」とし、それよりも小さい音は「-3dB」「-6dB」などと表現されます。ただ同じ０dBでも、音が大きく聞こえるデータとそうでないデータがあります。これには「音圧」が関係してきます。音圧とは音の密度のことで、この密度が高いほど大きな音で聞こえます。

オーディオデータの波形を見ると音の密度がよくわかります。最大値の０dBまでの中に隙間なく音の振幅が記録されているデータは音の密度が高く音圧のあるデータ、逆に隙間だらけのデータは音圧がないデータになります。

音圧のあるデータ

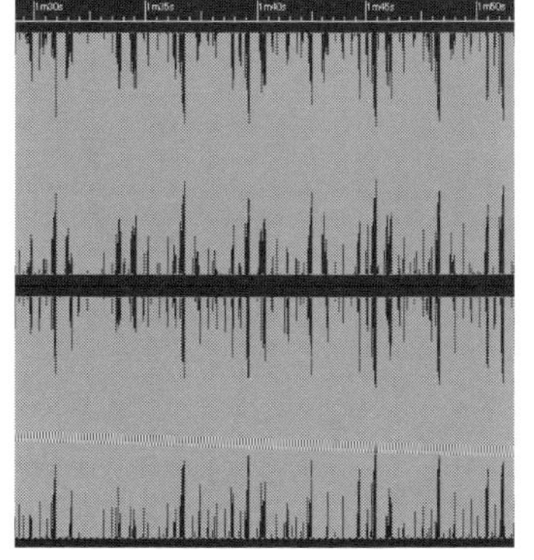

音圧のないデータ

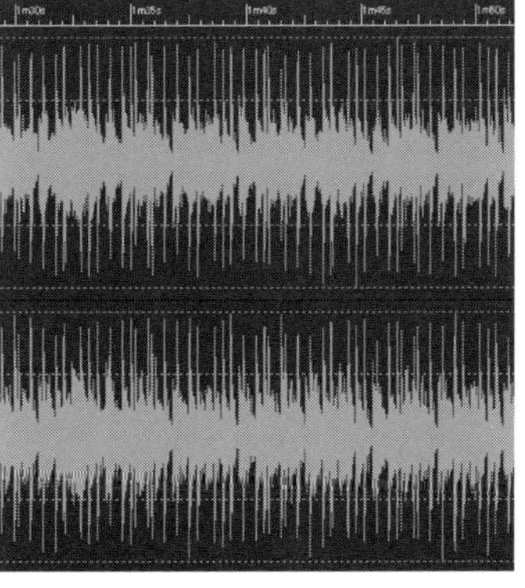

マキシマイザーやリミッターなどのエフェクトを使うことで、この音の密度を高くして音圧を上げたデータにすることができます。

エディタ画面

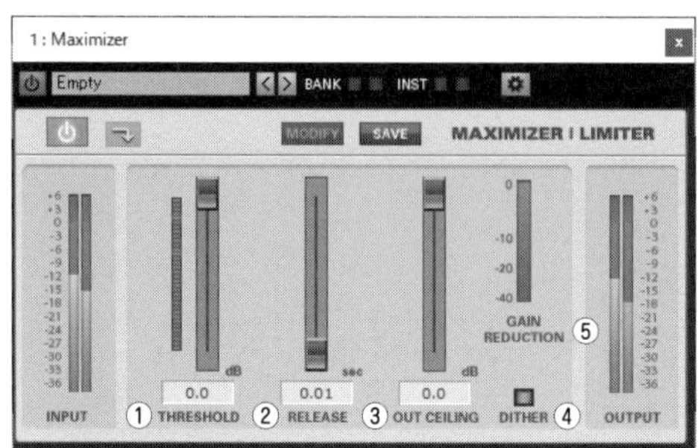

① **THRESHOLD**　MAXIMIZER/LIMITERでは、圧縮を開始する音量レベルを設定します。入力信号がTHRESHOLDより小さくなると、圧縮しない状態に戻ります。

② **RELEASE**　RELEASEは圧縮していない状態に戻るまでの時間です。ノイズが乗る場合や、音量変化が不自然な場合、RELEASEタイムを長くとるとよいでしょう。

③ **OUT CEILING**　圧縮されて小さくなった信号を大きくして出力します。OUT CEILINGではどのレベルまで大きくして出力するかの出力レベルが設定できます。

④ **DITHER**　「DITHER」ボタンをON（点灯）にすると16ビットディザリング処理をおこないます。ディザリングとは、オーディオ信号にディザ信号という特殊な信号をプラスして、量子化ノイズを低減させる処理をいいます。

⑤ **GAIN REDUCTION**　MAXIMIZER/LIMITERでどれくらい圧縮されているかが確認できます。

使用例

例として、最大音量を0dBにあわせてオーディオデータの音圧を上げる手順を紹介します。

今回はミキサーにエフェクトを読み込んで、データを再生させて音を聞きながらリアルタイムにエフェクトのパラメーターを設定していきます。

手順 1 ミキサーにMAXIMIZER/LIMITER（「Maximizer」と表示）を読み込みます。

手順 2 プレイパネルの「再生」ボタンをクリックしてデータを再生します。

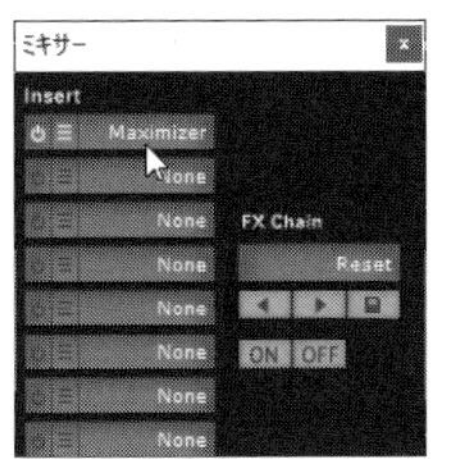

手順 3 データを再生すると左のレベルメーター（INPUT）に現在の信号レベルが表示されます。それを見ながら「THRESHOLD」を設定します。左のレベルメーター（INPUT）の信号の大きさよりも「THRESHOLD」の値を下げることでMAXIMIZER/LIMITERが動作します。

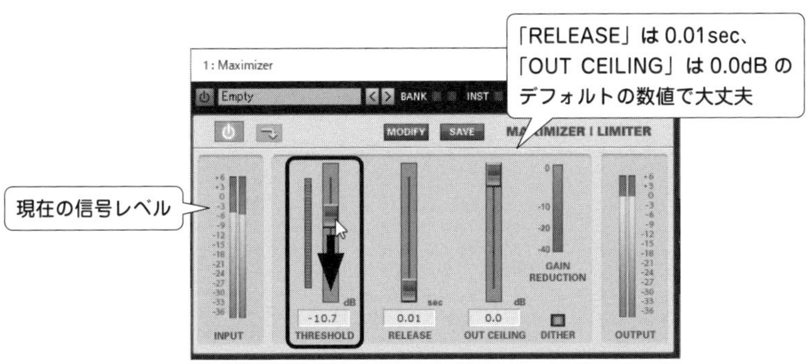

「THRESHOLD」の値を下げるほどより広い範囲で圧縮され音圧レベルが上がっていきます。ただし下げ過ぎると音が破綻してうねるような違和感のある音になってしまいます。音が破綻しないように耳で音を確認しながら「THRESHOLD」の値を探っていきます。

ヒント

今回使ったMAXIMIZER/LIMITERのようにマキシマイザーやリミッターと呼ばれるエフェクトは、オーディオ波形の大きい部分を圧縮して振幅レベルをそろえるエフェクトになります。波形の振幅レベルがある程度そろえば、波形全体の振幅レベルを上げたときに全体を無駄なく大きくすることができます。

ただし波形の振幅の大きさの違いは音量の変化を表すものなので、楽曲の中では抑揚を表現する大事な部分でもあります。たくさん圧縮して音圧を上げるほど、音の強弱変化がなくなり抑揚が失われていきます。マキシマイザーやリミッターをかけるときには、音圧と抑揚をどれくらいのバランスで保つかを考えながら使っていくといいでしょう。

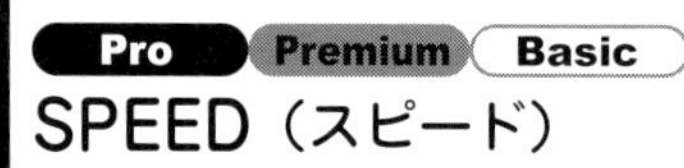

SPEED（スピード）

オーディオデータの再生スピードを変えることができるエフェクトです。再生スピードを変えるとオーディオデータの音程も変わります。SPEED はSound it! 9 Pro / Premium / Basic、すべてのラインナップに収録されています。

エディタ画面

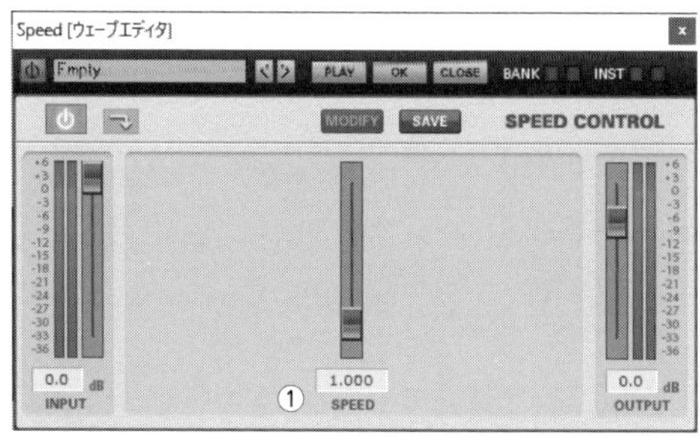

① SPEED　「1.000」がもとのスピードになります。2.000で2倍速いスピード、0.500で半分のスピードになります。

使用例

例として、オーディオデータの一部分（選択した範囲）の再生スピードを変える手順を紹介します。SPEEDはミキサーでは使用できないので注意が必要です。

手順１ エフェクトをかけたい範囲をドラッグして選択します。

> **ヒント**
> オーディオデータ全体の再生スピードを変えたい場合は、ここで範囲選択をせずに次の手順に進みます。

手順２ メニューバーの「加工」から「エフェクト」→「INTERNET Co.,Ltd.」→「Speed」を選択します。

手順３ エフェクト画面上段の「PLAY」ボタンをクリックすると選択範囲がくり返し再生されます。

手順 4 SPEED のスライダーをドラッグして再生スピードを設定します。
手順 5 再生スピードがきまったら、「STOP」ボタンをクリックして再生を停止します。

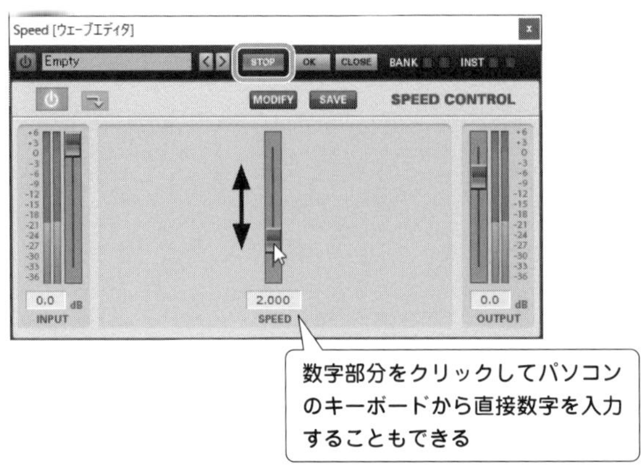

手順 6 「OK」ボタンをクリックするとエフェクトの効果がオーディオデータに反映され、波形が書き換わります。

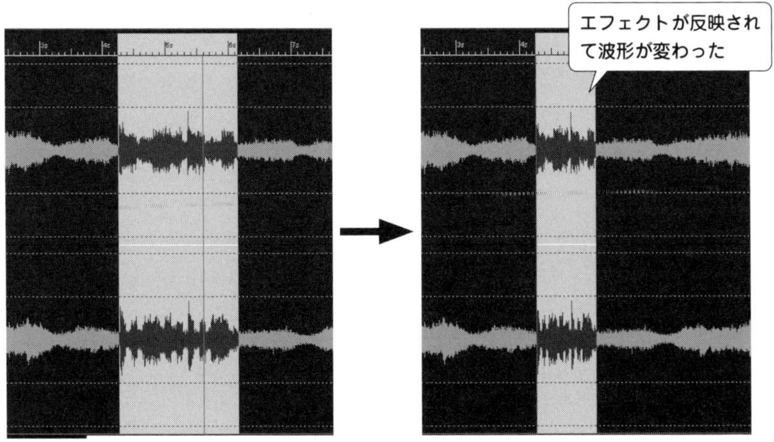

Pro　Premium　Basic

PITCH SHIFT RT（ピッチシフト リアルタイム）

オーディオデータの再生ピッチ（音程）を変えることができるエフェクトです。このエフェクトで再生ピッチを変えてもオーディオデータの長さは変わりません。PITCH SHIFT RTはSound it! 9 Pro / Premium / Basic、すべてのラインナップに収録されています。

エディタ画面

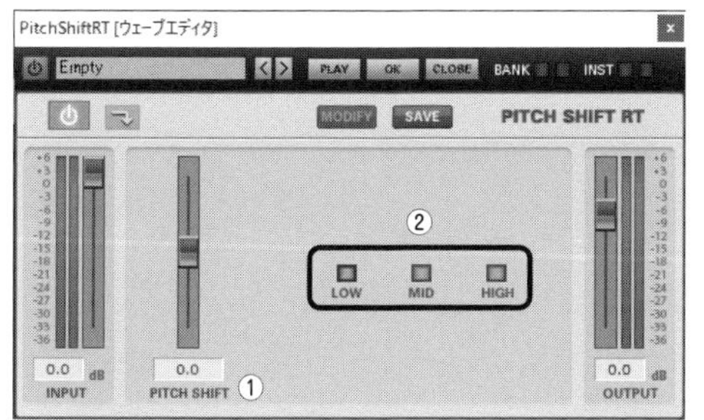

① **PITCH SHIFT**　ピッチの変化量で単位はCentになります。0.0Centがもとの状態、100Centで半音の変化量になります。変化幅は-1200Cent～1200Centになります。

② **HIGH/MID/LOW**　試聴時の音のクオリティが選択できます。音切れなどが発生する場合は「LOW」に設定しましょう。ここで選んだクオリティは試聴時だけのものなので、エフェクト実行時には反映されません。エフェクト実行時はHIGH / MID / LOWの設定に関わらず、最大のクオリティで処理されます。

使用例

オーディオデータの再生ピッチ（音程）を変えたいときに使用します。

PITCH SHIFT RTはミキサーに読み込んで使用することもできますが、ここでは選択範囲に直接エフェクトをかける方法を紹介します。

手順1 再生ピッチを変更したい範囲をドラッグして選択します。

> **ヒント** オーディオデータ全体の再生ピッチを変えたい場合は、ここで範囲選択をせずに次の手順に進みます。

手順2 メニューバーの「加工」から「エフェクト」→「INTERNET Co.,Ltd.」→「PitchShiftRT」を選択します。

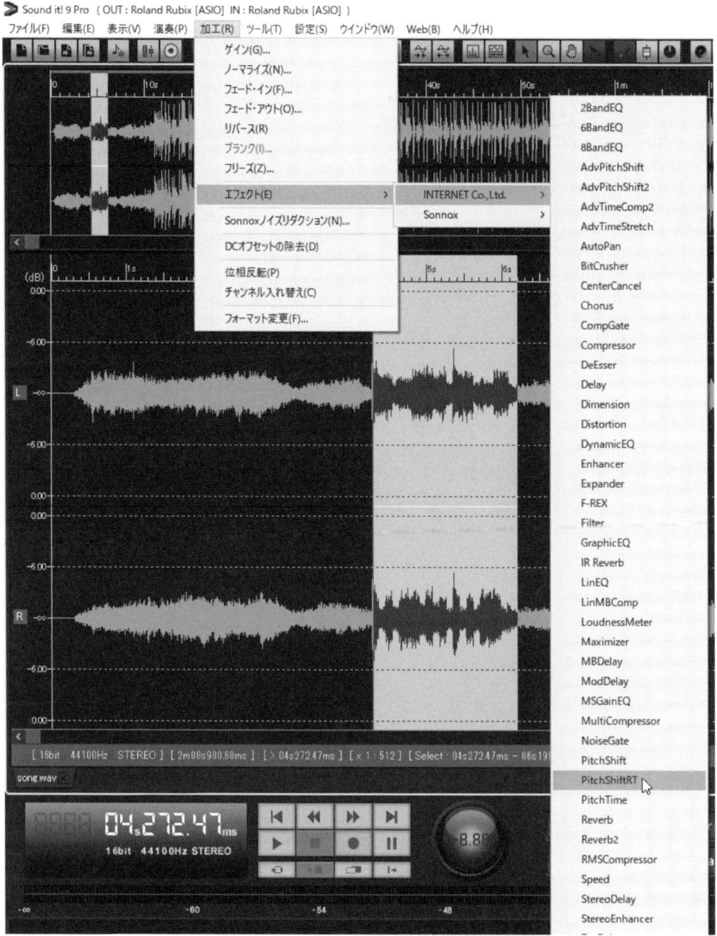

手順3 エフェクト画面上段の「PLAY」ボタンをクリックすると選択範囲がくり返し再生されます。

手順4 PITCH SHIFT のスライダーをドラッグして再生ピッチを設定します。

手順5 再生ピッチがきまったら、「STOP」ボタンをクリックして再生を停止します。

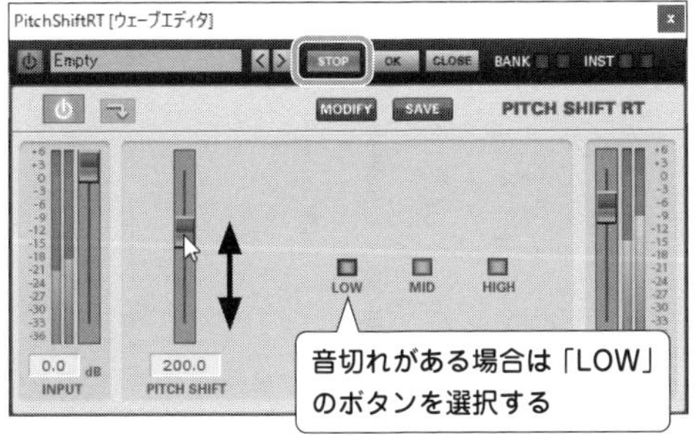

手順6 「OK」ボタンをクリックするとエフェクトの効果がオーディオデータに反映され、波形が書き換わります。

ヒント

PITCH SHIFT RT と名前も機能もよく似た「PITCH SHIFT」というエフェクトが Sound it! 9 Pro / Premium / Basic、すべてのラインナップで収録されています。ここで紹介した PITCH SHIFT RT がミキサーで使用できるのに対して、PITCH SHIFT はミキサーでは使用できません。

また Sound it! 9 Pro / Premium には、フォルマント（声質のキャラクター）を一定に保ちながら再生ピッチ(音程)を変える Adv. Pitch Shift が搭載されていたり、Sound it! 9 Pro に搭載されている Adv. Pitch Shift2 では再生ピッチのほかに、フォルマントの調整もできるようになっています。これらのエフェクトも PITCH SHIFT RT の使い方を参考にしながらお試しください。

STEREO ENHANCER（ステレオエンハンサ）

ステレオのサウンドに広がりを付加するエフェクトです。STEREO ENHANCERはSound it! 9 Pro / Premiumに収録されています。

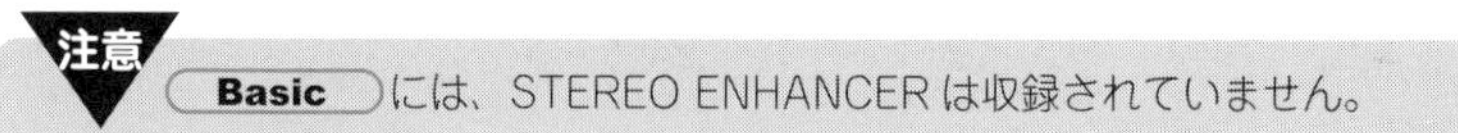

エディタ画面

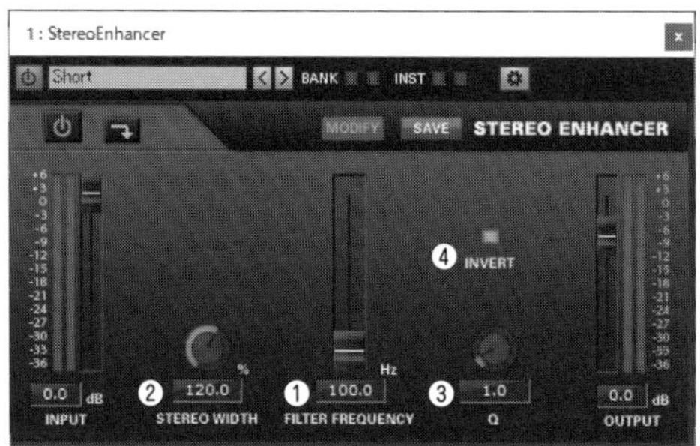

① FILTER FREQUENCY　位相をコントロールする周波数。

② STEREO WIDTH　左右の広がりを調整します。

③ Q　位相回転の度合い。

④ INVERT　点灯で右チャンネル、消灯で左チャンネルの位相をコントロールします。

使用例

例として、録音したオーディオデータに広がりを加える手順を紹介します。

今回はミキサーにエフェクトを読み込んで、データを再生させて音を聞きながらリアルタイムにエフェクトのパラメーターを設定していきます。

手順1 ミキサーにSTEREO ENHANCER（「StereoEnhancer」と表示）を読み込みます。

手順２ プレイパネルの「再生」ボタンをクリックしてデータを再生します。

手順３ エフェクトのエディター画面左上のプリセット欄をクリックして表示されるメニューからプリセットを選択します。

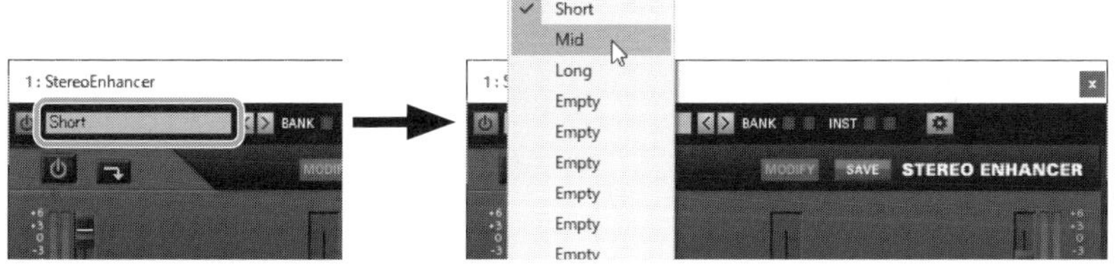

手順４ STEREO WIDTH のツマミで広がりを微調整します。

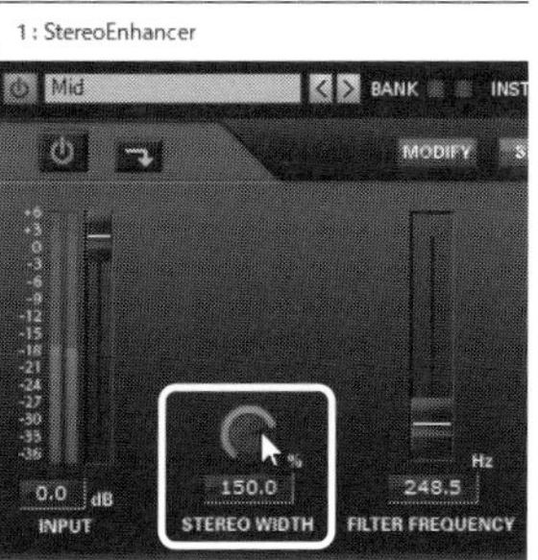

まずはプリセットから選択して試してみましょう。プリセットの設定から自分のイメージに近づけるように、STEREO WIDTH、FILTER FREQUENCY、Q などで微調整していきます。

ヒント 今回ここで紹介しきれなかったエフェクトは Sound it! 9 のユーザーズマニュアルを参照ください。ユーザーズマニュアルはメニューバーの「ヘルプ」→「マニュアルを開く」を選択することで表示されます。

LOUDNESS METER（ラウドネスメーター）

ラウドネスメーターは人間が耳で音を聞いた時に感じる音の大きさ（ラウドネス：loudness）を測定するメーターです。ヨーロッパで採用されている規格のEBU R128と、日本で採用されている規格のARIBTR-B32に対応しています。

注意 BasicにはLOUDNESS METERは収録されていません。

エディタ画面

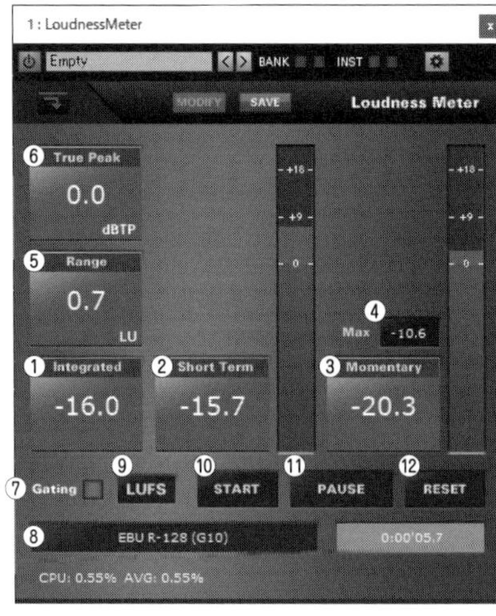

① **INTEGRATED（Long Term）**　全体を計測した平均ラウドネス値。絶対ゲーティング(-70LUFS)、相対ゲーティング（-10LU、または -8LU）を適用して無音または小さな音量の信号を測定対象から除去します。

② **SHORT TERM**　直前3秒間の平均ラウドネス値

③ **MOMENTARY**　直前400mS間の平均ラウドネス値

④ **MAX**　Momentary 測定時の最大値

⑤ **RANGE**　最小ラウドネス値と最大ラウドネス値との差（表示単位 : LU）

⑥ **TRUE PEAK**　AES SC-02-01で規定されたオーバーサンプルピーク測定によるピーク値（表示単位 : dBTP）

⑦ **GATING**　ゲーティング中に点灯します。

※音量が特定の値を下回った部分を計算から除外する処理をゲーティングといいます。

⑧ **METER FORMAT**　メーターフォーマットが選択できます。

EBU R128（G10）：相対ゲーティングスレッショルド =-10LU

EBU R128（G8）：相対ゲーティングスレッショルド =-8LU

ARIB TR-B32 1.0（G10）：相対ゲーティングスレッショルド =-10LU

※絶対ゲーティングは無音部分を計算から除外、相対ゲーティングはレベルの低い部分を計算から除外します。

⑨ **絶対 / 相対ラウドネス**　絶対値（LUFS、LKFS）と相対値（LU、LK）を切り替えます。

LUFS：EBU R128（絶対値）

LKFS：ARIB TR-B32（絶対値）

LU：EBU R128 相対（相対値）

LK：ARIB TR-B32（相対値）

⑩ **START**　Integrated をリセットして計測を開始します。

⑪ **PAUSE / CONTINUE**　Integrated の計測を一時停止します。

⑫ **RESET**　すべての値をリセットします。

使用例

最近、YouTube などのメディアでは「ラウドネス・ノーマライゼーション」という音量を一定にそろえる処理が自動で適用されています。投稿される作品は音量がそれぞれで違っていますが、視聴する側からしてみると作品ごとに音量を調整しながら視聴するのはなかなか手間がかかります。そこで出てきたのが「ラウドネス・ノーマライゼーション」です。メディアが定めた基準よりも音の大きい作品の音量を自動で小さくして、作品ごとの音量差がなくなるように調整しているわけです。

ただ、作った楽曲を投稿する側からしてみると、せっかくマキシマイザーなどで音圧を上げて作っても、最終的にメディア側に「ラウドネス・ノーマライゼーション」で音量を下げられてしまっては意味がありません。

そこで自分の作った楽曲の LUFS の値を調べるのが必要になってきました。そのときに使えるのが LOUDNESS METER になります。各メディアはラウドネスの基準値を公開していませんが、YouTube はおそらく「-13LUFS」くらいではないかと考えられています。

例として、LOUDNESS METER を使って LUFS の値を測定する手順を紹介します。今回はミキサーにエフェクトを読み込んで、データを再生させて音を聞きながらリアルタイムにエフェクトのパラメーターを設定していきます。

手順 1 ミキサーに LOUDNESS METER（「LoudnessMeter」と表示）を読み込みます。

手順 2 プレイパネルの「再生」ボタンをクリックしてデータを再生します。

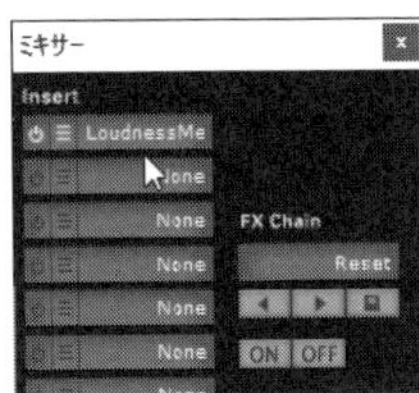

手順 3 「METER FORMAT」をクリックして「EBU-R128（G10）」を選択します。

手順 4 「絶対·相対ラウドネス切り替え」をクリックして「LUFS」を選択します。

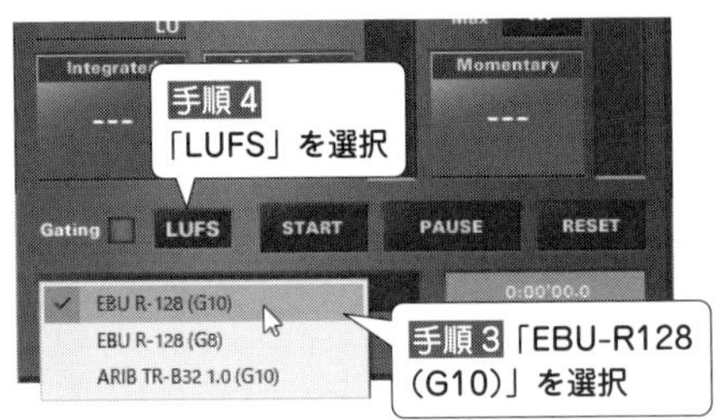

「INTEGRATED」に表示される値が全体を計測した平均のラウドネス値（LUFS）になります。

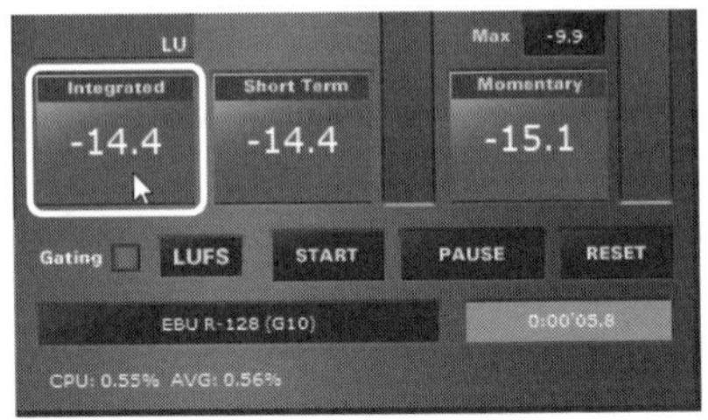

LOUDNESS METER はメーター機能だけになります。

もし LUFS が大きく値を下げたい場合は、リミッターなどを使ってオーディオデータの音量を下げましょう。単位は違いますが 1dB が 1LUFS に対応しています。たとえば -14LUFS を 1dB 下げると -15LUFS になります。

エフェクトの設定を
プリセットとして保存する方法

エフェクトのエディター画面で設定したパラメーターは、それぞれのエフェクトにプリセットとして保存できます。保存したプリセットは、ほかのオーディオデータの編集の際にも使用することができます。

プリセットの保存方法

手順１ エフェクトのエディター画面にある「SAVE」ボタンをクリックすると「プリセットの保存」画面が表示されます。

手順２ 「保存先プリセット」のプルダウンメニューから、「Empty」を選択します。

Reverb の場合

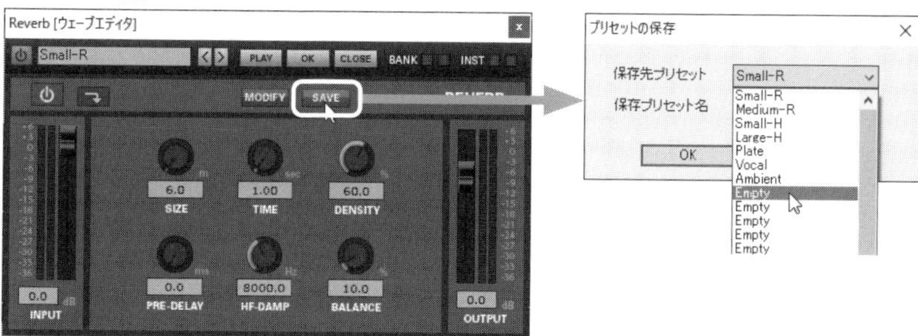

注意
すでに保存されているプリセットには、プリセット名が表示されます。プリセット名があるものを選択すると、上書き保存されるので注意が必要です。

手順 3 「保存プリセット名」で保存するプリセットの名前を入力します。

手順 4 「OK」ボタンをクリックするとプリセットが保存されます。

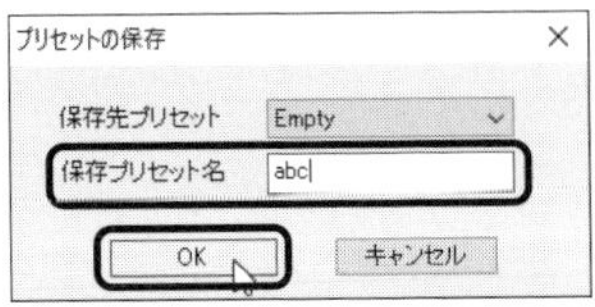

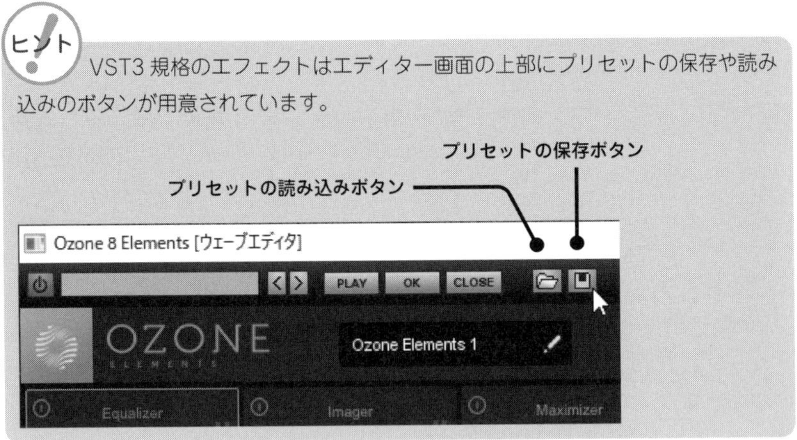

VST3 規格のエフェクトはエディター画面の上部にプリセットの保存や読み込みのボタンが用意されています。

プリセットの読み込み方

プリセット名が表示される部分をクリックして表示されるメニューからプリセットを選択するか、「<」「>」ボタンをクリックしてプリセットを選択することもできます。

Reverb の場合

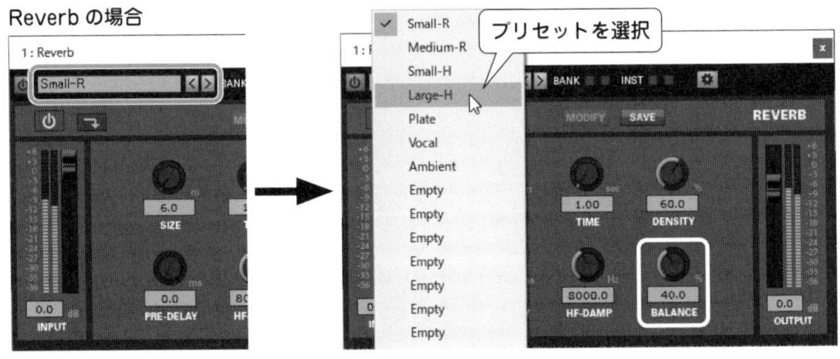

プリセットの削除方法

プリセットを削除するボタンなどはありませんが、もとの「Empty」の状態に戻す１つの方法を紹介します。

手順１ プリセットから「Empty」を選択します。
手順２ 「SAVE」ボタンをクリックして「保存先プリセット」のプルダウンメニューから、削除したいプリセットを選択します。
手順３ プリセットの名前を「Empty」とし、「OK」ボタンをクリックします。

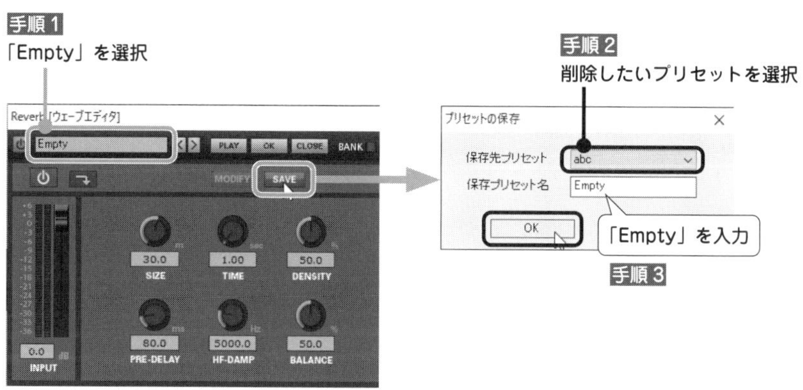

消したいプリセット「Empty」が上書き保存され、もとの「Empty」の状態に戻ります。

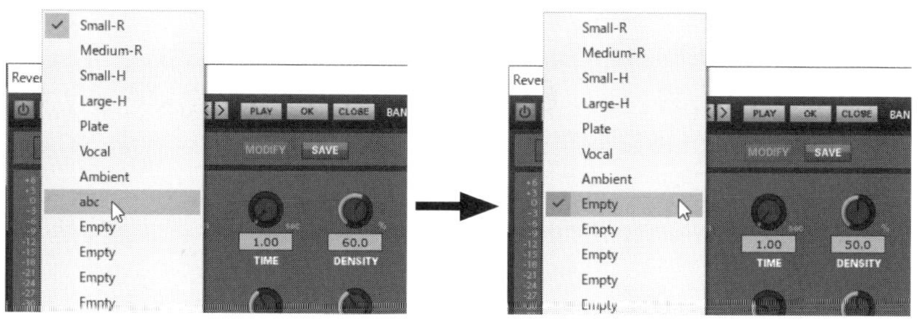

VST 対応エフェクトの追加方法

Sound it! 9 で使用できるエフェクト（プラグインエフェクト）は、ソフトに付属のものだけではありません。「VST」という規格（VST2、VST3）に対応したものであれば、新たに追加して使うことができます。無料、有料、またインストールが必要なもの、そうでないもの、いろいろな種類のエフェクトが公開されていますので、好みのものを追加すれば、自分だけのオリジナルの制作環境を整えることができます。

ただし、すべてのプラグインエフェクトが動作保証されているわけではないので、使用する場合には注意が必要です。

コラム　VST って何？

VST とは「Steinberg's Virtual Studio Technology」の略称で、ソフトウェア・シンセサイザーやエフェクトなどのプラグインの規格の 1 つです。Steinberg 社によって開発され、数多くの音楽ソフトで採用されています。Sound it! 9 も VST 規格（VST2、VST3）に対応しているので、VST 規格のエフェクトを扱うことができます。これまでは VST2 規格のプラグインが主流でしたが、近年 VST3 規格のものも登場してきました。

VST とまとめて表現されることが多いのですが、正確にはソフトウェア・シンセサイザーのことを VST インストゥルメント（VSTi）、エフェクトのことを VST エフェクト（VSTe、または VST）といいます。

インストールが必要なプラグインエフェクト

有料のプラグインエフェクトなどではインストーラーがついていて、使用するためにはインストールが必要なものがあります。ここではインストールの必要なプラグインエフェクトを Sound it! 9 で使えるようにする手順を紹介します。

手順 1 プラグインエフェクトをインストールします。

インストールの途中でプラグインエフェクトをインストールするフォルダ名が示されるので、そのフォルダ名を必ずメモするなどして控えておきましょう。このあとの手順で必要になります。

ヒント インストールの手順の詳細については、インストールするプラグインエフェクトの説明書などを参照してください。

注意 **VST3 プラグインに関する注意**

VST3 規格のプラグインの場合、プラグインが［C:¥Program Files¥Common Files¥VST3］にインストールされていれば、Sound it! 9 起動時に自動で登録されます。

手順 2 Sound it! 9 を起動し「オプション」画面を表示します。メニューバーの「設定」から「オプション」を選択します。

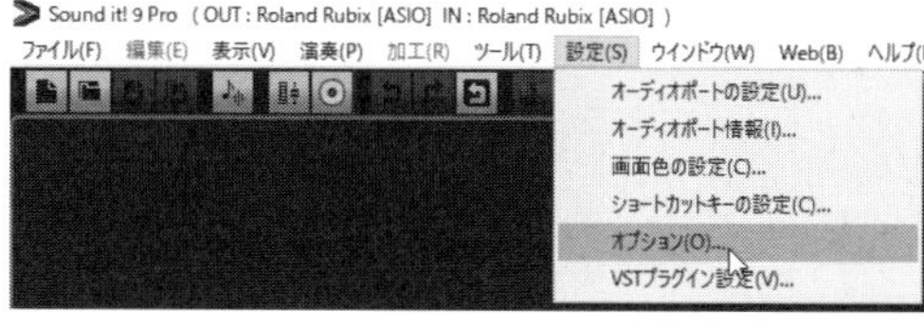

手順 3 「フォルダの設定」を選択します（次ページ図参照）。

手順 4 「VST2.x プラグインが存在するフォルダ」欄にプラグインエフェクトがインストールされたフォルダを指定します。

「追加」ボタンをクリックすると「フォルダの選択」ダイアログが表示されるので、手順１で控えておいたプラグインエフェクトがインストールされているフォルダを選択します（次ページ図参照）。

手順5 フォルダを選択したら「OK」をクリックします。

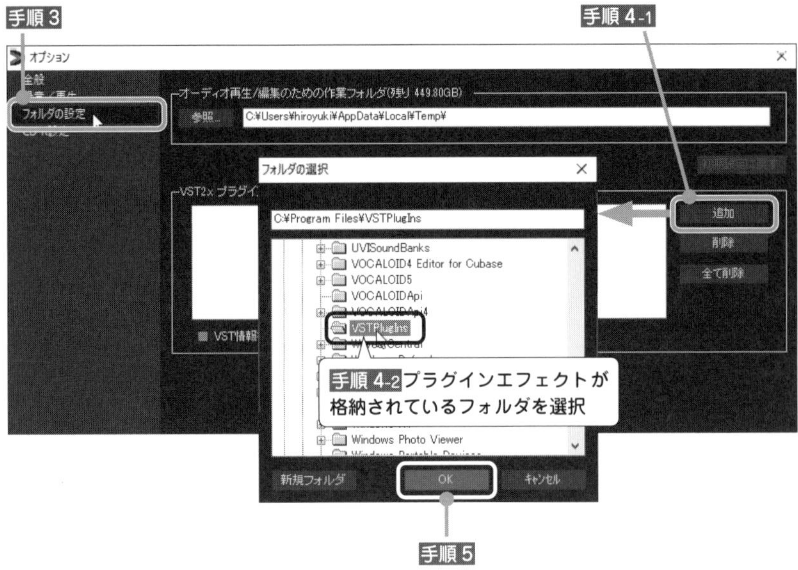

手順6 「オプション」画面に戻るので、「VST情報を再構築」にチェックを入れます。

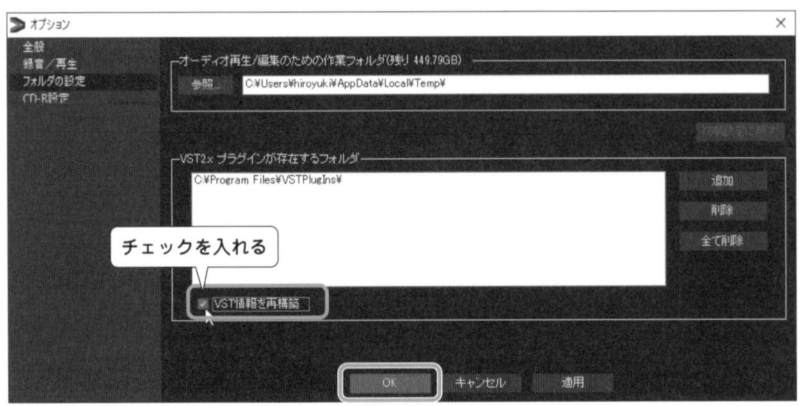

手順7 「OK」をクリックすると「オプション」画面が閉じ、プラグインがSound it! 9に登録され使用できるようになります。

インストールの必要がないプラグインエフェクト

VST2 規格のプラグインエフェクトのファイルを用意します。

VST2 規格のプラグインエフェクトは「○○○ .dll」のようにファイル名の後ろ三文字（拡張子）が dll となっているファイルです。

プラグインエフェクトのファイルをフォルダ、ここでは「VSTPlugins」に移動します。「VSTPlugins」フォルダは次の階層にあります。

「Program Files」→「INTERNET Co.,Ltd」→「Sound it! 9 Pro / Premium / Basic」→「VSTPlugins」

ヒント
「VSTPlugins」は筆者のオススメするフォルダです。このほかのフォルダを使用することも可能です。

あとは Sound it! 9 を起動し、「オプション」画面で「VST2.x プラグインが存在するフォルダ」にプラグインエフェクトを格納したフォルダを選択すれば OK です。手順の詳細は、前項「インストールが必要なプラグインエフェクト」（263 ページ）の手順２～７を参照してください。

ヒント
「VST2.x プラグインが存在するフォルダ」欄に追加したフォルダは、クリックして青く選択した状態で「削除」ボタンをクリックすると削除できます。

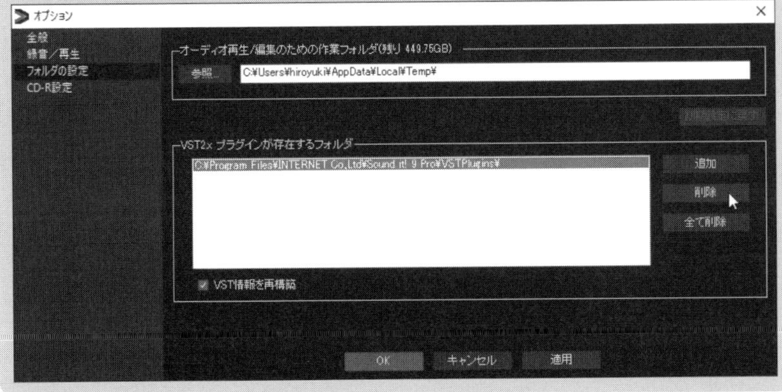

序章 第1章 第2章 第3章 第4章 第5章 第6章 第7章 第8章 第9章 第10章 索引

第9章
CD作成

この章ではSound it! 9で編集したオーディオデータをCDに焼く手順や、エクスポート、DDPファイルの書き出し、読み込みなどを紹介します。

プレイリストとは

Sound it! 9では「プレイリスト」という画面を使ってCDを焼きます。プレイリストでは、曲を読み込んでCDに焼く際の順番や曲間の時間などを設定します。また読み込んだ曲の音量や音質なども調整することができます。プレイリストに読み込んだ曲のリストはトラックリストと呼ばれます。

まずはプレイリストの画面を紹介します。

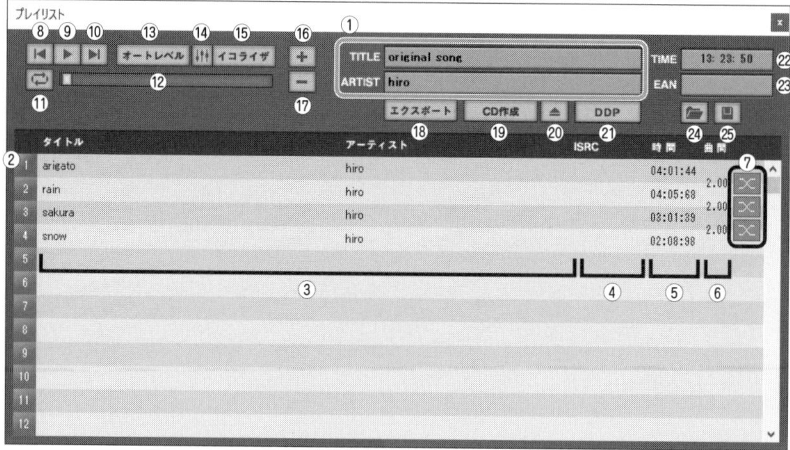

① **TITLE、ARTIST**　作成するトラックリストのタイトル、アーティスト名を入力します（「ARTIST」はProのみの機能です）。

※**Pro**のみ
SPTIモードの場合、入力した内容はCD-TEXTのアルバム名、アーティスト名として設定されます。

② **トラック番号**　クリックして選択すると赤く点灯します。

③ **タイトル、アーティスト**　トラックリストに登録したオーディオファイル

のタイトルやアーティストなどのタグ情報が表示されます。クリックしてタグ情報を入力、編集することもできます。これらのタグ情報はタグ情報を持つファイル形式でエクスポートすることで出力されます。

※ Pro のみ
ここで入力した内容はCD-TEXTの曲タイトル、アーティスト名として設定されます。

④ **ISRC（Pro のみ）**　ISRC（オーディオレコーディング、音楽ビデオレコーディングの識別コード）を入力するとDDPファイルに書き出す際に反映されます。

⑤ **時間**　オーディオファイルの長さ（時間）を表示します。

⑥ **曲間（プリギャップ）**　曲間の秒数です。

⑦ **クロスフェードボタン**　ボタンをクリックすると「クロスフェードの設定」画面が表示され、トラック間のクロスフェードの設定ができます。ボタン点灯でクロスフェードON、ボタン消灯でクロスフェードOFFになります。

⑧ **前のトラックへ**　前のトラックを選択します。再生中にクリックするとそのトラックの先頭から再生されます。

⑨ **再生/一時停止**　選択されているトラックを再生/一時停止します。

⑩ **次のトラックへ**　次のトラックを選択します。

⑪ **プレイリストをリピート再生**　点灯でループ再生します。

⑫ **再生位置**　再生位置を示すスライダーです。

⑬ **オートレベル**　最適な音量レベルに自動補正する機能です。点灯でオートレベルがON、消灯でオートレベルがOFFになります。

⑭ **イコライザON/OFF**　点灯でイコライザがON、消灯でイコライザがOFFになります。

⑮ **イコライザの設定**　クリックするとイコライザの画面が表示されます。

⑯ **追加**　トラックリストにオーディオファイルを追加します。

⑰ **削除**　トラックリストで選択されたトラックを削除します。削除すると以下のトラックは前へずれます。

⑱ **エクスポート**　複数のオーディオファイルを指定したオーディオファイル形式で一括して保存できます。クロスフェードやオートレベルの設定をおこなったあとのデータが保存されます。

⑲ **CD作成**　「CD作成」ダイアログが表示されます。

⑳ **ディスク取り出し**　CD-R/RW ドライブのトレイを排出します。

㉑ **DDP（Pro のみ）**　CD プレス時のマスターフォーマットである DDP ファイルの書き出しと読み込みができます。

㉒ **TIME**　トラックリストに登録したオーディオファイルの合計の時間を表示します。

㉓ **EAN（Pro のみ）**　EAN コード（13 桁の商品識別コード）が入力でき、DDP ファイルに反映されます。

㉔ **トラックリストの読み込み**　トラックリスト情報を読み込みます。

㉕ **トラックリストの保存**　プレイリストに登録した内容をトラックリスト情報として保存します。

プレイリストに曲（オーディオデータ）を読み込む

プレイリストに曲（オーディオデータ）を読み込む手順を紹介します。

手順 1 メニューバーの「ツール」から「プレイリスト」を選択するか、ツールバーの「プレイリスト」ボタンをクリックすると、「プレイリスト」画面が表示されます。

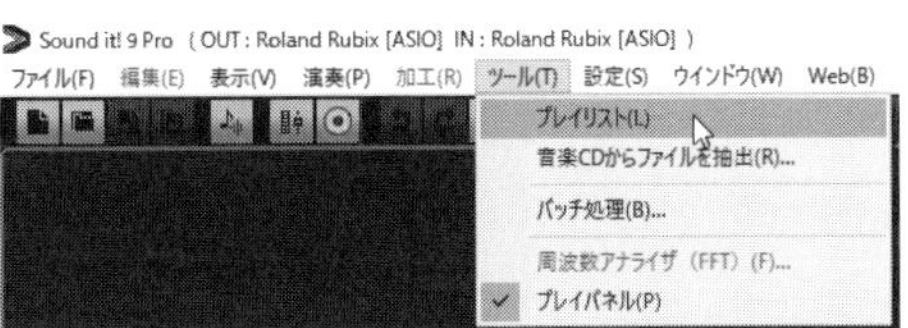

パソコンに複数のドライブがある場合

「プレイリスト」画面が開く前に「CD-R/RW ドライブ選択」画面が表示されます。プルダウンメニューから使用するドライブを選択し、「選択」ボタンをクリックしましょう。

手順 2 「+」ボタンをクリックすると「オーディオファイルの読み込み」画面が表示されます。

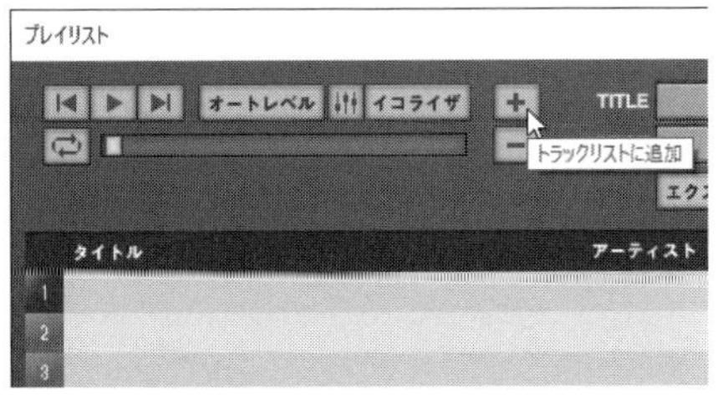

手順3 CDに焼きたい曲（オーディオデータ）が保存されているフォルダを開きます。

手順4 プレイリストに読み込むオーディオデータをクリックして選択し、「開く」ボタンをクリックすると読み込まれます。

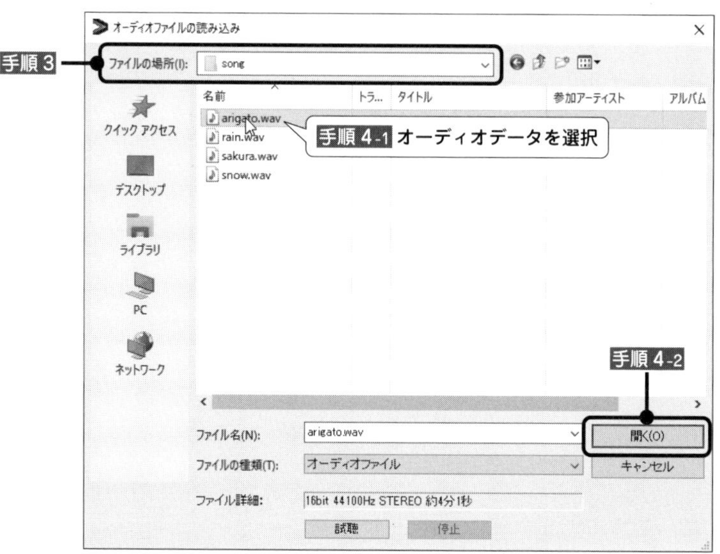

ヒント

読み込めるファイルの種類

WAV（*.wav）、AIFF（*.aif / *.aiff）、MP3（*.mp3）、AAC（*.m4a）、Apple Lossless（*.m4a）

オーディオデータを読み込んだあとも、「オーディオファイルの読み込み」画面は開いたままになります。

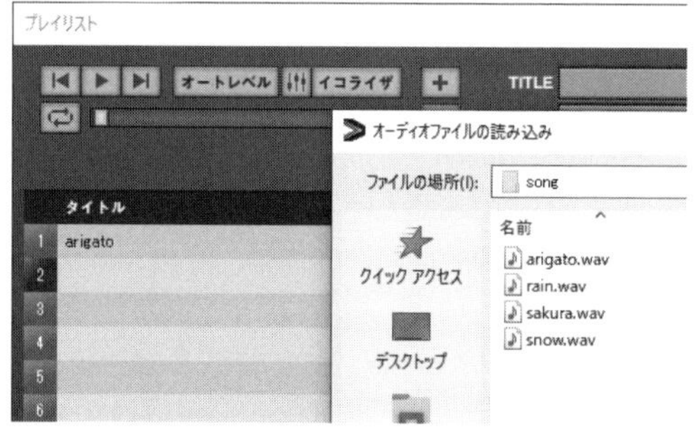

手順5 手順３、４を繰り返し、続けて必要な曲（オーディオデータ）を読み込みます。

手順6 すべての曲を読み込み終わったら、「×（閉じる）」ボタンをクリックして「オーディオデータの読み込み」画面を閉じます。

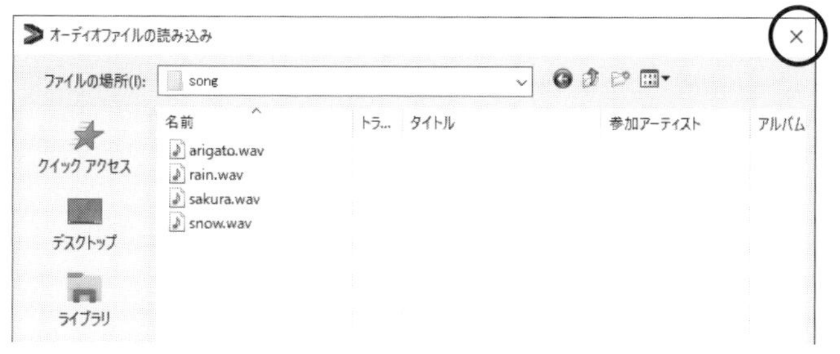

複数の曲を一度に読み込みたい場合

「オーディオファイルの読み込み」画面で、パソコンのキーボードのCtrlキーを押しながらクリックすることで、複数の曲を選択できます。その状態で「開く」ボタンをクリックすると、選択した曲がまとめて読み込まれます。

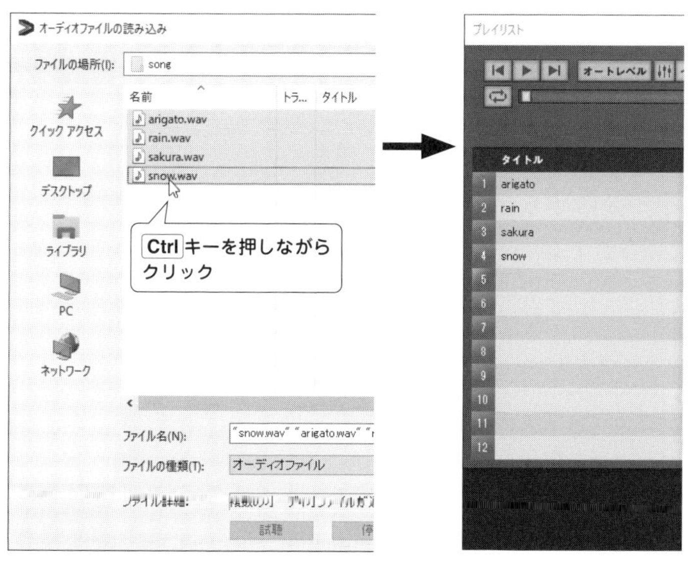

プレイリストから削除する

削除したい曲のトラック番号をクリックして選択し、「-」ボタンをクリックすることで削除できます。

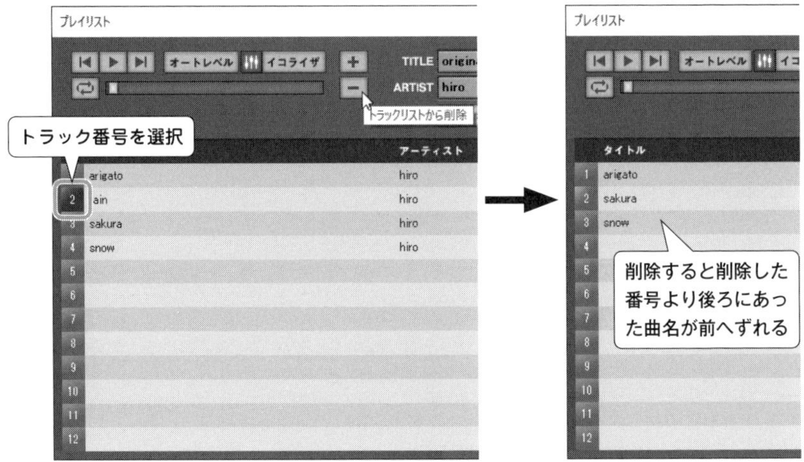

プレイリストでの順番を変更する

曲の名前部分をドラッグすることで曲の順番を入替えることもできます。

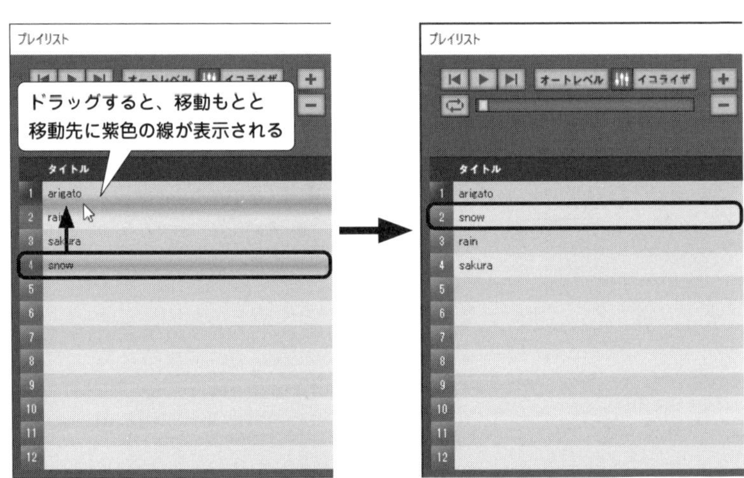

プレイリストで曲の音量と音質を調整する

プレイリストに読み込んだ曲は、「オートレベル」を使うことで音量と音圧をある程度そろえることができます。また「イコライザ」を使って曲の音質を調整することもできます。「オートレベル」と「イコライザ」はそれぞれ別の機能になるので、あわせて同時に使うこともできます。

ここでは「オートレベル」と「イコライザ」を使う手順をそれぞれ紹介します。

オートレベルの使い方

「オートレベル」ボタンをクリックして点灯させると、オートレベルがONになります。

オートレベルをONにすることで、試聴したときや、エクスポートしたときに音量がそろうようになります。

イコライザの使い方

手順 1「イコライザON/OFF」ボタンをクリックして点灯します。点灯するとイコライザで設定したものが反映されます。

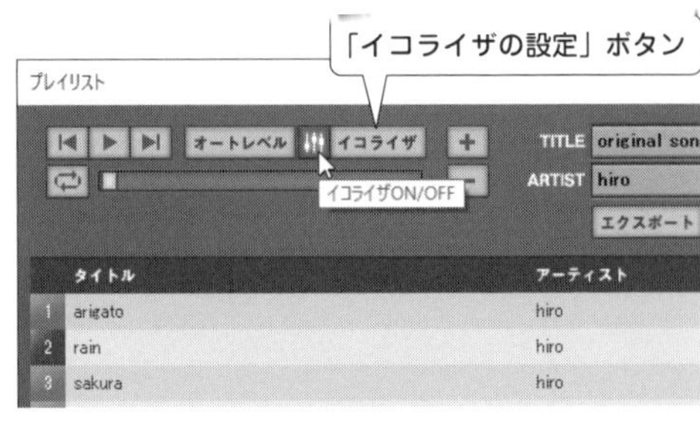

手順 2「イコライザの設定」ボタンをクリックしてイコライザの画面を表示します。

手順 3「プレイリスト」でトラック番号をクリックして選択し、「再生 / 一時停止」ボタンをクリックしてデータを再生します。

データは選択したトラック番号から順番に再生されます。「プレイリストをリピート再生」ボタンを点灯しておくと、リストの最後のトラック番号の楽曲を再生し終わった後にリストの最初のトラック番号へ戻ってくり返し再生されます。

手順4 再生しているデータを聞きながら、イコライザ画面のスライダーなどを動かして音質を調整します。

注意 このイコライザの設定はプレイリストに読み込んだ楽曲すべてに反映されます。またオートレベルを一緒に使う際は、イコライザはオートレベルの実行後にかけられます。

手順5 イコライザの調整ができたら「再生／一時停止」ボタンをクリックして再生していたデータを一時停止します。

ヒント プリセット欄をクリックして表示されるメニューから、イコライザのプリセットを選択することもできます。

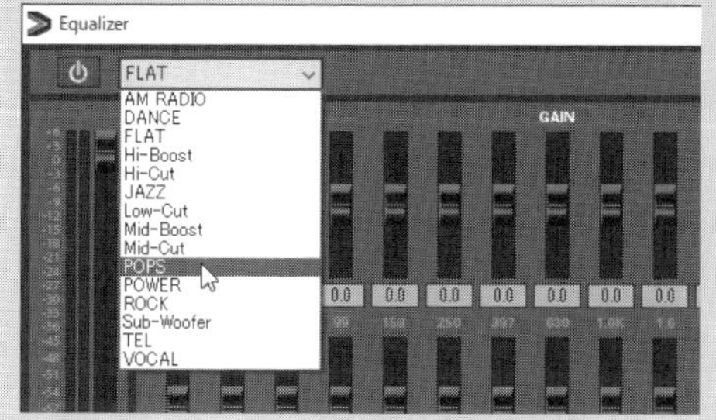

手順6 「×（閉じる）」ボタンをクリックしてイコライザ画面を閉じます。

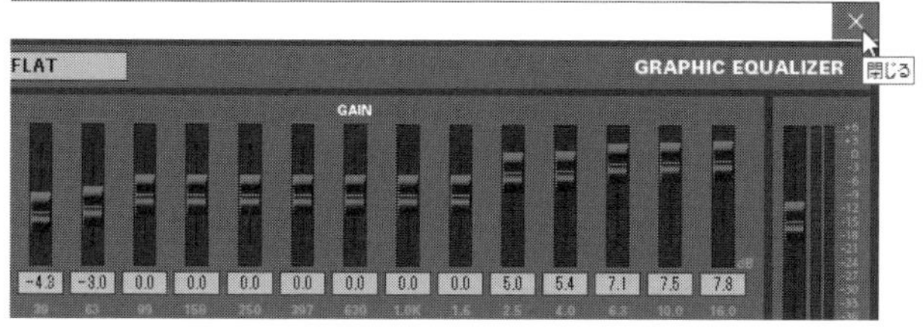

曲間の時間、クロスフェードの設定

一般に市販されている音楽CDを聴くと、曲と曲の間には数秒の無音部分が挿入されています。この無音部分は「プリギャップ」と呼ばれ、曲の前に挿入されます。Sound it! 9では、CDを焼く際にこのプリギャップの長さを設定できます。曲によってプリギャップの時間を長めに取ったり、逆に短くしたりと、自由に設定できます。

また、プリギャップの時間をなしにして、クロスフェードで曲をつないだりすることもできます。

SPTIを使用するための設定

トラックごとに異なったプリギャップを設定するには、SPTIという機能を使用する設定にする必要があります。

手順1 メニューバーの「設定」から「オプション」を選択すると「オプション」画面が表示されます。

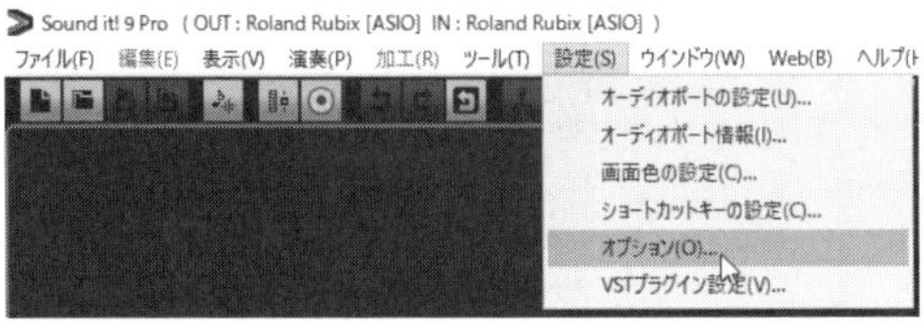

手順2 「CD-R設定」をクリックして選択します。

手順3 「SPTIを使用する」をクリックして選択します。

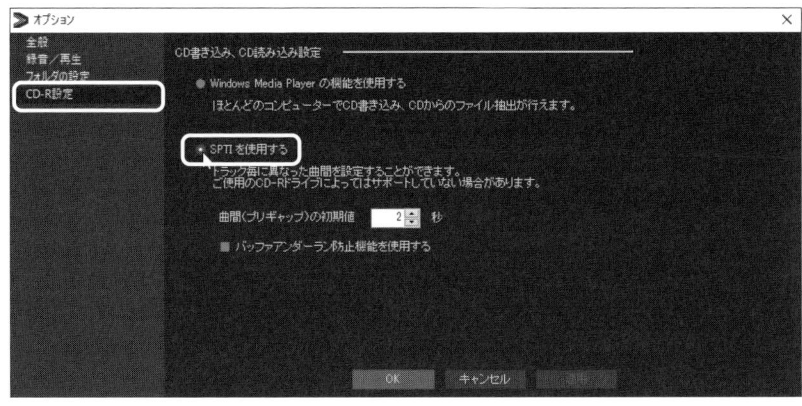

ヒント
「オプション」画面では、曲間（プリギャップ）の初期値を設定しておくこともできます。
また、「バッファーアンダーラン防止機能を使用する」にチェックを入れておくと、CD-R 書き込み時に起こるバッファーアンダーランというエラー（書き込み処理の失敗）を回避することができます。

手順 4 「OK」ボタンをクリックするとオプション画面が閉じます。

手順 5 Sound it! 9 を一度終了して、起動しなおすと設定が変更されます。

曲間の時間（プリギャップ）の設定

手順 1 プリギャップの数字部分をクリックして選択します。

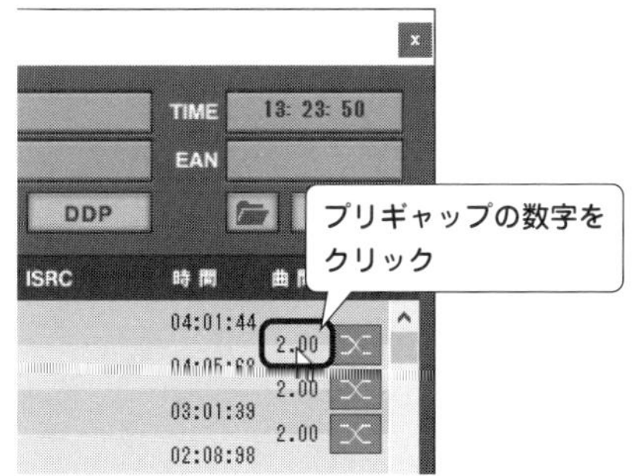

手順 2 パソコンのキーボードから数値を入力します。

手順 3 パソコンのキーボードの Enter キーを押すと、入力した数値で設定されます。

1.00 は 1 秒になります。Pro の場合は 10ms 単位で指定できます。

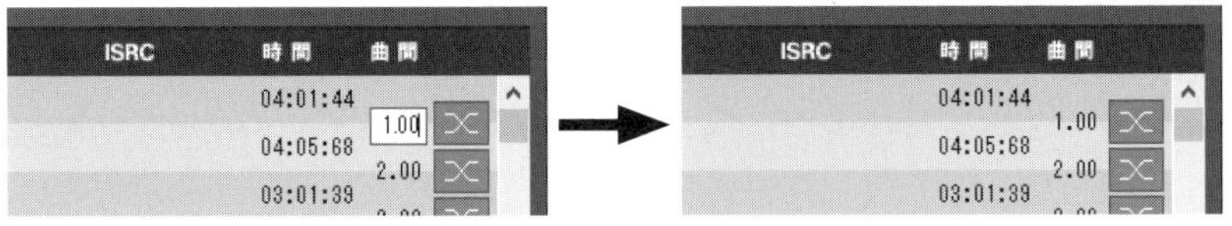

曲間でクロスフェードをかける

クロスフェードは、前の曲の音をだんだん小さくしていきながら（フェードアウト）、同時に重ねて次の曲の音を小さい音からはじめてだんだんと大きな音にしていく（フェードイン）ものです。クロスフェードをかけることで曲間の無音部分がなくなり、途切れることなく再生できます。

手順 1 「クロスフェード」ボタンをクリックすると「クロスフェードの設定」画面が表示されます。

手順 2 「前のトラックをフェードアウトさせる」と「次のトラックをフェードインさせる」にチェックを入れます。

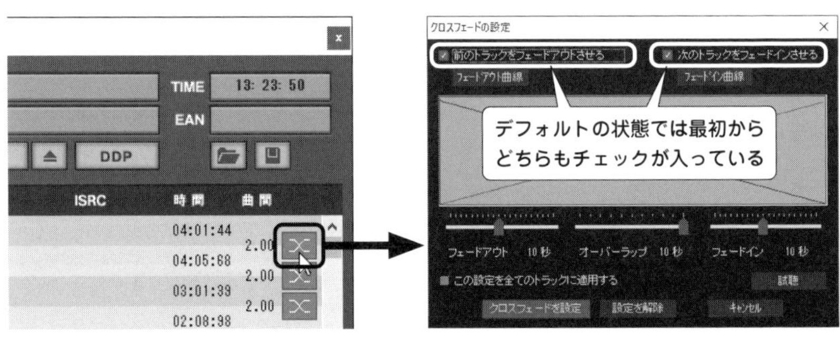

ヒント

どちらか片方にだけチェックを入れてフェードをかけることもできます。

ただし両方のチェックを外してしまうとフェードがなくなり不自然になってしまうので注意が必要です。

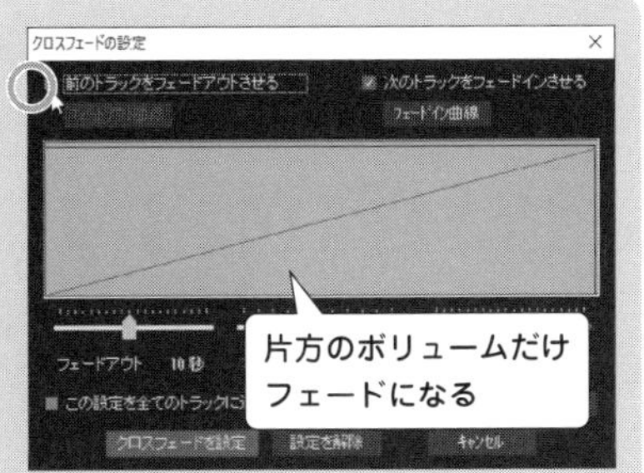

手順3「オーバーラップ」のスライダーをドラッグして、曲が重なる時間を設定します。

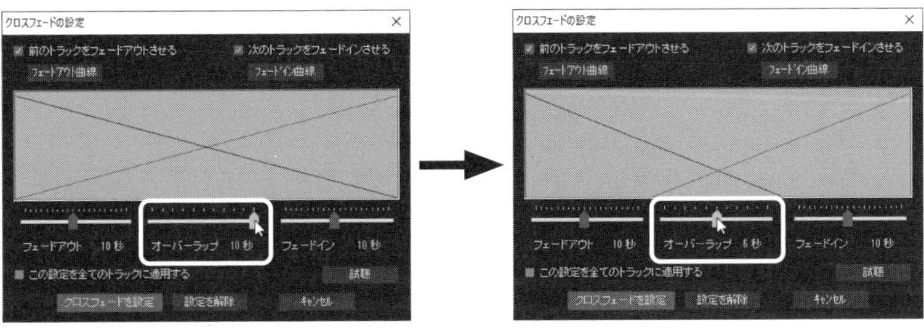

ヒント

フェードアウト、フェードインのスライダーをドラッグすることで、それぞれの時間を設定することもできます。

フェードアウトの場合

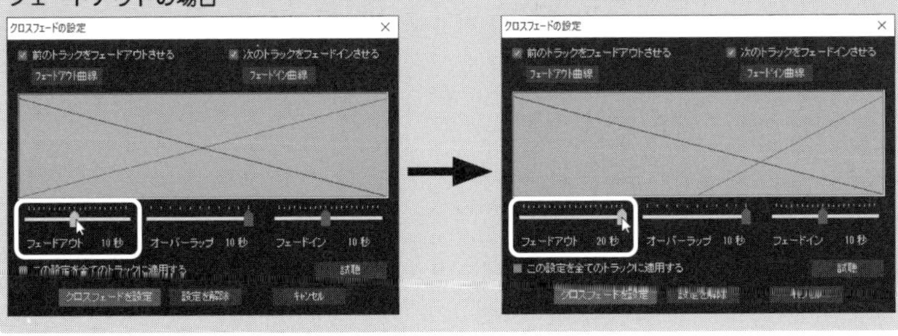

ヒント

「フェードアウト曲線」「フェードイン曲線」のボタンをクリックすると曲線を調整できる画面が表示されます。「曲線」に表示される□をドラッグすると、フェードの曲線が調整できます。

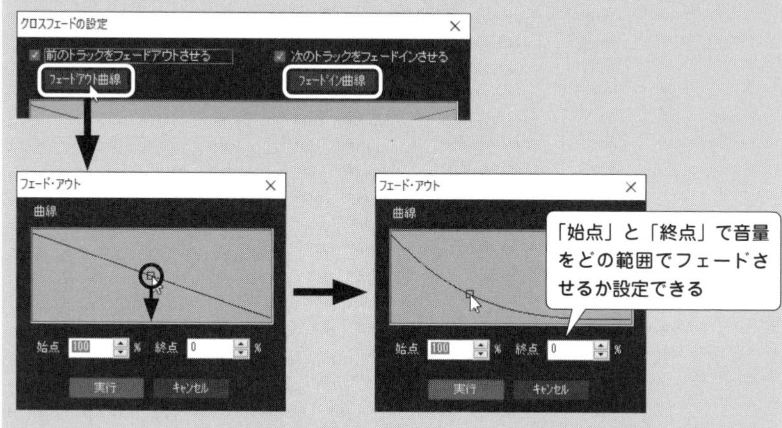

「実行」ボタンをクリックすると画面が閉じ、設定した曲線が「クロスフェードの設定」画面にも反映されます。

手順 4 「試聴」ボタンをクリックしてクロスフェードのかかり方を確認します。

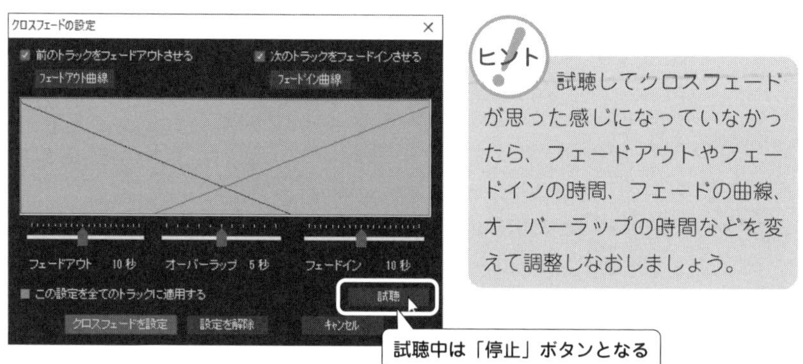

ヒント

試聴してクロスフェードが思った感じになっていなかったら、フェードアウトやフェードインの時間、フェードの曲線、オーバーラップの時間などを変えて調整しなおしましょう。

手順 5 確認できたら「停止」ボタンをクリックして試聴を停止します。

ヒント「この設定を全てのトラックに適用する」にチェックを入れておくと、ここで設定したクロスフェードがすべてのトラックに適用されます。

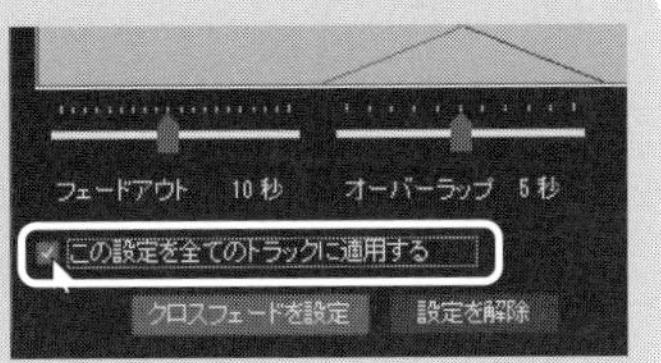

手順６「クロスフェードを設定」ボタンをクリックすると、「クロスフェードの設定」画面が閉じて、「プレイリスト」の「クロスフェード」ボタンが点灯（ON の状態）します。

これで、設定した内容でクロスフェードがかかります。

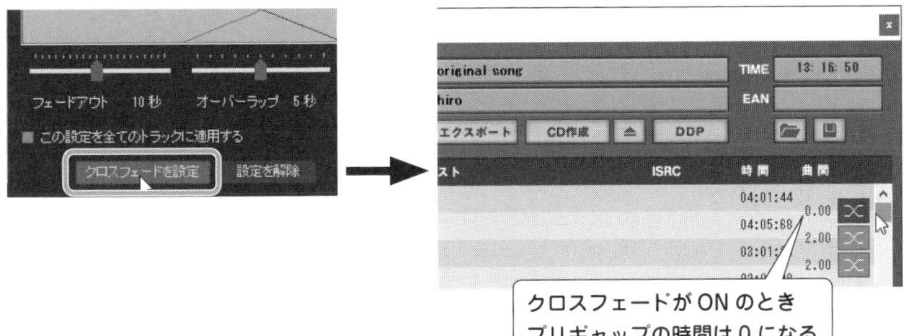

クロスフェードを解除する方法

手順１ 点灯している「クロスフェード」ボタンをクリックすると「クロスフェードの設定」画面が表示されます。

手順２「設定を解除」ボタンをクリックすると、「クロスフェードの設定」画面が閉じ、クロスフェードのボタンが消灯（OFF の状態）します。

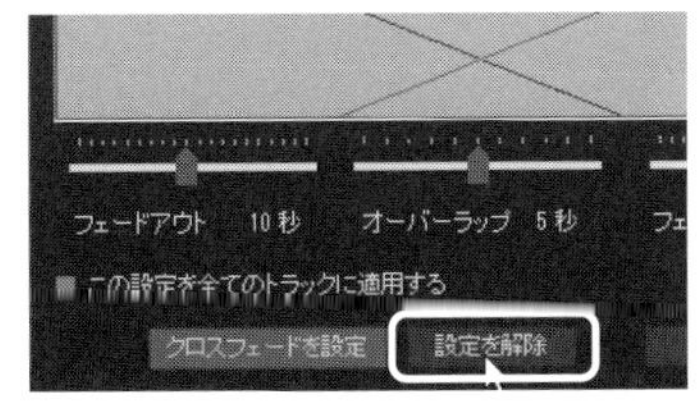

CDに焼く

プレイリストに並べた曲をCD-R/RWに書き込み、音楽CDを作成します。

「SPTIを使用する」設定の場合

手順1 「ディスク取り出し」ボタンをクリックするとCD-R/RWドライブのトレイが排出されます。パソコンのディスクドライブに空のディスク（CD-R/RW）をセットします。

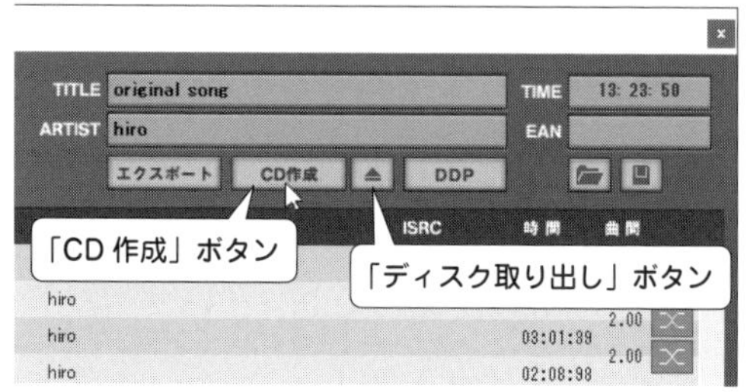

手順2 「CD作成」ボタンをクリックすると「CD作成」画面が表示されます。

オートレベルやエフェクト、クロスフェードなどを設定している場合はそれらの処理をする画面が表示されてからCD作成画面が表示されます。

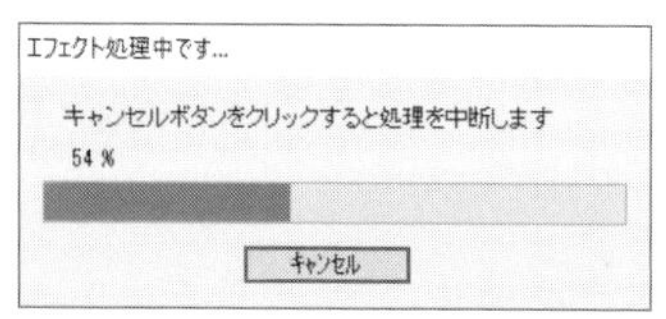

ヒント ドライブにディスクがセットされていないと、次のようなエラー画面が表示されます。「OK」をクリックして画面を閉じ、ディスクをセットしてから「CD作成」ボタンをクリックしましょう。

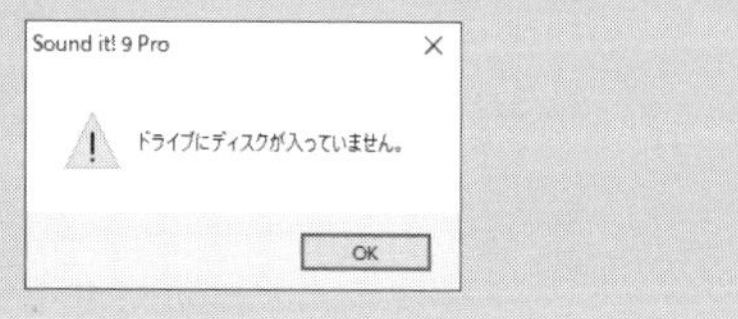

手順 3 「書き込み速度」のプルダウンメニューからディスクに書き込む速度を選択します。

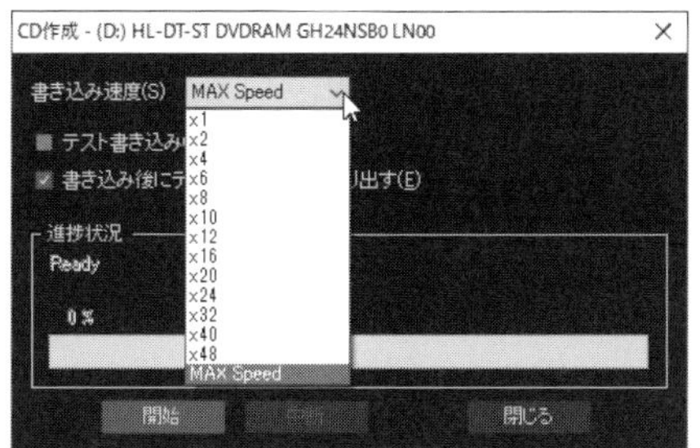

ヒント
選択できる速度はディスクドライブの性能や書き込むディスクの種類によって変わってきます。

手順 4 「開始」ボタンをクリックすると書き込みがスタートします。

ヒント
「テスト書き込み」にチェックを入れて「開始」ボタンをクリックするとテスト書き込みがおこなわれ、実際にディスクを消費することなく、CD の書き込みが成功するかどうかを確認することができます。実際に CD に書き込む際にはこちらのチェックは外しておきましょう。

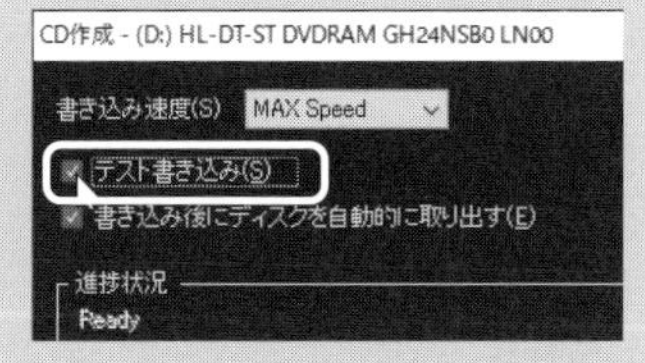

ヒント
「書き込み後にディスクを自動的に取り出す」にチェックを入れておくと書き込み終了時に自動で CD-R/RW ドライブのトレイが排出されます。

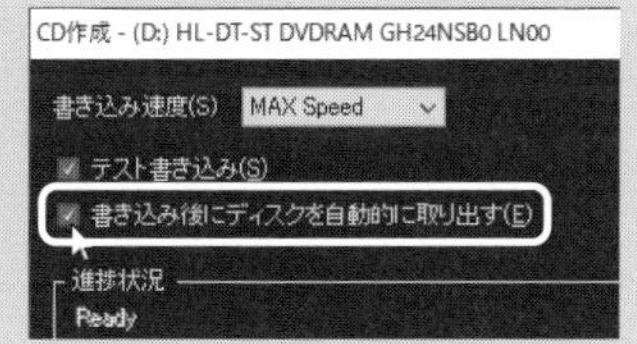

手順 5 CD 書き込みが終了すると「CD 書き込みが正常に終了しました。」という画面が表示されます。「OK」ボタンをクリックすると「CD 作成」画面が閉じます。

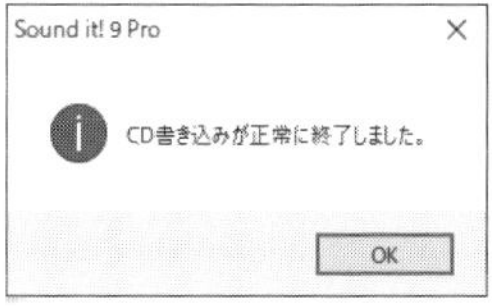

パソコンから書き込みが完了したディスクを取り出して終了です。

「Windows Media Player の機能を使用する」設定の場合

前項では、「CD 書き込み、読み込み設定」で「SPTI を使用する」を選択していたときの操作手順で紹介しました。「SPTI を使用する」ではなく、「Windows Media Player の機能を使用する」を選択している場合は、「CD 作成」画面で表示される内容が少し変わります。また、こちらを選択した場合、CD 作成時に設定した CD タイトル、CD アーティスト、曲タイトル、曲アーティスト情報は、CD-TEXT として反映されません。

「Windows Media Player の機能を使用する」ための設定

「Windows Media Player の機能を使用する」には、「オプション」画面での設定が必要です。

手順 1 メニューバーの「設定」→「オプション」を選択するとオプション画面が表示されます。

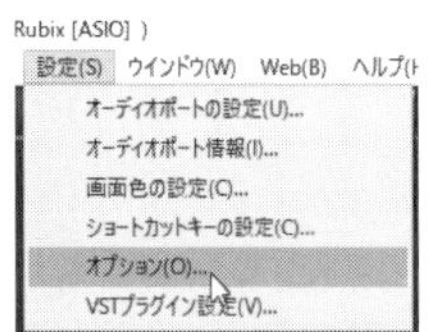

手順 2 「CD-R 設定」をクリックして選択します。

手順 3 「Windows Media Player の機能を使用する」をクリックして選択します。

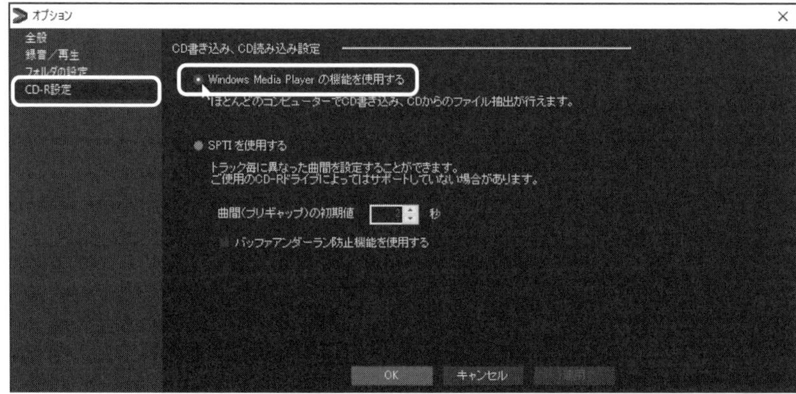

手順４「OK」ボタンをクリックするとオプション画面が閉じます。

手順５ Sound it! 9 を一度終了して、起動し直すと設定が変更されます。

「CD 作成」画面での表示

「CD 作成」画面で異なるのは、次の点です。

◎「書き込み速度」

「書き込み速度」のプルダウンメニューはこのように表示されます。

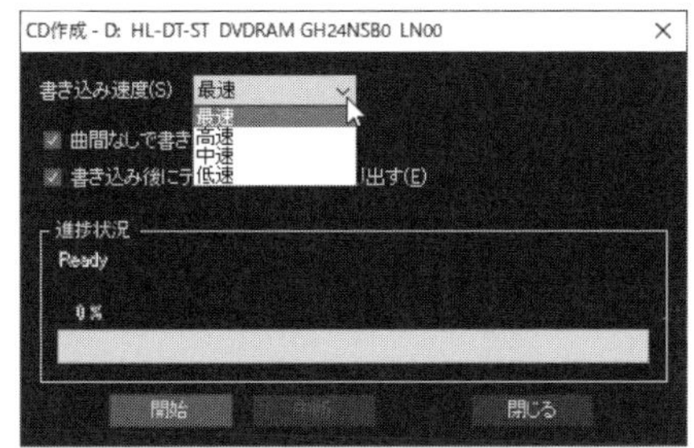

◎「テスト書き込み」

「テスト書き込み」は用意されていません。

◎「曲間なしで書き込む」

「曲間なしで書き込む」にチェックを入れると曲間が０秒、チェックを入れないと曲間が２秒で書き込まれます。

「プレイリスト」で曲間のクロスフェードを設定している場合、この「曲間なし」は選択できません。

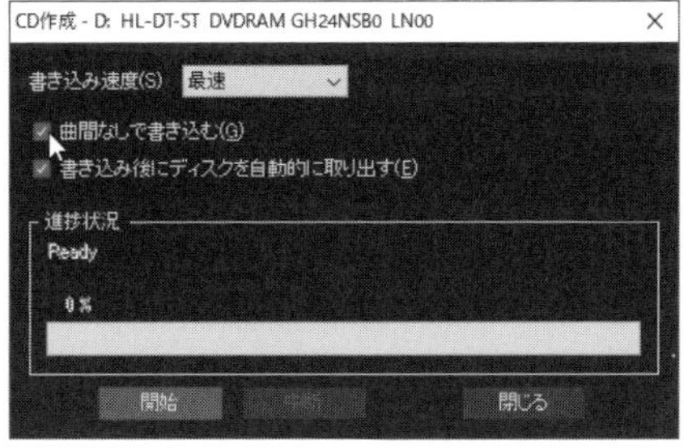

ヒント Pro では、「Windows Media Player の機能を使用する」場合も DDP ファイル出力のためにプレイリスト上で曲間指定ができるようになっていますが、CD に焼く際にはプレイリストの曲間設定は反映されません。

エクスポート

エクスポートとは、ソフトからデータを書き出すことを指します。Sound it! 9では「プレイリスト」画面に「エクスポート」ボタンが用意されています。この「エクスポート」ボタンでは、複数の曲を指定したファイル形式で一括して保存することができます。なおエクスポートする際には、プレイリストで設定しているオートレベルやイコライザ、クロスフェードなどの情報が反映されます。

ここではエクスポートの手順を紹介します。

手順1 「エクスポート」ボタンをクリックすると「エクスポートトラック選択」画面が表示されます。

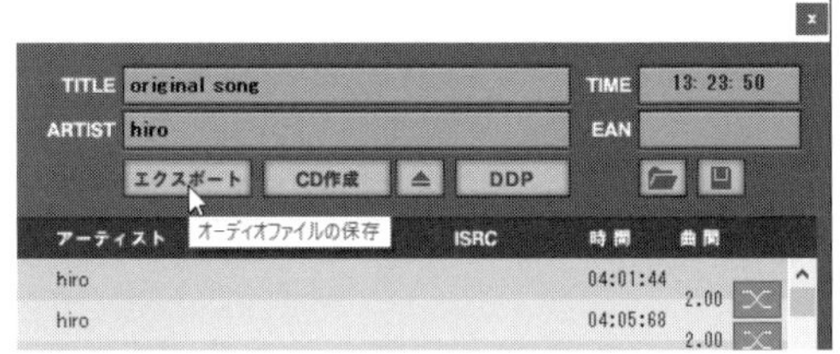

手順2 エクスポートしたいトラックのチェックボックスをクリックしてチェックを入れます。

ヒント 「全て選択」ボタンをクリックすると、すべてのチェックボックスにチェックが入ります。「全て解除」ボタンをクリックすると、すべてのチェックボックスのチェックが外れます。

手順3「保存先変更」ボタンをクリックすると、「フォルダの選択」画面が表示されます。保存先のフォルダを選択して「OK」ボタンをクリックします。

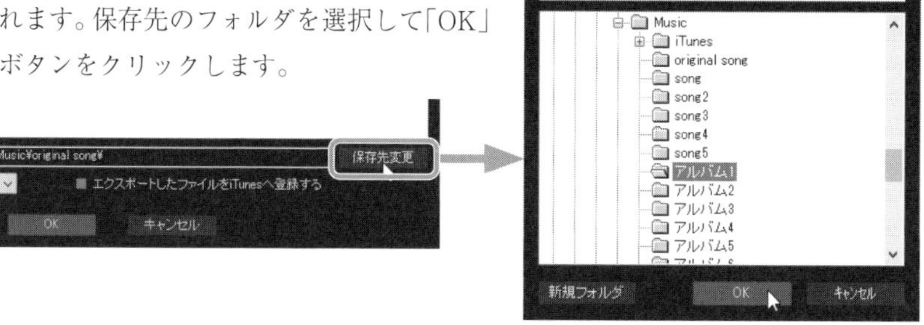

手順4「ファイルの種類」のプルダウンメニューから保存するファイル形式を選択します。今回は例としてWAV（*.wav）を選択します。

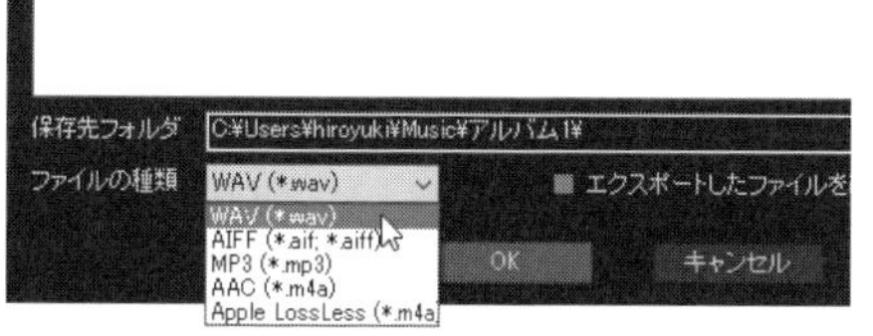

手順5「OK」ボタンをクリックすると、チェックをつけたトラックが指定したファイル形式でエクスポートされます。

ヒント

「エクスポートしたファイルをiTunesに登録する」にチェックを入れてエクスポートすると、エクスポートしたトラックがiTunesに登録されます。

エクスポートされたオーディオファイルは、iTunesの「Sound it!」というプレイリストにまとめられます。iTunesへエクスポートすることができるファイル形式は、AAC（*.m4a）、MP3（*.mp3）WAV（*.wav）、AIFF（*.aif/*.aiff）、Apple Lossless（*.m4a）になります。

Pro

DDP ファイルの書き出しと読み込み

DDP ファイルは複数のファイルが集まったファイルのセットになります。それぞれのファイルには音楽 CD を構成する楽曲名、テキスト情報、曲間などの情報が書き込まれています。CD プレスを業者にお願いするときに DDP ファイルが用いられます。Sound it! 9 はこの DDP ファイルの書き出しと読み込みに対応しています。

DDP ファイルの書き出し手順

DDP ファイルへの書き出しは、「プレイリスト」画面でおこないます。あらかじめ必要なオーディオファイルを読み込んでおきましょう。

手順 1 「DDP」ボタンをクリックして表示されるメニューから「Export」を選択すると、「フォルダの選択」画面が表示されます。

手順 2 保存するフォルダを選択して「OK」ボタンをクリックすると DDP ファイルが書き出されます。

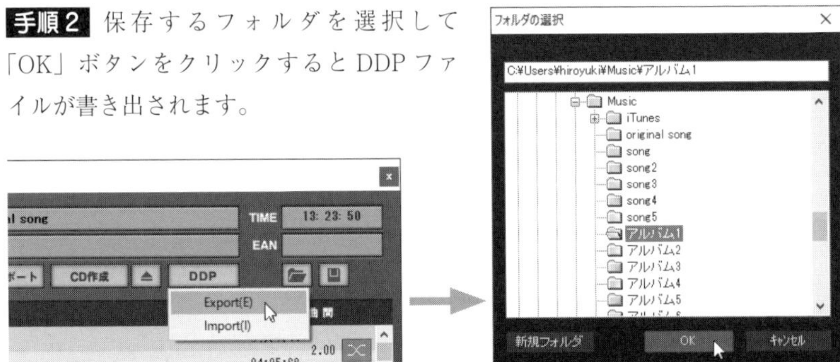

指定したフォルダ内に、エクスポートした「時間、分、秒」のサブフォルダが作成され、その中に各種 DDP ファイルが作成されます。

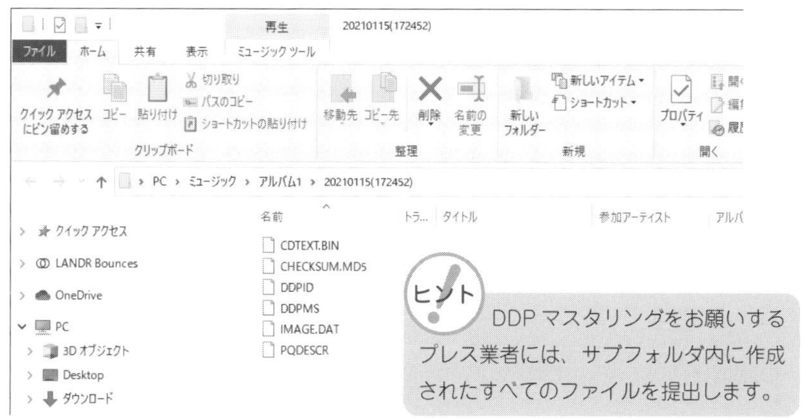

DDP ファイルの読み込み手順

DDP ファイルの読み込みも、「プレイリスト」画面でおこないます。読み込んだ DDP ファイルはオーディオファイルとして展開されます。

手順 1 「DDP」ボタンをクリックして表示されるメニューから「Import」を選択すると、「DDP ファイルの存在するフォルダ」画面が表示されます。

手順 2 読み込む DDP ファイルがあるフォルダを選択して「OK」ボタンをクリックします。

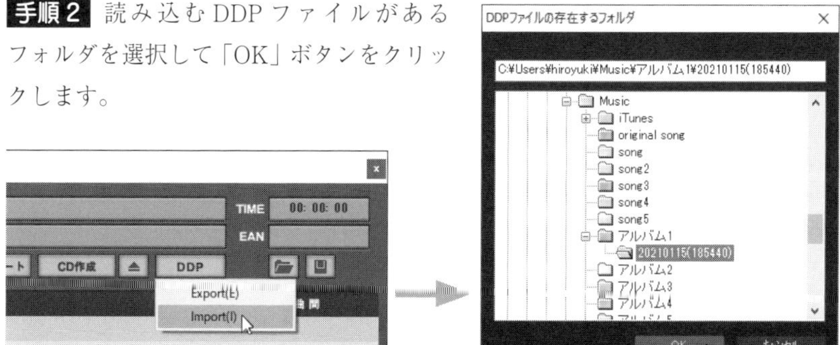

手順3「WAV ファイル書き出しフォルダ」画面が表示されます。

オーディオファイルを展開する場所を指定して「OK」ボタンをクリックすると DDP ファイルが読み込まれます。

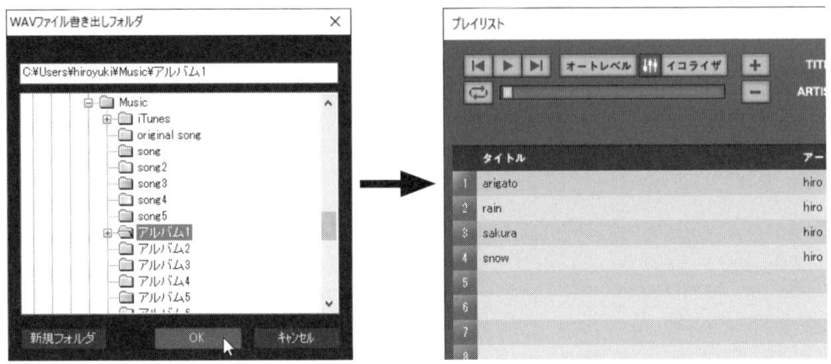

展開された WAV ファイルは、指定したフォルダに作成される「CDTitle（または Untitled）_（インポートした時間分秒）」のサブフォルダに保存されます。

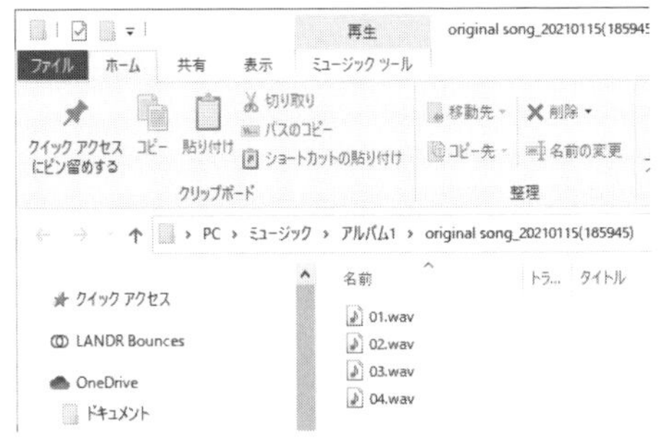

EAN と ISRC（Pro のみ）

EAN は 13 桁の商品識別コード、ISRC はオーディオレコーディング、音楽ビデオレコーディングの識別コードになります。EAN コードや ISRC コードを入力しておくと、DDP ファイルに書き出したときに反映されます。

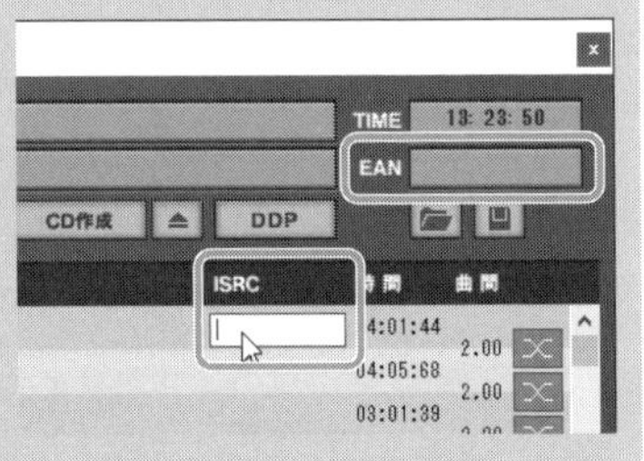

トラックリストの保存と読み込み

「プレイリスト」の内容をトラックリストとして保存することができます。保存したトラックリストは再びプレイリストに読み込むことができます。「プレイリスト」で編集した内容がすべて、トラックリストとして保存されます。再び同じ内容で CD を焼きたいときに再入力の手間が省けるので便利です。

トラックリストの保存方法

手順 1 「プレイリスト」画面の「トラックリストの保存」ボタンをクリックすると「トラックリストの保存」画面が表示されます。

手順 2 トラックリストを保存する場所を指定します。

手順 3 保存するファイルの名前を入力します。

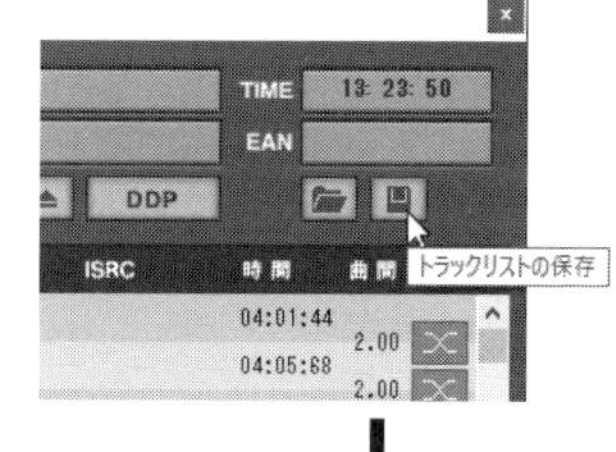

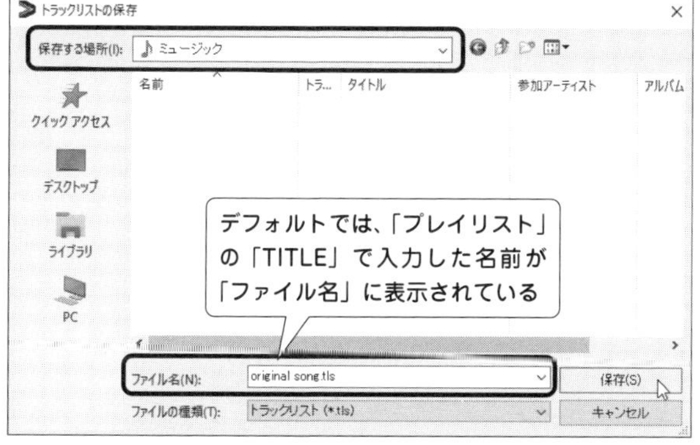

手順４ 「保存」ボタンをクリックすると、トラックリストが保存されます。

トラックリストの読み込み方法

手順１ 「トラックリストの読み込み」ボタンをクリックすると「トラックリストの読み込み」画面が表示されます。

手順２ トラックリストのファイルがあるフォルダを開きます。

手順３ 読み込みたいトラックリストをクリックして選択します。

読み込みたいトラックリストを選択

手順４ 「開く」ボタンをクリックすると、トラックリストが読み込まれます。

第 10 章
さまざまな便利機能

この章では Sound it! 9 の便利な機能を紹介します。

タイマー録音

Sound it! 9には「タイマー録音」といって、時刻を予約して録音する機能があります。タイマー録音では、録音の開始と終了の時刻を設定して録音をおこないます。

まずは確認してみましょう

パソコンで鳴る音をタイマー録音するには、オーディオポートの設定で選択したデバイスがLOOPBACK機能に対応している必要があります。

オーディオインターフェースをお使いの方は、オーディオインターフェースでLOOPBACK機能がONになるように設定します。詳しくは、お使いのオーディオインターフェースの取扱説明書でご確認ください。

Sound it! 9 Pro / Premiumに付属の「INTERNET ASIO-WASAPIドライバ」を使われる場合は第2章「パソコン搭載のオーディオ機能を使用する場合の設定」のヒント「「ASIO設定」画面」(39ページ)を参考にしてLOOPBACKを有効にしておきます。

Sound it! 9とYouTubeなどの動画を見るブラウザ（もしくはインターネットラジオを聞くアプリ）を同時に起動して、YouTubeなどの動画やインターネットラジオの音声がSound it! 9に入ってきているかどうかを確認しましょう。LOOPBACK機能が有効になっていれば、Sound it! 9のプレイパネルのレベルメーターが反応して音声が入ってきているのが確認できます。

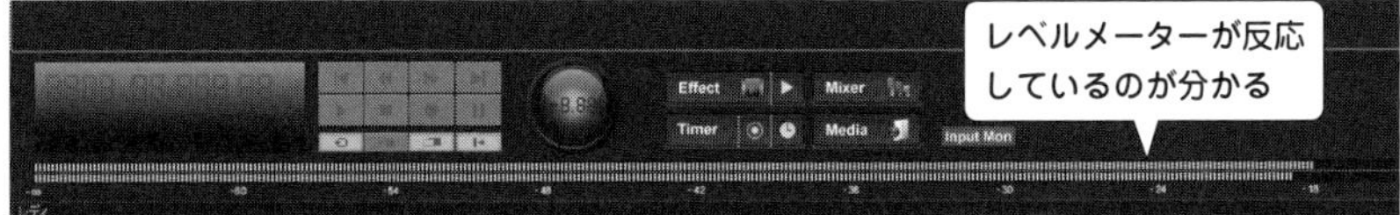

注意

普段は普通に YouTube やインターネットラジオの音が聞こえていたのに、Sound it! 9 を同時に起動すると音が聞こえなくなってしまう、ということがあります。これは Sound it! 9 とパソコンで同じデバイスを選択しているのに、それぞれ違うサンプリングレートを設定していると起こります。

Sound it! 9 の「オーディオポートの設定」画面で ASIO のデバイスを選択したときに表示される「ASIO 設定」画面で、「デバイスを常に以下のサンプリングレートで使用する」のチェックを外してみましょう。これでパソコン側で設定しているサンプリングレートとそろいます。

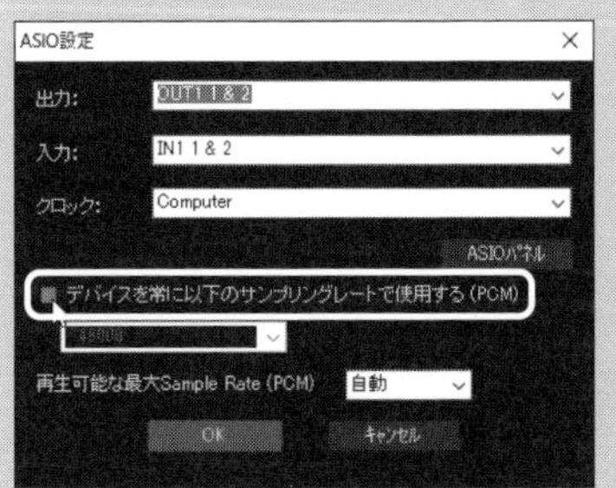

もしそれでもうまくいかない場合は、Sound it! 9 と YouTube などの動画を見ていたブラウザ（インターネットラジオの場合はラジオのアプリ）を一度閉じて、パソコンのサウンド設定で Sound it! 9 側と同じデバイス（LOOPBACK 機能に対応している）が選択されているかどうか、またサンプリングレートはいくつに設定されているかを確認してみましょう。

オーディオインターフェースを使用している場合は、一度オーディオインターフェースの USB を抜いてつなぎなおしてみると、オーディオインターフェースのほうがリセットされて直ることがあります。その後で Sound it! 9、YouTube を見るブラウザやラジオのアプリを再起動してやりなおしてみましょう。

タイマー録音の手順

タイマー録音の実際の手順を紹介します。

手順1 メニューバーの「演奏」から「タイマー録音」を選択するとタイマー録音画面が表示されます。

ヒント

プレイパネルの「タイマー録音」ボタンをクリックしても表示されます。

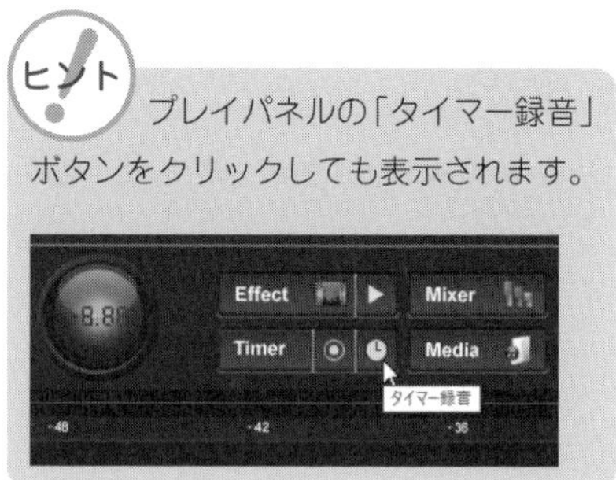

手順2 録音開始時刻で日付と時刻を設定します。

手順3 「自動停止時刻」にチェックを入れ、録音を終了する日付と時刻を設定します。

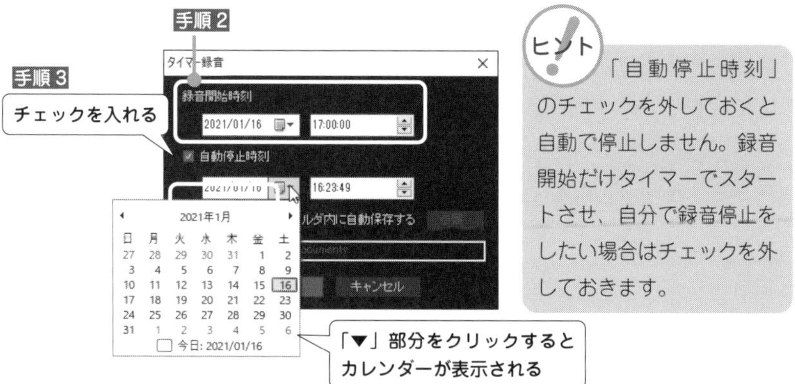

ヒント

「自動停止時刻」のチェックを外しておくと自動で停止しません。録音開始だけタイマーでスタートさせ、自分で録音停止をしたい場合はチェックを外しておきます。

手順4 「停止時以下のフォルダ内に自動保存する」にチェックを入れます。

ヒント

録音の終了時刻を指定する場合は「停止時以下のフォルダ内に自動保存する」にチェックを入れ録音したものが自動で保存されるようにしておくと安心です。自動保存したくない場合はチェックを外しておきましょう。

手順 5 「参照」ボタンをクリックすると「フォルダの選択」画面が表示されます。

ヒント 「停止時以下のフォルダ内に自動保存する」にチェックを入れると「参照」ボタンがクリックできるようになります。

手順 6 録音したものを保存しておくフォルダを指定して「OK」ボタンをクリックします。

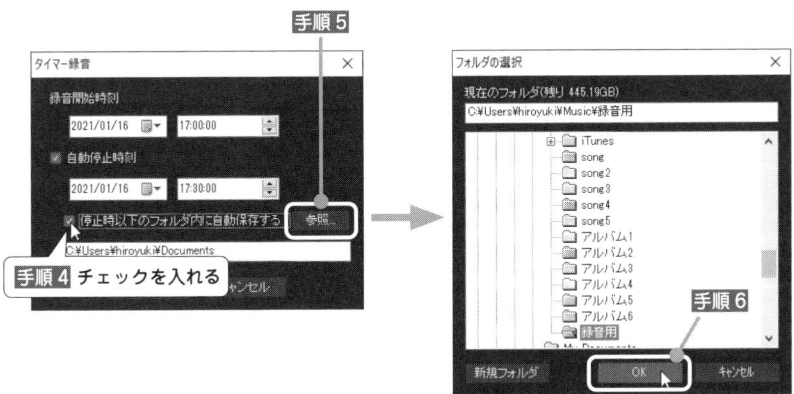

ヒント 自動保存されるデータは WAV 形式、「SITimerRec_」の後ろに保存時の「年月日（時分秒）」が記されたファイル名で保存されます。

手順 7 「開始」ボタンをクリックすると「オーディオファイルの新規作成」画面が表示されます。

手順 8 録音のフォーマットを確認して「OK」ボタンをクリックします。

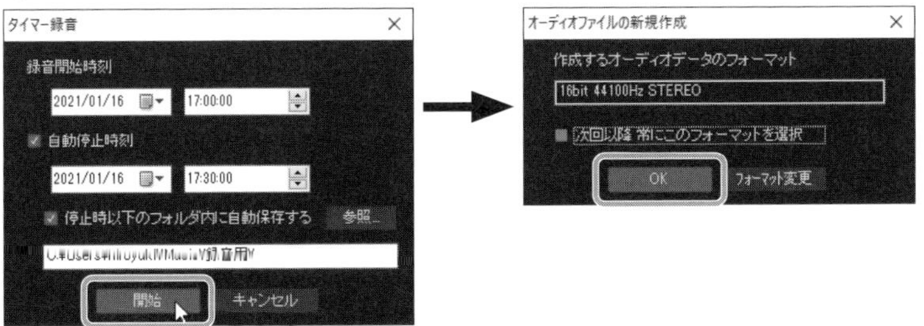

フォーマットを変更したい場合

「オーディオファイルの新規作成」画面で「フォーマット変更」ボタンをクリックすると「フォーマット設定」画面が表示され、フォーマットの設定ができます。

また「次回以降常にこのフォーマットを選択」にチェックを入れておくと、次回も同じフォーマットが選択されます。

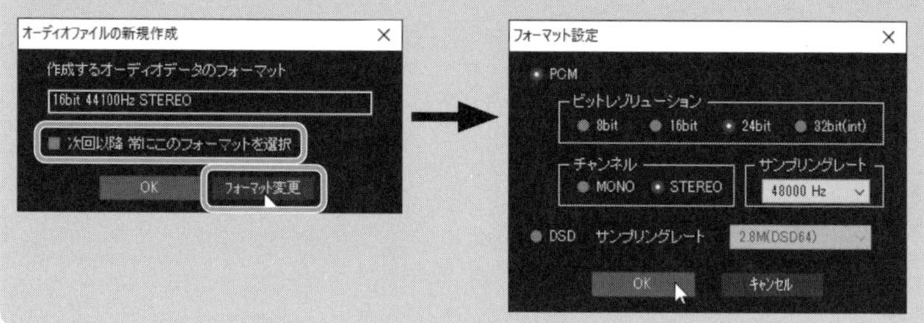

「タイマー録音待機中」という画面が表示されたらタイマー録音のセットが完了です。

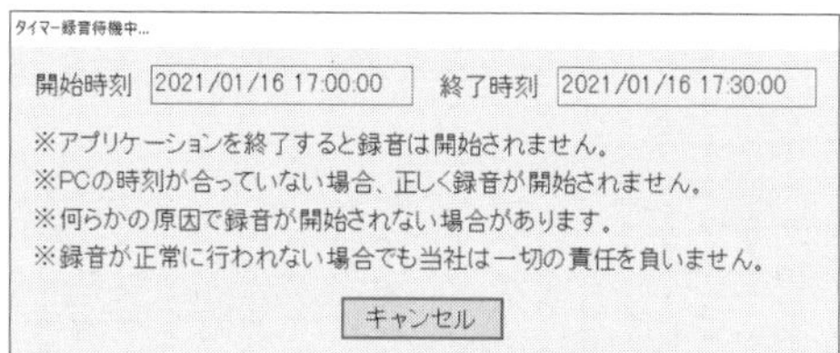

ヒント

タイマー録音をする際は、事前にお使いのパソコンの環境下でタイマー録音がきちんと動作するかどうか、テストして確認しておくことをオススメします。録音開始時間と終了時間を現在の時刻に近い時間で短く設定すれば、録音時の挙動を実際に目で見ながら確認できます。

設定した時刻になり録音がスタートすると、このような画面になります。

録音終了後は

自動保存をする設定にしている場合

録音が終了すると、「〜●●● .wav を保存しました。」という画面が表示されます。「OK」ボタンをクリックすると画面が閉じます。sound it! 9 にオーディオ波形などは表示されません。

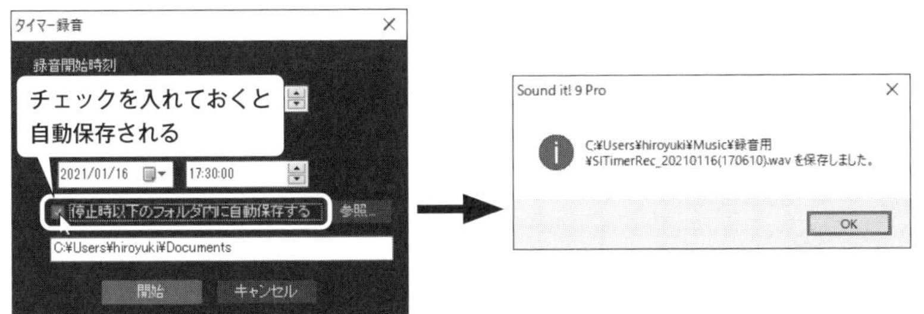

自動保存をしない設定にしている場合

録音が終了すると、ウェーブエディタ上に録音した波形が表示されます。

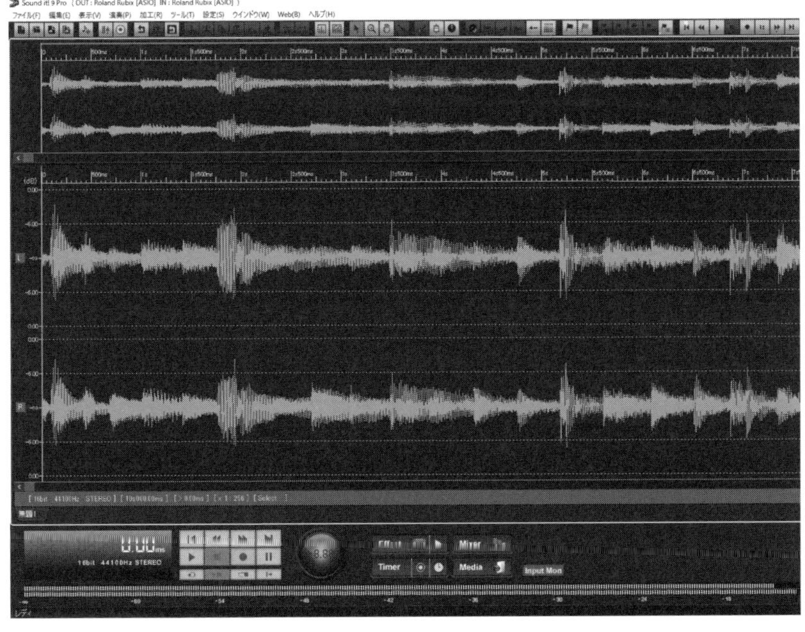

録音時に波形を描画する

録音時にリアルタイムに波形を描画したい場合は、「オプション」画面の「録音 / 再生」で設定することができます。「オプション」画面は、メニューバーの「設定」から「オプション」を選択すると表示されます。「録音 / 再生」をクリックして選択し、「録音時に波形描画を行う」にチェックを入れます。

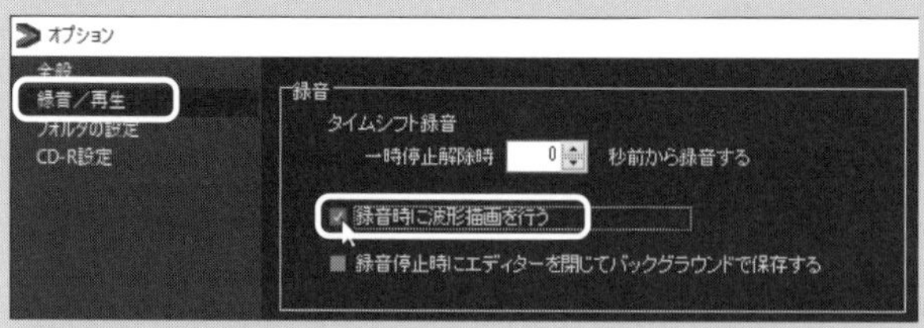

「適用」ボタンをクリックすると画面を閉じずに設定が反映され、続けて他の設定もすることができます。「OK」ボタンをクリックすると設定が反映されると同時に「オプション」画面が閉じます。

タイマー録音を中止するには

タイマー録音を中止したい場合は「タイマー録音待機中」画面の「キャンセル」ボタンをクリックします。「タイマー録音待機中」画面が閉じてタイマー録音が中止されます。

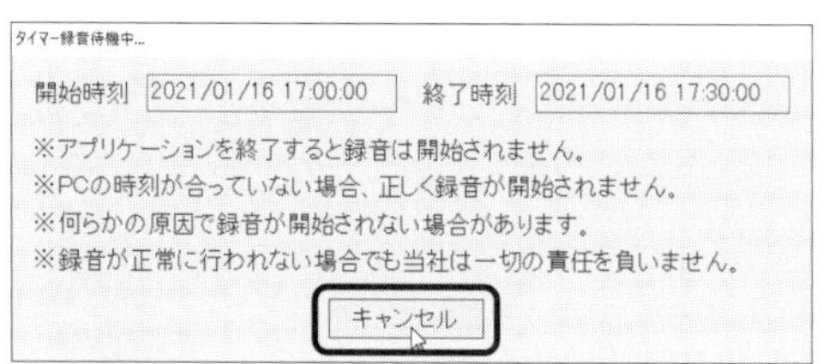

注意

Sound it! 9 を起動中は、Windows で設定しているパワーセーブなどの省電力設定は無効になります。

編集中のオーディオデータのフォーマットを変更する

ウェーブエディタで開いているオーディオデータのフォーマットを変更することができます。

手順 1 現在のオーディオフォーマットを確認します。エディットウィンドウ下の青いステータスバーに表示されています。

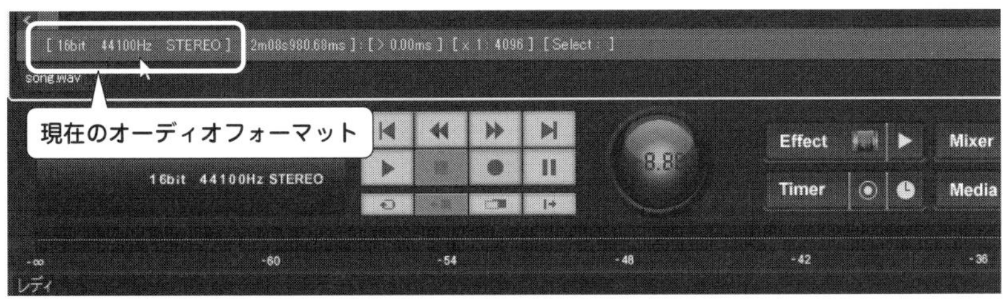

手順 2 メニューバーの「加工」から「フォーマット変更」を選択すると「フォーマット変更」画面が表示されます。

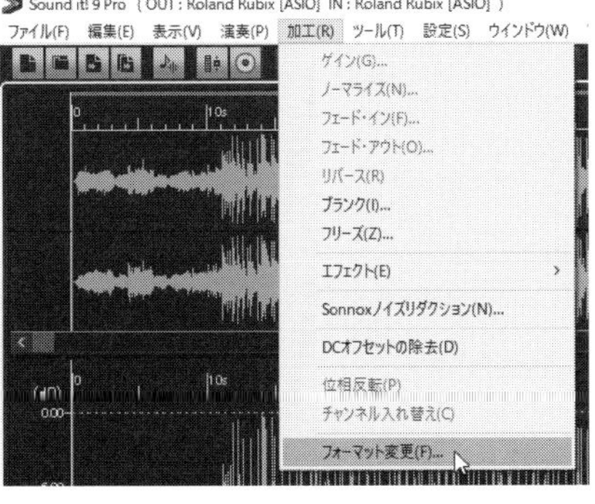

手順3「ビットレゾリューション」欄でビットを選択します。

手順4「チャンネル」欄でチャンネル（MONO／STEREO）を選択します。

手順5「サンプリングレート」のプルダウンメニューからサンプリングレートを選択します。

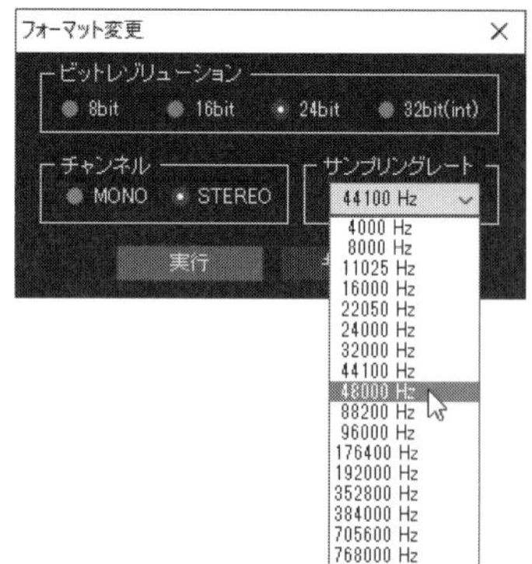

手順6「実行」ボタンをクリックするとフォーマットが変更されます。

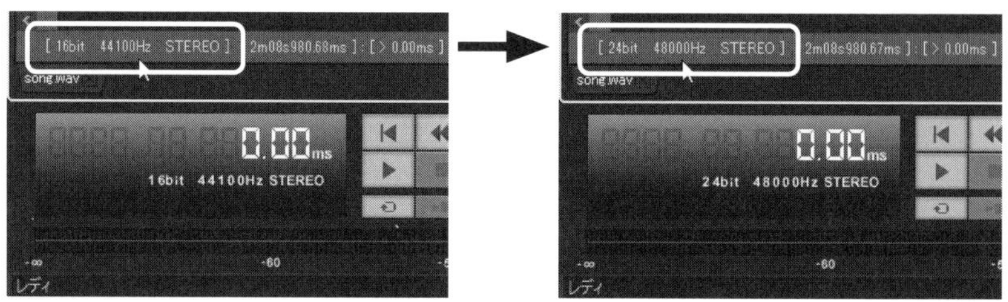

ヒント STEREOのオーディオデータをMONOに変更するとウェーブエディタに表示される波形もモノラルに変わります。

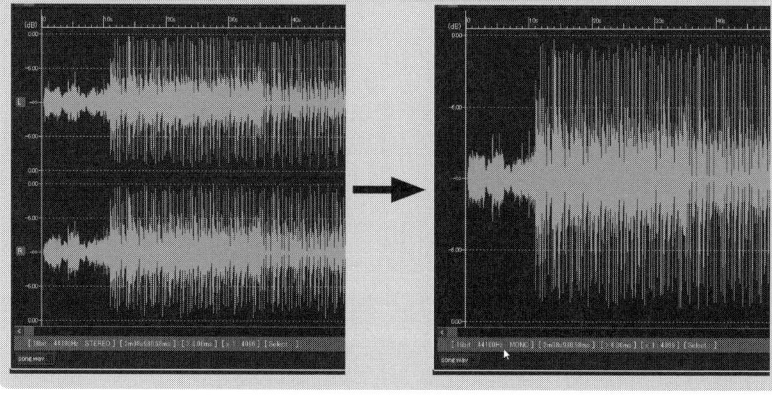

Pro　Premium

コントロール入力でボリュームやパンを変化させる

ディスプレイウィンドウ上にボリュームやパンの情報を書き込んでコントロールすることができます。

ディスプレイウィンドウ上に表示されるボリュームやパンのラインに、エンベロープポイントという点を入力していきます。ボリュームやパンのラインは入力されたエンベロープポイントの点から点へつながるように変化します。エンベロープポイントを細かく入力することでボリュームやパンのラインをコントロールすることができます。

エンベロープポイントの入力手順

手順1　ツールバーの「Volume」ボタンまたは「Pan」ボタンをクリックして点灯させます。

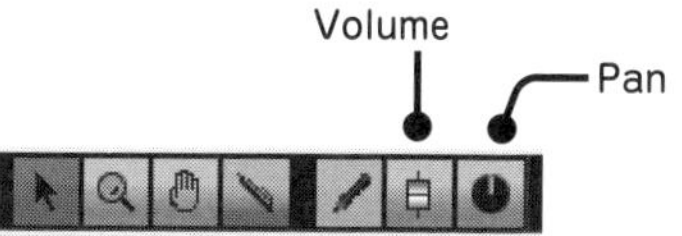

ディスプレイウィンドウの左側にルーラーが表示され、波形の上にはコントロールできるラインが表示されます（次ページ図参照）。

序章 第1章 第2章 第3章 第4章 第5章 第6章 第7章 第8章 第9章 第10章 索引

「Volume」ボタン点灯時　　「Pan」ボタン点灯時

手順2 ツールバーの「コントロール入力カーソル」ボタンをクリックして点灯させます。

手順3 例として「Volume」のコントロール情報を入力してみます。

ディスプレイウィンドウ上にマウスカーソルを移動させるとペンの形になります。その状態でクリックするとエンベロープポイントが追加されます。

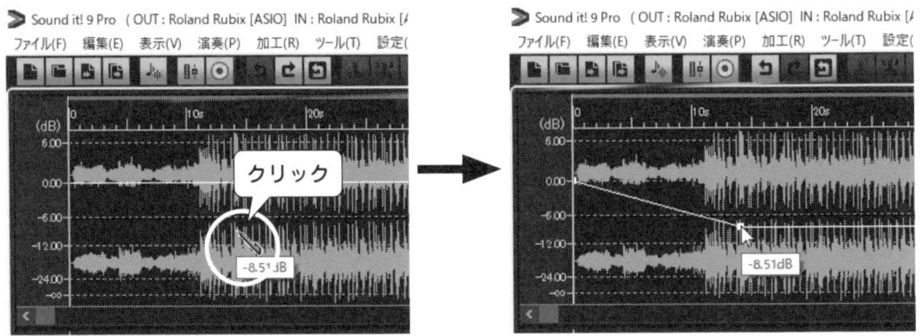

手順4 続けてクリックすることでエンベロープポイントを追加することができます。

エンベロープポイントの移動

手順 1 ツールバーの「エディットカーソル」ボタンをクリックして点灯させます。

手順 2 エンベロープポイントをドラッグすることで位置が変更できます。

エディットカーソル

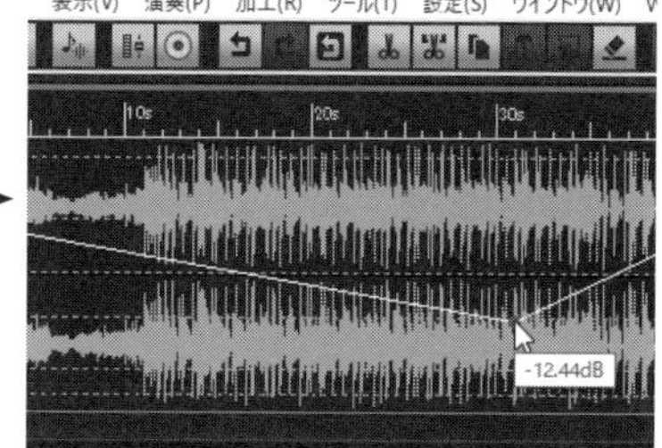

ヒント

パソコンのキーボードの Shift キーを押しながらドラッグすると縦軸を固定した状態で横軸を移動させたり、横軸を固定した状態で縦軸を移動させたりができます。

複数のエンベロープポイントを一括して変更するには

手順 1 複数のエンベロープポイントをマウスでドラッグして選択します。

手順 2 選択されたエンベロープポイントの 1 つをドラッグすることで、選択されているエンベロープポイントを同じ間隔で一緒に変更できます。

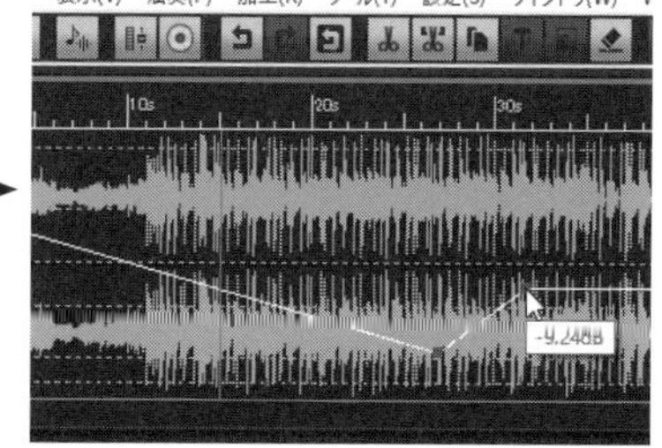

エンベロープポイントの削除

手順1 ツールバーの「エディットカーソル」ボタンをクリックして点灯させます。

手順2 エンベロープポイントをクリックして選択、またはドラッグして範囲選択します。

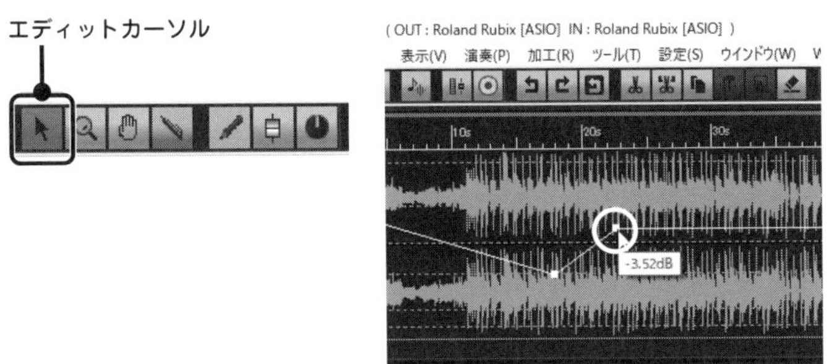

手順3 メニューバーの「編集」から「消去」を選択すると選択したエンベロープポイントを削除できます。

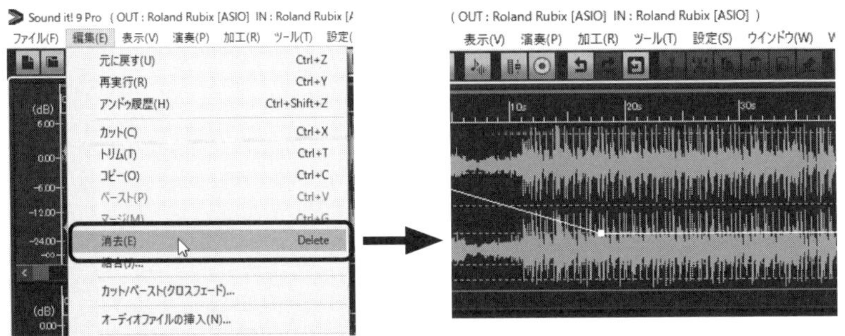

パソコンのキーボードの **Delete** キーを押しても削除できます。

エンベロープポイントのコピー&ペースト

手順1 ツールバーの「エディットカーソル」ボタンをクリックして点灯させます。

エディットカーソル

手順2 エンベロープポイントをクリックして選択、またはドラッグして範囲選択します。

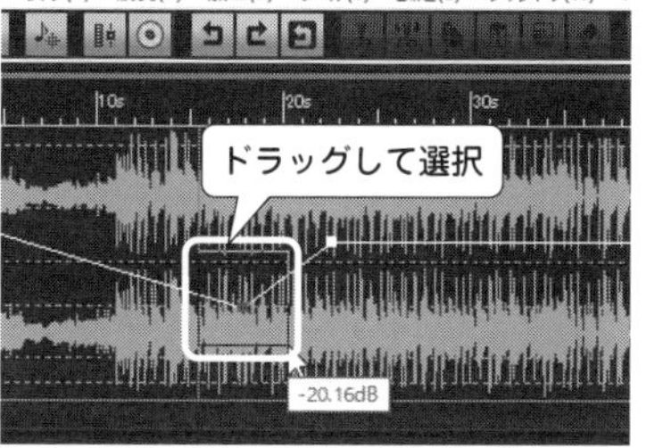

手順3 メニューバーの「編集」から「コピー」を選択するとコピーされます。

手順4 ディスプレイウィンドウ上の貼り付けたい位置をクリックしてカーソルを移動させます。

手順5 メニューバーの「編集」から「ペースト」を選択します。

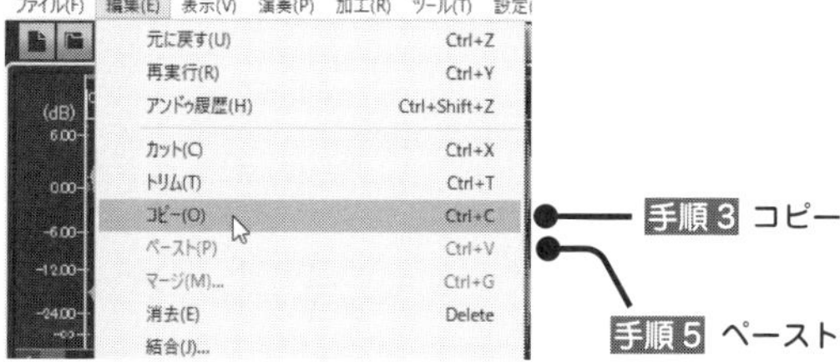

ヒント
【ショートカット】パソコンの入力モードが半角英数の状態で、「コピー」は Ctrl + C、「ペースト」は Ctrl + V。または右クリックして表示されるメニューからも選択できます。

するとカーソル位置にエンベロープポイントがペーストされます。

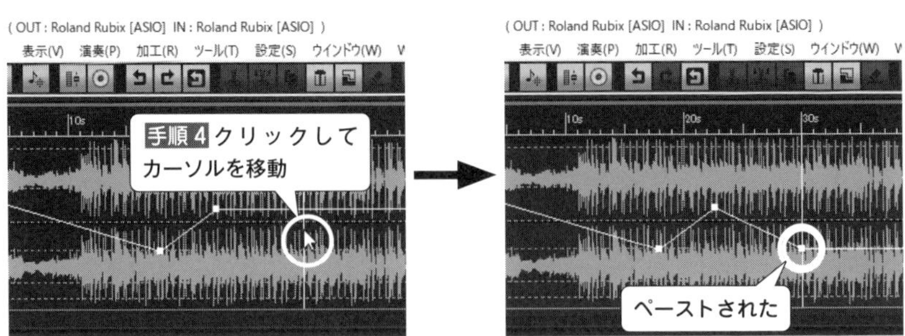

ヒント
エンベロープポイントをドラッグ＆ドロップすると移動になりますが、Ctrlキーを押しながらドラッグ＆ドロップすると、移動元のエンベロープポイントはそのまま残り、ドロップしたところにコピーされます。

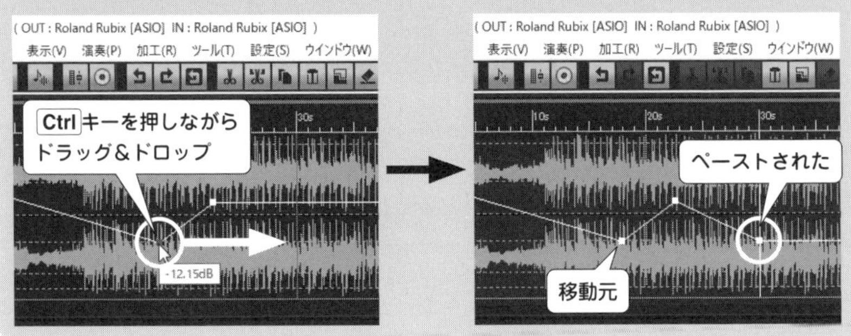

ヒント
同様の手順で、メニューバーの「編集」から「カット」や「トリム」などもおこなうことができます。

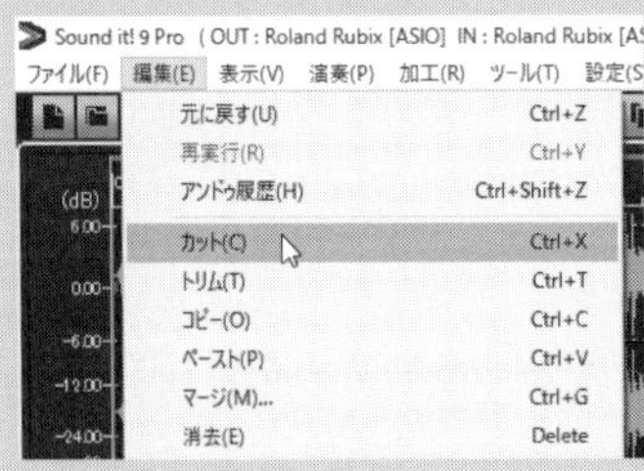

「カット」

「カット」を実行すると、選択したエンベロープポイントがカットされます。カットしたエンベロープポイントは、「ペースト」で、カーソル位置に貼り付けることができます。

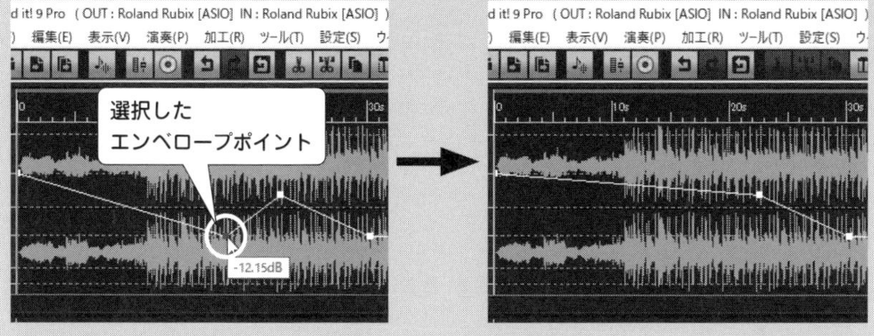

「トリム」

「トリム」を実行すると、選択したものと先頭位置のものを残して、他のエンベロープポイントがすべて削除されます。

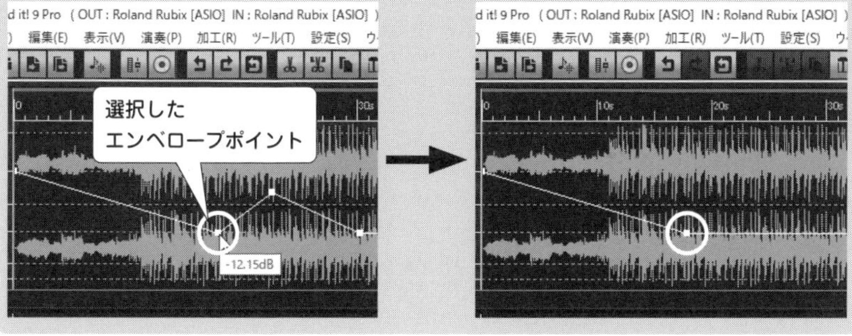

Pro Premium

スペクトル表示で選択した周波数領域のゲインを変更する【新機能】

ウェーブエディタに表示されている波形はスペクトル表示することもできます。スペクトル表示は時間ごとに周波数のレベルを色分けして表したものです。スペクトル表示では周波数の範囲を選択して、その選択した範囲のゲインを編集することができます。

ウェーブエディタが波形表示のときは選択した範囲に含まれるすべての周波数の音がゲイン変更の対象になりますが、スペクトル表示では選択した範囲のさらに指定した周波数の音だけでゲインを変更することができます。

手順1 メニューバーの「表示」から「スペクトル表示」を選択するとウェーブエディタがスペクトル表示になります。

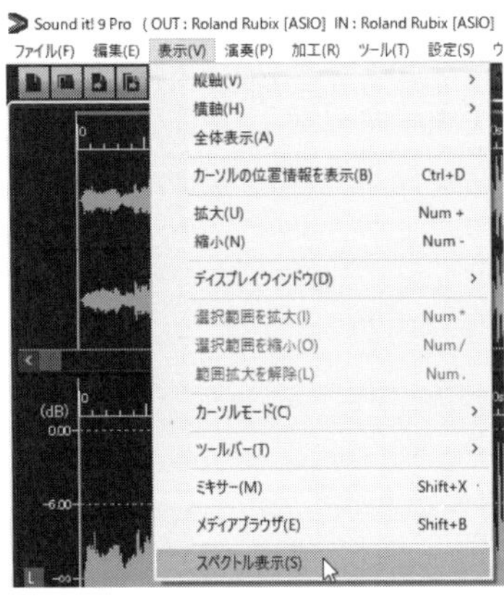

もう一度選択すると
波形表示に戻る

手順2 ステレオデータの場合は選択するチャンネルを指定します。

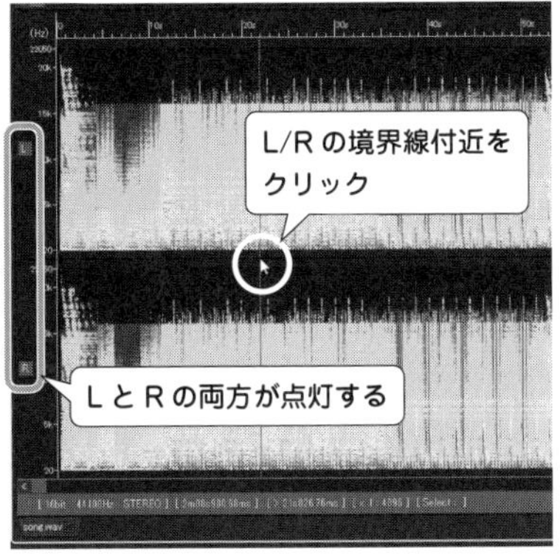

L/R 両チャンネルを選択する

エディットウィンドウの Lch と Rch の境界線付近をクリックすると Lch と Rch の両方（ステレオ）が選択できます。

Lch または Rch だけを選択する

エディットウィンドウの上段、もしくは下段の位置にマウスを移動させるとマウスカーソルが「L」や「R」で表示されます。その位置でクリックすることで Lch もしくは Rch だけ選択できます。

Lch を選択する場合

手順3 エディットウィンドウ上でゲインを変更したい範囲をドラッグして選択します。

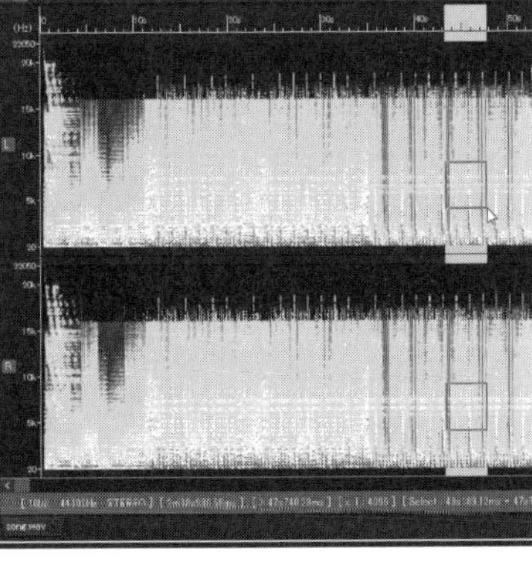

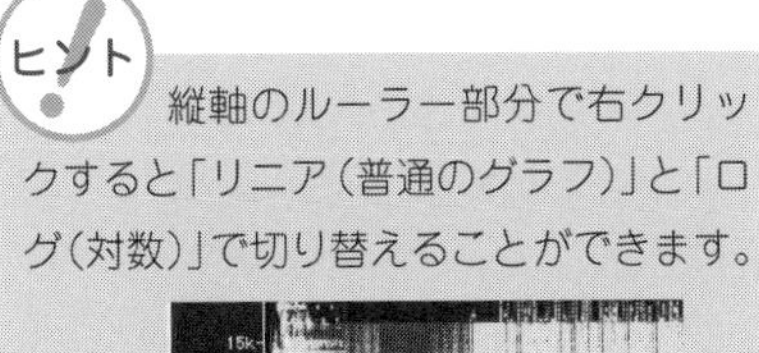

縦軸のルーラー部分で右クリックすると「リニア（普通のグラフ）」と「ログ（対数）」で切り替えることができます。

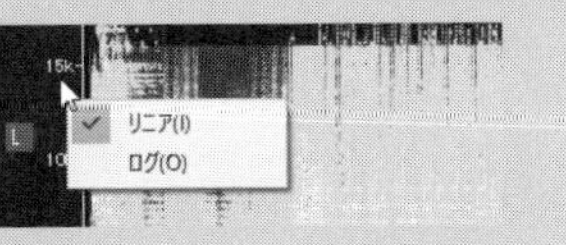

手順 4 メニューバーの「加工」から「ゲイン」を選択すると「ゲイン」画面が表示されます。

右クリックして表示されるメニューからも選択できます。

手順 5「ゲイン指定」欄で増減させるゲインの量を設定します。

手順 6「周波数」欄で「範囲指定」が選択されていることを確認します。

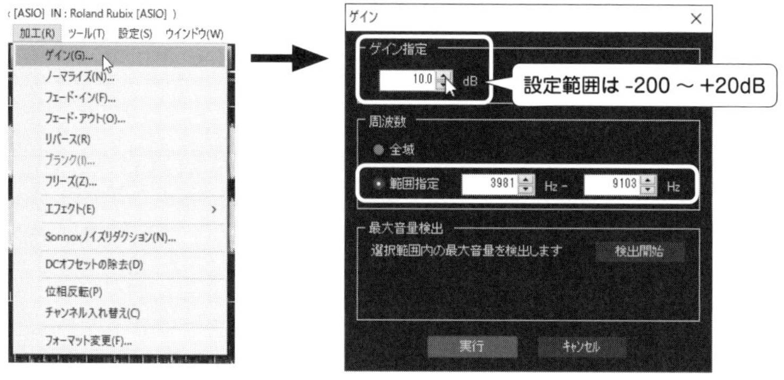

手順 7「実行」ボタンをクリックするとゲインが変更されます。

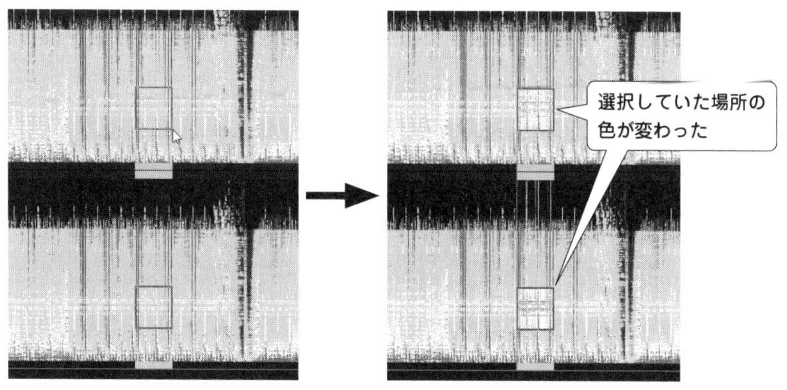

オーディオデータから BPM（テンポ）を検出する【新機能】

ウェーブエディタで開いているオーディオデータの BPM を自動で検出することができます。楽曲の BPM を調べたいときに便利な機能です。

BPM とは

音楽ソフトではテンポのことを BPM といいます。BPM は Beats Per Minute の略で、1 分間の拍数を表しています。たとえば BPM が 120 の楽曲は、1 分間に 120 拍カウントする速さで演奏されます。

手順 1　メニューバーの「表示」から「横軸」→「拍子」を選択して、ウェーブエディタの横軸に拍子を表示します。

手順 2　メニューバーの「表示」から「横軸」→「拍子設定ウィンドウ」を選択すると「拍子設定」画面が表示されます。

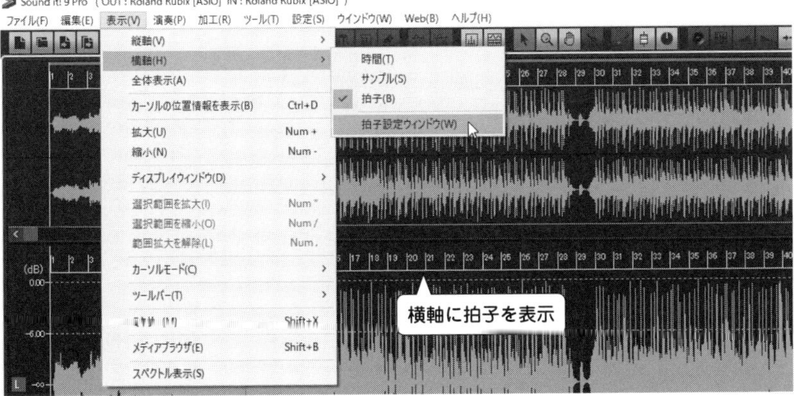

手順 3 「自動検出」ボタンをクリックします。

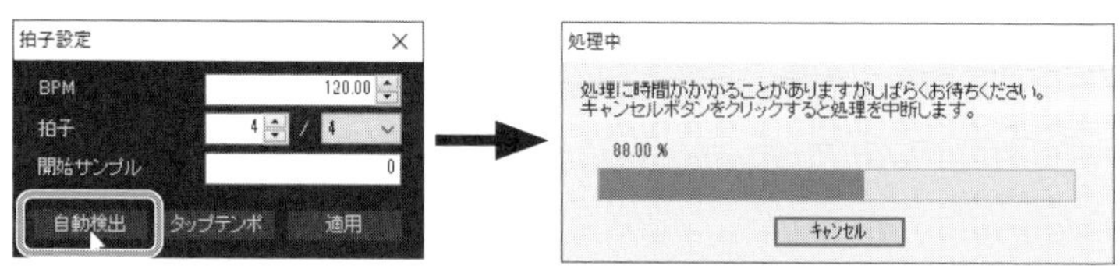

注意 検出されるのは BPM だけです。拍子は検出されません。

手順 4 「BPM」欄に検出された BPM が表示されます。

「適用」ボタンをクリックすると、ウェーブエディタの横軸に表示されている拍子に反映されます。

手順 5 「拍子設定」画面右上の「×」をクリックして「拍子設定」画面を閉じます。

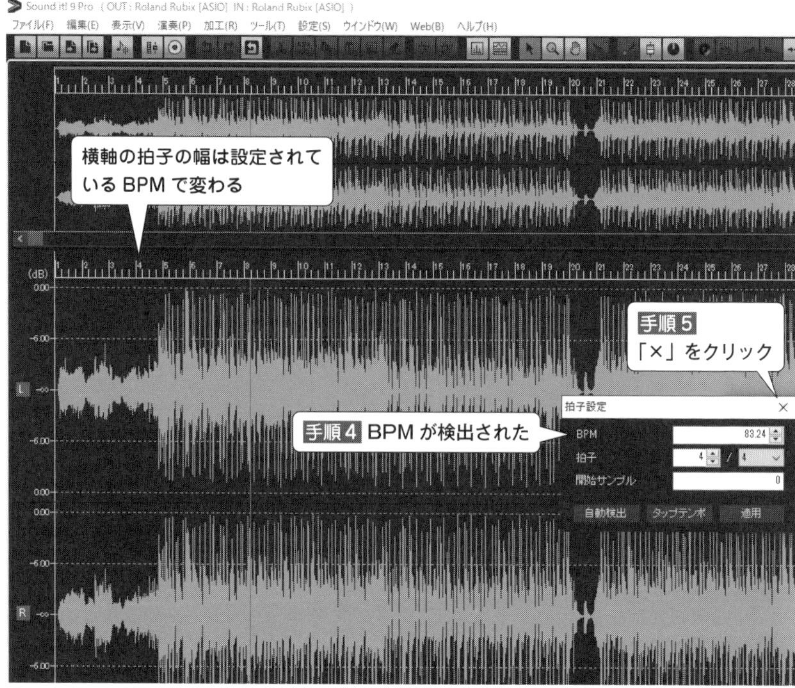

データをドラッグして範囲選択した状態で「自動検出」すると、選択した範囲のデータから BPM が検出されます。1 つのウェーブエディタに複数の曲が録音されているとき、その中の 1 つの曲だけを範囲選択して BPM を調べたり、また曲の一部分の BPM を調べたい場合などに利用できます。

ヒント

タップテンポ

「拍子設定」画面の「タップテンポ」ボタンをクリックすると「タップテンポ」画面が表示されます。

「PLAY」ボタンをクリックして曲を再生させながら、拍に合わせて「TAP」ボタンをクリックすると、「テンポ」欄にクリックした間隔から平均的なテンポが表示されます。

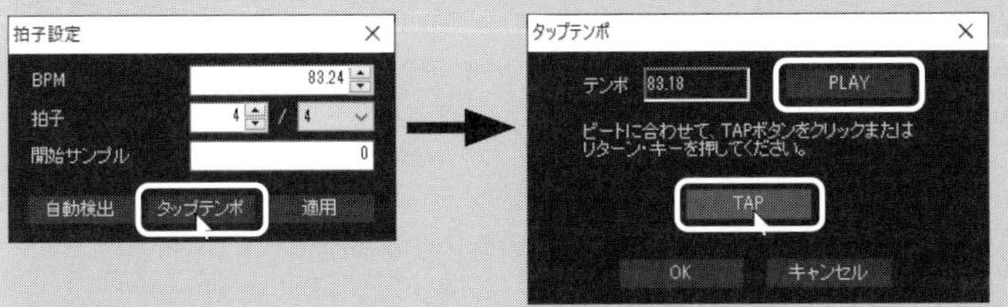

おおよそのテンポがわかったら「TAP」ボタンをクリックするのをやめ、「PLAY」ボタンをクリックして再生しているデータを停止します。

「OK」ボタンをクリックすると「拍子設定」画面に戻り、「BPM」欄に「タップテンポ」画面で表示されていたテンポが表示されます。

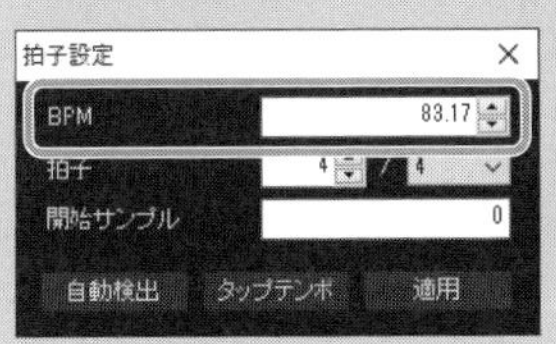

Pro　Premium

DSD ファイルの録音、読み込み、保存

Sound it! 9 は Pro と Premium で DSD ファイルを取り扱うことができます。DSD フォーマットのネイティブ録音や、DSD ファイルをネイティブ再生するには（Pro のみ）、DSD ネイティブ録音、再生に対応したオーディオインターフェース（AD/DA コンバータ）と ASIO ドライバが必要になります。

DSD ファイルとは

DSD は Direct Stream Digital（ダイレクト・ストリーム・デジタル）の略で、高音質なオーディオフォーマットになります。よく見かけるデジタル音源のフォーマットに PCM 方式がありますが、DSD ファイルは DSD 方式というものが用いられているオーディオファイルになります。PCM 方式と DSD 方式では音の記録の仕方が変わってきます。

PCM 方式はサンプリング周波数と量子化ビット数で波形を数値化したものです。たとえば音楽 CD などでは 44.1kHz、16bit となっています。量子化ビット数はダイナミックレンジ（音量の大小の違いを何段階で記録するか）を決める値で、大きくすることで音量の大小（抑揚）をより細かく再現できるようになります。

一方で DSD 方式はサンプリング周波数が 2.8MHz、5.6MHz になり、量子化ビット数は 1bit で固定されています。PCM 方式に比べてサンプリング周波数が大きくなるので記録できる音の解像度も高くなります。また PCM 方式がマルチビット（16bit や 24bit など）でアナログの音声をデジタルで記録するのに対して DSD 方式では 1 ビットで固定になり、デジタルデータの ON と OFF を並べてその切り替えの粗密で音声を記録しています。

DSD のフォーマットには DSF（*.dsf）、DSDIFF（*.dff）、WSD（*.wsd）の 3 種類があります。

対応フォーマット

2.8M（DSD64）/ 5.6M（DSD128）
11.2M（DSD256）/ 3.072M / 6.144M / 12.288M（保存に対応しているのは Pro のみ）

DSD64、DSD128、DSD256 は DSD のサンプリングレートが、44.1KHz の 64 倍、128 倍、256 倍を意味しています。

Pro

DSD ファイルを録音する

DSD フォーマットのネイティブ録音ができます。リアルタイムデコードをおこなうため、録音時のレベルメーター表示や波形表示も可能です。

DSD フォーマットのネイティブ録音をおこなうには、DSD ネイティブ録音に対応したオーディオインターフェース（AD/DA コンバータ）と ASIO ドライバが必要です。

既存のファイルの途中から録音することはできません。新規ファイルにのみ録音できます。

手順 1 メニューバーの「ファイル」→「新規作成」を選択すると「オーディオファイルの新規作成」画面が表示されます。

手順 2 「フォーマット変更」ボタンをクリックすると、「フォーマット設定」画面が表示されます。

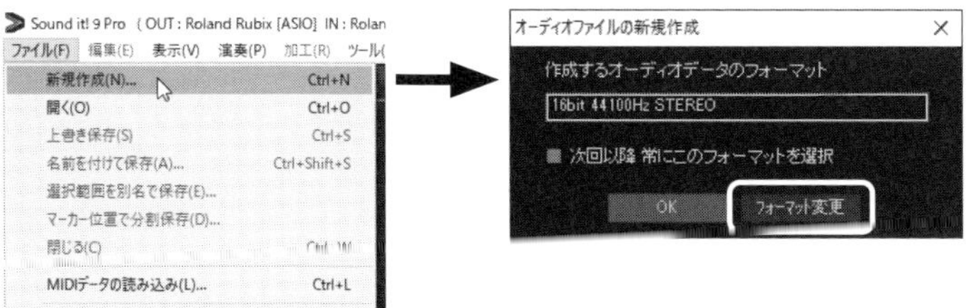

手順 3 「DSD」をクリックして選択し、サンプリングレートを選択します。

手順 4 「OK」ボタンをクリックすると「フォーマット設定」画面が閉じます。

手順 5 手順3で選択したフォーマットが表示されているのを確認して、「OK」ボタンをクリックするとウェーブエディタが開きます。

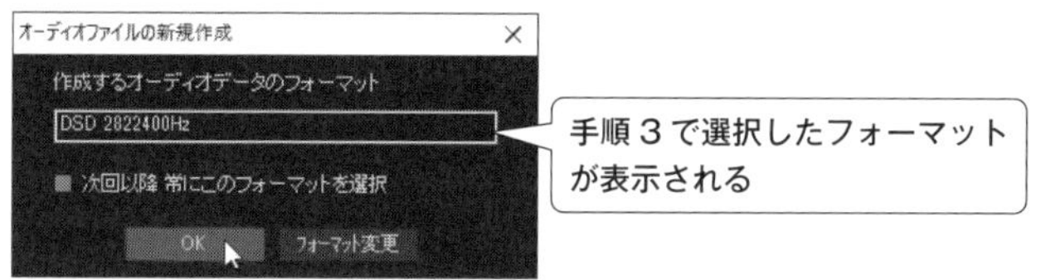

手順 6 プレイパネルの「録音」ボタンをクリックして録音を開始します。

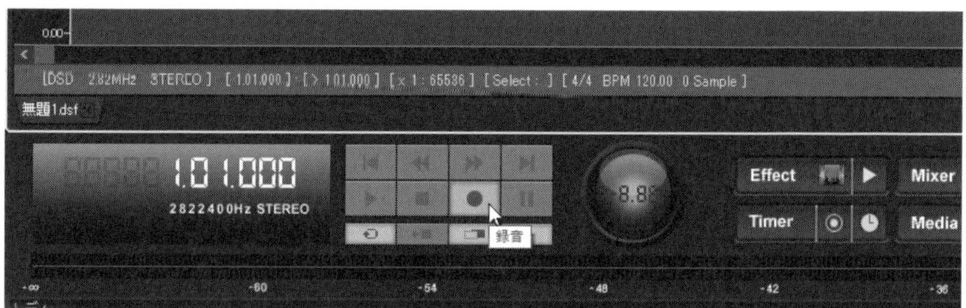

手順 7 録音が終わったらプレイパネルの「停止」ボタンをクリックして録音を終了します。

録音の準備などは第 4 章「パソコンへ録音する 1 ～ 4」を参照ください。

Pro　Premium
DSD ファイルの読み込み

Sound it! 9 Pro では DSD ファイルの読み込み時に DSD ファイルのまま読み込んで再生（ネイティブ再生）するか、PCM に変換するかが指定できます。Sound it! 9 Premium では読み込んだ DSD ファイルは常に PCM に変換されます。

手順 1 メニューバーの「ファイル」から「開く」を選択すると「オーディオファイルの読み込み」画面が表示されます。

手順 2 DSD ファイルをクリックして選択し、「開く」ボタンをクリックします。

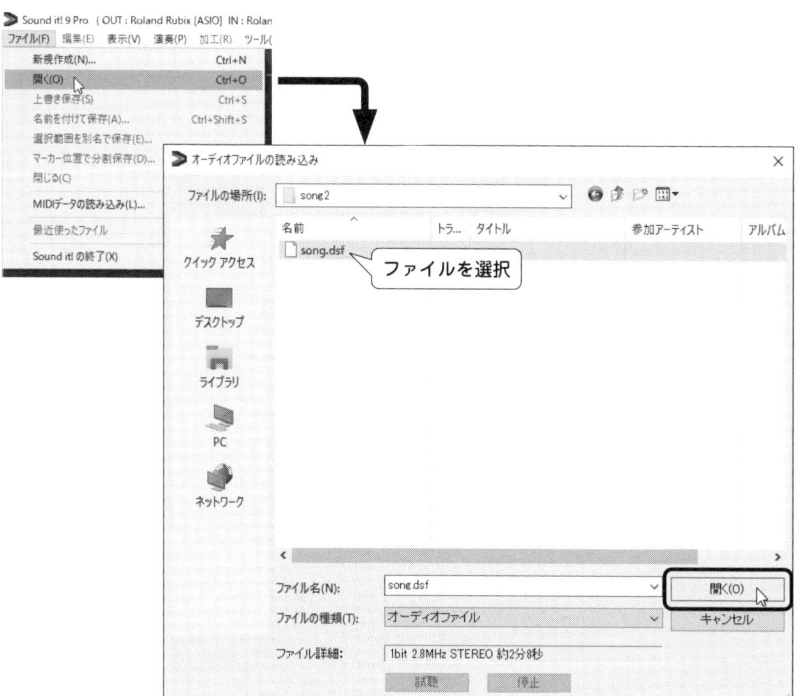

Premium の場合

Sound it! 9 Premium では PCM に変換されてファイルが読み込まれます。

Pro の場合

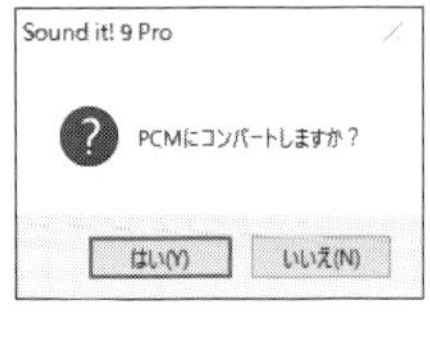

Sound it! 9 Pro では「PCM にコンバートしますか？」という画面が表示されます。

「いいえ」をクリックすると DSD がそのまま読み込まれます。

「はい」をクリックすると「デコードするフォーマット」画面が表示されます。
ビット・レゾリューションとサンプリングレートを選択して「OK」ボタンをクリックすると PCM に変換されて読み込まれます。

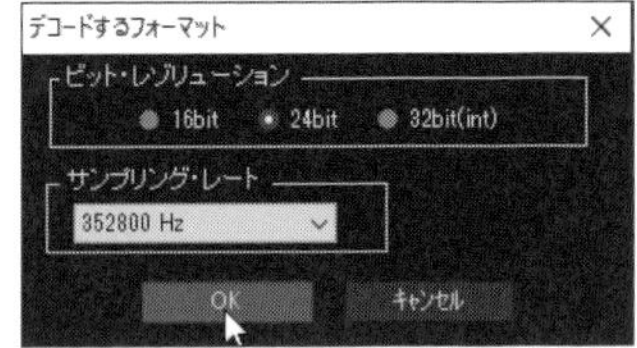

DXD ファイル Pro

量子化ビット数（ビットレゾリューション）が 24bit 以上で、サンプリング周波数（サンプリングレート）が 352800Hz 以上の PCM 音源を DXD（Digital eXtreme Definition の略）ファイルと呼びます。DXD ファイルは高解像度のデータなので DSD ファイルを編集する際に用いられます。Sound it! 9 では Pro が DXD ファイルに対応しています。

Sound it! 9 Pro で DSD ファイルを PCM に変換して読み込む際には DXD ファイルのクオリティ（24bit、352800Hz 以上）で変換することをオススメします。

DSD ファイルを編集するには

Sound it! 9 Pro では DSD ファイルを DSD ファイルのまま読み込むことができます。ただし DSD ファイルのままでは操作できることに制限があります。たとえば加工や編集がおこなえなかったり、ミキサー、周波数アナライザが表示できなかったり、ジョグダイヤル、オートメーション、マーカーが使用できなかったりします。

もし DSD ファイルの加工や編集をおこないたい場合は、DSD ファイルを読み込むときに PCM フォーマットに変換する必要があります。その際に 24bit、352800Hz 以上のクオリティ（DXD ファイル）にすることで音質を落とさずに編集ができます。編集が終わったら再び DSD ファイルで保存しましょう。

DSD フォーマットでネイティブ録音をした際には一度 DSD ファイルで保存したあと、PCM に変換して読み込みなおし編集作業をしましょう。

Pro　Premium

DSD ファイルの保存

録音した DSD ファイルを DSD ファイルとして保存することができます。また DSD ファイル形式でないファイルも、DSD ファイルとして保存することができます。

手順 1 メニューバーの「ファイル」から「名前を付けて保存」を選択すると「名前を付けて保存」画面が表示されます。

手順 2 ファイルを保存する場所を指定します。

手順 3 「ファイル名」欄に保存するファイルの名前を入力します。

手順 4 「ファイルの種類」欄から DSD Audio（*.dsf、*.dff、*.wsd）を選択します。

手順 5「保存」ボタンをクリックするとファイルが保存されます。

ヒント

DSD 形式以外のファイルを DSD ファイルで保存する場合はビットレートの設定ができます。

「名前を付けて保存」画面で「ビットレート設定」ボタンをクリックすると「フォーマット指定」画面が表示されます。「サンプリング周波数 (MHz)」のプルダウンメニューからサンプリング周波数を選択します。

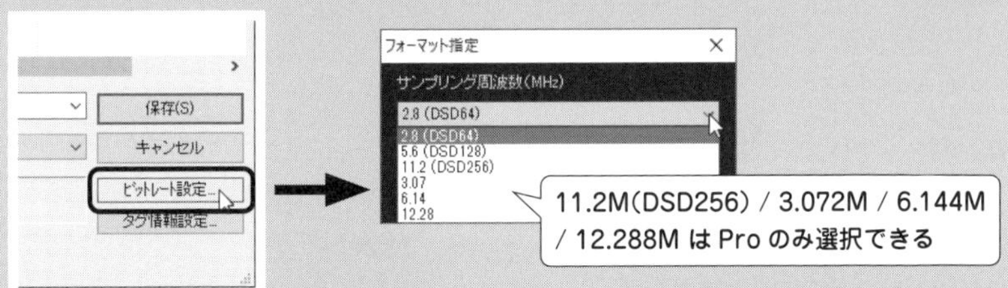

「OK」ボタンをクリックすると「フォーマット指定」画面が閉じます。

選択したサンプリング周波数は「名前を付けて保存」画面でも確認できます。

ヒント

DSD 形式以外のファイルを DSD ファイルで保存する場合や、DSD ファイルを DSD 形式以外のファイルで保存する場合、「保存」ボタンをクリックするとこのような画面が表示されます。

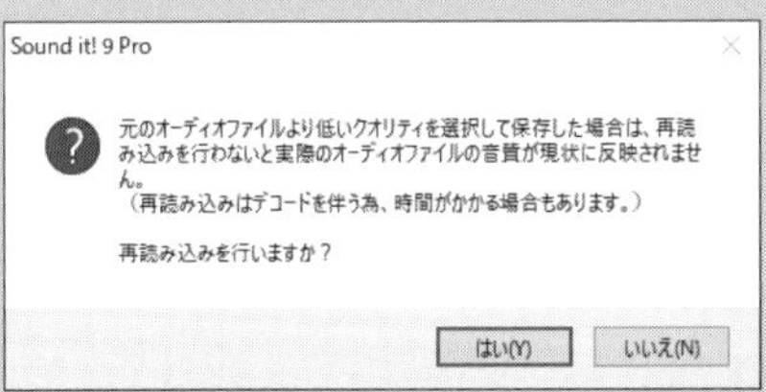

「はい」をクリックすると再読み込みをします。「いいえ」をクリックすると現在のフォーマットのまま作業を続けます。

メディアブラウザを使って目的のファイルを探す

オーディオファイルを読み込む際にメディアブラウザを使ってファイルを探すと、目的のファイルにすばやくアクセスできます。ファイルリストには Sound it! 9 で開けるファイルだけが表示され、試聴しながら選択することができます。ファイルのフォーマットやサイズなども確認できるので、ファイルを探す際にとても役に立ちます。

ここではメディアブラウザを使ってファイルを読み込む手順を紹介します。

手順 1　メニューバーの「表示」から「メディアブラウザ」を選択するとメディアブラウザが表示されます。

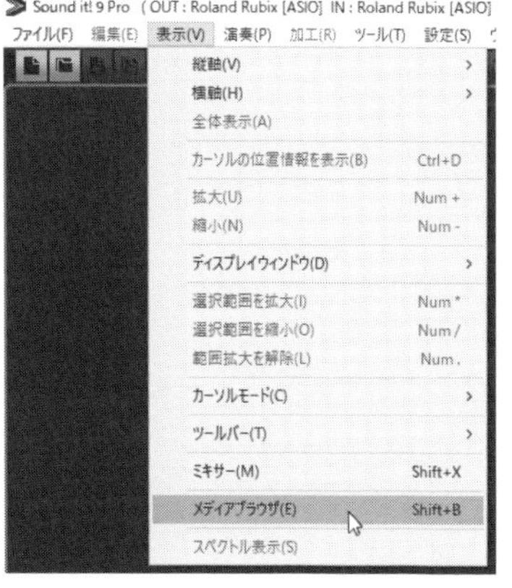

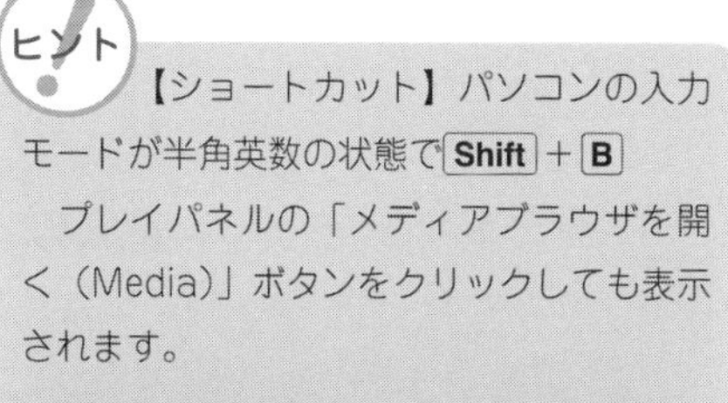

ヒント

【ショートカット】パソコンの入力モードが半角英数の状態で Shift + B

プレイパネルの「メディアブラウザを開く（Media)」ボタンをクリックしても表示されます。

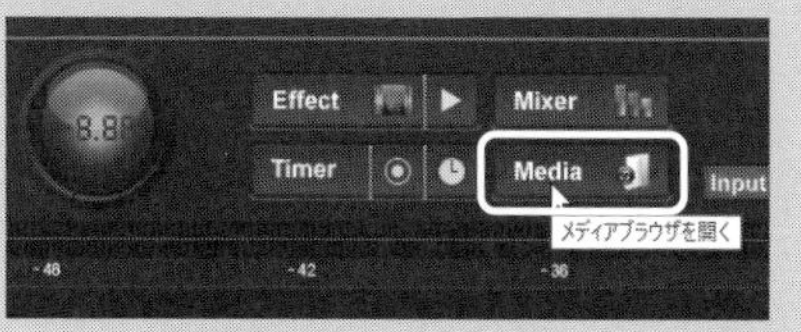

ヒント

メディアブラウザは画面の上段、下段、左側、右側にドッキングして表示することができます。ドッキング表示については、「メディアブラウザをドッキング表示する方法」（67 ページ）を参照してください。

手順2 オーディオファイルがあるフォルダを選択すると、右側の画面（ファイルリスト）に Sound it! 9 で読み込めるファイルが表示されます。

手順3 目的のオーディオファイルをクリックして選択します。

手順4 「試聴」ボタンをクリックして試聴します。もう一度クリックすると停止します。

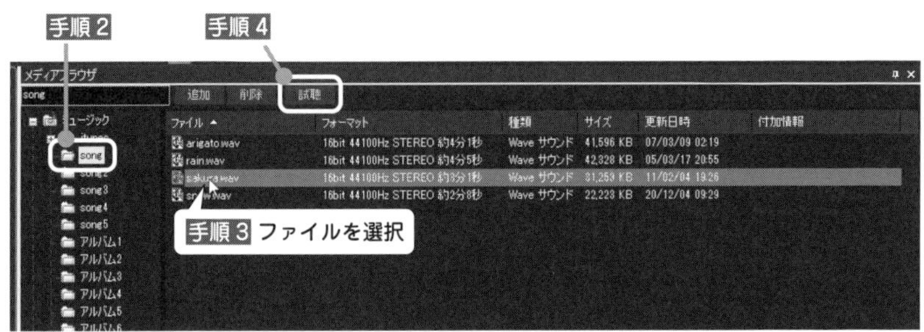

手順5 オーディオファイルをメディアブラウザの画面外にドラッグ＆ドロップするとウェーブエディタで開きます。

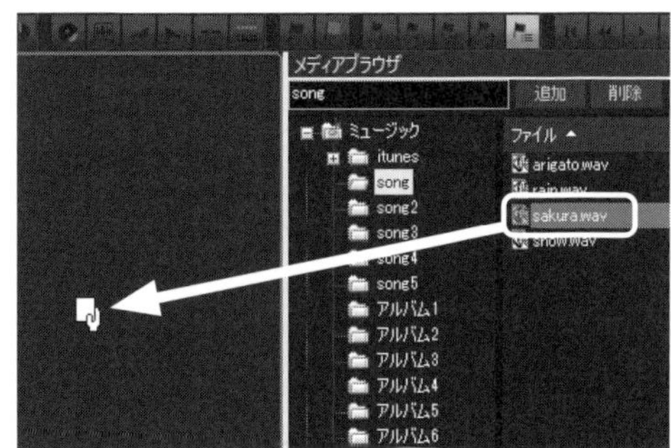

ヒント

フォルダを選択後、「追加」ボタンをクリックするとよく使うフォルダのリストに追加されます。リストのフォルダ名を選択することでそのフォルダをすばやく開くことができます。

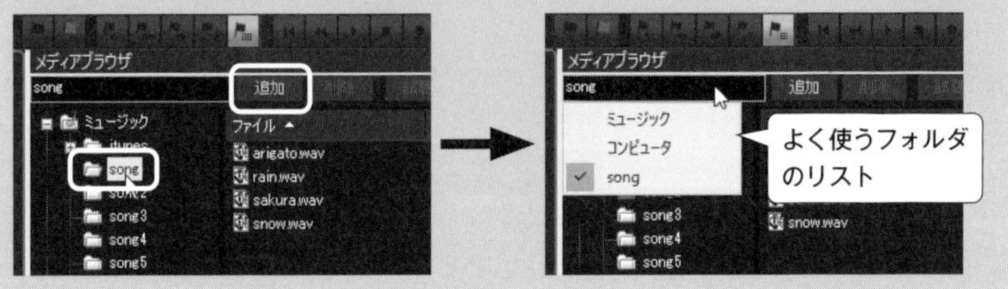

複数のファイルのファイル形式を一括で変換する（バッチ処理）

バッチ処理は、指定したフォルダ内にある複数のオーディオファイルに対してゲインやフォーマット、ファイル形式などを一括して変更できる機能になります。

ここでは例として、バッチ処理を使って複数のファイルのファイル形式を一括して変換する手順を紹介します。

ヒント

バッチ処理が可能なファイル形式は以下になります。

WAV（*.wav）、MP3（*.mp3）、AAC（*.m4a）、3GPP（*.3gp）、3GPP2（*.3g2）、Ogg Vorbis（*.ogg）、NeXT/Sun（*.au/*.snd）、AIFF（*.aif/*.aiff）
PCM Raw Data（*.raw/*.pcm）、Soundit File（*.siw）、FLAC（*.flac）
Apple Lossless（*.m4a）
Pro **Premium** のみ　DSD Audio（*.dsf/*.dff/*.wsd）

手順 1 メニューバーの「ツール」から「バッチ処理」を選択すると「バッチ処理」画面が表示されます。

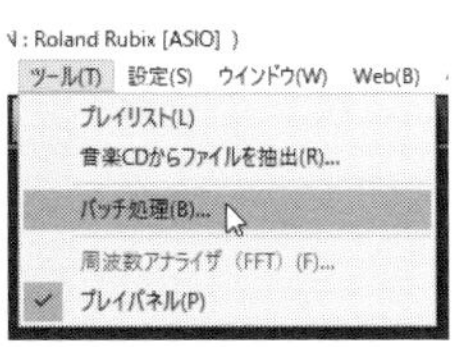

手順 2 「機能」欄からバッチ処理をおこないたいものを選択します。今回は「ファイル変換」をクリックして選択します（次ページ図参照）。

バッチ処理が可能な機能

ゲイン…音量を調整する
ノーマライズ…ノーマライズをかけて音量を調整する
オートレベル…音楽 CD に最適な音量に調整する

フォーマット変更…ファイルのフォーマットを変更する
フェードイン…フェードイン処理をする
フェードアウト…フェードアウト処理をする
ファイル変換…ファイル形式を変更する
以下は **Pro** **Premium** のみ
ミキサーのエフェクトを反映…ミキサーの Insert に設定したエフェクトを反映する
DC オフセットの除去…DC オフセットを除去する

手順 3 「←追加」ボタンをクリックすると、「ファイル変換」画面が表示されます。

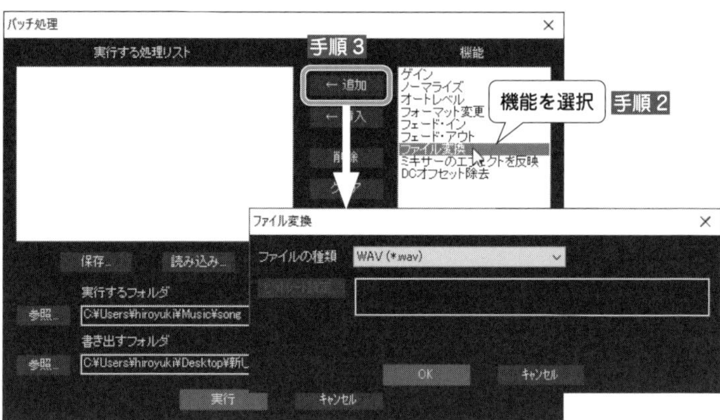

ヒント

ここで表示される画面は「機能」欄で選択したもので変わります。たとえば、「ゲイン」を選択するとこのような画面が表示されます。

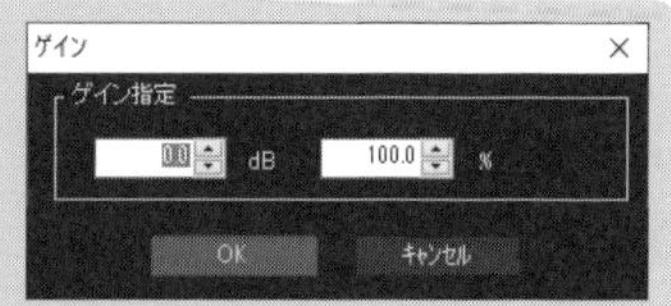

手順 4 「ファイルの種類」のプルダウンメニューから変換したいファイルの種類を選択します。

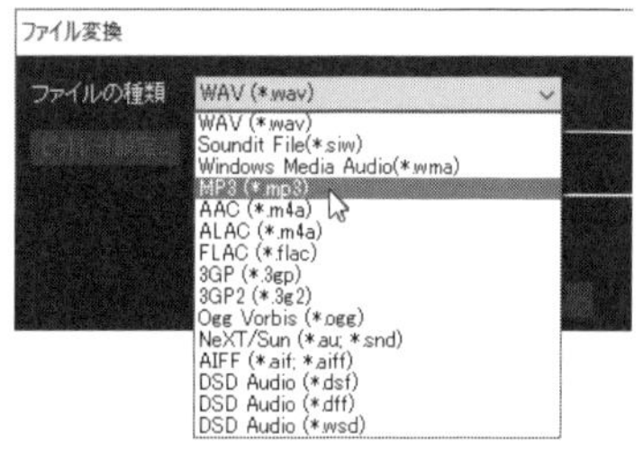

ヒント

「ファイルの種類」で「MP3」を選択した場合はビットレートの設定もできます。

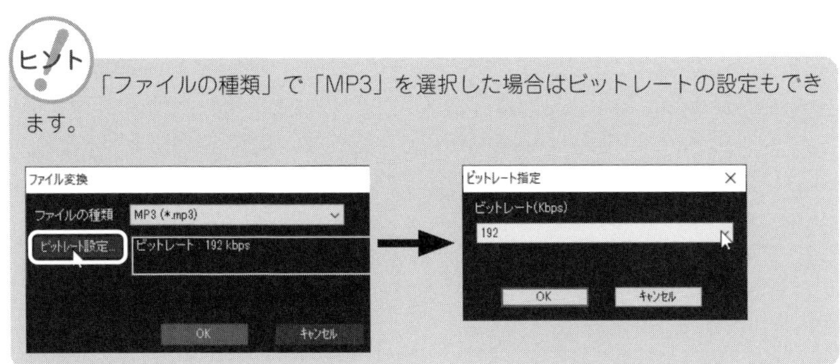

手順 5「OK」ボタンをクリックすると「ファイル変換」画面が閉じ、「バッチ処理」画面左側の「実行する処理リスト」に選択したものが表示されます。

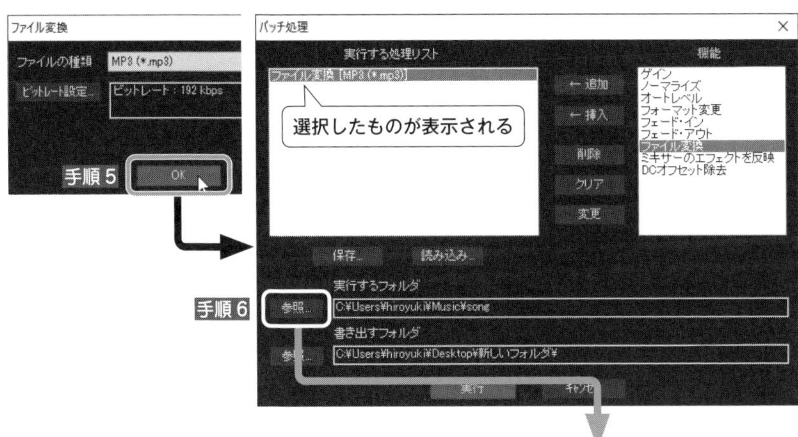

手順 6「実行するフォルダ」の「参照」ボタンをクリックすると「フォルダの選択」画面が表示されます。

手順 7　変換したいファイルがあるフォルダを選択して「OK」ボタンをクリックすると「フォルダの選択」画面が閉じ、「バッチ処理」画面に選択したフォルダの場所が表示されます。

手順 8 「書き出すフォルダ」も同様に指定します。

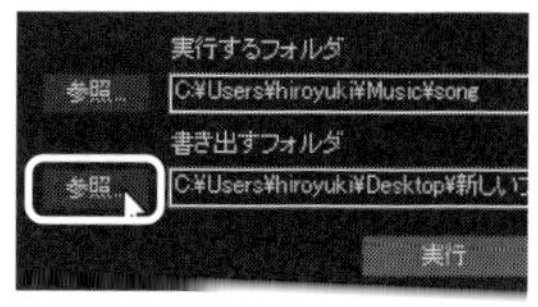

「参照」ボタンをクリックすると「フォルダの選択」画面が表示されるので、バッチ処理後のファイルを書き出すフォルダを選択して「OK」ボタンをクリックすると、「フォルダの選択」画面が閉じます。

手順 9 「バッチ処理」画面に選択したフォルダの場所が表示されていることを確認したら、「実行」ボタンをクリックします。

「バッチ処理」画面が閉じ、バッチ処理が実行されファイルが変換されます。

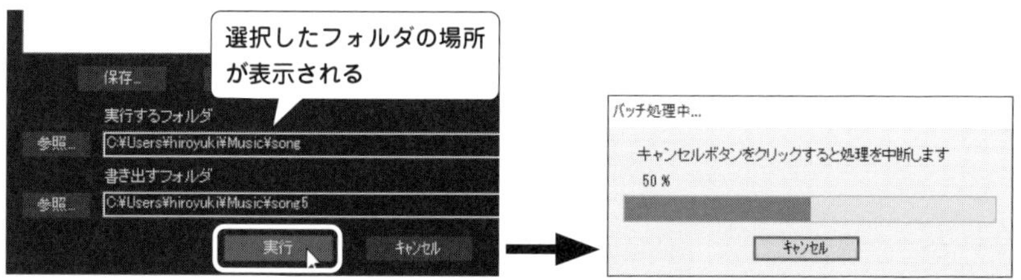

バッチ処理後のフォルダ内には、バッチ処理のエラーレポートがテキストファイルで作成されます。テキストファイルを開いて「正常」と書かれていれば、エラーはありません。

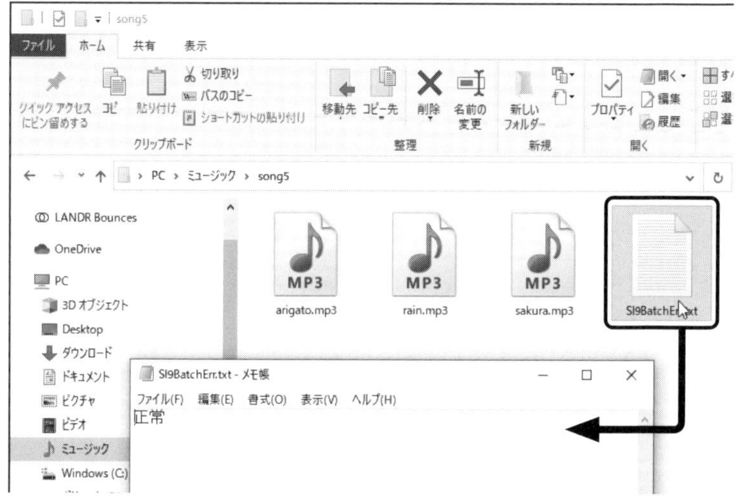

Pro　Premium

F-REX で楽曲からボーカルを除去する

F-REX は、いろいろな楽器が混在する 1 つの楽曲（オーディオデータ）から特定のパートの音を狙い、その音量を調整することができるエフェクトです。たとえばボーカル入りの楽曲からボーカルを取り除いたり、反対にボーカル以外の音を消したりと、使い方次第でいろいろなことができます。

ここでは F-REX を使って楽曲からボーカルを除去する方法を紹介します。

手順 1 エフェクトをかける範囲を選択します。

エフェクトをかける範囲を指定したい場合

マウスでドラッグして範囲選択します。

全体にエフェクトをかけたい場合

範囲選択せずに次の手順に進みます。

手順 2 メニューバーの「加工」から「エフェクト」→「INTERNET Co.,Ltd.」→「F-REX」を選択すると F-REX のエディター画面が表示されます。

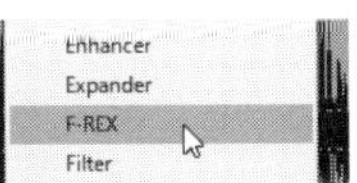

ヒント プレイパネルの「エフェクト（Effect）」ボタンをクリックしてF-REXを選択することもできます。

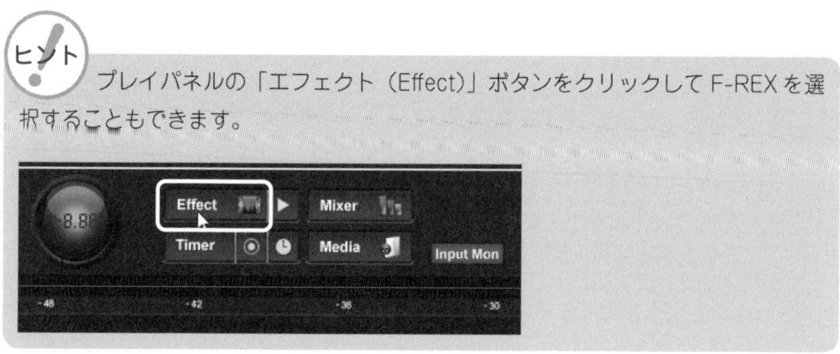

手順3 F-REX画面上段の「PLAY」ボタンをクリックしてデータを再生します。再生しながらF-REXの操作をおこなうことで音の変化がつかみやすくなります。

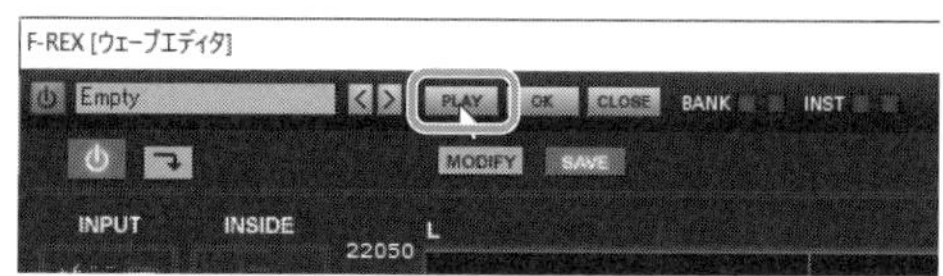

手順4 INSIDEのスライダーを一番下まで下げると、F-REX画面の赤く囲われている部分の内側の音が消えます。

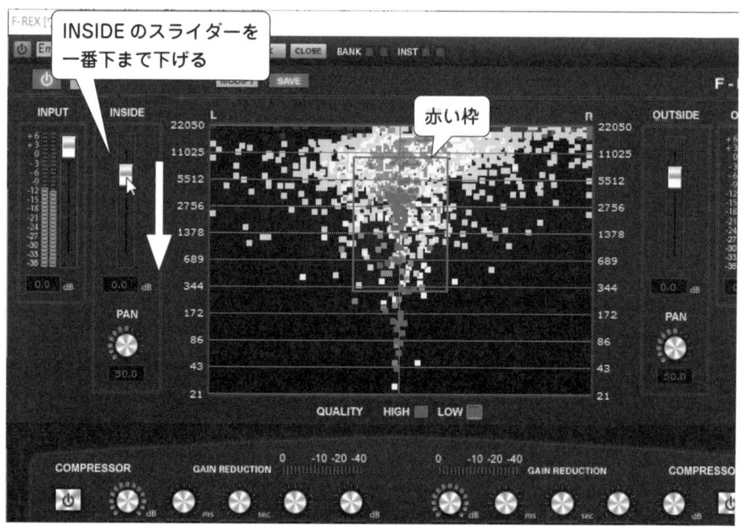

ヒント
OUTSIDE のスライダーを下げることで F-REX 画面の赤く囲われている部分の外側の音を消すこともできます。

手順5 赤く囲われている部分をドラッグして動かしたり、広げたり縮めたりして、ボーカルの消える範囲を調整します。

赤く囲われている線の中央部分をドラッグすると移動できます。

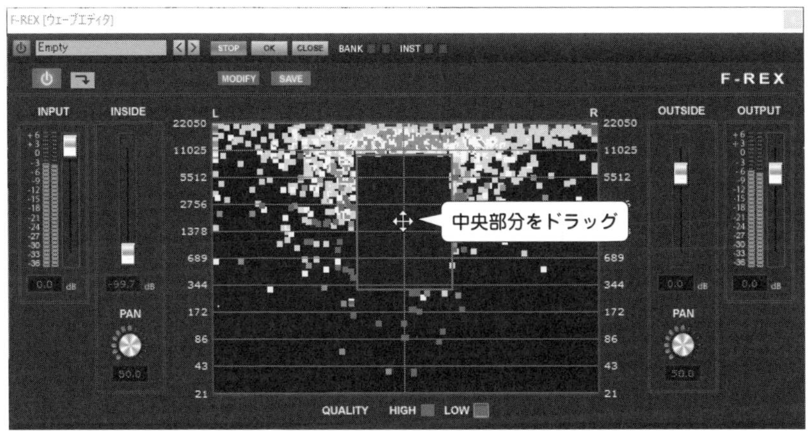

赤い線の部分をドラッグすると拡大 / 縮小できます。

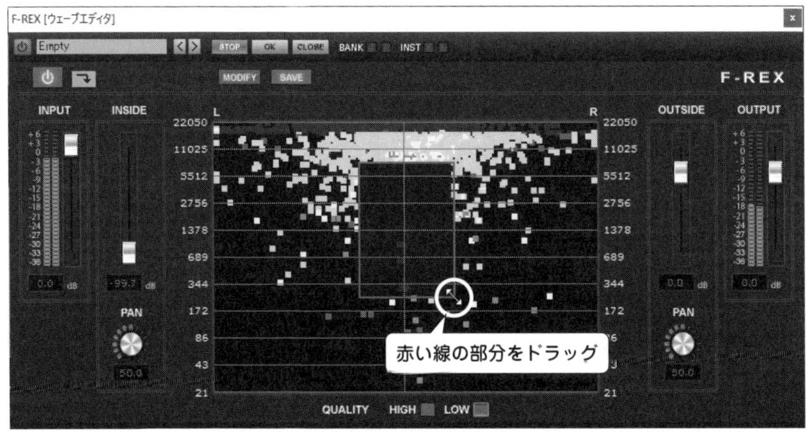

ボーカルを探すためのヒント

F-REXの中央の画面は縦軸が周波数、横軸が定位を表しています。

ボーカル入りの楽曲などでボーカルは定位が真ん中、周波数も真ん中よりやや上の方にあることが多いので、そのあたりを探ってみるとボーカルを消すことができます。

ただし、ボーカルにはエコーなどもかかって収録されており、エコー成分は定位、周波数とも広い範囲にあるので、完全に消すことは難しくなります。

ヒント

QUALITYではF-REXで編集した音の音質がHIGHとLOWで選択できます。HIGHに設定すると音質は良くなりますがより多くのCPUパワーを要します。

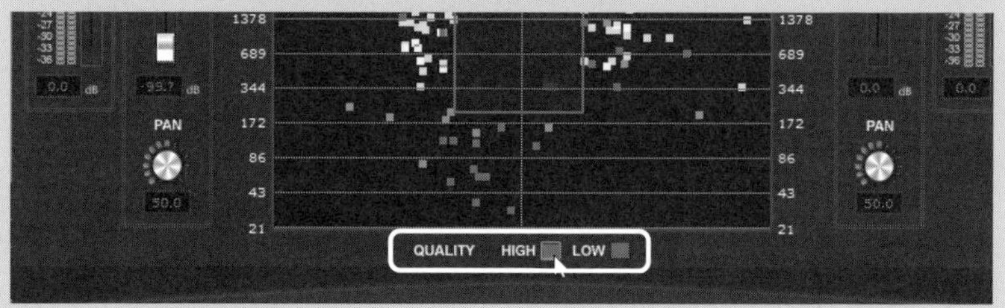

手順6 ボーカルが消える場所を見つけたら、「STOP」ボタンをクリックして流れていた音を停止します。

手順7 「OK」ボタンをクリックします。

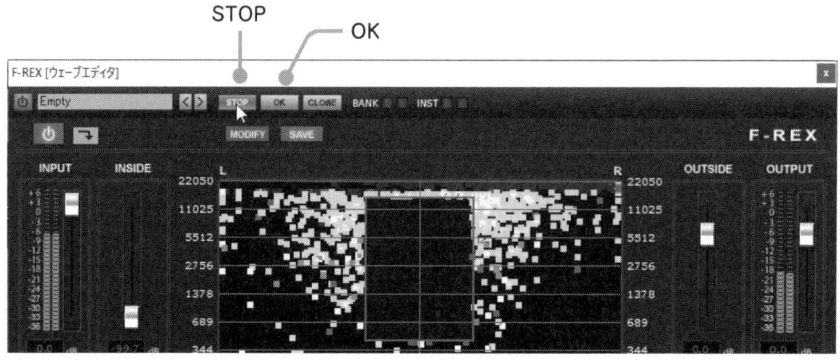

処理が終わるとF-REXのエディター画面が閉じ、F-REXの効果がオーディオデータに反映され（ボーカルが消えて）、波形が書き換わります。オーディオデータに反映させることで、プレイパネルからデータを再生したときに、エフェクトが反映された音を聞くことができます。

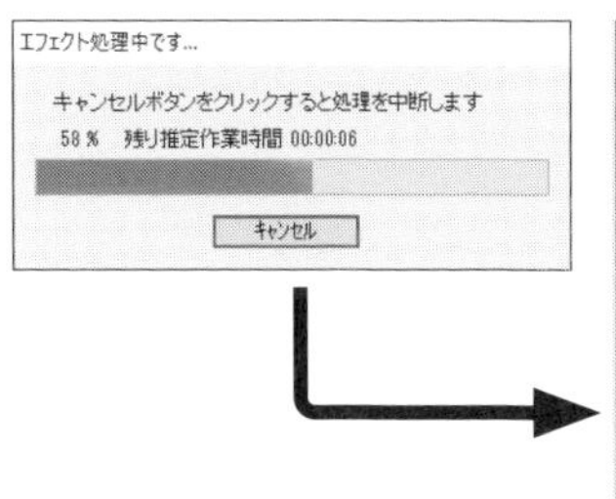

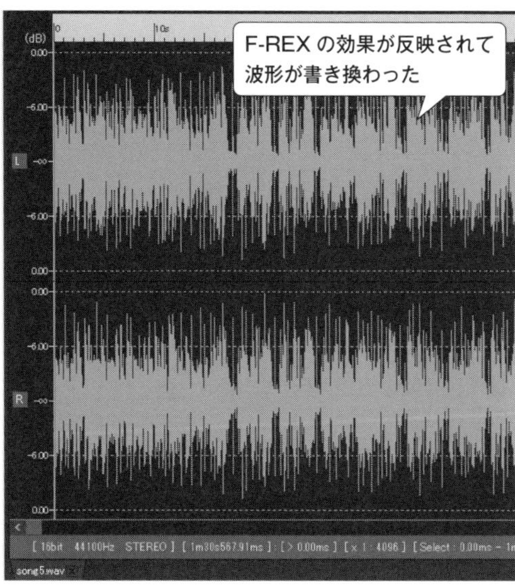

ヒント

閉じてしまったエフェクトのエディター画面はプレイパネルの「エフェクト（Effect）」ボタン右横の「▶」ボタンをクリックすることで再び表示できます。

ここではF-REXで音量をコントロールしましたが、F-REXでは音量の他にINSIDE、OUTSIDEでそれぞれ独立して、パンポット変更、コンプレッサー処理、リバーブ処理もおこなうことができます。たとえばINSIDEにだけリバーブをかけることでINSIDEの位置にいるボーカルを狙ってリバーブをかけることもできます。

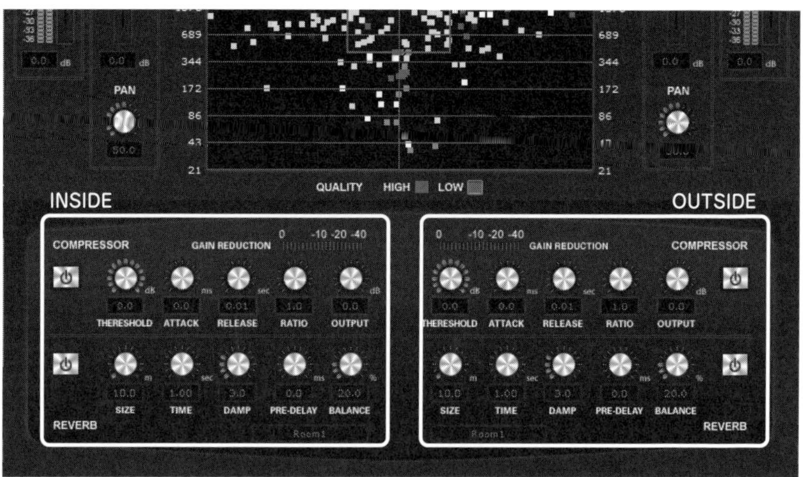

CENTER CANCEL

F-REX と同じように、楽曲からボーカルを除去することができる CENTER CANCEL（センターキャンセル）というエフェクトがあります。

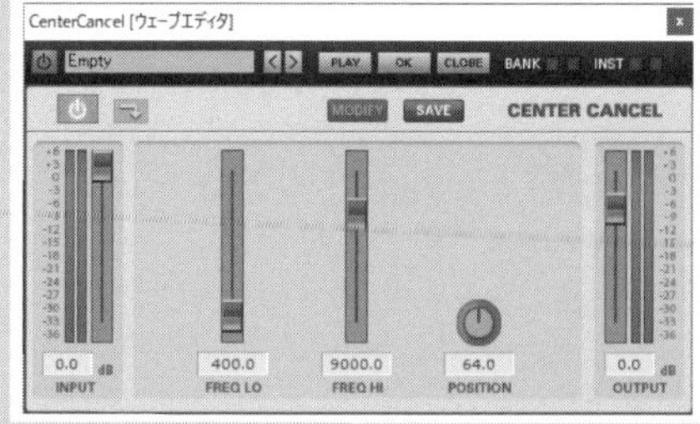

「FREQ LO」で消去したい周波数の下限の値、「FREQ HI」で消去したい周波数の上限の値が設定できます。また「POSITION」では消去したい定位（左［0］中央［64］右［128］）が設定できます。

このエフェクトでボーカルを除去する場合は、「POSITION」を 64 で設定して、「PLAY」ボタンで楽曲を再生させながら「FREQ LO」と「FREQ HI」をドラッグしてボーカルが消えるところを探っていきます。F-REX よりは少々感度が落ちるのでデータによってはうまくボーカルを除去できない場合もあります。

ムービーファイルから音声だけを読み込む

Sound it! 9では、ムービーファイルから音声だけを読み込むことができます。対応しているムービーファイルはWMV、MP4形式のムービーファイルになりますが、音声のエンコード形式がAAC、AC3、MP1、MP2、MP3、WMALossless、WMAPro、WMAV1、WMAV2、WMAVoiceのいずれかである必要があります。これら以外のムービーファイルは対応していないので気をつけましょう。

手順 1 メニューバーの「ファイル」から「開く」を選択すると「オーディオファイルの読み込み」画面が表示されます。

手順 2 「ファイルの場所」でムービーファイルがあるフォルダを選択します。

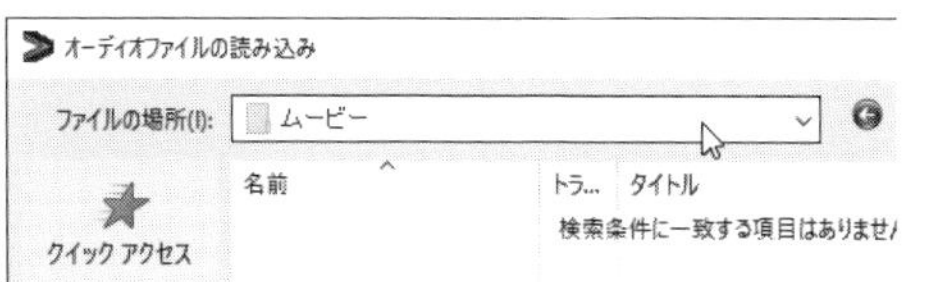

手順 3 「ファイルの種類」から「ビデオファイル」を選択します。

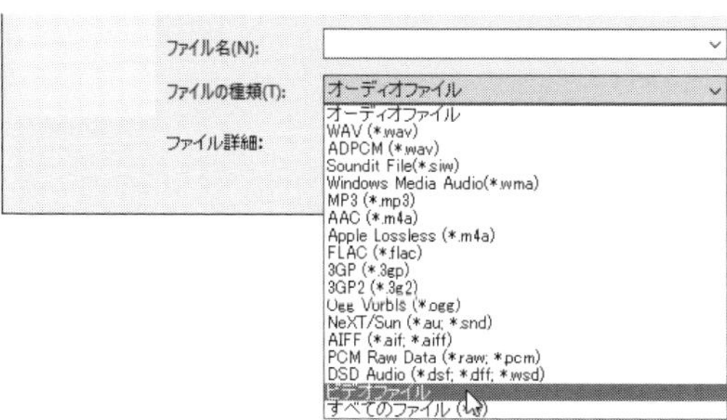

手順 4 読み込みたいムービーファイルを選択して「開く」ボタンをクリックすると、ムービーファイルから音声だけが読み込まれます。

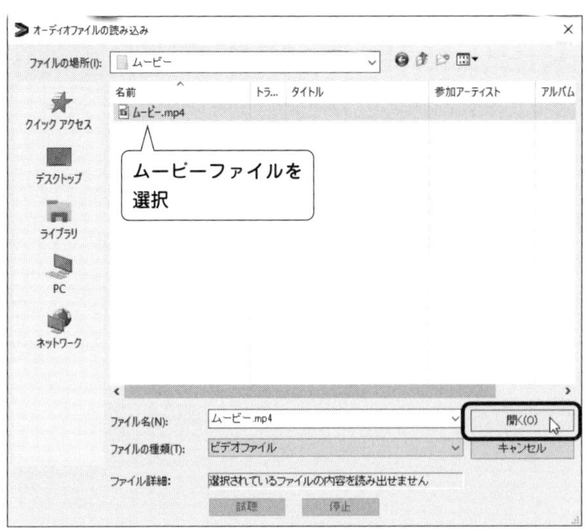

ヒント ムービーファイルを Sound it! 9 上にドラッグ&ドロップして読み込むこともできます。

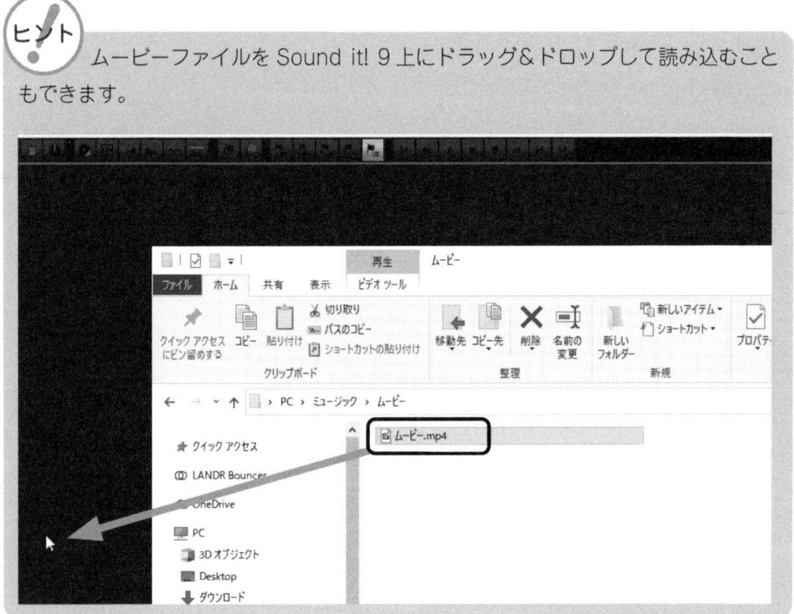

便利なショートカットキーの紹介

Sound it! 9 にはさまざまなショートカットキーが用意されています。ショートカットキーを覚えることで作業の効率があがります。ここでは筆者がよく使うオススメのショートカットキーを紹介します。

※ショートカットキーはパソコンの入力モードが半角英数の状態で使用します。

ファイル

新規作成　Ctrl + N

開く　Ctrl + O

上書き保存　Ctrl + S

名前を付けて保存　Ctrl + Shift + S

閉じる　Ctrl + W

MIDI データの読み込み　Ctrl + L

Sound it! の終了　Alt + F4

表示

拡大　Num +

縮小　Num −

選択範囲の拡大　Num *

選択範囲の縮小　Num /

範囲拡大を解除　Num .

カーソルモード : エディット　Ctrl + E

カーソルモード : 拡大 / 縮小　Ctrl + M

ミキサー　Shift + X

メディアブラウザ　Shift + B

編集

元に戻す　Ctrl + Z

再実行　Ctrl + Y

アンドゥ履歴　Ctrl + Shift + Z

カット　Ctrl + X

トリム　Ctrl + T

コピー　Ctrl + C

ペースト　Ctrl + V

マージ　Ctrl + G

消去　Delete

全てを選択　Ctrl + A

選択解除　Esc

マーカーを置く　M

選択範囲の両端にマーカーを置く　Shift + M

分割マーカーを置く　D

選択範囲の両端に抽出マーカーを置く　Shift + D

先頭へジャンプ（マーカー）　F5

前へジャンプ（マーカー）　F6

次へジャンプ（マーカー）　F7

最後へジャンプ（マーカー）　F8

マーカー一覧表示 Ctrl + Shift + M

演奏

先頭へ　Home

巻戻し　←

早送り　→

最後へ　End

再生／停止　(space)

録音開始　R

録音一時停止　P

スクラブ再生　S

INDEX

記号

.3g2 97, 102, 327
.3gp 97, 102, 327
.aif 97, 102, 272, 289, 327
.aiff 97, 102, 272, 289, 327
.au 97, 102, 327
.dff 97, 102, 318, 323, 327
.dsf 97, 102, 318, 323, 327
.flac 97, 102, 327
.m4a 97, 102, 138, 272, 289, 327
.mp3 97, 102, 272, 289, 327
.mp4 102
.ogg 97, 102, 327
.pcm 97, 102, 327
.raw 97, 102, 327
.ses 99, 100
.siw 25, 97, 102, 138, 327
.snd 97, 102, 327
.ss2 106
.ss3 106
.ssw 106
.wav 97, 102, 272, 289, 301, 327
.wma 97, 102
.wmv 102
.wsd 97, 102, 318, 323, 327
μ-Law 97, 102

数字

2Band EQUALIZER 24, 231
3GPP 97, 102, 327
3GPP2 97, 102, 327
6Band EQUALIZER 24, 227, 228, 229, 232

アルファベット

A

AAC 22, 97, 102, 138, 272, 289, 327, 337
Above/Below 236
AC3 337
ActivateCenter 31, 32, 33
AIFF 22, 97, 102, 272, 289, 327
A Law 97, 102
Apple Lossless 97, 102, 272, 289, 327
ARTIST 268
ASIO 設定 39, 43, 87, 296, 297
ASIO パネル 40
ATTACK 237
Attenuation 181, 186, 187

B

BALANCE 240, 241, 242, 244
BPM 17, 23, 315, 316, 317
bps 97

C

CD-R 設定 278, 286
CDTitle 292
CD 作成 23, 150, 269, 284, 285, 286, 287
CD に焼く 20, 268, 284
CENTER CANCEL 25, 336
CPU 26, 27, 334

D

DC オフセット 176, 211, 328
DDP 21, 23, 269, 270, 290, 291, 292
DDP ファイル 21, 269, 270, 290, 291, 292
DE-BUZZER 24, 179, 180, 181, 182, 183, 211
DeClick 183, 184
DE-CLICKER 24, 179, 180, 183, 184, 211
DeCrackle 183, 184
Delay 24, 242, 243, 244
DELAY 240, 242
DE-NOISER 24, 179, 180, 185, 186, 187, 211
DENSITY 240
DePop 183, 184
DITHER 246
DSD Audio 97, 102, 323, 327
DSD ネイティブ録音 23, 26, 318, 319
DXD 25, 26, 322
Dynamic EQ 16, 24, 234, 235, 237, 238

DYNAMICS 237

E

EAN 270, 292
Effect 60, 216, 217, 332, 335
Empty 259, 261

F

FEEDBACK 242, 243
FILTER FREQUENCY 254, 255
Fine Adjust 182
FLAC 25, 97, 102, 327
Freeze 181, 185, 186
FREQ 228, 229, 231, 236, 237, 336
Frequency 181, 182, 229, 231, 236
F-REX 25, 331, 332, 333, 334, 335, 336
FX CHAIN 71, 224, 225, 226

G

G.721 ADPCM 97, 102
G.726 ADPCM 97, 102
GAIN 229, 230, 231, 232, 233, 235, 236, 237, 239
GAIN REDUCTION 246
GATING 256
GRAPHIC EQUALIZER 24, 232, 233

H

HF-DAMP 240
HF Limit 187

I

IMA ADPCM 97, 102
INASIO Driver 31, 32, 37
INPUT MONITOR 60
INPUT トラックパン 71
INPUT トラックボリューム 71
INPUT トラックレベルメーター 71
Insert 218, 219, 221, 328
INSERT セクション 71
INTEGRATED 256, 257, 258
INTERNET ASIO-WASAPI〔ASIO〕 36, 37, 39, 40, 41, 86
INVERT 254
ISRC 269, 292

L

Line 78, 79, 80, 82, 83
LOOPBACK 23, 32, 40, 296, 297
LOUDNESS METER 24, 256, 257, 258
L チャンネル 111, 112, 113, 115, 194, 313

M

MAX 256
MAXIMIZER/LIMITER 245, 246, 247, 248
METER FORMAT 256, 258
Mic 78, 79, 84
Microsoft ADPCM 97, 102
MIDI データ 21, 62, 106, 108, 339
MIDI データの読み込み 62, 106, 339
MOMENTARY 256
MP1 337
MP2 337
MP3 22, 25, 97, 98, 102, 272, 289, 327, 329, 337
MP4 102, 337

N

NeXT/Sun 97, 102, 327
None 178, 190, 218

O

Ogg Vorbis 97, 102, 327
OUT CEILING 246, 247
OUTPUT トラックパン 71
OUTPUT トラックボリューム 71
OUTPUT トラックレベルメーター 71

P

Pan 63, 99, 222, 305, 306
PAUSE / CONTINUE 257
PCM 40, 41, 70, 97, 102, 318, 321, 322, 327
PCM Raw Data 97, 102, 327
Phono 80, 83

Phono イコライザー 80, 83
PITCH SHIFT RT 25, 251, 253
PRE DELAY 240

Q

Q 229, 230, 232, 236, 237, 254, 255

R

RANGE 256
RCA ケーブル 79, 82
RCA 端子 79, 81, 82
RCA・標準プラグ変換コネクタ 82
Rec Option 60
RELEASE 237, 246, 247
RESET 257
REVERB 24, 240, 241, 242, 259, 260
RF64 25, 97, 102
R チャンネル 111, 112, 113, 115, 124, 194

S

Sensitivity 181, 184, 185, 187
SHORT TERM 256
SIDE CHAIN 237
Singer Song Writer Lite 10 106
Singer Song Writer ソングファイル 106
SIZE 240, 241
Sonnox ノイズリダクション 64, 177, 178, 180, 181, 183, 184, 185, 186, 188, 189, 190, 210, 211
Soundit File 97, 102, 327
Sound it! の終了 162, 339
SPEED 248, 249, 250
SPTI 23, 268, 278, 284, 286
START 257
STEREO ENHANCER 25, 254
STEREO WIDTH 254, 255

T

TEMPO SYNC 242, 243
THRESHOLD 234, 235, 236, 237, 239, 246, 247
TIME 240, 241, 270
TITLE 268, 293
Tone On 182
Track 181, 186
TRUE PEAK 256
TYPE 228, 229, 230, 236, 237

U

USB ケーブル 28, 29

V

Volume 63, 99, 222, 305, 306
VST 23, 24, 262, 264, 265
VST2 262, 263, 265
VST3 260, 262, 263

W

WAV 22, 25, 97, 102, 150, 272, 289, 292, 299, 327
Web 61
Windows10 89
Windows Media Player 286
Windows ドライバ 38
WMA 25, 97, 102, 337
WMV 102, 337

X

XLR 端子 81
XLR プラグ 84, 85

かな

あ

アーティスト 98, 268, 269, 286
アクティベーション 30, 32, 33
アジオ 41
アンドゥ履歴 10, 11, 63, 75, 76, 160, 340

い

イコライザ ON/OFF 269, 276
イコライザの設定 269, 276, 277
一時停止 59, 65, 257, 269, 276, 277, 340

インストール 27, 28, 30, 31, 32, 37, 85, 262, 263, 265

う

ウィンドウ 49, 61
ウィンドウの拡大縮小 53
ウェーブエディタ 10, 11, 12, 13, 15, 23, 46, 47, 48, 49, 50, 51, 56, 58, 61, 63, 68, 70, 71, 121, 138, 148, 149, 153, 157, 158, 161, 162, 164, 301, 303, 304, 312, 315, 316, 317, 320, 326
上書き保存 62, 100, 162, 259, 261, 339
上書き録音 59

え

エクスポート 21, 269, 275, 288, 289, 291
エコー 240, 334
エディットウィンドウ 51, 53, 55, 63, 110, 112, 117, 303, 313
エディットカーソル 63, 307, 308, 309
エフェクト 60
エフェクト効果 188
エフェクトパネル 60
演奏 58, 59, 61, 71, 108, 205, 206, 298, 315, 340
エンベロープポイント 305, 306, 307, 308, 309, 310, 311

お

オーディオインターフェース 27, 28, 29, 32, 36, 37, 41, 42, 43, 78, 81, 82, 83, 84, 85, 86, 87, 89, 92, 194, 296, 297, 318, 319
オーディオ機能 36, 42, 78, 81, 296
オーディオデータ 10, 17, 20, 21, 22, 41, 44, 48, 49, 51, 54, 58, 60, 61, 62, 71, 88, 95, 96, 100, 105, 106, 107, 108, 110, 112, 114, 118, 119, 133, 135, 137, 154, 158, 161, 162, 167, 169, 174, 176, 188, 192, 194, 197, 202, 211, 214, 215, 220, 222, 223, 224, 227, 230, 241, 242, 244, 245, 246, 248, 249, 250, 251, 252, 253, 254, 258, 259, 271, 272, 273, 303, 304, 315, 331, 335
オーディオデータの保存 61, 96
オーディオファイルの抽出 103, 105
オーディオファイルの読み込み 101, 133, 157, 271, 272, 273, 321, 337
オーディオポートの設定 36, 37, 38, 39, 42, 43, 60, 61, 86, 87, 296, 297
オートメーションのRead 71
オートメーションのWrite 71
オートレベル 269, 275, 277, 284, 288, 327
オーバーラップ 281, 282
音圧 154, 245, 246, 247, 248, 257, 275
音楽CD 21, 44, 61, 103, 278, 284, 290, 318, 327

か

カーソル位置 55, 58, 63, 64, 65, 73, 128, 129, 130, 131, 139, 140, 157, 173, 174, 175, 197, 310, 311
カーソル開始位置で停止 59
外部機器 21, 28, 29, 38, 41, 78, 79, 81, 82, 86, 90, 94, 194
書き込み速度 285, 287
拡大/縮小カーソル 63, 196
加工 61, 164, 167, 170, 172, 173, 176, 177, 192, 199, 203, 210, 215, 222, 243, 249, 252, 303, 314, 331
加工ツール 62, 64
カセットデッキ 78, 79, 81, 82, 150, 194
画像表示 73
カット 20, 23, 61, 63, 124, 125, 128, 129, 130, 131, 154, 155, 156, 195, 201, 202, 204, 205, 209, 227, 229, 230, 231, 232, 234, 236, 240, 310, 311, 340

き

ギター 28, 240
機能比較表 23
キャノン端子 81
キャノンプラグ 84, 85
曲間 268, 269, 278, 279, 280, 287, 290

く

クロスフェード 23, 154, 155, 156, 269, 278, 280, 282, 283, 284, 287, 288
クロック 40

け

ゲイン 13, 16, 23, 64, 164, 165, 166, 167, 312, 313, 314, 327, 328

こ

コピー 61, 63, 124, 127, 128, 129, 130, 131, 156, 309, 310, 340
コメント 15, 73
コンデンサーマイク 85
コントロール入力 305, 306
コントロール入力ツール 63
コンバート 322
コンボジャック 81

さ

最後へ 58, 65, 340
最後へジャンプ 64, 144, 145, 340
再実行 63, 159, 160, 340
再生 14, 21, 25, 26, 27, 28, 38, 40, 41, 43, 58, 59, 60, 61, 65, 71, 91, 92, 94, 95, 97, 98, 102, 137, 154, 172, 179, 181, 184, 186, 194, 197, 200, 205, 206, 211, 214, 216, 220, 229, 230, 233, 238, 241, 242, 243, 244, 247, 248, 249, 250, 251, 252, 253, 254, 255, 257, 258, 269, 276, 277, 280, 302, 317, 318, 321, 332, 335, 336, 340
再生位置 269
最大音量検出 165
サウンド コントロール パネル 90
サウンドデバイス 37, 38, 39, 41, 86
削除 15, 63, 73, 125, 126, 136, 145, 146, 217, 226, 261, 265, 269, 274, 308, 311
サンプリング周波数 44, 55, 318, 322, 324
サンプリングレート 26, 39, 40, 43, 44, 107, 180, 297, 304, 319, 320, 322
サンプル単位の修正 63

し

時間 20, 41, 55, 56, 57, 60, 73, 155, 156, 174, 175, 181, 186, 195, 199, 201, 206, 208, 234, 237, 240, 242, 243, 246, 268, 269, 270, 278, 279, 281, 282, 283, 291, 292, 300, 312
歯擦音 238
試聴 68, 101, 131, 158, 178, 180, 181, 182, 183, 184, 185, 186, 187, 216, 235, 237, 251, 275, 282, 325, 326
自動保存 298, 299, 301
周波数 13, 23, 26, 44, 55, 57, 179, 180, 181, 182, 187, 227, 228, 229, 230, 231, 232, 233, 234, 235, 236, 237, 238, 239, 240, 254, 312, 314, 318, 322, 324, 334, 336
周辺機器 27, 37, 42
出力デバイス 36, 37, 42, 43
消去 63, 124, 132, 195, 198, 199, 202, 308, 336, 340
詳細設定 38, 43
ショートカット 59, 111, 118, 124, 126, 127, 128, 130, 132, 139, 140, 145, 153, 159, 160, 161, 162, 192, 195, 198, 201, 205, 209, 218, 309, 325, 339
ジョグダイアル 59, 60
新規作成 61, 62, 86, 87, 88, 299, 300, 319, 339

す

垂直や水平に分割 12
ズーム倍率 55, 56, 208
スクラッチノイズ 179, 211
スクラブ再生 205, 206, 340
ステレオ 22, 55, 92, 110, 112, 114, 118, 119, 124, 158, 194, 254, 313
ステレオミニプラグケーブル 79
スピーカー 27, 28, 29, 194
スペクトル表示 13, 23, 56, 57, 312
スレッショルド 16, 256, 257

せ

製品登録 30, 32
絶対 / 相対ラウドネス 257

設定 36, 42, 61, 86, 89, 94, 100, 180, 183, 185, 189, 210, 218, 220, 259, 263, 278, 279, 284, 286, 301, 302
設定ファイルの保存 189
設定ファイルの読み込み 189
ゼロクロス 63, 122, 123, 199, 208, 209
ゼロクロス　内側に補正 63
ゼロクロス　外側に補正 63
全体表示 63
選択開始位置から再生 59
選択範囲をくり返し再生 59
先頭へ 58, 64, 95, 340
先頭へジャンプ 64, 144, 145, 340

そ

属性 64, 73, 137, 138, 147
属性なしマーカー 64, 137, 138, 139, 141, 143

た

タイトル 138, 268, 269, 286
ダイナミクス 13, 44
タイマー録音 60, 296, 298, 300, 302
ダウンロードセンター 30
タグ情報設定 98
タップテンポ 317
タブで切り替えて表示 11

ち

チャプターマーカー 73, 137, 138
抽出開始マーカー 137, 138, 141, 149
抽出終了マーカー 137, 138, 141, 149

つ

追加 69, 72, 73, 150, 153, 227, 262, 263, 265, 269, 306, 326, 328
ツール 60, 61, 103, 271, 327
ツールバー 46, 55, 62, 65, 139, 145, 153, 159, 160, 164, 167, 170, 173, 177, 192, 196, 199, 203, 210, 271, 305, 306, 307, 308, 309
次のトラックへ 269
次へジャンプ 64, 144, 145, 340

て

ディエッサー 238
停止 58, 59, 60, 65, 68, 94, 95, 101, 181, 184, 186, 197, 205, 244, 250, 253, 257, 269, 276, 277, 282, 298, 299, 317, 320, 326, 334, 340
ディスク取り出し 270, 284
ディスプレイウィンドウ 51, 52, 53, 55, 63, 305, 306, 309
デジタル録音 22, 108
テスト書き込み 285, 287
手のひらカーソル 63
デバイス 36, 37, 38, 39, 40, 41, 42, 43, 61, 71, 86, 87, 90, 180, 296, 297
テンポ 17, 23, 315, 316, 317

と

ドッキング 49, 65, 67, 70, 73, 74, 76, 325
ドライバ 23, 28, 29, 38, 40, 60, 85, 296, 318, 319
トラック番号 268, 274, 276
トラックリスト 150, 268, 269, 270, 293, 294
トラックリストの保存 270, 293
トラックリストの読み込み 270, 294
トリム 63, 124, 126, 128, 129, 130, 131, 310, 311, 340

な

名前を付けて保存 62, 96, 98, 100, 105, 151, 152, 162, 323, 324, 339

に

入力端子 38, 78, 81
入力デバイス 37, 38, 43, 86, 87

の

ノイズ除去 20, 177, 184, 185, 187, 188, 211
ノーマライズ 64, 167, 168, 192, 193, 194, 195, 327

は

バー 236

ハードディスク空き容量 26, 27
ハイレゾ 44
波形 13, 22, 23, 51, 56, 63, 94, 95, 108, 110, 115, 122, 143, 155, 164, 166, 167, 168, 172, 176, 188, 192, 193, 194, 195, 196, 197, 199, 203, 205, 208, 210, 214, 216, 222, 227, 244, 245, 248, 250, 253, 301, 302, 304, 305, 312, 318, 319, 335
波形描画 94, 302
パソコンの性能 26, 38
バッチ処理 23, 61, 327, 329, 330
ハムノイズ 179, 180, 181, 182, 211
早送り 58, 59, 65, 118, 119, 340
範囲選択 56, 110, 112, 114, 117, 118, 119, 120, 122, 141, 153, 154, 156, 188, 197, 242, 249, 252, 308, 309, 317, 331
バンド番号 228, 235, 237, 239
反応速度 38

ひ

ピーク値 60, 91, 93, 256
ピークホールド 60, 91, 93
ヒスノイズ 179, 185, 186, 211
ビットレート 97, 98, 324, 329
ビットレゾリューション 304, 322
表示 55, 56, 61, 62, 66, 70, 218, 312, 315, 325
表示切り替え 55
標準端子 81, 82
標準プラグ 81, 82, 83, 84, 85
開く 62, 101, 107, 134, 158, 190, 272, 273, 294, 321, 337, 338, 339
ピンケーブル 79, 80, 82, 83

ふ

ファイル 61, 87, 96, 100, 101, 106, 151, 152, 161, 162, 319, 321, 323, 337
ファイル形式 22, 97, 98, 100, 102, 138, 269, 288, 289, 323, 327, 328 ➡ファイルフォーマット も参照
ファイルの新規作成 61, 86, 87, 88, 299, 300, 319
ファイルの保存 21, 97, 189, 323
ファイルフォーマット 20, 25 ➡ファイル形式 も参照
ファイルを挿入 133, 157
ファンタム電源 85
フェードアウト 64, 154, 169, 171, 195, 199, 203, 280, 281, 282, 328
フェードイン 64, 154, 169, 170, 171, 195, 199, 200, 280, 281, 282, 328
フォーマットを変更する 303, 328
フォーン端子 81, 82
フォーンプラグ 84, 85
プラグインエフェクト 16, 24, 26, 31, 262, 263, 264, 265
ブランク 64, 173, 174, 175
フリーズ 71, 222, 223, 227
プリギャップ 23, 269, 278, 279, 283
プリセット 23, 71, 224, 225, 226, 231, 234, 238, 239, 240, 241, 255, 259, 260, 261, 277
プリメインアンプ 80, 83
プレイツール 62, 64
プレイパネル 46, 58, 60, 66, 70, 91, 92, 94, 205, 216, 217, 218, 220, 229, 233, 238, 241, 247, 255, 258, 296, 298, 320, 325, 332, 335
プレイリスト 62, 268, 269, 270, 271, 272, 274, 275, 276, 277, 283, 284, 287, 288, 289, 290, 291, 293
プレイリストをリピート再生 269, 276
フローティング表示 12, 49, 65
分割保存 151
分割マーカー 64, 137, 138, 140, 142, 148, 150, 151, 174, 340
分割マーカーを置く 64, 140, 141, 340

へ

ペースト 23, 61, 63, 124, 125, 126, 128, 129, 131, 154, 156, 309, 310, 311, 340
ヘッドフォン 27, 28, 29, 81
ヘルプ 61, 255

編集 61, 72, 75, 111, 114, 116, 122, 123, 124, 126, 127, 128, 130, 132, 133, 139, 140, 141, 142, 143, 144, 146, 147, 148, 149, 153, 154, 156, 157, 159, 160, 192, 198, 200, 201, 202, 207, 208, 209, 308, 309, 310
編集ツール 62, 63

ほ
ホールド 60, 206

ま
マーカー 15, 23, 61, 64, 72, 73, 75, 114, 116, 117, 137, 138, 139, 140, 141, 142, 143, 144, 145, 146, 147, 148, 149, 151, 153, 155, 174, 207, 208, 322, 340
マーカー一覧表示 10, 11, 64, 72, 73, 74, 114, 116, 153, 340
マーカー間選択 73, 117
マーカー削除 73
マーカー追加 73
マーカーツール 62, 64
マーカー編集 73, 147
マーカーを置く 64, 138, 139, 141, 142, 143, 207, 340
マージ 63, 124, 125, 126, 130, 131, 340
マイク 21, 28, 78, 81, 84, 85, 86, 87, 90, 91, 92
マイク入力 78
マイページ 30
前のトラックへ 269
前へジャンプ 64, 144, 145, 340
巻き戻し 58, 59, 118, 119
巻戻し 65, 340

み
ミキサー 23, 58, 60, 61, 62, 63, 70, 71, 99, 100, 214, 218, 222, 223, 224, 225, 226, 227, 229, 233, 238, 241, 247, 249, 251, 253, 254, 257, 258, 322, 328, 339
ミキサー設定ファイル 99, 100
ミキサーを開く 60

む
ムービーファイル 337, 338
無音を挿入 136, 173

め
メインツール 62
メディアブラウザ 10, 11, 58, 60, 61, 66, 67, 68, 325, 326, 339
メニューバー 36, 42, 46, 49, 55, 56, 60, 61, 62, 66, 70, 72, 75, 86, 87, 94, 96, 100, 101, 103, 106, 111, 114, 116, 122, 123, 124, 126, 127, 128, 130, 132, 133, 139, 140, 141, 142, 143, 144, 146, 147, 148, 149, 151, 152, 153, 154, 156, 157, 159, 160, 161, 162, 164, 167, 170, 172, 173, 176, 177, 192, 198, 199, 200, 201, 202, 203, 205, 206, 207, 208, 209, 210, 215, 218, 222, 243, 249, 252, 255, 263, 271, 278, 286, 298, 302, 303, 308, 309, 310, 312, 314, 315, 319, 321, 323, 325, 327, 331, 337
メモリ 26, 27, 33

も
元に戻す 63, 159, 160, 166, 200, 209, 340
モニターレベル 71
モノラル 22, 55, 154, 158, 304

よ
横軸の表示切替え 63

ら
ライン入力 78, 90
ラウドネス・ノーマライゼーション 257
ランタイムライブラリ 31

り
リニア 57, 313
リバース 172
量子化ビット数 44, 55, 318, 322

序章 第1章 第2章 第3章 第4章 第5章 第6章 第7章 第8章 第9章 第10章 索引

れ

レイテンシー　27, 28, 32, 41
レコードプレーヤー　21, 78, 79, 80, 81, 82, 83, 90, 91, 92, 94, 150, 173, 194
レベルメーター　14, 60, 91, 92, 93, 296, 297, 319

ろ

ログ　57, 313
録音一時停止　59, 65, 340
録音開始　58, 59, 65, 94, 298, 300, 340
録音レベル　89, 91, 92, 94

わ

ワンウィンドウモード　10, 23, 47, 49

◎著者紹介

平賀 宏之（ひらが ひろゆき）

1974年生、ローランド・ミュージック・スクールで作編曲、コンピューターミュージックを学ぶ。作編曲、シンセサイザーのマニピュレーター、DAWソフト攻略本の執筆、さまざまなDAWの認定講師としてセミナーなど各方面で活動中。また、ローランド・ミュージック・スクール講師資格の認定オーディションや各種研修会も担当し後進の育成にも力を注ぐ。インターネットを使ったオンラインミュージックスクール　オトマナビ代表、MIDI検定資格指導者、ローランド・ミュージック・スクール指導スタッフ講師、トート音楽院講師。

著書に「まるごとSONARガイドブック」「ABILITY 3.0ガイドブック」「基礎からわかるSinger Song Writer Lite 10」（共にスタイルノート刊）など。

Sound it! 9 に関するお問い合わせ先

■製品の詳細

以下ホームページでご確認ください。お問い合わせ先も案内されています。

https://www.ssw.co.jp/

■製品購入後のお問い合わせ

詳細は次の URL からご参照ください。

https://www2.ssw.co.jp/support2/contents/support_access/

または、製品に付属のマニュアルに記載されているユーザーサポート窓口までお問い合わせください。

Sound it! 9 ガイドブック
——基本操作から使いこなしまで

発行日　2021 年 4 月 20 日　第 1 刷

著　者　平賀宏之
発行人　池田茂樹
発行所　株式会社スタイルノート
〒 185-0021
東京都国分寺市南町 2-17-9 ARTビル 5F
電話 042-329-9288
E-Mail books@stylenote.co.jp
URL https://www.stylenote.co.jp/

装　丁　又吉るみ子
印　刷　シナノ印刷株式会社
製　本　シナノ印刷株式会社

ISBN978-4-7998-0191-8　C1004